HISTOIRE

DE LA

RÉVOLUTION

FRANÇAISE

PARIS. — IMP. SIMON RAÇON ET COMP., RUE D'ERFURTH, 1.

HISTOIRE

DE LA

RÉVOLUTION

FRANÇAISE

PAR M. LOUIS BLANC

TOME NEUVIÈME

PARIS

LANGLOIS ET LECLERCQ
RUE DES MATHURINS-SAINT-JACQUES, 10

PAGNERRE
RUE DE SEINE, 14

FURNE ET Cⁱᵉ
RUE SAINT-ANDRÉ-DES-ARTS, 45

PERROTIN
RUE FONTAINE-MOLIÈRE, 41

1857

HISTOIRE
DE LA RÉVOLUTION
FRANÇAISE.

LIVRE DIXIÈME

CHAPITRE PREMIER

CONSTITUTION DE 1793.

La Constitution, universellement et impatiemment attendue. — Projet girondin ; projet montagnard. — Caractères du premier : *Rationalisme* et *Individualisme* ; caractères du second : *Culte du Sentiment* et *Fraternité.* — Pourquoi l'idée d'un Être suprême est absente du projet girondin et domine le plan montagnard.—Affinité secrète entre les divers aspects de toute conception de l'Esprit humain.— Le Panthéisme est la religion de qui croit à la solidarité humaine : l'Athéisme, la religion de qui ramène tout à l'individu ; le théisme, la religion de qui n'adopte, de la solidarité humaine, que son côté moral, la Fraternité. — A quel point de vue se plaçait Robespierre en proclamant l'Être suprême. — Le projet montagnard, moins démocratique en apparence que le projet girondin, l'était davantage en réalité. — Les Montagnards opposés au système du *Gouvernement du Peuple par lui-même.*—Contradictions de la Constitution de 1793 ; leur cause. — La Constitution de 1793, instrument de parti en même temps qu'exposé de principes. — Entretien de Baudin et de Barère sur la Constitution de 1793. — Rapport de Hérault

Défendre la Révolution ne suffisait pas, il fallait l'organiser : la Convention sut pourvoir à tout. Depuis longtemps déjà, le soin de préparer une constitution nouvelle
avait été confié à une commission de neuf membres,
dont Condorcet faisait partie, et, après plusieurs mois
de discussions savantes, cette commission avait présenté
son projet.

Le plan de Condorcet renfermait jusqu'à treize titres,
subdivisés en un très-grand nombre d'articles : l'ardente lutte engagée alors entre la Gironde et la Montagne fit ajourner l'examen d'un travail aussi considérable, mais sans le faire perdre de vue.

Condorcet, impatient, avait demandé la fixation d'un
délai à l'expiration duquel une nouvelle Convention devait être convoquée, et la proposition, peu remarquée à
Paris, avait été accueillie avec faveur dans les départements [1] : bientôt ce ne fut qu'un vœu, qu'un cri. Les
esprits passionnés pour le culte de la justice se persua-
daient volontiers que ses ennemis seraient invincible-
ment confondus le jour où elle éclaterait en vives for-
mules ; et, quant aux âmes que tant de discordes avaient
lassées, elles soupiraient après l'avénement de la loi,
comme devant ouvrir l'ère de la réconciliation générale
et du repos.

Les systèmes se produisirent donc à l'envi. Sur le
terrain où les passions continuaient de se heurter avec

---

[1] Biographie de Condorcet, par F. Arago, en tête des Œuvres de Condorcet, publiées par A. Condorcet-O'Connor et F. Arago, p. cxxiv.

fureur, les idées vinrent se ranger en bataille. Chacun avait son plan de régénération sociale à proposer. Varlet publia le sien, *en présence et sous les auspices de l'Être suprême, reconnu l'auteur de toutes les créations*. Dans ce travail, qui témoignait à la fois, et d'un grand désordre d'esprit, et de quelques aspirations élevées, le fougueux élu de l'Évêché avait mêlé le bien et le mal d'une manière étrange ; il y faisait dériver du droit individuel de conservation la légitimité de la peine de mort appliquée au meurtrier, théorie digne du moyen âge, pitoyable retour à un passé plein de sang ; et, de la même plume, il écrivait ces maximes, qui allaient au delà de l'utopie de l'abbé de Saint-Pierre : « Les nations ne forment qu'une seule famille.—Il n'y a qu'un pouvoir, celui des *nations souveraines. —* Les autorités créées en sont des émanations, qui leur demeurent toujours subordonnées, etc... etc...[1] »

Il serait trop long de rendre compte de toutes les publications qu'enfanta ce mouvement des esprits ; qu'il nous suffise de rappeler, comme hommage au génie cosmopolite de la Révolution française, qu'on vit figurer dans la lice plus d'un étranger, et, notamment, l'Anglais George Edwards[2].

Une pareille préoccupation voulait être respectée ; aussi la Gironde n'eut pas été plutôt vaincue, que les Montagnards s'empressèrent de reprendre le travail de la Constitution. Pour le mener à fin, on adjoignit aux membres du Comité de salut public cinq membres, qui furent : Hérault de Séchelles, Ramel, Mathieu, Couthon, Saint-Just[3]. Les commissaires désignés avaient

---

[1] *Déclaration des Droits de l'homme dans l'état social*, par Varlet, électeur sans-culotte de la section des Droits de l'homme, dans la *Bibliothèque historique de la Révolution*, 795. 6. (*British Museum.*)

[2] *Idées pour former une nouvelle Constitution*, dans la *Bibliothèque historique de la Révolution*, 795. 6. (*British Museum.*)

Hist. varlem., t. XXVIII, p. 172.

sous les yeux le plan de Condorcet ; ils le refirent dans l'espace de quelques jours. Le Comité de salut public amenda, accepta leur œuvre en une seule séance [1], et, le 10 juin, Hérault de Séchelles la soumit aux délibérations de l'Assemblée.

Reconnaissance formelle du principe de la souveraineté du peuple ;

Extension donnée aux élections populaires ;

Égalité des droits politiques entre tous les citoyens ;

Consécration des franchises de la pensée ;

Unité du pouvoir législatif ;

Renouvellement fréquent des fonctionnaires publics ;

Éligibilité de tous à tous les emplois ;

Rééligibilité indéfinie :

Précautions contre l'abus de la force armée :

Tels étaient les points, très-importants, sur lesquels le plan montagnard s'accordait avec le plan girondin qu'avait présenté Condorcet.

Mais il suffit de rapprocher les deux projets pour être frappé des différences.

Et d'abord, en ce qui touche la forme, le travail girondin est sec, quoique diffus, et surchargé de détails réglementaires. Pas un mot qui y réponde à un battement de cœur : c'est l'œuvre par excellence du RATIONALISME.

Du plan montagnard, au contraire, on put dire qu'il était tracé en *style lapidaire* [2], tant le caractère en est monumental ! Et Sieyès fut autorisé, jusqu'à un certain point, à l'appeler une *table des matières* [3], tant la forme en est laconique ! Mais ce laconisme n'a rien d'aride. Qui ne reconnaîtrait la source où furent puisés des traits tels que ceux-ci : « Est admis à l'exercice des droits de citoyens français tout étranger qui sera jugé

[1] *Biographie de Condorcet*, par F. Arago, p. 125.

[2] Toulongeon, *Histoire de France*, 7e époque, in-4°.

[3] *Ibid.*

par le Corps législatif avoir bien mérité de l'humanité.
— Est Français tout étranger qui, domicilié en France
depuis une année, adopte un enfant ou nourrit un vieillard. — Il y a oppression contre le corps social quand
un seul de ses membres est opprimé. — Le peuple français donne asile aux étrangers bannis de leur patrie pour
la cause de la liberté. Il le refuse aux tyrans [1]. » N'y a-
t-il pas là quelque chose du souffle de Jean-Jacques ? Et
ces chaudes couleurs ne sont-elles pas empruntées à
celle des deux philosophies du dix-huitième siècle qui
était venue proclamer le règne du sentiment ?

Descendez, en effet, au fond des deux projets : vous
y trouverez en présence les deux doctrines dont l'avenir
découvrira le lien, mais qui alors se considéraient comme
ennemies : Rationalisme et Individualisme d'une part ;
d'autre part, Philosophie du sentiment et Fraternité.

Avec quelle sollicitude le projet girondin énumérait
et rassemblait les garanties propres à défendre l'individu contre la pression de la société ! Écoutons Condorcet :

« Les citoyens ne peuvent être distraits des juges que
la loi constitutionnelle leur assigne.

« — Nul ne peut être mis en état d'arrestation qu'en
vertu d'un mandat des officiers de police, ou d'une ordonnance de prise de corps d'un tribunal, ou d'un décret d'arrestation du corps législatif, ou d'un jugement
de condamnation à la prison.

« — Toute personne conduite devant l'officier de police sera interrogée sur-le-champ, ou au plus tard dans
les vingt-quatre heures, sous peine de destitution et de
prise à partie.

« — S'il y a lieu d'envoyer la personne détenue à la

[1] Voyez le texte de la Constitution de 1793, dans le t. XXXI de l'*Hist.
parlem.*, p. 400-415.

maison d'arrêt, elle y sera conduite dans le plus bref délai, qui, en aucun cas, ne pourra excéder trois jours.

« — Le directeur du jury d'accusation sera tenu de le convoquer dans le délai d'un mois au plus tard, sous peine de destitution.

« — Nul gardien ou geôlier ne peut recevoir ni retenir aucun homme qu'en vertu d'un mandat, ordonnance de prise de corps, décret d'accusation ou jugement, et sans que la transcription en ait été faite sur son registre.

« — La maison de chaque citoyen est inviolable. Pendant la nuit, on n'y peut entrer qu'en cas d'incendie ou de réclamation de l'intérieur de la maison ; et, pendant le jour, qu'en vertu d'un ordre de l'officier de police.

« — La liberté de la presse est indéfinie [1]. »

Ces garanties, si précieuses, le projet montagnard les passait-il sous silence ? Non, sans doute ; mais, outre qu'il se bornait à les énoncer d'une manière sommaire, il s'abstenait d'indiquer les moyens de les réaliser. On y lisait : « La Constitution garantit à tous les Français l'égalité, la liberté, la sûreté, la propriété, le libre exercice des cultes, une instruction commune, des secours publics, la liberté indéfinie de la presse, le droit de pétition, celui de se réunir en sociétés populaires [2]. » Déclaration trop vague, et qui ne contient rien sur la liberté individuelle, rien sur l'inviolabilité du domicile, rien sur les formes sacramentelles à suivre pour empêcher l'arbitraire ou l'abus des arrestations préventives.

Sous ce rapport donc, l'infériorité du projet montagnard était manifeste ; mais, où sa supériorité éclatait, c'était en ce qui se rattachait au dogme de la Fraternité humaine.

---

[1] Voyez le texte du projet présenté par Condorcet, dans le t. XXIV de l'*Hist. parlem.*, p. 106-154.

[2] Art. 122 de l'acte constitutionnel dans la Constitution de 1793.

Ainsi les Montagnards et les Jacobins ne se contentaient pas de dire comme les Girondins : « La liberté consiste à faire tout ce qui n'est pas contraire aux droits d'autrui [1] ; » ils ajoutaient : « Elle a pour règle LA JUSTICE [2]. »

Les premiers avaient mis à la charge de l'État « les secours publics [3], » et pas davantage ; les seconds écrivirent dans le pacte constitutionnel : *La société doit la subsistance aux citoyens malheureux, soit en leur procurant du travail, soit en assurant des moyens d'exister à ceux qui sont hors d'état de travailler* [4].

Les premiers avaient écarté le principe de la solidarité humaine ; les seconds le formulèrent en termes solennels [5], et, pour lui donner une consécration religieuse, l'associèrent à l'idée d'un ÊTRE SUPRÊME [6]...

Ici quelques remarques sont nécessaires.

Dans le cours de la Révolution mémorable dont nous écrivons l'histoire, il arriva certainement à plus d'un républicain honnête et sincère de pousser ce cri de la conscience révoltée : Dieu, qui permets le mal, tu ne saurais exister ! On avait tant abusé de la notion d'un être invisible, existant au-dessus et en dehors de l'humanité ! On lui avait tant fait sanctionner de crimes, à ce *roi des rois !* Et la terre, qu'il épouvantait et abêtissait du haut de son trône fantastique, posé sur l'enfer, était devenue si lasse de le porter !

D'où vient donc que les Jacobins jugèrent indispensa-

---

[1] Art. 2 de la déclaration des Droits dans le projet de Condorcet.

[2] Art. 6 de la déclaration des Droits dans le projet de Hérault de Séchelles.

[3] Art. 24 de la déclaration des Droits dans le projet de Condorcet.

[4] Art. 21 de la déclaration des Droits dans le projet de Hérault de Séchelles.

[5] « Il y a oppression, » etc... (Art. 34 de la déclaration des Droits. *Ibid.*)

[6] « En présence et sous les auspices de l'Être suprême, le peuple français déclare, » etc. (Préambule de la Constitution de 1793.)

ble d'écrire en tête du pacte social l'article fameux qui
affirmait un Dieu personnel? Si l'athéisme leur répugnait, parce que, niant l'âme universelle en même temps
que la personnalité de Dieu, il tend à mettre un ramas
d'hommes à la place de l'humanité, d'où vient qu'en
vertu de cette affinité secrète qui fait de nos idées métaphysiques la contre-épreuve de nos croyances politiques
ou sociales, ils ne poussèrent pas jusqu'au panthéisme?

Ils disaient : « Le souverain d'une nation, c'est l'universalité des citoyens. »

Ils disaient : « Le souverain de la terre, c'est l'universalité des peuples. »

Pourquoi ne dirent-ils pas : « Dieu est l'universalité
des êtres? »

Ils avaient entrevu que chacun est dans tous, que
l'humanité tout entière est dans chacun; un pas de plus
les eût conduits au panthéisme, qui est l'aspect religieux
de la solidarité humaine : pourquoi s'arrêtèrent-ils à
l'idée d'un Dieu personnel, c'est-à-dire existant en dehors
de la nature et de l'humanité?

Ah! c'est que les Jacobins de 1793 n'avaient encore
qu'une notion très-vague de cette identité des intérêts
dont le mot fraternité exprime seulement le côté moral.
Ces belles paroles qui, de la déclaration des droits for-
mulée par Robespierre, passèrent dans le projet de Hérault de Séchelles : « Il y a oppression du corps social
quand un seul de ses membres est opprimé, » ne suffi-
sent pas pour prouver que Robespierre lui-même ait cru
réalisable un ensemble d'institutions parfaitement en
harmonie avec la hardiesse d'un tel principe. Tout cela
était encore trop loin dans l'avenir, et les grands révolutionnaires de 1793, lorsqu'ils proclamaient « le droit au
travail, » croyaient toucher aux dernières limites que pût
atteindre, en sa plus généreuse audace, le vol de la
pensée.

C'est pourquoi ils se bornèrent à affirmer un Être suprême.

Mais ils eurent soin — qu'on ne l'oublie pas — d'opposer l'Être suprême à ce *bon Dieu* au nom duquel tant d'atrocités avaient été commises dans le monde. Nous avons déjà cité ce que Camille Desmoulins écrivait spirituellement, à propos d'un arrêté de Manuel contre la procession de la Fête-Dieu : « Mon cher Manuel, les rois sont mûrs, le bon Dieu ne l'est pas encore. — Notez que je dis le *bon Dieu*, et non pas *Dieu*, ce qui est bien différent[1]. »

Non : pas plus que Guadet, Robespierre ne croyait au Dieu que l'inquisition avait adoré à la lueur des bûchers et les genoux dans le sang ; au Dieu farouche que Saint-Cyran osait appeler juste, alors qu'il damnait de pauvres enfants jusque dans les entrailles de leurs mères[2]. La pensée de Robespierre, telle qu'il la développa lui-même, était celle-ci : « Qu'y a-t-il entre les prêtres et Dieu ? Les prêtres sont à la morale ce que les charlatans sont à la médecine. Combien le Dieu de la nature est différent du Dieu des prêtres ! Je ne connais rien de si ressemblant à l'athéisme, que les religions qu'ils ont faites. A force de défigurer l'Être suprême, ils l'ont anéanti autant qu'il était en eux. Ils en ont fait tantôt un globe de feu, tantôt un bœuf, tantôt un arbre, tantôt un homme, tantôt un roi. Les prêtres ont créé un Dieu à leur image : ils l'ont fait jaloux, capricieux, avide, cruel, implacable ; ils l'ont traité comme jadis les maires du palais traitèrent les descendants de Clovis, pour régner sous son nom et se mettre à sa place... Le véritable prêtre de l'Être suprême, c'est la nature ; son temple, l'univers ; son culte, la vertu ; ses

---

[1] *Tribune des Patriotes*, n° 3.

[2] « Il est certain, dit un jour Saint-Cyran à Fontaine, que le diable possède l'âme d'un petit enfant dans le ventre de sa mère. » *Mémoires de Fontaine*, t. II, p. 79.

fêtes, la joie d'un grand peuple rassemblé sous ses yeux pour resserrer les nœuds de la fraternité universelle... Prêtres, par quel titre avez-vous prouvé votre mission?.. Le sceptre et l'encensoir ont conspiré pour déshonorer le ciel et usurper la terre[1]. »

Ainsi Robespierre était loin d'admettre qu'il pût y avoir dans le ciel un modèle des tyrans terrestres. Mais, au lieu de rejeter Dieu purement et simplement, comme les Girondins, il voulait que les hommages rendus jusqu'alors au Dieu de l'iniquité le fussent désormais au Dieu de la justice :

« Eh! que vous importent à vous, législateurs, les hypothèses diverses par lesquelles certains philosophes expliquent les phénomènes de la nature? Vous pouvez abandonner tous ces objets à leurs disputes éternelles; ce n'est ni comme métaphysiciens ni comme théologiens que vous devez les envisager; aux yeux du législateur, tout ce qui est utile au monde et bon dans la pratique est la vérité. L'idée de l'Être suprême et de l'immortalité de l'âme est un rappel continuel à la JUSTICE; elle est donc sociale et républicaine[2]. »

Comment les Montagnards et les Girondins, c'est-à-dire des hommes qui poursuivaient d'une égale horreur les abus et les mensonges du passé, furent-ils conduits, sur un chapitre de cette gravité, à des conclusions différentes? La réponse est facile.

Quel était le principe des Girondins? l'individualisme pur. Quel était l'état social qu'appelaient leurs aspirations? un système bien combiné de garanties. Qu'un cadre fût construit où le fort et le faible, le riche et le pauvre, le savant et l'ignorant, se vinssent mouvoir aussi

---

[1] Dans son célèbre discours sur les *rapports des idées religieuses et morales avec les principes républicains*, 18 floréal an II. Voyez l'*Hist. parlem*, t. XXXII, p. 372 et 373.

[2] *Ibid.*, p. 365 et 366.

librement que possible, mais avec la diversité des chances liée à l'inégalité de leurs forces naturelles ou de leurs ressources acquises, l'idéal des Girondins n'allait pas au delà. Donc, pas de despotisme à visage humain dans leur doctrine, mais aussi pas de protection sociale; à chacun de pourvoir à sa propre destinée, dans sa sphère particulière et de son mieux! S'il se trouvait que les fardeaux ne fussent pas proportionnés aux forces, tant pis pour les faibles! Or, pourquoi ceux qui écartaient la notion d'un pouvoir tutélaire parmi les hommes auraient-ils admis celle d'un pouvoir tutélaire dans les cieux? Celui-là sera bien près d'être athée, s'il est logique, qui, méconnaissant le lien mystérieux des êtres, ramène tout à l'existence individuelle, comme celui-là sera volontiers panthéiste, qui, généralisant la vie, retrouve la sienne dans celle des autres.

Aussi Dieu est-il absent du travail de Condorcet. A qui les eût interrogés sur cette omission, les Girondins eussent probablement répondu, comme Laplace à Napoléon : « *Nous n'avions pas besoin de cette hypothèse.* »

Mais Robespierre et les Jacobins crurent en avoir besoin, eux, pour imprimer une haute sanction morale à l'idée que l'intervention d'un pouvoir actif et juste était requise là où il y avait des faibles à protéger, des pauvres à nourrir, des malheureux à sauver, non pas seulement de l'oppression, mais de l'abandon. Ils savaient qu'au malade qui se retourne en gémissant sur son lit de douleur il importe peu d'apprendre qu'il a le *droit* d'être guéri, si on ne le guérit pas; ils savaient que le *droit* de marcher, reconnu au paralytique, n'est que dérision de la part de qui ne lui tend pas la main; ils savaient que la destruction de la misère a pour principal obstacle la misère même, despotisme plus terrible qu'aucun de ceux qui portent nom d'homme, et contre lequel c'est un triste préservatif que la doctrine glacée du *chacun*

chez soi, chacun pour soi; laissez passer, laissez faire....
laissez mourir!

Ils n'eurent garde, conséquemment, d'étendre à l'idée
de protection la haine que l'idée de tyrannie leur inspirait, et, remontant, par une chaîne naturelle, de la nécessité d'une intervention sociale à celle d'une intervention
divine, ils firent de la conception de l'Être suprême le
complément du dogme, encore imparfait dans leur esprit, de la Fraternité.

Sous le rapport politique, la différence n'était pas
moins grande entre le projet de Condorcet et celui de
Hérault de Séchelles, et elle présentait un caractère ana-
logue.

En apparence, rien de plus démocratique que le plan
girondin. La nation tout entière, divisée en assemblées
primaires de quatre cent cinquante à neuf cents membres[1], y était appelée :

1° A élire directement les membres du Corps législatif[2], les administrateurs[3], les ministres[4];

2° A exercer droit de censure sur les actes des mandataires publics, et à provoquer, le cas échéant, soit la
réforme d'une loi existante, soit la promulgation d'une
loi nouvelle[5];

3° A nommer une Convention pour la réforme des
lois constitutionnelles, par suite d'une initiative qu'il
appartenait à chaque citoyen de prendre[6].

Condorcet aurait même voulu que tous les citoyens
concourussent à la confection des lois[7]; et c'est ce qu'il

---

[1] Titre III, section I, art. 1.
[2] Titre VII, section I, art. 2.
[3] Titre IV, section II, art. 1.
[4] Titre V, section II, art. 1.
[5] Titre VIII, art. 1.
[6] Titre IX, art. 5.
[7] Il en avait recherché les moyens dans les *Lettres d'un bourgeois*
de New-Haven.

eût proposé, s'il n'eût été retenu par la crainte que l'éducation du peuple ne fût pas encore au niveau de l'exercice d'un pareil droit[1].

Chose remarquable ! le projet montagnard, eu égard au choix des personnes, accordait beaucoup moins à l'élection directe. Il appelait bien le peuple à élire directement les membres de la législation; mais le choix des administrateurs et celui des ministres, il l'attribuait à des assemblées électorales de district et de département[2]. Le nombre des ministres étant fixé à vingt-quatre[3], l'assemblée électorale de chaque département nommait un candidat, et, sur la liste générale, le Corps législatif choisissait les membres du Conseil[4].

Était-ce donc que, chez les Montagnards, le sentiment démocratique fût moins vif que chez les Girondins? Non, certes; ce qui était moins vif chez les Montagnards, c'était l'instinct du droit purement individuel. Le désir d'assurer à chacun, pris séparément, sa part directe de souveraineté, ne les aveuglait pas sur la nature des meilleurs procédés à suivre pour arriver au but suprême : l'affranchissement moral, intellectuel et social de la masse du peuple. Témoins indignés des effets d'une longue oppression, ils doutaient que les victimes eussent, abandonnées à leurs propres inspirations, la force de la secouer. Ils se défiaient de l'action que, dans nos campagnes, encore plongées en de si épaisses ténèbres, l'intrigue ne manquerait pas d'exercer sur l'ignorance, et le talent pervers sur la probité naïve. Ils ne voulaient pas qu'aux mains des riches, des beaux parleurs, des

---

[1] Voyez ce qu'il en dit dans sa brochure sur la *Nécessité de faire ratifier la Constitution par les citoyens. Bibliothèque historique de la Révolution*, 795-796. (*British Museum.*)

[2] Art. 63 et 80.

[3] Art. 62.

[4] Art. 63.

barons de l'industrie, des usuriers de village, des génies de chef-lieu, la souveraineté du peuple devînt un moyen de mieux river ses chaînes, tout en les dorant. Ils ne faisaient point de la révolution à accomplir une affaire d'addition. C'est pourquoi ils eurent recours à l'institution des assemblées électorales de département, persuadés que, presque partout, ces corps intermédiaires seraient formés sous l'influence des sociétés jacobines de province, si promptes elles-mêmes à accepter l'initiative révolutionnaire de Paris.

Les Girondins ne s'y trompèrent pas. De là cette véhémente exclamation de Salles, dans le pamphlet qu'il lança en fuyant, comme les Parthes lançaient leurs flèches : « *Français, voulez-vous devenir la conquête de Paris*[1] *?* »

Mais Paris, c'est la France en petit, ou plutôt, la France en grand.

Les Montagnards le comprirent bien ; et toutefois il se glissa dans leur œuvre une disposition qui semblait les faire plus girondins que les Girondins eux-mêmes. Ils écrivirent : « Le peuple délibère sur les lois[2]. »

Quel sens attachèrent-ils à ces mots ? Entendaient-ils par là introduire dans le suffrage universel la confusion des langues, et du choc de quelque quarante mille parlements rivaux faire sortir la solution de tout problème ? Leur arriva-t-il d'oublier tout à coup avec quelle force ils avaient eux-mêmes attaqué, dans le débat sur l'appel au peuple, le régime des assemblées primaires, étendu outre mesure ? Car c'était Marat qui avait dénoncé l'exagération du suffrage universel comme le pire des maux[3].

---

[1] *Examen critique de la Constitution*, par Salles, député de la Meurthe, 795-796, dans la *Bibliothèque historique de la Révolution.* (*British Museum.*)

[2] Art. 10.

[3] Voyez, dans le volume qui précède, le chapitre sur l'*Appel au peuple.*

C'était Robespierre qui avait dit, en plein club des Jacobins, et cela sans qu'une seule voix se fût élevée pour le contredire : « Je ne connais pour un peuple que deux manières d'exister : ou bien qu'il se gouverne lui-même, ou bien qu'il confie ce soin à des mandataires; nous, députés républicains, nous voulons établir le gouvernement du peuple par ses mandataires, avec responsabilité; c'est à ces principes que nous rapportons nos opinions [1]. »

Oui, déconsidération et ruine du suffrage universel, égaré;

Mutilation du souverain, sous couleur d'hommage à sa souveraineté;

Immolation des minorités gardiennes du progrès à une majorité de hasard, irresponsable et contre laquelle il n'y aurait plus de recours;

Guerre civile semée dans l'antagonisme d'une foule de petites assemblées locales où les oppresseurs du peuple seraient toujours présents, et d'où serait presque toujours absent le peuple opprimé;

Déchéance intellectuelle de Paris;

Décri de l'idée d'organisation, seule propre à affranchir les prolétaires;

Disparition d'un lieu central de rendez-vous, ménagé aux opinions diverses, pour s'y mesurer, en présence de la nation entière, attentive à leurs débats;

Substitution d'une myriade d'obscurs conciliabules à cette tribune haute et sonore d'où il fut donné à la Révolution d'envoyer sa parole aux extrémités de la terre :

Voilà ce que Robespierre, et Marat, et les Jacobins, avaient aperçu au fond de la théorie qui, sous le nom trompeur de *gouvernement du Peuple par lui-même*, ne

[1] Club des Jacobins, séance du 26 mai 1793. Voyez l'*Hist. parlem.*, t. XXVII, p. 245.

fait que consacrer, en l'étendant à toutes choses, le despotisme du nombre [1].

Donc, en dépit de ces mots : « Le peuple délibère sur
les lois, » mots échappés à la distraction des rédacteurs
ou introduits par un calcul de popularité, la Montagne
n'entendit nullement consacrer, au sein des assemblées
primaires, la discussion des projets de loi présentés à
leur assentiment. Cela est si vrai, que la Constitution de
1793 porte : « Les suffrages sont donnés par *oui* et par
non [2]. » Il y a plus : Ducos et Penière ayant demandé
que l'article exprimât formellement le droit qu'avait le
peuple de discuter la loi, cette proposition fut repoussée, et l'on décida que la manifestation de la volonté
populaire resterait confinée dans les limites de l'acceptation ou du rejet, formulés purement et simplement [3].

On ne saurait nier qu'il n'y eût en tout ceci une con-
tradiction choquante. En principe, on semblait reconnaître au peuple le droit de délibérer sur les lois, et, en
fait, on le lui interdisait ! Puis, que signifiait cette intervention par *oui* et par *non* qui faisait du peuple une
machine à voter ? La belle souveraineté, vraiment, que
celle qui, n'allant pas jusqu'au pouvoir d'amender la loi
présentée, risque d'être étouffée entre deux syllabes ! Le
respectable souverain que celui auquel on défend toute
décision qui ne serait pas le *oui* ou le *non* qu'on lui
demande ! Est-ce *faire* la loi que d'accepter ou rejeter
une loi *faite* par d'autres ?

Encore si la Constitution de 1793 eût appelé le peuple
à sanctionner de cette façon toutes les lois, ou du moins

[1] Nous renvoyons, sur ce point, le lecteur aux citations contenues
dans le chapitre sur l'*Appel au peuple*. — Quant au résumé qu'on
vient de lire, nous n'avons eu qu'à l'extraire textuellement de la
brochure publiée par nous, sous le nom de *République une et indivisible*.

[2] Art. 19.

[3] Voyez, dans le *Moniteur*, la séance du 13 juin 1793.

les plus importantes ! Mais non : le danger du système de la législation directe frappait si vivement les Montagnards, qu'ils eurent soin de diviser la matière des règlements généraux en deux catégories : l'une, comprenant ce qu'ils nommèrent les *lois;* l'autre, embrassant ce qu'ils nommèrent les *décrets.* Les décrets, ils les affranchirent de la nécessité de la sanction préalable du peuple. Or, sous ce titre, que désigna-t-on ? La plupart des actes législatifs qui influent d'une manière décisive sur l'existence politique et sociale d'une nation. Furent compris, par exemple, sous le nom particulier de *décrets,* et soustraits conséquemment au contrôle populaire :

L'établissement annuel des forces de terre et de mer;

L'introduction des forces navales étrangères dans les ports de la République ;

Les mesures de sûreté et de tranquillité générale;

La distribution annuelle et momentanée des secours et travaux publics;

Les ordres pour la fabrication des monnaies de toute espèce;

Les dépenses imprévues et extraordinaires;

Les mesures locales et particulières à une administration, à une commune, à un genre de travaux publics;

La défense du territoire;

La ratification des traités;

La nomination et la destitution des commandants en chef des armées;

La poursuite de la responsabilité des membres du Conseil, des fonctionnaires publics;

L'accusation des prévenus de complots contre la sûreté générale de la République;

Tout changement dans la distribution partielle du territoire français;

Les récompenses nationales [1].

---

[1] Constitution de 1795, art. 55.

En d'autres termes, ce que la Constitution de 1793 retranchait du *gouvernement direct du peuple par lui-même*, c'était... le gouvernement presque tout entier ; car que ne pouvait-on faire entrer dans des articles aussi élastiques que ceux-ci : mesures de sûreté générale ; dépenses imprévues...

Il est vrai que, dans la catégorie beaucoup plus res-serrée des *lois*, figuraient deux articles très-essentiels, savoir : la déclaration de guerre et les contributions [1]. Mais, comme nous le verrons plus loin, l'exercice du premier de ces droits entre les mains du peuple fut dé-fini, lors du débat, dans un sens fort restrictif ; et le second, à force d'être impraticable, était évidemment illusoire. Comment faire répartir par des milliers d'as-semblées primaires cet impôt direct dont la fixation n'est qu'un jugement entre les divers groupes de contri-buables ? A part les inconvénients attachés, en pareille matière, à l'égoïsme local, comment croire possible ailleurs qu'au centre une opération de calcul qui repose nécessairement sur des relevés de produits antérieurs, sur des tableaux du prix des choses dans les différents pays, sur des observations approfondies touchant la marche du commerce et le mouvement des manufactures ? Supposer que tant de petites assemblées éparses arrive-raient à évaluer uniformément la dépense annuelle, d'a-près la valeur des denrées, les devis de construction ou de fournitures, l'état des établissements publics et des magasins, quelle chimère ! La Montagne ne pouvait s'y méprendre.

Il est donc manifeste que le peu qu'elle eut l'air d'ac-corder au système de la législation directe, c'est-à-dire à ce régime des assemblées primaires tant combattu par elle-même, lui fut comme arraché ; elle voulut ménager les susceptibilités départementales que, précisément à

[1] Constitution de 1793, art. 54.

cette heure-là,, les Girondins proscrits s'efforçaient de
changer en révolte. Car, il ne faut pas l'oublier, la Constitution de 1793 fut comme rédigée au bruit du tocsin
sonné, dans les trois quarts des villes de France, contre
la prépondérance et l'initiative de Paris ; de sorte que les
Montagnards se trouvèrent placés entre deux grandes
craintes : s'ils paraissaient trop se défier du régime des
assemblées primaires, ils prêtaient le flanc aux coups de
la Gironde, et fournissaient un aliment très-actif à l'incendie qu'ils avaient hâte d'éteindre ; si, au contraire, ils
égaraient le suffrage universel hors de sa sphère naturelle,
l'élection par le peuple des mandataires du peuple, ils
offraient aux agitateurs royalistes des milliers de points
de ralliement ; ils créaient, dans un pays déjà cerné par
la guerre étrangère, d'innombrables foyers de guerre civile. Pour échapper à cette alternative, ils donnèrent à la
province, théoriquement et en apparence, une part du
pouvoir dont Paris conservait toute la réalité.

Et ce fut au point qu'ils introduisirent dans la Constitution l'article suivant : « Quarante jours après l'envoi de
la loi proposée, si dans la moitié des départements plus
un, le dixième des assemblées primaires de chacun
d'eux, régulièrement formées, n'a pas réclamé, le projet est accepté et devient loi [1]. »

Ici encore l'intention de paralyser le droit de sanction
conféré au peuple était évidente. Aussi les Girondins
s'empressèrent-ils de la signaler. Du fond de sa retraite,
Salles écrivit : « Ils laissent à la nation le droit dérisoire
de s'expliquer *spontanément*, bien sûrs que cette masse
immense ne se remuera jamais de cette manière, et
qu'ils pourront, au milieu du silence général et forcé
du peuple, agiter *leur capitale* [2] ! »

---

[1] Art. 59.

[2] *Examen critique de la Constitution*, par Salles, dans la *Bibliothèque historique de la Révolution*, 795-796. (*British Museum.*)

Au résumé, la Constitution de 1793, si on la consi-
dère sous le rapport politique, eut ce défaut, très-grave
dans un exposé de principes, d'être en même temps un
instrument de parti.

A ce sujet, Baudin, député des Ardennes, raconte que
Barère, l'ayant un jour rencontré dans la cour des Tuileries, le prit à part et lui demanda ce qu'on pensait de la
Constitution. Comme ils étaient près du perron par lequel
on entrait dans le Comité de salut public : « Est-il possible, répondit Baudin, qu'à la vue des degrés du trône
(et il montrait du doigt le perron) je me hasarde à
parler sans feinte à Votre Majesté? — Allons, vous plai-
santez. — Nullement. — Je n'exerce ici aucun pouvoir
que vous ne partagiez avec moi. — Voilà certes une
grande erreur, surtout si vous en tirez la conséquence
que je suis de part dans vos opérations. — Mais, enfin,
que dit-on de la Constitution? » Baudin se mit à réciter
la tirade de Sosie, lorsqu'il prévient Amphitryon que la
vérité le choquera et finit par lui dire :

> « Où comme avec les grands d'ordinaire on en use,
> Je mentirai, si vous voulez. »

Cette plaisanterie ne parut pas amuser Barère, mais
elle piqua sa curiosité, qui devint plus pressante. « Eh
bien, reprit alors Baudin, puisque vous insistez, je pense
qu'il n'appartient qu'à vous de dire que la Constitution est
écrite en *style lapidaire*; j'avoue, moi, qu'elle est rédigée
avec clarté, avec précision; qu'elle séduira sous ces rapports. Vous ne manquerez pas de prétendre que les patriotes, entravés pendant huit mois, ont donné en quinze
jours une Constitution, dès que les opposants ont été ter-
rassés. Elle éblouira ceux qui ne réfléchissent pas : le
nombre en est grand! Reste à savoir si elle peut marcher, je vous attends là. Mais, telle qu'elle est, c'est,
entre vos mains, un instrument infaillible de succès.

*C'est une torpille avec laquelle vous endormirez les dépar-
tements*[1]. »

Hérault de Séchelles avait présenté son rapport le
10 juin : le 11, la discussion s'ouvrit.

On a écrit que cette discussion ne fut que pour la
forme; que ceux des Girondins qui restaient dans l'Assemblée refusèrent de s'associer au débat : tout cela est
inexact. On vit, au contraire, figurer dans la lice, et très-
activement, Fermont, Ducos, Fonfrède, Mazuyer. Il est
même à remarquer que, loin de repousser aucune mesure
comme trop populaire, ils renchérirent, en plusieurs
occasions, sur les tendances démocratiques du Comité de
salut public[2]. Ils ne négligèrent rien, non plus, pour
détourner l'accusation de fédéralisme qui pesait sur leur
parti. Fonfrède combattit vivement le système de « ces représentations nationales, qui penchent au fédéralisme[3]. »
Hérault ayant oublié dans son projet de définir le peuple,
« l'universalité des citoyens, » ce fut le girondin Fayau
qui proposa cette définition, comme propre à « fermer
toutes portes au fédéralisme[4]. »

Du reste, les modifications apportées par le débat au
projet que le Comité de salut public avait adopté ne furent
ni très-nombreuses ni très-profondes.

Sur la question de savoir si, dans les assemblées primaires, le vote aurait lieu à haute voix ou au scrutin, au
choix du votant, Danton ayant demandé la liberté du choix,
« afin que le riche pût écrire, et le pauvre parler, » Ducos
s'écria : « Les Médicis étaient des marchands; ils avaient
dix mille votants à leurs ordres; ils ont fini par être sou-
verains.» Mais l'Assemblée ne s'arrêta point à cet exemple,

[1] *Anecdotes et Réflexions générales sur la Constitution*, par P. C. L.
Baudin, député des Ardennes, p. 18 et 19, dans la *Bibliothèque historique de la Révolution*, 795-807. (*British Museum*.)
[2] *Mémoires de René Levasseur*, p. 307. Édition de Bruxelles.
[3] *Ibid.*, p. 291.
[4] *Ibid.*, p. 289.

séduite peut-être par ce mot de Barère : « On ne peut pas contester aux bons citoyens le droit d'être courageux [1]. »

Le projet de Hérault de Séchelles portait que « les députés ne pourraient être recherchés, accusés, ni jugés en aucun temps, pour les opinions par eux énoncées dans le Corps législatif. » Et en cas de trahison manifeste?... Robespierre aurait voulu qu'on trouvât un moyen de les contenir ou de les punir. Question épineuse! Tiendrait-on la liberté des votes sous le poids d'une menace continuelle? Que deviendrait alors la dignité des représentants du peuple? Convenait-il de mettre leur conscience à la torture? Et puis, quel danger, si l'intrigue s'emparait du pouvoir de frapper! Robespierre insista pour que cette matière, selon lui très-délicate, fût mûrement examinée, et qu'on cherchât un procédé de nature à rendre la responsabilité des mandataires sérieuse, sans néanmoins porter atteinte à leur liberté morale. Mais où Robespierre voyait une œuvre d'avenir, la plupart des Montagnards voyaient une œuvre de circonstance, et ils étaient pressés d'en finir : on passa outre [2].

Le même sentiment d'impatience fit laisser de côté un chapitre qui instituait un grand jury national, chargé de protéger les simples citoyens contre les membres de la législature et du Conseil exécutif. Vainement Robespierre s'efforça-t-il de faire comprendre l'importance de cette institution dont il avait donné le premier l'idée, il ne put rien obtenir [3].

Nous avons dit que, dans la Constitution de 1793, la déclaration de guerre est comprise au nombre des *lois* : cette disposition, appuyée par Thuriot et Philippeaux, fut combattue par Ducos et Danton. Ce dernier réclamait, pour le gouvernement, le droit de défendre la nation

[1] Voyez le *Moniteur* du 14 juin 1793.
[2] Séance du 15 juin 1793.
[3] *Mémoires de Levasseur*, p. 300.

contre une attaque imprévue. Thuriot revenant à la charge : « Eh bien, dit Danton, que le Corps législatif soit autorisé à porter les premiers coups si le salut de l'État l'exige, et que ce commencement d'hostilités n'empêche pas que le peuple soit convoqué pour se prononcer sur la continuation de la guerre. » On décréta l'article, ainsi expliqué et amendé [1].

Il était dit, dans le plan de Condorcet, que, d'intervalle en intervalle, la révision de la Constitution aurait lieu par une Convention nommée *ad hoc*, laquelle se réunirait dans une autre ville que le Corps législatif; et, à cet égard, le projet de Hérault de Séchelles ne différait pas de celui de Condorcet. Il y avait là un danger qui n'échappa point au regard perçant de Robespierre. « Un peuple qui a deux représentations, fit-il observer, cesse d'être unique. Une double représentation est le germe du fédéralisme et de la guerre civile. Qu'on ne m'objecte pas que les deux assemblées auraient des fonctions différentes : l'une s'armerait de la Constitution existante; l'autre, de cet intérêt plus vif que prend un peuple à ses nouveaux représentants; la lutte s'engagerait; la rivalité éveillerait des haines, et les ennemis de la liberté profiteraient de ces dissensions pour bouleverser la République. » Ces observations frappèrent tous les esprits; Hérault de Séchelles déclara s'y ranger [2], et l'on décréta que la Convention, formée de la même manière que les législatures, en réunirait les pouvoirs [3].

Robespierre ne montra pas moins de sagacité politique, en défendant, contre Chabot, l'article qui conférait à des assemblées électorales, au lieu de l'abandonner au vote direct du peuple, le choix des administrateurs et des ministres. Thuriot et Levasseur ayant mis en relief l'in-

---

[1] *Mémoires de Levasseur*, p. 296.
[2] *Ibid.*, p. 305.
[3] Constitution de 1793, art. 116.

convénient de donner aux corps administratifs un caractère de représentation qui les mettrait en quelque sorte
sur un pied d'égalité avec le Corps législatif et tendrait
par là au fédéralisme, Robespierre développa avec beaucoup de force, surtout en ce qui touchait la nomination
des ministres, la considération suivante : « Si le Conseil
exécutif tient ses pouvoirs de la même source que le Corps
législatif, il en deviendra le rival, et le rival très-dange-
reux, ayant la force que donne l'exécution [1]. »

Dans la séance du 17 juin, Levasseur et Ducos avaient
demandé qu'on exemptât de toute contribution ceux qui
n'avaient que l'absolu nécessaire ; et cette exemption,
dictée par une généreuse sympathie pour les pauvres,
formait un des traits caractéristiques de la *Déclaration
des Droits* de Robespierre [2]. Mais, en examinant de près
les conséquences d'un semblable privilége, le grand
homme d'État de la démocratie était arrivé bien vite à reconnaître que c'était là une noble erreur. Il le déclara
en ces termes : « J'ai partagé un moment l'erreur de
Ducos ; je crois même l'avoir écrite quelque part ; mais
j'en reviens aux principes, et je suis éclairé par le bon
sens du peuple, qui sent que l'espèce de faveur qu'on lui
présente n'est qu'une injure. En effet, si vous décrétez
que la misère exempte de l'honorable obligation de contribuer aux besoins de la patrie, vous décrétez l'avilisse-
ment de la partie la plus pure de la nation, vous décrétez
l'aristocratie des richesses, et bientôt, vous verriez ces
nouveaux aristocrates, dominant dans les législatures,
avoir l'odieux machiavélisme de conclure que ceux qui
ne contribuent pas aux charges ne doivent point partager les bienfaits du gouvernement ; il s'établirait une
classe de prolétaires, une classe d'ilotes... Ce qu'il y a
de populaire et de juste, c'est le principe que la société

[1] Séance du 15 juin 1793. Voyez le *Moniteur*.
[2] Art. 15 de cette déclaration.

doit le nécessaire à tous ceux de ses membres qui ne peuvent se le procurer par le travail. Je demande que ce principe soit consacré dans la Constitution, et que le pauvre qui, pour sa contribution, doit une obole, la reçoive de la patrie pour la reverser dans le trésor public [1].» C'est ce qu'on décida [2].

Tels furent les débats d'où sortit la Constitution de 1793. Ils ne durèrent que quelques jours, furent marqués par une extrême sobriété de paroles, et témoignèrent d'une grande hâte d'arriver au dénoûment : ce dont il n'y a pas à s'étonner, lorsqu'on songe au théâtre de cette discussion et à sa date orageuse. Quelles préoccupations s'y mêlèrent ! Que d'incidents l'interrompirent ! Au milieu de ses graves travaux, il fallait que l'Assemblée s'occupât, tantôt de la Vendée, où les royalistes triomphaient ; tantôt du Calvados, soulevé par les Girondins. Chaque jour, quelque dépêche menaçante ou quelque nouvelle sinistre. De l'intérieur des départements, arrivaient des missives qui les montraient sur le point de prendre feu [3] ; Momoro, du fond de la Vendée, annonçait la prise de Saumur par les royalistes [4]; Romme et Prieur (de la Côte-d'Or) écrivaient à la Convention pour lui rendre compte de leur arrestation à Caen.

Ce fut à l'occasion de cette lettre et d'un *post-scriptum* où Romme disait : « Notre arrestation peut revêtir un grand caractère, si on nous constitue otages pour la sûreté des représentants détenus à Paris, » que Gassuin osa insinuer, d'après le caractère de l'écriture, qu'on avait forcé la main au signataire ; sur quoi Cambon s'écria : « Vous vous trompez : Romme serait libre au milieu de toutes les bouches à feu de l'Europe [5]. »

[1] *Hist. parlem.*, t. XXVIII, p. 208 et 209.
[2] Voyez la Constitution de 1793, art. 21 et 101.
[3] Séance du 11 juin 1793.
[4] Séance du 12 juin 1793.
[5] Séance du 14 juin 1793. Voyez le *Moniteur* du 17.

Ce fut aussi à l'occasion des derniers articles de la
Constitution qu'à ces paroles de Mercier : « De tels ar-
ticles s'écrivent ou s'effacent avec la pointe d'une épée.
Avez-vous fait un pacte avec la victoire ? » il fut répondu :
« Non, mais nous en avons fait un avec la mort. »

Les uns nomment ici Bazire ; d'autres, Robespierre [1].
Eh! qu'importe qui le poussa, ce cri sublime? Levasseur,
qui était là, dit qu'il fut poussé « tout d'une voix par la
Montagne [2]. » Et, en effet, il est des mots qui ne se trouvent sur les lèvres d'un seul que lorsqu'ils se sont
échappés du cœur de tous.

La Constitution fut achevée le 23 juin. Comme on la
mettait aux voix, une partie de l'Assemblée restant immobile, Billaud-Varenne, indigné, réclama l'appel nominal, « pour apprendre enfin au peuple quels étaient
ses ennemis. » C'eût été enlever au pacte fondamental
qui venait de se conclure beaucoup de son autorité morale : Robespierre, plus habile, se contenta de dire d'un
ton méprisant : « Il faut croire que ces messieurs sont
paralytiques; » et il fit passer à l'ordre du jour [3].

Ainsi qu'on devait s'y attendre, les députations af-
fluèrent. Magistrats et simples citoyens accoururent en
foule pour féliciter l'Assemblée : Dufourny, au nom des
corps administratifs; Pache et Chaumette, au nom de la
Commune; un juge, au nom des tribunaux de Paris; un
canonnier, au nom de ses camarades [4]. Billaud-Varenne,
pour consacrer cette journée, voulait qu'on abrogeât la
loi martiale : cette motion fut votée d'enthousiasme [5]. En

---

[1] C'est à ce dernier que le récit de Mercier semble attribuer cette réponse , sans toutefois le dire expressément.

[2] *Mémoires de René Levasseur*, p. 306.

[3] *Anecdotes et Réflexions générales sur la Constitution*, par Baudin,
p. 20 , dans la *Bibliothèque historique de la Révolution*, 795-807. (*British Museum.*)

[4] *Hist. parlem.* t. XXVIII, p. 209-212.

[5] *Ibid.*, p. 212.

ce moment, les officiers municipaux remplissaient la salle, et le peuple, se pressant aux portes, demandait à entrer : l'autorisation lui en fut accordée; et, divisés en légions, précédés de tambours, les nombreux citoyens qui composaient le cortége défilèrent en criant : *Vive la République! Vive le 31 mai! Vive la Montagne*[1]*!*

Le soir, Paris prit ses habits de fête; les canonniers se réunirent aux Champs-Élysées; le peuple couvrit le Champ de Mars; et, le lendemain, David rendit compte à la Convention des scènes émouvantes dont il avait été témoin[2].

Toutefois la Constitution de 1793 ne fut pas sans rencontrer des censeurs, même hors du camp des royalistes. Et il est certain qu'elle donnait prise à la critique sous beaucoup de rapports.

Au point de vue politique, on lui pouvait reprocher :

D'avoir déterminé, tantôt d'une manière contradictoire, tantôt d'une manière illusoire, les actes de la souveraineté du peuple;

D'avoir accordé à cette souveraineté, ou trop, ou trop peu;

De n'avoir établi aucune institution de nature à garantir les citoyens contre la tyrannie des administrateurs ou des magistrats;

D'avoir, en matière de procès civils, conservé les juges, sous le nom d'*arbitres publics*, au lieu de les remplacer, comme dans le plan de Condorcet, par des arbitres au choix des parties;

De n'avoir pas suffisamment soustrait la liberté civile aux atteintes de l'arbitraire;

D'avoir fait du Conseil exécutif, en le composant de vingt-quatre membres, une lourde machine qui risquait

[1] *Hist. parlem.*, t. XXVIII, p. 209-212.
[2] *Ibid.*, p. 213.

de nuire à la rapidité des affaires et de compromettre l'unité d'action;

D'avoir, par oubli sans doute, fermé au pauvre les portes de la représentation nationale, en n'attachant aucune indemnité aux fonctions de représentant.

Au point de vue moral et social, la Constitution de 1793 avait le grave défaut d'assigner pour but à la Société le bonheur commun[1], sans ajouter que ce bonheur commun est dans l'accomplissement de la justice; et, quant au principe de la fraternité humaine, combien la Constitution de 1793 restait en deçà des limites aperçues par Robespierre!

DÉCLARATION DES DROITS, PRÉSENTÉE AUX JACOBINS PAR ROBESPIERRE, LE 21 AVRIL 1793.	CONSTITUTION DU 24 JUIN 1793.
La propriété est le droit qu'a chaque citoyen de jouir et de disposer de *la portion de biens qui lui est garantie par la loi.*	Le droit de propriété est celui qui appartient à tout citoyen de jouir et de disposer, *à son gré*, de ses biens, de ses revenus, du fruit de son travail et de son industrie.
Le droit de propriété est borné, comme tous les autres, par l'obligation de respecter les droits d'autrui.	
Il ne peut préjudicier, ni à la sûreté, ni à la liberté, ni à l'existence, ni à la propriété de nos semblables.	
Toute possession, tout trafic, qui viole ce principe, est essentiellement illicite et immoral.	Nul genre de travail, de culture, de commerce, ne peut être interdit à l'industrie des citoyens.
Pour que les droits du peuple ne soient pas illusoires, pour que l'égalité ne soit pas chimérique, la société doit salarier les fonctionnaires publics, et faire en sorte que les citoyens qui vivent de leur travail puissent assister aux assemblées publiques, où la loi les	

[1] Art. 1.

appelle, sans compromettre leur existence et celle de leurs familles.

Les hommes de tous les pays sont frères, et les différents peuples doivent s'entr'aider, selon leur pouvoir, comme les citoyens du même état.

Celui qui opprime une seule nation se déclare l'ennemi de toutes.

Le peuple français est l'ami et l'allié naturel des peuples libres.

Il ne s'immisce point dans le gouvernement des autres nations. Il ne souffre pas que les autres nations s'immiscent dans le sien.

Ce rapprochement dispense de tout commentaire; il montre assez que l'influence de Robespierre sur les auteurs de la Constitution de 1793 ne fut pas entièrement exclusive de l'ascendant de Condorcet. L'article qui, dans l'œuvre montagnarde, fait de la propriété un droit absolu, invariable; celui qui affranchit le commerce et l'industrie, jusqu'à les rendre indépendants de la morale; celui qui consacre l'égoïsme national en proclamant le principe de non-intervention, portent l'empreinte de l'esprit girondin.

Aussi Robespierre était-il loin de regarder la Constitution « comme un ouvrage fini : » il le déclara en pleine séance des Jacobins, au moment de la présentation du rapport[1]. Mais, tout imparfaite qu'elle était, il la jugeait supérieure aux institutions morales et politiques des autres peuples[2]; et, d'un autre côté, elle avait à ses yeux le mérite de mettre un terme à l'incertitude où avaient flotté jusqu'alors les destinées du peuple français[3]. Il fut d'avis qu'il fallait se rallier autour d'elle, sauf à la perfectionner[4]; et tel fut le sentiment qui prévalut au club des Jacobins.

Mais, depuis que les réunions de l'Évêché avaient ac-

[1] Séance des Jacobins du 10 juin 1793.
[2] Ibid.
[3] L'expression est de lui. Ibid.
[4] Ibid.

quis de l'importance, il s'était formé un parti qu'on désigna sous le nom d'*Enragés* : les *Enragés*, à la tête desquels figuraient Varlet, Leclerc et Jacques Roux, ne
manquèrent pas de s'élever bruyamment contre la Constitution de 1793. Dans la soirée du 10, aux Jacobins,
Chabot avait critiqué le travail de Hérault de Séchelles
avec plus d'emportement que de succès. Le 25, Jacques
Roux parut à la barre de l'Assemblée comme orateur
d'une députation qui se prétendait envoyée par la section
des Gravilliers; et, dans ce style déclamatoire et violent
qu'on prenait trop souvent alors pour le langage des
hommes libres : « Mandataires du peuple, dit-il, vous
promettiez de faire cesser les calamités du peuple; mais
qu'avez-vous fait pour cela ? Vous venez de rédiger une
constitution que vous allez soumettre à la sanction du
peuple. Y avez-vous proscrit l'agiotage ? Non. Y avez-vous
prononcé une peine contre les accapareurs et les mono-
poleurs ? Non. Eh bien, nous vous déclarons que vous
n'avez pas tout fait. Vous qui habitez la Montagne, dignes
sans-culottes, resterez-vous toujours immobiles sur le
sommet de ce rocher immortel ? Prenez-y garde, les amis
de l'égalité ne seront pas les dupes des charlatans qui
veulent les assiéger par la famine, de ces vils accapareurs
dont les magasins sont des repaires de filous... Députés
de la Montagne, ne terminez pas votre carrière avec
ignominie [1], »

Les Montagnards complices des accapareurs ! protecteurs des noirs calculs qui affamaient le peuple ! Il n'y
avait donc plus qu'à leur courir sus, à la grande joie des
royalistes et des Girondins ! L'explosion fut terrible sur
les bancs de la Montagne. Thuriot, Robespierre, Billaud-
Varenne, Legendre, Collot-d'Herbois, Léonard Bourdon,
vinrent tour à tour dénoncer dans le pétitionnaire un

---

[1] Voyez le texte de cette adresse, reproduite *in extenso*, dans l'*Hist.
parlem.*, t. XXVIII, p. 216-218.

Tartufe de démagogie. L'acte constitutionnel pouvait présenter des lacunes; qui le niait? Mais, enfin, dans quel temps et dans quel pays en avait-on produit un semblable? Était-ce pour en récompenser les auteurs qu'on appelait sur eux le déchaînement des colères nées de la faim? Ce Jacques Roux était un ancien prêtre : Thuriot l'accusa de venir en aide aux fanatiques de la Vendée. Léonard Bourdon lui reprocha de ne flatter le peuple que pour l'égarer. « Qu'on le chasse! » criait Legendre. Un des citoyens qui avait accompagné Jacques Roux déclara que la pétition qu'il venait de lire n'était point celle que la section des Gravilliers avait adoptée. On admit les pétitionnaires aux honneurs de la séance, mais à l'exception de leur orateur, qui dut rester à la barre, puis se retirer [1].

Furieux, il court se plaindre au club des Cordeliers, dont il obtient l'adhésion pour l'adresse qu'il a lue dans l'Assemblée. Profitant de ce premier avantage, Leclerc taxe Danton de modérantisme, et conclut à ce que Legendre soit expulsé de la Société. Mais, sur ce point, le club se divise, et, à la suite d'un grand tumulte, décide que Legendre sera mandé pour rendre compte de sa conduite [2].

Pendant ce temps, les discours des *Enragés* se traduisaient en actes. Il y eut sur les ports des tentatives de pillage qui menacèrent l'approvisionnement de Paris; à la Grenouillère et au port saint Nicolas, des hommes s'ameutèrent dans le but de forcer la distribution d'un bateau de savon à un prix au-dessous du cours. Une voiture de vingt-deux caisses de savon, pesant ensemble 4,200 livres, fut arrêtée par un attroupement à la bar-

[1] Séance de la Convention du 26 au soir. — En rapprocher les détails du récit de Jacques Roux, dans le club des Cordeliers, tel que le donne le *Républicain français*, cité par les auteurs de l'*Hist. parlem.*, t. XXVIII, p. 219.

[2] *Ibid.*, p. 220 et 221.

rière Saint-Lazare; et ces désordres ne durèrent pas moins de trois jours [1].

Il devenait indispensable d'y aviser : la Commune lança contre les agitateurs, qu'elle n'hésita pas à traiter de contre-révolutionnaires, un arrêté très-vigoureux [2]. A une députation de femmes qui exigeaient que le savon leur fût délivré à vingt sous la livre, Hébert répondit : « Si on se livre à des excès, la contre-révolution est faite, et vous aurez un roi [3]. » Cette ferme attitude des magistrats populaires et quelques arrestations ramenèrent le calme.

De leur côté, les Jacobins étaient intervenus. Indignés des manœuvres mises en usage pour égarer le club des Cordeliers, ils y envoyèrent douze commissaires, chargés d'éclairer les esprits sur la portée véritable et l'intention de l'adresse de Jacques Roux. Il essaya vainement de se défendre : on ne voulut pas même l'écouter, et il fut chassé du club des Cordeliers, comme un fanatique et un scélérat. Leclerc, accusé d'avoir provoqué les massacres dont la ville de Lyon avait été le théâtre, partagea le sort de Jacques Roux. Restait Varlet : on se contenta de décider qu'il serait soumis à un scrutin épuratoire, et ne pourrait assister jusque-là aux séances des Cordeliers [4].

On pense bien que, si la Constitution de 1793 déplut aux *Enragés*, elle ne plut pas davantage aux Girondins. Condorcet l'attaqua dans un pamphlet très-vif, dont la conclusion était : « Tout ce qui est bon dans le second projet est copié du premier, on n'a fait que pervertir et corrompre ce qu'on a voulu corriger. [5] »

[1] Voyez la *Chronique de Paris*, citée par les auteurs de l'*Hist. parlem.*, t. XXVIII, p. 224 et 225.

[2] L'*Hist. parlem.* le donne en entier, t. XXVIII, p. 222 et 224.

[3] *Chronique de Paris*, n° CLXXXI, *ubi supra*.

[4] Compte rendu du *Républicain français*, n° 228, reproduit dans l'*Hist. parl.*, t. XXVIII, p. 231.

[5] *Biographie de Condorcet*, par François Arago, en tête de ses Œuvres, publiées par A. Condorcet-O'Connor et F. Arago.

Ce trait était de ceux qui peuvent blesser la main qui les lance; Condorcet le pressentit, et songea dès lors à s'assurer une retraite [1].

Il y avait, au numéro 21 de la rue Servandoni, une maison ordinairement occupée par des étudiants, et qu'avaient habitée deux jeunes amis de Cabanis et de Vic-d'Azir, nommés Pinel et Boyer. Cette maison appartenait à la veuve de Louis-François Vernet, sculpteur et proche parent des grands peintres de ce nom. Condorcet ayant été décrété d'arrestation dans la séance du 8 juillet, sur la dénonciation de Chabot, Pinel et Boyer vont trouver madame Vernet et lui demandent si elle consentirait à sauver un proscrit. « Est-il honnête homme? » demande à son tour la dame provençale, femme au cœur chaud, à l'esprit décidé, et bienfaisante jusqu'à l'héroïsme [2]. «Oui, madame, » répondent les deux jeunes gens. « En ce cas, qu'il vienne. — Nous allons vous dire son nom. — Vous me l'apprendrez plus tard. Pendant que nous discourons, il est peut-être arrêté. » Et le soir, raconte l'illustre biographe de Condorcet, le proscrit allait confier son existence à une femme dont, peu d'heures auparavant, il ignorait le nom [3].

Mais il ne devait pas échapper longtemps, l'infortuné, au sort qui, partout et toujours, attend ces fous héroïques dont la vie s'emploie à servir le peuple; et ceux-là devaient périr à leur tour, qui forcèrent Condorcet à se tuer, parce qu'eux aussi avaient osé travailler au bonheur des hommes. « La majorité de ceux qui ont voté la Constitution de 1793 sont morts ou ont été proscrits pour elle [4]. » Il est donc bien irrémissible, le crime d'avoir voulu la justice !

[1] *Biographie de Condorcet*, par François Arago, p. cxxxiii.
[2] *Ibid.*
[3] *Ibid.* p. cxxxiii.
[4] *Mémoires de René Levasseur*, p. 316.

CHAPITRE DEUXIÈME

GUERRE DE LA VENDÉE.

Le curé Bernier. — Formation du Conseil supérieur de Châtillon. — Distribution des forces républicaines en Vendée. — Inaction de Biron ; son caractère. — Les *Héros de cinq cents livres* ; traîtres mêlés à de bons patriotes. — Manœuvres de la trahison. — Les républicains chassés de Doué. — Aspect de Saumur. — Salomon battu à Montreuil. — Siége et prise de Saumur par les royalistes. — Menace de pillage : belle proclamation des chefs vendéens. — Leur jalousie à l'égard l'un de l'autre. — Cathelineau nommé généralissime. — Les mouchoirs rouges. — Attitude des prêtres parmi les rebelles. — Corps de volontaires nationaux, découragés. — Camp de Légé. — Démêlés entre Charette et la marquise de Goulaine. — Charette se réfugie auprès de Royrand. — Accueil qu'il reçoit. — Il retourne à son camp. — Prise de Machecoul par Charette. — Charette et Lescure concertent une attaque sur Nantes. — Les soldats de Charette tentés par l'opulence de Nantes ; provision de sacs. Dangers de la République, si l'attaque de Nantes réussissait. — Les Vendéens à Angers. — Évacuation d'Ancenis. — 80,000 Vendéens marchent sur Nantes. — Députation nantaise à la barre de la Convention. — Rapport de Choudieu. — Westermann fait une pointe sur Parthenay et s'en empare. — Affaire de Luçon ; Sandoz bat en retraite pendant que ses officiers gagnent la bataille. — Aspect de Nantes. — Canclaux-Beysser. — Coustard. — Baco. — Admirable unanimité de patriotisme dans Nantes à l'approche de l'ennemi. — Le ferblantier Meuris à Nort ; héroïsme de Meuris et de ses compagnons ; service immense qu'il rend à la ville de Nantes. — Belle défense de Nantes. — Cathelineau blessé mortellement. — Levée du siége par les Vendéens. — Imitation de l'antiquité.

Nous avons laissé les Vendéens évacuant Fontenay[1] ; leur court séjour dans cette ville fut marqué par un fait

[1] Voyez, dans le volume précédent, le chapitre intitulé *les Girondins et la Vendée*.

important, la création de ce qu'ils appelèrent le *Conseil supérieur*.

Parmi les prêtres engagés dans la révolte figurait un curé nommé Bernier, homme séduisant de manières, d'une éloquence douce, d'une activité sans bornes, très-supérieur par l'esprit à tous ceux qui l'entouraient, mais cachant derrière tant d'avantages une soif ardente du pouvoir, le génie de l'intrigue, des mœurs dissolues, et une âme capable des plus noirs attentats[1]. Peu connu encore, à l'époque dont nous parlons, pour ce qu'il était en réalité, cet habile hypocrite jouissait, dans l'armée vendéenne, d'un ascendant qui devint bientôt décisif. Ce fut lui qui, de concert avec Bernard de Marigny et d'Elbée, imagina la formation d'un corps chargé de résoudre, sous le nom de *Conseil supérieur*, les questions administratives et judiciaires[2]. Le siége du nouveau pouvoir fut fixé à Châtillon; et le Conseil, présidé par le faux évêque d'Agra, eut pour membres, outre plusieurs avocats et hommes de loi, quatre prêtres, qui furent le curé Bernier, de la Rochefoucauld, Brin, vicaire général du diocèse de la Rochelle, et Jagault, un bénédictin[3].

Mettre ainsi un pouvoir civil à côté du pouvoir militaire, c'était pousser à la discorde; et la rivalité ne tarda point en effet à éclater[4]. Mais le seul fait de cette institution annonçait une tendance à s'organiser et des vues d'avenir dont les républicains eurent à se préoccuper.

Comprenant enfin que, pour réduire un ennemi formidable, il ne suffisait pas de quelques bandes de citoyens armés à la hâte, le Comité de salut public résolut

[1] Madame de la Rochejaquelein, toute Vendéenne qu'elle était, avoue que les Vendéens, après la guerre, reprochaient au curé Bernier « des *crimes* qui ne laissent pas d'avoir quelque probabilité. » Voyez les *Mémoires* de cette dame, chap. VIII, p. 151.

[2] *Pièces contre-révolutionnaires*, publiées par Benjamin Fillon. p. 66.

[3] Voyez la liste complète dans l'ouvrage ci-dessus, p. 68.

[4] Lettre de Cumont à Sapinaud de la Vérie. *Ibid.*

d'opposer aux rebelles des troupes de ligne. Trois légions, comprenant artillerie, infanterie et cavalerie, et dont l'une avait pour chef Westermann, reçurent ordre de marcher en Vendée; à cette force on joignit des divisions de gendarmerie à pied, sous les ordres de Rossignol, d'abord ouvrier orfévre, puis bas-officier aux gardes; et trente mille fantassins, tirés des armées du Nord et du Rhin, furent envoyés en poste jusqu'à Orléans et Angers [1].

D'un autre côté, le Comité de salut public crut devoir rappeler le général la Bourdonnaye et diviser l'étendue de son commandement; de sorte que les forces destinées à combattre la rébellion se trouvèrent partagées en deux armées, l'*armée des côtes de la Rochelle*, s'étendant depuis l'embouchure de la Gironde jusqu'à Nantes, et l'*armée des côtes de Brest*, répandue depuis Nantes jusqu'à Saint-Malo [2].

Le général Canclaux commandait la seconde; Biron, arrivé à Niort le 29 mai [3], y prit le commandement de la première.

Ce partage, trop propre à briser l'unité de la résistance, ne pouvait manquer d'avoir des résultats funestes; et ils s'aggravèrent, nous le verrons, du peu d'accord qui existait entre les représentants en mission, dont les uns furent appelés à siéger à Nantes, d'autres à Saumur; ceux-ci à Tours, ceux-là à Fontenay, à Niort, aux Sables.

Au commencement de juin, la distribution des forces républicaines sur les points particulièrement menacés était celle-ci : à Niort, seize mille hommes; à Thouars, que les Vendéens avaient abandonné, six mille; à Doué, huit mille; à Saumur, dix mille [4].

Nous avons dit quel admirable élan de patriotisme fit affluer à Niort, pour protéger cette ville, après la prise

[1] *Mémoires sur la Vendée*, par un ancien administrateur militaire des armées de la République, chap. v, p. 47.
[2] *Ibid.*, p. 46.
[3] *Mémoires manuscrits de Mercier du Rocher*, p. 192.
[4] *Ibid.*

de Fontenay, les habitants des contrées circonvoisines, hommes mûrs, jeunes gens, vieillards. Le concours fut tel, qu'on craignit la famine, et qu'il fallut renvoyer ceux qui n'étaient pas en état de servir utilement, les vieillards, par exemple. Jusque-là, rien de mieux ; mais les autres, ne pouvait-on, par un mouvement impétueux et hardi, les pousser au cœur de la Vendée, en leur donnant pour point d'appui, et la garnison de Niort, et les troupes ralliées de Fontenay [1] ? Ce mouvement, exécuté avec précision, au moment même où les vainqueurs de cette dernière cité, les paysans, ne songeaient qu'à regagner leurs villages, eût peut-être empêché les chefs vendéens, tranquillement rassemblés à Châtillon, d'y mûrir le plan d'une nouvelle campagne.

Malheureusement Biron n'était pas homme à mettre à profit la puissance de l'enthousiasme populaire ; à peine s'il était capable de la comprendre. Héritier des traditions d'une famille célèbre par d'ambitieuses galanteries et par une grande légèreté d'esprit mêlée à beaucoup de grâce, il ne reproduisait que trop fidèlement dans sa personne le type, charmant et vain, des Lauzun. Brave, il l'était sans nul doute, et de cette bravoure qui se sent aussi à l'aise devant le bourreau que devant l'ennemi. Traître, il y avait trop du fier gentilhomme en lui pour qu'il s'avilît à ce point. Mais sa jeunesse emportée, ses liaisons de plaisir avec le duc d'Orléans, ses dettes, l'insouciance fastueuse avec laquelle il lui était arrivé d'offrir des titres de cent mille francs contre vingt-cinq louis, l'éclat de ses amours, ses voyages romanesques, et jusqu'à cette guerre d'Amérique où l'élégance raffinée de sa tenue militaire scandalisa plus d'un guerrier en bonnet de laine [2], tout cela était une singu-

[1] C'est l'opinion exprimée par un juge compétent. Voyez les *Mémoires d'un administrateur des armées républicaines*, chap. v, p. 48.

[2] Voyez, dans la *Biographie universelle*, l'article qui le concerne.

lière initiation au rôle de général sans-culotte. Voici comment Mercier du Rocher le peint dans ses Mémoires manuscrits : « Je le vis à Tours ; un petit plumet trico-lore flottait attaché à sa cocarde. Il se présenta au département d'Indre-et-Loire en courtisan. Pendant toute cette visite, il se tint debout, le chapeau à la main, à demi incliné, et parlant le langage le plus doucereux. Quant aux rebelles, il dit qu'il ne s'en inquiétait point ; qu'il les jouerait par-dessous jambes ; qu'il ne craignait que les désorganisateurs et les clubistes. — Mais, général, lui fit observer quelqu'un, si l'on vous dénonce ? — Quand on est sûr d'être écouté à la Convention, répondit-il, on n'a pas peur des dénonciations. D'ailleurs, je me moque bien d'être pendu !... » Il y avait là un ancien militaire qui avait perdu un bras et une cuisse. Biron le recommanda aux administrateurs, et sortit [1].

Tel était le général de l'armée des côtes de la Rochelle. Au fond, ses sympathies appartenaient beaucoup plus à des hommes comme la Rochejaquelein et Lescure qu'aux « désorganisateurs et aux clubistes. » Aussi ne se pressa-t-il pas d'entrer en campagne. Renfermé à Niort, il y passa son temps à trier les généreux volontaires que le péril y avait attirés, et à suivre des intrigues de boudoir.

Or, pendant ce temps, les rebelles, déjà maîtres de Chollet, Vihiers, Coron et Vezins, chassaient successivement des villages de Concourson et de Vercher les troupes républicaines, poussaient jusqu'à Doué leurs bandes victorieuses, et, dépassant cette dernière ville, menaçaient Saumur [2].

Ce succès des Vendéens n'avait rien, au reste, de surprenant ; car on avait eu l'imprudence de placer à

---

[1] *Mémoires manuscrits de Mercier du Rocher*, p. 192 et 193.

[2] Voyez, en les rapprochant, les *Mémoires de madame de la Roche-jaquelein*, chap. VIII, p. 134-136, et les *Mémoires d'un administrateur*, etc., liv. II, chap. I, p. 54-56.

Concourson, à Vercher, à Doué, c'est-à-dire aux avant-postes, une légion nommée Germanique, laquelle se composait en partie de déserteurs étrangers, et des compagnies franches de nouvelle réquisition qui n'avaient jamais fait l'exercice à feu[1].

Ces compagnies franches étaient celles dont on désigna dérisoirement les soldats sous le nom de *Héros de cinq cents livres*, parce qu'ils avaient été levés à prix d'argent par la Commune de Paris. Et il est certain qu'au début leur conduite sembla justifier de tout point cette appellation flétrissante. Mais la suite prouva que l'armée parisienne comptait dans ses rangs un grand nombre de patriotes aussi intrépides qu'ardents, parmi lesquels une poignée de traîtres qui étendirent au corps infesté de leur présence l'infamie que seuls ils méritaient. La manœuvre de ces misérables consistait, aussitôt le combat engagé, à mettre le feu à un caisson, et à s'enfuir en criant : « On nous trahit ! Sauve qui peut[2] ! » Doué fut le premier théâtre de leurs noires pratiques ; et, à Saumur, où leur fuite les avait conduits, ils ne s'occupèrent qu'à semer le désordre. A les entendre, la trahison était partout, et il ne fallait s'en prendre de la dernière déroute qu'à la perfidie du général Leygonnier. La vérité est que Leygonnier avait le commandement à Doué ; mais, ayant reçu des représentants du peuple réunis en commission à Saumur l'ordre formel de se rendre dans cette dernière ville, il se trouva qu'il était parti de Doué quand l'ennemi s'y présenta[3]. L'injustice, à son

---

[1] *Mémoires d'un administrateur des armées républicaines*, liv. II, chap. i, p. 54 et 55.

[2] Voyez les *Observations sur la guerre de la Vendée*, par Nicolas Hentz, député de la Moselle, *imprimées par ordre de la Convention*, p. 5, dans la *Bibliothèque historique de la Révolution*, — 1046, 7-8. (*British Museum.*)

[3] *Mémoires sur la Vendée*, par un administrateur des armées républicaines, liv. II, chap. 1, p. 56.

égard, se mariait donc ici à la fureur, fureur telle que, s'il eût paru, les *héros de cinq cents livres* l'égorgeaient sur place[1].

Aucune de ces circonstances n'était ignorée des chefs royalistes, qui avaient à Saumur beaucoup de complices secrets. Le républicanisme des habitants de cette ville paraissait, en effet, si douteux, que, lors du procès de Louis XVI, Manuel, ayant opiné pour qu'on enfermât le monarque déchu dans la citadelle de Saumur, fut accusé d'avoir voulu donner un roi aux rebelles[2]. Toujours est-il que, dès le commencement des troubles, un garde-magasin avait mis le feu aux poudres, et tenté de faire sauter la ville[3]; et ce qui prouve assez que les habitants attendaient les Vendéens, c'est qu'à la première nouvelle de l'approche de l'armée rebelle « ils s'empressèrent d'ôter de dessus leurs portes les inscriptions républicaines consacrées par l'usage à cette époque[4]. » Ajoutez à cela que le désordre était à son comble dans l'armée; que les auberges regorgeaient de soldats ou d'officiers ivres[5], et que ceux du bataillon parisien remplissaient tout de leurs clameurs, jurant qu'on voulait les mener à la boucherie, qu'ils ne marcheraient pas sans canons[6].

Aussi, quoique la place fût défendue par une garnison nombreuse, et protégée tant par son fort que par de bonnes redoutes, pratiquées à droite et à gauche de la route de Doué et aux moulins de Bournan, les chefs royalistes se décidèrent à l'attaque.

---

[1] *Mémoires sur la Vendée*, par un administrateur des armées républicaines, liv. II, chap. 1, p. 56.

[2] *Mémoires manuscrits de Mercier du Rocher*, p. 196.

[3] *Ibid.*

[4] *Mémoires sur la Vendée*, par un administrateur, etc., liv. II, chap. 1, p. 59.

[5] *Ibid.*, p. 56.

[6] Rapport de Guillaud, commissaire près l'armée de Thouars.

Mais par où attaquer? On devait prévoir que le général Salomon, qui commandait, à Thouars, près de six mille hommes, s'empresserait de marcher au secours de Saumur : cette considération fit renoncer au projet de suivre la route directe; et il fut résolu qu'on se porterait sur Montreuil-Bellay, de manière à couper la communication de Thouars à Saumur, pour attaquer ensuite par le côté naturellement le moins bien défendu[1]. Le 8 juin, l'armée vendéenne était à Montreuil. Là, elle se divisa en deux colonnes, dont l'une marcha sur Saumur, tandis que l'autre se préparait à recevoir les troupes venues de Thouars, qu'on attendait d'un moment à l'autre[2].

L'attente fut de courte durée. Ainsi que les chefs royalistes l'avaient prévu, le général Duhoux, qui commandait à Saumur, s'était hâté d'avertir le général Salomon, et celui-ci s'était mis en route sur-le-champ. Parti de Thouars à quatre heures du soir, il se trouvait à environ un quart de lieue de Montreuil, lorsque deux habitants de la paroisse de Saint-Martin-du-Sauzay le viennent prévenir qu'une petite bande de brigands est en train de rançonner le village. Il y envoie aussitôt vingt-cinq cavaliers, qui rencontrent effectivement cinq ou six brigands, et les tuent à coups de pistolet. Le bruit met en éveil l'armée des rebelles, peu éloignée. Une forte colonne accourt; les vingt-cinq cavaliers se replient, et la colonne, déployant un front qui annonçait de douze à quinze mille hommes, tombe rudement sur les troupes de Salomon, troublées de ce choc inattendu[3]. Elles essayèrent de résister, mais en vain. Outre que la partie était trop inégale, la division de Bonchamps, irritée d'être

---

[1] *Mémoires de madame de la Rochejaquelein*, chap. VIII, p. 156.

[2] Lettre des commandants des armées catholiques et royales, en date de Montreuil, 9 juin 1793, dans les documents qui nous ont été communiqués par M. Benjamin Fillon.

[3] Rapport de Guillaud, commissaire du département des Deux-Sèvres près l'armée de Thouars, dans les documents sus-mentionnés.

arrivée trop tard à l'affaire de Doué, avait juré de prendre sa revanche; elle se montra terrible. La déroute des républicains fut donc complète, et ils abandonnèrent le champ de bataille, laissant à l'ennemi deux canons, cinq barriques de cartouches, beaucoup de superbes chevaux d'artillerie, et neuf cents prisonniers. Quant au nombre des morts, il fut plus considérable du côté des vainqueurs, qu'une fatale méprise, due aux ombres de la nuit, fit se fusiller les uns les autres [1].

La victoire de Montreuil encourageant les paysans, les chefs eussent inutilement tenté de les retenir, et toute l'armée se mit en marche au cri, mille fois répété, de : « Vive le roi ! Nous allons à Saumur [2] ! »

Il avait été arrêté, parmi les chefs, « que Lescure se présenterait par le pont Fouchard, en tournant les redoutes placées à l'embranchement des routes de Montreuil et de Doué; que la Rochejaquelein suivrait la rivière le long des prairies de Varin, et que Fleuriot, Stofflet, Desessarts, iraient passer par les hauteurs au-dessus de Thoué, se dirigeant sur le château de Saumur [3].

Les trois attaques eurent lieu presque en même temps, dans la matinée du 10 juin. Une demi-heure avant l'action, trois pièces de canon avaient été enclouées près de la salle de la Comédie par un canonnier qui, depuis, paya cette trahison de sa tête [4]. L'attaque, du côté de Lescure, eut tout d'abord un rapide succès : on tourna les redoutes, et le pont fut franchi. Mais, une balle ayant atteint Lescure au bras, les paysans, l'apercevant couvert de sang, commencèrent à plier. Il s'efforce de les retenir : une vigoureuse charge des cuirassiers de Paris les refoule en désordre et les épouvante. Dommaigné ac-

[1] Lettre des commandants, etc., *ubi supra.*
[2] *Mémoires de madame de la Rochejaquelein,* chap. VIII, p. 137.
[3] *Ibid.*
[4] *Mémoires manuscrits de Mercier du Rocher,* p. 197.

court à la tête de la cavalerie vendéenne, et l'engagement devient formidable. Menou, Berthier, Bourbotte, se sont jetés dans la ville, dès qu'ils l'ont vue en danger : le premier reçoit une balle dans la poitrine; le second a deux chevaux tués sous lui ; le troisième, renversé, allait périr, lorsqu'un jeune officier met à pied à terre et lui donne son cheval. Ce jeune homme était Marceau [1]. Enfin, un coup de mitraille emporte le général vendéen Dommaigné, sa troupe est culbutée, et, la déroute devenant complète, tous les gens de Lescure s'enfuient vers l'abbaye de Saint-Florent. Malheureusement, deux caissons, qui tout à coup vinrent à verser sur le pont de Fouchard, arrêtèrent les cuirassiers et permirent à Lescure de ramener ses soldats. Passant leurs fusils à travers les roues des caissons, ils visent aux chevaux et aux yeux des cuirassiers, et le combat est rétabli à l'avantage des Vendéens [2]. Pendant ce temps, la Rochejaquelein forçait le camp républicain placé dans les prairies de Varin. Il avait jeté son chapeau par-dessus les retranchements en criant : « Qui va me le chercher? » et s'était élancé le premier [3]. Emporté par son ardeur, il pénétra au galop jusqu'à la grande place, sans regarder si on le suivait, un seul officier l'accompagnant en effet, et tous les deux courant, éperdus, sur les fusils dont les rues étaient jonchées, et que les pieds de leurs chevaux faisaient partir [4]. Car déjà ce cri des traîtres s'était élevé du sein des bataillons de Paris : « *Nous sommes trahis! Sauve qui peut* [5] *!* » et l'infanterie traversait la ville dans le plus effroyable tumulte [6].

[1] *Mémoires sur la Vendée,* par un administrateur, etc., liv. II, chap. I, p. 59.
[2] *Mémoires de madame de la Rochejaquelein,* chap. VIII, p. 138.
[3] *Ibid.,* p. 139.
[4] *Ibid.*
[5] *Mémoires manuscrits de Mercier du Rocher,* p. 195.
[6] Extrait de la correspondance des généraux de l'armée catholique avec le conseil supérieur séant à Châtillon.

Il était huit heures du soir. Le général Coustard, qui, sur une hauteur voisine, commandait quelques troupes fraîches, veut arracher la victoire aux rebelles, et forme le projet de les charger dans la ville. Voyant qu'ils se portaient sur les batteries de la droite pour s'emparer de la chaussée du pont Fouchard, il ordonne à deux bataillons d'aller droit au pont avec quatre pièces d'artillerie. Mais, quelques-uns de ses soldats le saisissent, l'appellent traître et le placent à la bouche d'un canon[1]. D'autres le délivrent et promettent de lui obéir. Pendant ce temps, l'ennemi s'était emparé du pont et y avait établi une batterie; de sorte qu'il ne restait plus au général qu'un moyen de rentrer dans la ville, forcer le pont. Un détachement de cuirassiers, commandé par Weissen, reçoit l'ordre de charger. « Où nous envoyez-vous ? » s'écrie-t-il. — « A la mort ! » répond Coustard. Weissen part aussitôt, et ne revient que couvert de blessures[2], tandis que les héroïques cuirassiers, dont le corps presque tout entier fut détruit dans cette journée sombre, couvraient de leurs cadavres la place où ils avaient combattu[3].

Non moins admirable fut la conduite des soldats de Picardie : républicains dignes de ce nom, ils aimèrent mieux se précipiter dans la Loire et y périr que se rendre[4].

Les fuyards, au nombre d'environ quatre mille, se dirigèrent, les uns vers Tours, d'autres vers la Flèche, un petit nombre vers Angers[5]. Saumur appartint aux royalistes.

Restait la citadelle, qui, quoique battue à boulets rouges, tint bon durant trois heures, et dont la garnison ne

---

[1] *Mémoires manuscrits de Mercier du Rocher*, p. 195.

[2] *Guerre des Vendéens et des Chouans contre la République française*, par un officier supérieur des armées républicaines (Savary), t. I, chap. IV, p. 262.

[3] *Ibid.* Extrait de la correspondance des généraux catholiques.

[4] *Mémoires manuscrits de Mercier du Rocher*, p. 195.

[5] *Ibid.*

se rendit qu'aux supplications des dames de la ville, à condition toutefois qu'on lui accorderait les honneurs de la guerre, et qu'elle défilerait devant l'armée catholique avec armes et bagages, ce qui fut exécuté[1].

Cette victoire coûta cher aux Vendéens, et leurs chefs y coururent, presque tous, les plus grands périls. On a vu que Lescure fut blessé au bras dans le combat, et Dommaigné tué : la Rochejaquelein eut un cheval abattu sous lui ; un coup de feu emporta l'habit de Beaugé, et un boulet de canon passa assez près de Desessarts pour lui appliquer sur la joue, par la commotion de l'air, le sabre qu'il tenait à la main[2].

Pour ce qui est des républicains, leur perte fut énorme : huit mille prisonniers et près de deux mille morts[3] !

La fameuse *Marie-Jeanne* avait joué, au profit des Vendéens, de la façon la plus meurtrière, et les paysans n'oublièrent jamais comment, au siége de Saumur, elle tua neuf chevaux d'un seul coup[4]. Ils lui donnèrent alors pour sœur une belle coulevrine faisant partie des quarante-six pièces de canon[5] dont ils s'emparèrent, et ils baptisèrent celle-ci *Marie-Antoinette*.

Immense fut le butin ; et toutefois la caisse du district échappa : Santerre l'avait emportée, et, pour assurer sa fuite, avait rompu en partie le pont de bois construit sur un des bras de la Loire[6].

Peu s'en fallut, du reste, que le triomphe des paysans ne fût souillé par d'abominables excès, comme le prouve la proclamation suivante, très-noble et très-indignée :

---

[1] *Mémoires manuscrits de Mercier du Rocher*, p. 195.

[2] Extrait de la correspondance des généraux catholiques.

[3] *Ibid.*

[4] *Ibid.*

[5] Madame de la Rochejaquelein exagère quand elle dit *quatre-vingts*. Le chiffre *quarante-six* est celui que donne le compte rendu officiel présenté par les vainqueurs eux-mêmes.

[6] Extrait de la correspondance des généraux de l'armée catholique, *ubi supra*.

« Nous, commandant les armées catholiques et royales,
pénétrés de la plus juste horreur pour la conduite infâme
de quelques soldats de l'armée catholique et royale, qui
se sont permis de commettre des dégâts et pillages dans
les maisons honnêtes de cette ville, et encore plus indignés de la scélératesse de quelques habitants qui dési-
gnent eux-mêmes du doigt des maisons à piller et à
dévaster, déclarons et proclamons hautement que tout
soldat des armées catholiques et royales atteint et convaincu des délits susmentionnés sera passé aux verges
pour la première fois, et, en cas de récidive, fusillé; et
que tout habitant convaincu d'avoir provoqué au pillage
d'une maison quelconque de cette ville sera sujet aux
mêmes peines.

« A Saumur, le 15 juin 1793, l'an 1er du règne de Louis XVII.

« Bernard de MARIGNY, chevalier DESESSARTS, de la
ROCHEJAQUELEIN, de LESCURE, DUHOUX D'HAUTERIVE,
DONNISSAN, CATHELINEAU, DEHARQUE, D'ELBÉE,
STOFFLET, DE BEAUVOLLIERS, DE LAUGRENIÈRE, DE
BONCHAMPS, réunis en conseil général[1]. »

La prise de Saumur donnait à la révolte une consistance
qui appelait naturellement l'attention des chefs sur la
nécessité d'une organisation plus complète et surtout
d'un pouvoir militaire centralisé. Or l'homme qui semblait désigné, dans ce cas, au commandement suprême,
c'était d'Elbée. Nul, en effet, qui l'égalât au point de
vue des talents qu'exige la direction d'une armée; nul
qui eût mieux compris que lui le genre de tactique adapté
à une guerre comme celle de la Vendée. Habile à déborder et à tourner l'ennemi, à placer en seconde ligne
sa cavalerie, toujours trop faible pour être engagée, et à

[1] Documents fournis par M. Benjamin Fillon.

rendre inutile ou embarrassante celle qui lui était opposée, employant peu d'artillerie, mais l'employant à propos, ne se laissant jamais attaquer même dans un poste favorable à la défense, parce qu'il savait qu'en un pays haché et couvert toutes les chances sont en faveur de l'attaque, et d'une attaque violente, imprévue[1], d'Elbée possédait, en outre, l'art d'inspirer aux siens beaucoup de confiance et d'attachement. « J'ai vu, écrit un des généraux qui eut à le combattre, j'ai vu des prisonniers vendéens verser des larmes en entendant prononcer son nom[2]. » Aussi était-ce lui qui, en réalité, se trouvait avoir dirigé, depuis la fin d'avril, les opérations des armées d'Anjou et du Haut-Poitou. Mais nous avons déjà dit combien les chefs vendéens ressemblaient, par l'esprit d'indiscipline et la turbulence des ambitions privées, à la noblesse calviniste et féodale du seizième siècle: d'Elbée n'était pas sans exciter la jalousie de ses compagnons d'armes, gentilshommes; et un secret désir de l'écarter dirigea leur choix sur un généralissime plébéien. Ils sentirent d'ailleurs—et madame de la Rochejaquelein en fait l'aveu naïf dans ses *Mémoires*[3] — qu'il était d'une bonne politique de flatter chez le paysan cet esprit d'égalité dont la Révolution française répandit si puissamment la contagion. Cathelineau fut donc proposé par Lescure[4], et personne n'y contredit. Doué d'une éloquence sans apprêt, mais entraînante et forte; honnête, courageux, plein de sens, et d'une piété telle, que les paysans l'avaient surnommé le *Saint de l'Anjou* et se plaçaient auprès de lui, quand ils pouvaient, dans les combats, pensant qu'on ne courait pas risque d'être

---

[1] Cet éloge des talents militaires de d'Elbée n'est pas suspect : il vient du général républicain Turreau. Voyez ses *Mémoires*, liv. II, p. 62-64.

[2] *Ibid.*, p. 64.

[3] Chap. VIII, p. 144.

[4] *Ibid.*, p. 143.

blessé auprès d'un si saint homme, Cathelineau méritait certainement l'honneur du choix. Mais ce qui le recommanda d'une façon plus particulière aux suffrages des nobles, ce fut son extrême modestie[1]. Stofflet, sous des dehors timides, cachait une âme rude et fière; il se savait l'égal des nobles et ne s'en cachait pas : Cathelineau s'offrait comme un instrument moins indocile. Le fait est que le titre dont on le para fut purement fictif : l'héroïque paysan garda sa part des travaux, des fatigues et des périls de la guerre; mais à d'Elbée resta l'influence réelle. C'est à peine si le généralissime parut dans les Conseils, et, comme nous le verrons plus loin, des manifestes d'une importance majeure furent publiés sans sa signature[2].

La politique à laquelle Cathelineau dut l'éminence de son grade fut celle qui détermina le remplacement de Dommaigné, général de la cavalerie vendéenne, par Forestier, fils d'un cordonnier de village[3].

Ces arrangements terminés, les chefs vendéens songèrent à étendre leur empire, mais d'abord à mettre à profit les ressources nouvellement acquises. Pour employer la grande quantité de salpêtre trouvée à Saumur, ils établirent des moulins à poudre à Mortagne et à Beaupréau; complétèrent l'apothicairerie de l'armée, assez

[1] .... « On était sûr qu'il écouterait et rechercherait les conseils avec déférence. » (*Mémoires de madame de la Rochejaquelein*, p. 144.)

[2] Il savait écrire cependant, quoi qu'on en ait dit : voici un autographe de lui, que nous avons sous les yeux :

« Par ordre du commandant de l'armée catholique royalle, que le nommé Martin vande cenquante paties de foin en pailles au pri qu'il le vand.

A Doué, 15 juin 1793. »

CATHELINEAU, BERRARD, DE LA ROCHEJAQUELEIN. »

Il existe un autre autographe de Cathelineau, que nous trouvons cité dans les *Pièces contre-révolutionnaires*. C'est un bon donné par Cathelineau à une personne chez laquelle il logeait, en échange d'une culotte qu'il prit pour remplacer la sienne, déchirée dans le combat.

[3] *Mémoires de madame de la Rochejaquelein*, chap. VIII, p. 144.

mal fournie jusqu'alors ; envoyèrent en lieu sûr les magasins de blé formés à Chinon par les républicains, et firent
fabriquer un nombre considérable de mouchoirs rouges,
ce qui tint à une circonstance assez singulière. La Rochejaquelein s'était mis à porter un mouchoir rouge autour
de sa tête, et plusieurs à sa ceinture pour ses pistolets.
Afin d'empêcher qu'on ne le reconnût à ce costume dans
les combats, ses amis l'imitèrent, et, l'exemple gagnant
de proche en proche, les mouchoirs rouges devinrent à la
mode dans l'armée. Or, raconte gaiement madame de la
Rochejaquelein : « Cet accoutrement, les vestes et les pantalons, qui étaient l'habit ordinaire des officiers, leur
donnaient tout à fait la tournure de brigands, comme les
républicains les appelaient [1]. »

Au milieu de ces dispositions, le clergé rebelle ne
s'oubliait pas ; et l'imposteur qui figurait à sa tête affectait
toute la hauteur, toute l'inflexibilité d'un véritable pontife
romain. Parmi les prêtres des paroisses du *pays conquis*
— ils appelaient ainsi la France [2] ! — plusieurs avaient
humblement rétracté leur serment à la Constitution, et
demandaient à rentrer dans le giron de l'Église papale :
cette amende honorable de leur part ne fut pas jugée
suffisante ; et ils furent avertis, par mandement solennel,
« qu'aucune rétractation de serment ne serait admise, »
à moins que le prêtre repentant ne commençât par se
soumettre aux censures ecclésiastiques. Le mandement
était signé Brin, doyen de Saint-Laurent ; Rodier, vicaire
général du diocèse de Luçon ; Bernier, curé de Saint-
Laud ; Doussin, prieur de Sainte-Marie de l'île de Ré ; et,
en première ligne, Gabriel, évêque d'Agra [3]. En d'autres

[1] *Mémoires de madame de la Rochejaquelein*, chap. VIII, p. 147.
[2] Ce sont les termes mêmes du mandement dont il va être question.
[3] Ce mandement est sous nos yeux. C'est une des pièces faisant partie
des documents inédits à nous communiqués par M. Benjamin Fillon.
Le document est daté : « Châtillon-sur-Sèvres, l'an 1er du règne de
Louis XVII. »

termes, c'était sous l'invocation d'un titre usurpé, c'était au nom d'un pouvoir frauduleux, que l'abbé Guyot de Folleville suspendait les foudres du sacerdoce sur les prêtres coupables d'avoir obéi à la loi !

La situation devenait de plus en plus difficile pour les républicains en Vendée. D'une part, le Comité de salut public ne pouvait y envoyer qu'un nombre limité de troupes régulières, enchaîné qu'il était par la nécessité de garder les frontières, qu'on menaçait alors sur tous les points. D'autre part, l'abandon prolongé du foyer, la longue incertitude des événements, les cris des enfants redemandant leurs pères, les gémissements des femmes implorant le retour de leurs maris, n'étaient que trop de nature à lasser le zèle des volontaires venus de loin. Déjà les représentants du peuple en mission avaient dû, par arrêté spécial, renvoyer le quart des gardes nationaux mis en réquisition ; mais cette mesure n'avait fait qu'aggraver le mal, ceux qui restaient enviant le sort des autres et se répandant en plaintes amères. Non que le patriotisme fît défaut : quoi de plus admirable que l'aspect de Niort, le lendemain de la prise de Fontenay? Mais l'enthousiasme qui affronte la mort n'est pas la persévérance qui se plie jusqu'au bout à la fatigue d'un éternel *qui-vive* et triomphe des douleurs morales de l'absence. Nous avons sous les yeux une lettre autographe adressée aux représentants du peuple en mission près de l'armée de la Rochelle par les officiers du district de Citray; il y est dit, en substance :

« Les volontaires sous nos ordres ne veulent plus servir. Fils de métayers pour la plupart, ayant des biens à faire valoir, se trouvant d'ailleurs ici soumis à toutes sortes de maux, n'ayant pas de chemise, n'ayant pas de souliers, réduits à coucher sur la dure, souvent même insultés par les hussards des troupes régulières qui leur crient : « Vous n'êtes bons qu'à manger notre

« pain. » ils attendent avec anxiété que vous décidiez de leur sort[1] »

Autre lettre, celle-ci des administrateurs du département de la Haute-Vienne au général Biron :

« Général, dès que le département de la Haute-Vienne eut appris que les révoltés s'étaient emparés de Bressuire et de Thouars, il arrêta la formation d'une légion à cheval composée de tous les officiers des gardes nationales du département. On pensait que des hommes qui devaient leur grade au choix de leurs camarades étaient les plus propres à former une troupe d'élite. On a vu avec regret le vœu des compagnies se porter en bien des endroits sur des pères de famille que leur âge et leurs habitudes rendent peu propres aux fatigues d'une campagne. On voulut faire un triage ; mais les plus âgés furent les plus ardents à demander qu'on les menât contre les brigands. Ils croyaient qu'il s'agissait d'un coup de main et non d'une campagne entière. Maintenant, voilà que les femmes et les enfants réclament leurs maris et leurs pères. Chacune de nos séances se passe à écouter leurs lamentations[2]. »

C'est peu : l'effort des Girondins proscrits pour soulever la province s'était fait sentir en Vendée comme ailleurs ; et plusieurs départements qui avaient fourni des volontaires nationaux leur mandaient secrètement de regagner leurs foyers, afin de se coaliser avec ceux dont l'intention sacrilége était de marcher sur Paris[3]. Les bataillons de Bordeaux, par exemple, qui avaient combattu avec tant d'intrépidité, ne parlèrent plus, après le 31 mai, que de revenir chez eux. Boulard, commandant la division des

[1] Documents inédits faisant partie de la collection de M. Benjamin Fillon. — La lettre est signée : Vounet, commandant du bataillon ; Laubiez, lieutenant ; Lamartinière et Martin, capitaines.

[2] Ibid.

[3] Lettre de Maignen, Phil.-Ch.-Aimé Goupilleau. Même collection.

Sables, donne, à cet égard, à Biron des détails navrants, dans une lettre datée de la fin de juin, et où s'exhale la tristesse d'une âme héroïque[1]. Vers la même époque, Samuel Camer écrivait, de Marans, que plusieurs volontaires de la Charente-Inférieure et de la Corrèze venaient de déserter; que le bataillon de l'Égalité, excellent jusqu'alors, se montrait ébranlé par l'exemple de ceux de la Corrèze; que, de plusieurs municipalités, arrivaient des encouragements à la désertion; que la malveillance était à l'œuvre, prompte à débaucher les troupes, et, dans cette honteuse mission, infatigable[2].

Tout semblait donc sourire à la cause royaliste, et il est à remarquer que, tandis que l'armée de l'Anjou et du Haut-Poitou se signalait par la prise de Saumur, la fortune de la guerre, dans le Marais, ne se montrait pas moins favorable à Charette.

Animé du désir de singer le général d'armée, ce hardi mais présomptueux chef de bandes avait eu l'idée de convertir en une vaste plaine le poste qu'il occupait à Légé, poste auquel de grands arbres et des haies touffues servaient de retranchements naturels. Il fit donc abattre les arbres, raser les buissons, et, de la sorte, finit par demeurer exposé de toutes parts aux attaques des républicains[3].

Toutefois il se trouvait protégé, du côté de Nantes, par une autre bande royaliste, qui, réunie aux insurgés des communes voisines de Nantes, formait un corps avancé, et avait à soutenir les sorties presque journalières des Nantais. Mais, entre cette bande, que commandait Vrignaud, et celle de Charette, il n'existait nul accord. La troupe de Vrignaud ayant peine à subsister dans le canton

[1] Même collection.
[2] Ibid.
[3] Voyez, à la suite des *Mémoires de madame de la Rochejaquelein*, les fragments réunis sous le titre de *Éclaircissements historiques*.

de Vieillevigne, alors très-peuplé, Charette, pour qui elle était un rempart, s'était engagé à la nourrir; et, au lieu de cela, il la laissait sans pain, tandis que lui, entouré de femmes galantes et de jeunes gens efféminés, passait son temps en festins et en danses. De là un mécontentement qu'avait soin d'enflammer la marquise de Goulaine, femme ambitieuse, fort influente, que Charette avait mortellement blessée par l'ironique cadeau d'une quenouille, et qui s'en vengeait en intriguant contre lui à Vieillevigne [1].

La haine de la marquise eut un moment de triomphe. Les républicains, sortis des Sables, s'étant un jour avancés brusquement jusqu'à Palluau, l'armée de Charette fut saisie d'une terreur panique et se réfugia sur le territoire de Montaigu, où commandait Royrand. Celui-ci, homme probe et très-avare de réquisitions, vit arriver avec inquiétude des milliers de bouches à nourrir. Il fit mauvais accueil à Charette, et alla jusqu'à lui dire que du moins il fallait voir l'ennemi avant de décamper [2]. Charette apprend, sur ces entrefaites, que le poste de Saint-Colombin n'est gardé que par quatre cents républicains, tirés d'anciens régiments de ligne : impatient de se relever, et la rage dans le cœur, il court sur ce poste, l'enlève, se concerte avec Royrand, reprend son camp de Légé, culbute une colonne envoyée contre lui de Machecoul, pousse droit à la ville et s'en empare [3].

Lescure était au château de la Boulaye, lorsque ces nouvelles lui parvinrent. Il écrivit aussitôt à Charette une lettre de félicitations, à laquelle celui-ci répondit par des compliments sur la prise de Saumur; et tel fut le point de départ d'une négociation ayant pour objet l'investisse-

[1] *Éclaircissements historiques.*
[2] *Ibid.*
[3] *Biographie universelle.* Voyez l'article qui le concerne.

ment de Nantes par les deux armées combinées [1]. Il fut convenu que Charette attaquerait Nantes par la rive gauche de la Loire, tandis que, passant le fleuve, l'armée de l'Anjou et du Haut-Poitou irait attaquer par la rive droite.

Grande entreprise! les Vendéens n'avaient encore osé rien de pareil. Aux paysans du Marais, surtout, le projet parut superbe. Que d'injures ils allaient pouvoir venger sur ces bourgeois nantais qui, si longtemps, les avaient tenus en échec, et qu'avec une animosité envieuse ils appelaient les *culottes de soie!* Et puis, de toutes les places maritimes qui communiquent avec l'Océan, Nantes n'était-elle pas, après Bordeaux, la plus commerçante? Que de trésors apportés là par les deux à trois mille navires qui, chaque année, entraient dans le port! Et qui sait ce que ne renfermaient pas les belles maisons qui le garnissent sur une longueur de près d'une demi-lieue! Nantes, aux yeux du paysan vendéen des côtes, c'était le Pérou, et les soldats de Charette se montraient, comme leur chef, assez légers de scrupules. Ils se préparèrent donc gaiement à ce voyage de la terre promise, et firent provision de sacs [2].

Les mêmes motifs n'existaient pas pour l'armée de l'Anjou et du Haut-Poitou, plus morale, mieux disciplinée, et moins en contact avec ce qui aurait pu, soit envenimer son ardeur, soit éveiller sa convoitise. Aussi témoigna-t-elle peu d'empressement [3]. Mais les chefs se déterminèrent par des considérations qui semblaient décisives. Les intelligences qu'ils avaient dans Nantes leur promettaient un succès, sinon certain, du moins très-probable. Et quel changement une conquête de ce

[1] *Mémoires de madame de la Rochejaquelein*, chap. IX, p. 150.

[2] Voyez le n° V des *Éclaircissements historiques*, à la suite des *Mémoires de madame de la Rochejaquelein.*

[3] *Mémoires de madame de la Rochejaquelein*, chap, IX, p. 153.

genre n'eût-elle pas introduit dans leur fortune! Une fois
maîtres de Nantes, ils ne pouvaient manquer de s'emparer de Paimbœuf, ils tenaient le cours de la Loire jusqu'à
son embouchure, ils avaient une communication ouverte
avec les Anglais, et il leur devenait facile de mettre le feu
à la Basse-Bretagne et à la Normandie, où couvait déjà
l'incendie. Bonchamps combattit le projet de marcher
sur Nantes, mais en vain [1]. L'expédition fut résolue, et
l'armée s'ébranla.

Saumur établissant une communication entre les deux
rives de la Loire, l'abandonner eût été dangereux; une
garnison y fut laissée, sous les ordres de la Rochejaquelein. Mais comment y retenir des paysans qui, du champ
de bataille, n'aspiraient qu'à retourner à leurs villages?
Il fallut s'engager, non-seulement à les nourrir, mais à
les payer [2] : expédient qui tendait à modifier le caractère
de cette guerre et à lui ôter ce qu'elle avait jusqu'alors
puisé de force dans la spontanéité, la soumission volontaire, l'élan.

Le 17 juin, les Vendéens occupaient Angers, que les
habitants, frappés d'épouvante, s'étaient hâtés d'évacuer;
et, le 21, on y lisait sur tous les murs une proclamation
signée d'Elbée, d'Autichamp, de Fleuriot, de Boissy,
Stofflet, de Hargues, de Fesque, laquelle menaçait de
traiter comme criminel de lèse-majesté, au nom de *Monsieur, régent du royaume*, quiconque reconnaîtrait une
autre autorité que celle de Louis XVII [3].

Il est à noter que ni Cathelineau, ni Bonchamps, ni
Bernard de Marigny, ni Lescure, ne signèrent cette proclamation, quoiqu'ils eussent mis leur signature à un
manifeste beaucoup moins important, publié à Angers
dès le 17. Étaient-ils absents? Quelque mésintelligence

---

[1] *Mémoires de madame de Bonchamps*, p. 37.
[2] *Mémoires de madame de la Rochejaquelein*, chap. IX, p. 151.
[3] Collection de M. Benjamin Fillon.

avait-elle éclaté entre eux et leurs collègues? Ou bien,
Stofflet, qui affectait souvent d'agir sans consulter tout le
monde, ou même sans consulter personne [1], avait-il pris
sur lui de faire acte d'autorité, en s'entendant avec
d'Elbée?

Quoi qu'il en soit, l'orgueil de leur langage semblait
au moment d'être justifié par le succès de l'armée vendéenne. Car, à son approche, tout pliait, tout fuyait. Par
suite de l'évacuation d'Angers, les postes de la Pointe, de
Chantocé, de Saint-Georges, d'Ingrande, avaient été successivement abandonnés, ce qui mettait Ancenis dans
l'impossibilité presque absolue de tenir [2] : en vain Coustard était-il accouru dans cette ville, pour empêcher la
garnison de battre en retraite : la terreur des habitants,
arrivée au comble, s'était répandue parmi les soldats.
Ceux-ci reçurent l'ordre de se replier sur le chef-lieu du
département, et, le lendemain, les bataillons d'Angou-
lême, de l'Orne, de la Mayenne, de Seine-et-Oise, se retirèrent, suivis d'un grand nombre d'habitants. Ce départ
était le signal qu'attendaient les royalistes, jusqu'alors
cachés : ils firent nommer un comité composé de vingt
citoyens, engagèrent ce qui restait de la population à proclamer Louis XVII, et accueillirent sans opposition la première bande royaliste qui se présenta [3].

Le 22, un courrier apportait au conseil provisoire un
exemplaire de l'arrêté suivant, pris la veille à Angers :

« DE PAR LE ROY ET DE MONSIEUR, RÉGENT DU ROYAUME,
il est enjoint au conseil provisoire de faire cuire sur-le-

---

[1] C'est ce qui venait de lui arriver à Saumur.
Pour déterminer les paysans à passer la Loire, il fit publier, de son
autorité privée, que quiconque resterait était un lâche. Voyez *Madame
de la Rochejaquelein*, chap. IX, p. 151.

[2] Exposé des motifs qui ont déterminé l'évacuation d'Ancenis, n° 5
des *Pièces justificatives*, insérées à la suite de la *Vie révolutionnaire
des Sans-Culottes d'Ancenis*.

[3] Voyez *L'entrée des Vendéens à Ancenis*, par M. Benjamin Fillon.

champ, et autant que possible, du pain pour l'approvisionnement de l'armée, et de pourvoir à tout ce qui sera nécessaire pour le logement de quarante mille hommes, etc. [1]...

« Signé : d'ELBÉE, chevalier de FLEURIOT,
de BOISSY, de FESQUE. »

Le nombre des Vendéens qui marchaient sur Nantes s'élevait donc à quarante mille hommes, sans compter l'armée de Charette d'égale force [2] !

Or la ville de Nantes, ouverte de tous côtés en deçà de la Loire, n'avait, pour défendre une contrevallation de près de deux lieues d'étendue, qu'une garnison d'environ dix mille hommes, composée en majeure partie de gardes nationales [3]. Quelques bouts de fossé, quelques épaulements ou parapets faits à la hâte, voilà en quoi consistaient les fortifications. Au dehors, pas de positions, pas d'emplacements d'où l'artillerie pût jouer avec grand effet [4]. Jamais situation, en apparence, plus désespérée.

Le 22 juin, une députation envoyée par cette grande ville en détresse se présenta à la barre de la Convention, qu'elle émut par la véhémence de ses supplications. Délaisserait-on Nantes ? Ouvrirait-on toute grande aux émigrés et aux Anglais cette porte de la France ? Ah ! le temps était passé des mesures ordinaires. Il fallait que le tocsin de la liberté sonnât d'un bout à l'autre de la République. A quoi bon endormir les alarmes ? Le péril n'était que trop imminent. Quant aux Nantais, ils avaient

[1] L'entrée des Vendéens à Ancenis, par M. Benjamin Fillon.
[2] Mémoires du général Turreau, liv. II, p. 77.
[3] Ibid. — On peut voir d'après l'ordre émané de d'Elbée ce qu'il faut penser de cette assertion des Mémoires de madame de la Rochejaquelein : « On assure que Cathelineau n'avait pas huit mille hommes quand il arriva devant Nantes. »
[4] Ibid., p. 76-77.

pris leur parti : hommes, enfants, vieillards, travaillaient à préparer la défense ; et, si le sol leur manquait pour vivre, il ne leur manquerait pas pour mourir. L'adjuration des députés se résumait en ces mots : « Si nos malheurs n'obtiennent aucun soulagement, nous retournerons vers nos infortunés concitoyens... peut-être ne trouverons-nous plus que leurs cadavres [1] ! »

Ils finissaient à peine que, d'un ton animé, Laporte s'écrie : « Je demande que la Convention fixe l'heure où le tocsin sonnera dans toute la République. » Cette motion est appuyée par Legendre, mais combattue par Thuriot, comme tendant à mettre la France en combustion. Tout à coup Barère se lève, tenant à la main une dépêche, dont il s'empresse de donner lecture. Elle était du commissaire montagnard Choudieu et disait :

« J'arrive de Niort. Biron y est à la tête de vingt-cinq mille hommes, dont seize mille d'excellentes troupes [2], le reste composé de gardes nationales en réquisition. — Il y a aux Sables douze mille hommes de troupes bien disciplinées, sous les ordres de Boulard. — On a eu à gémir à Niort de la négligence mise dans la construction des fours ; on ne cuit que pour un jour, et l'armée ne peut se mettre en marche sans avoir du pain pour quatre ou cinq jours d'avance. — On organise à Tours une armée qui sera au moins de vingt-cinq mille hommes. Elle se compose des troupes qui nous arrivent de Paris et des débris de la garnison de Saumur. — On s'était d'abord réuni à Angers ; mais l'esprit est si mauvais, qu'on n'a

[1] Séance de la Convention du 22 juin 1793.
[2] C'est précisément le chiffre que donne, dans ses *Mémoires manuscrits*, Mercier du Rocher, qui se trouvait à Niort en ce moment, de même que Choudieu. M. Michelet se trompe donc, lorsqu'il dit, liv. XI, chap. VI, p. 97 :

« Biron n'avait en réalité que trois mille soldats. Cette misérable troupe était cachée dans Niort, plutôt que logée. »

pas même parlé de se défendre... Malgré tout, ça ira, ou nous périrons [1]. »

Le caractère rassurant de ce rapport venait contre-balancer mal à propos les salutaires appréhensions éveillées par la supplique des députés nantais : la nouvelle d'un brillant fait d'armes de Westermann acheva, peu de temps après, de distraire l'attention de l'Assemblée.

Lescure avait suivi l'armée vendéenne à Angers; mais, pour parer sans doute au danger d'une diversion du côté de Niort, il était revenu sur ses pas, et, occupait Parthenay, lorsque Westermann, alors à Saint-Maixent, quitte brusquement son poste, se présente, le 25 juin, aux portes de Parthenay, les enfonce à coup de canon, et entre au pas de charge dans la ville. Le lendemain, il écrivait aux représentants du peuple à Niort, en leur rendant compte de ce succès : « J'ai poursuivi l'ennemi jusqu'à près de trois lieues sur la route de Thouars... Là, forêts et buissons m'ont arrêté... J'ai bien cru tenir Lescure, mais je n'ai pu avoir que deux de ses chevaux. Je vous enverrai à Niort tous les bœufs que j'ai pris. Le pain, je m'en servirai pour ma troupe, et j'attendrai ici quelques heures de pied ferme cette armée prétendue catholique. En ce moment, j'entends de toutes parts sonner le tocsin pour le rassemblement : cela ne fait qu'animer davantage mes soldats, qui, quoique épuisés de fatigue, sont disposés à un nouveau combat; mais, comme les bœufs ne peuvent combattre, ils font mon avant-garde sur Saint-Maixent. — J'ai perdu peu de monde. — Mon premier lieutenant-colonel d'infanterie est entré le premier à Parthenay sabre en main et a tranché la tête à un ecclésiastique qui tenait une mèche, prêt à mettre le feu au canon... Pas une obole n'a été prise aux habitants [2]. »

[1] Voyez le *Moniteur* du 24 juin 1795.

[2] Lettre du général de brigade Westermann aux représentants du

Le complément du compte rendu officiel se trouve dans une lettre du commissaire montagnard Goupilleau à son collègue Maignen : « A Parthenay, il y a eu six cents Vendéens tués; du côté des républicains, quelques blessés seulement. Si Westermann eût eu de bons guides, il s'emparait de Lescure, de Beaudry et de Beaurepaire, qui se sont sauvés en chemise par un endroit dont on ne se défiait point. On a pris vingt mille livres pesant de pain et quarante bœufs gras [1]. »

Trois jours après, les républicains remportaient un avantage non moins signalé à Luçon, qu'une bande nombreuse de paysans était venue attaquer, à cinq heures du soir, sur quatre colonnes. La victoire sembla d'abord pencher du côté des paysans. Sandoz, qui commandait les républicains, croit tout perdu; il donne le signal de la retraite; et le bataillon de la Charente-Inférieure, recevant les ordres du général, les exécute; mais, par un hasard fortuné, ils ne parviennent pas aux autres corps, qui continuent de se battre avec intrépidité. Un bataillon, nommé le *Vengeur*, fut admirable. Enfin, Boissier, à la tête de ses dragons, tombe rudement sur les Vendéens, les refoule, leur tue quatre cents hommes, et les rejette au delà du pont de Mainclaye [2].

Malheureusement ces faits d'armes étaient trop isolés et avaient lieu sur des points trop éloignés de Nantes pour que cette ville en ressentît le favorable contre-coup. Abandonnée à ses propres forces, il ne lui restait plus de sauvegarde que le courage de ses habitants. Or ce

peuple, à Niort, en date du 26 juin 1793. — La copie manuscrite est sous nos yeux.

[1] Autographe faisant partie des documents inédits que nous a communiqués M. Benjamin Fillon.

[2] Rapport de Sandoz, écrit de sa main, dans la collection de M. Benjamin Fillon. — *Mémoires manuscrits de Mercier du Rocher*, p. 107 et 108. — Lettre des membres composant les conseils généraux des départements et districts réunis dans la collection sus-mentionnée.

n'était pas la première fois que cette cité puissante avait à témoigner glorieusement d'elle-même devant l'histoire. Elle pouvait se rappeler avec orgueil comment, en 1343, elle avait repoussé les Anglais, et quel siége terrible elle avait, dès 445, soutenu contre les Huns. Ce vieux château qui s'élève sur le bord de la Loire à l'extrémité du cours de Saint-Pierre, un souvenir fameux, demandait qu'à tout prix on le sauvât de l'invasion des hordes catholiques : c'était là que Henri IV avait rendu, en faveur de la liberté de conscience, l'immortel édit dont la révocation par son petit-fils inonda de sang les Cévennes.

Qu'allait-il arriver? Nantes avait eu longtemps dans son sein un ennemi cruel, la division. Deux clubs s'y étaient livré une guerre acharnée : l'un, celui de Saint-Vincent, composé de révolutionnaires pleins de feu, tels que Bachelier, Chaux, Goullin [1]; l'autre, celui des Halles, qu'appuyait un comité des trois corps administratifs [2].

D'un autre côté, les hommes naturellement appelés par leur position à diriger la défense ne présentaient à la Révolution que des garanties douteuses. L'impression que pouvait donner de lui à de francs jacobins l'ex-marquis Canclaux est curieuse à observer dans le passage suivant d'un rapport lu, quelques mois plus tard, à la Convention, par Nicolas Hentz, député de la Moselle : « Canclaux m'a paru un homme de l'ancien régime, moulé pour l'ancien régime, mais non pas un traître. Seulement, de telles gens, liés avec les aristocrates, dont ils aiment les manières de cour, trahissent sans s'en apercevoir. Le plus sûr est de ne pas s'en servir [3]. »

Beysser, commandant temporaire de la ville et du

[1] Voyez la *Notice sur Bachelier*, imprimée à Fontenay en 1849.
[2] *Mémoires manuscrits de Mercier du Rocher*, p. 109.
[3] *Observations de Nicolas Hentz sur la guerre de la Vendée*, imprimées par ordre de la Convention nationale.

château de Nantes, ne pardonnait pas aux Montagnards leur récente victoire sur la Gironde, et couvait dans sa pensée le projet de soulever contre la Convention la ville qu'il avait à défendre contre les Vendéens[1].

Coustard, que nous avons vu figurer avec éclat dans l'affaire de Saumur, était un homme d'une bravoure aventureuse, mais d'opinions suspectes. Né dans l'île de Saint-Domingue, et venu de bonne heure en France, où il entra dans les mousquetaires, son mariage avec une Nantaise l'avait fixé à Nantes dès 1768, et on le citait pour l'audace avec laquelle, un des premiers, on l'avait vu, après la découverte de Montgolfier, monter en aérostat, aux acclamations d'une immense multitude, attirée par la nouveauté du spectacle. Élu membre de l'Assemblée législative, son attitude y avait été telle, qu'on le soupçonna d'avoir été gagné par Louis XVI ou par la reine; et, lorsque dans la Convention il se rallia à la Gironde, ce fut de manière à laisser craindre qu'il ne penchât secrètement pour la royauté[2]. Toutefois il n'existait contre lui aucune preuve, et sa conduite à Saumur avait été celle d'un citoyen et d'un soldat.

Comme Coustard, Baco, maire de Nantes, était un homme d'un courage bouillant, que relevaient encore son âge avancé et sa chevelure blanche. Mais son cœur appartenait à la Gironde : circonstance fâcheuse, dans un moment où les Girondins cherchaient à se venger de leur défaite en attisant la guerre civile, et où l'anéantissement du royalisme était au prix d'un concours sans réserve au pouvoir de la Convention.

Les chefs vendéens n'ignoraient rien de tout cela, et fondaient sur l'aveugle emportement de l'esprit de parti l'espoir d'une prompte réussite. Ils se trompèrent. L'esprit de parti, cette fois, se trouva moins fort, parmi les

[1] Voyez plus loin.
[2] Notes de M. Dugast-Matifeux.

Nantais, que l'amour de la Révolution et le culte de la France. Les jalousies se turent, les dissidences s'ajournè-rent. Peuple et bourgeoisie s'unirent dans une sainte résolution de sauver la ville ou de périr. Il n'y avait guère, pour la garder, que cinq bataillons de troupes régulières; mais de quels miracles n'est point capable une grande cité dont chaque habitant a fait pacte avec la mort? On vit Baco, le maire aux cheveux blancs, le véhément vieillard, parcourir les rues, félicitant les uns, encou-rageant les autres, soufflant à tous son âme ardente. Merlin (de Douai), trop homme de loi pour être un guer-rier, se laissa néanmoins porter de bonne grâce par l'élan général. Canclaux, qui, comme tous les militaires, n'a-vait de foi qu'aux militaires, songea sérieusement à or-ganiser une défense qu'il avait d'abord jugée impossible. Que dire encore? Ceux du club de Saint-Vincent et ceux du club des Halles se tendirent noblement la main, firent alliance pour le combat, et coururent confondre leurs rangs dans une église dont ils firent retentir les voûtes de ce cri, aussi girondin que montagnard, après tout : « Vive la République[1]! »

Le 28 juin au soir, Canclaux fut averti par ses avant-postes qu'on apercevait au loin comme des fusées volantes et des ballons illuminés. Bientôt on entendit des bruits semblables au mugissement du taureau. C'était l'avant-garde des Vendéens, qui arrivaient, en hurlant, faute de tambours, dans des cornes de bœuf[2], pendant que l'ar-rière-garde s'avançait au son des cantiques[3].

Il avait été convenu entre les chefs que l'attaque aurait lieu simultanément par l'armée de Cathelineau et celle de

[1] Cette scène touchante se trouve constatée d'une manière solennelle et officielle dans le discours de l'orateur de la députation nantaise dont nous avons déjà parlé. Voyez le *Moniteur* du 24 juin 1793.

[2] *Mémoires sur la guerre de Vendée*, par un administrateur, etc., p. 66.

[3] *Entrée des Vendéens à Ancenis*, p. 7.

Charette, le 29 juin, pendant la nuit, à deux heures. A deux heures, en effet, Charette était à Pont-Rousseau, d'où il tirait sur la ville à boulets rouges. Faire plus, il ne le pouvait guère; car il lui eût fallu, pour cela, pénétrer, sur une longueur d'une demi-lieue, à travers une gorge étroite formée par les ponts de la Loire et de la Sèvre, sans pontons ni bateaux. Et cependant le caractère de ses soldats était si connu, on les savait si avides de meurtre et de butin[1], que d'un mouvement impétueux, et au nombre de vingt-cinq ou trente mille, les habitants se portèrent de ce côté, laissant dégarnies les routes de Vannes, de Rennes et de Paris. Si donc, en ce moment, l'armée de l'Anjou et du Haut-Poitou eût été à son poste, engageant le combat, c'en était fait de Nantes, sans doute. Mais l'ennemi ne parut de ce côté qu'à huit heures du matin, lorsque déjà tout était préparé pour le recevoir[2]. Qui fut le sauveur de Nantes? un ferblantier nommé Meuris.

Cet homme, en qui le cœur d'un héros battait sous l'habit de l'artisan, s'était offert à aller, avec le 3e bataillon de la Loire-Inférieure qu'il commandait, défendre Nort, point très-important que les Vendéens avaient à franchir, pour prendre à revers le camp de Saint-Georges, seul obstacle à leur attaque par les routes de Paris, de Rennes et de Vannes. Or, le 27 juin, à quatre heures du soir, un corps de quatre mille Vendéens s'était présenté devant Nort, prêt à traverser l'Erdre. Mais Meuris était là qui les attendait de pied ferme, bien qu'il n'eût à leur opposer que cinq cents hommes et deux pièces de campagne. Le feu commença et ne dura pas moins de quatorze heures[3]. La rivière paraissait profonde; les Ven-

---

[1] Voyez, sur leurs dispositions au siége de Nantes, le paragraphe 5 des *Éclaircissements historiques*, à la suite des *Mémoires de madame de la Rochejaquelein*.

[2] Voyez les *Mémoires de madame de la Rochejaquelein*, chap. ix, p. 153 et 154; et, dans la *Biographie universelle*, l'article Meuris.

[3] *Biographie universelle*, au mot Meuris.

déens, n'osant risquer le passage, cherchaient un gué, ne le pouvaient trouver, hésitaient : une femme, échappée de Nort, leur indiqua l'endroit favorable. Aussitôt des cavaliers vendéens, portant des fantassins en croupe, se jettent dans l'Erdre. Les volontaires de Meuris ont épuisé leurs munitions; mais ils savent combien il importe au salut de Nantes que la marche de l'ennemi soit retardée : ils reçoivent, la baïonnette au bout du fusil, les premiers Vendéens qui ont passé la rivière. Le gros de l'armée suivait. Les volontaires, enveloppés, pressés de toutes parts, continuent de combattre avec un courage indomptable, le courage des trois cents Spartiates aux Thermopyles. Ceux qui tombaient servaient de rempart aux autres. Déjà, de ce bataillon héroïque, il ne reste plus que quarante-deux hommes. Meuris les serre autour du drapeau, et les ramène à Nantes, couverts de sang, de sueur et de poussière[1]. Le but de l'expédition était atteint, la marche de l'ennemi avait été retardée; et à ce premier résultat d'un prix inestimable se joignit l'effet électrique que produisit sur la population un exemple de dévouement sublime.

Le camp de Saint-Georges levé, la ville fut attaquée sur sept points à la fois. De la lande de Ragon, les Vendéens de Charette s'étaient portés en foule au faubourg des Sorinières, avec trois pièces de canon et deux pierriers, le faubourg ayant été abandonné, dès le commencement de l'attaque, par l'ordre même de Beysser, à cause « de l'inutilité de ce poste et de l'incivisme de la plupart de ceux qui l'habitaient[2]. » Au reste, rien ne manquait aux préparatifs faits pour la défense de Pont-

[1] *Biographie universelle.*
[2] Rapport de Jean-Michel Beysser, commandant temporaire de la ville et du château de Nantes, aux représentants du peuple Gillet, Merlin et Coustard, commissaires de la Convention nationale près l'armée des côtes de Brest.

Rousseau : une pièce de dix-huit, mise en batterie dans la plaine d'Orillard, enfilait le village des Sorinières ; on avait abattu les arbres qui auraient pu protéger les assaillants ou nuire au jeu des pièces républicaines ; et des postes nombreux gardaient tous les points menacés. L'artillerie des républicains, servie avec moins de vivacité, mais plus d'habileté et de succès que celle des ennemis, leur fit éprouver d'assez grandes pertes. Trois fois le drapeau blanc fut renversé [1].

Pendant ce temps, une colonne d'environ quatorze mille Vendéens arrivait par la route de Rennes, soutenue d'une grosse artillerie, et s'avançait jusqu'à une demi-portée de canon des barrières. Là commandaient Canclaux, du côté des Nantais, et, du côté des Vendéens, Cathelineau. Les batteries vendéennes furent placées sur une éminence, au milieu du grand chemin, et un corps nombreux se posta sur la gauche, tandis que, lancés sur les routes de Vannes et de Paris, de forts pelotons s'avançaient, à la faveur des blés, le long des haies, et s'emparaient de diverses maisons, d'où les assiégeants tiraient à couvert sur la ville. L'attitude des bataillons républicains fut admirable. Ils supportèrent le feu de l'ennemi avec une fermeté que rien ne put ébranler, et y répondirent sans relâche. Dirigée par l'adjudant général Billi, leur artillerie sema partout le ravage. Plusieurs canons appartenant aux assiégeants sont coup sur coup démontés ; un de leurs caissons est brisé ; leurs meilleurs pointeurs tombent l'un après l'autre et sont aperçus étendus sans mouvement à côté de leurs pièces [2].

Une lueur d'espoir, mais bien vite dissipée, brilla aux yeux des Vendéens. Le prince de Talmont était venu à Angers rejoindre l'armée. Impatient d'y signaler sa présence, il oublia, dans son ardeur, ce qu'on avait décidé

[1] Rapport de Beysser.
[2] Ibid.

au conseil de guerre, savoir, que des moyens de retraite seraient ménagés aux Nantais. Ayant avisé, vers le milieu du jour, une bande qui sortait de Nantes à pas précipités par la route de Vannes, il court la charger, et, en la repoussant dans la ville, ne fait qu'animer la défense [1].

De son côté, Cathelineau, à la tête de quelques centaines d'hommes intrépides, était parvenu à se glisser, le long des jardins, jusque sur la place Viarmes. Il croit la ville prise, ôte son chapeau, se jette à genoux, et, tirant son chapelet, se met à prier [2]. D'une mansarde voisine, un cordonnier le voit, le couche en joue, et Cathelineau tombe baigné dans son sang. C'était la Vendée elle-même que ce cordonnier, sans le savoir, venait de frapper au cœur !

Les hardis paysans qui avaient pénétré dans la ville ne songent plus qu'à leur chef, à ses yeux éteints, à son visage couvert d'une pâleur mortelle, et ils l'emportent en pleurant. Tout fut dit. L'armée vendéenne se trouva dissoute en un clin d'œil. Généraux, officiers, soldats, se précipitent dans des barques, et repassent la Loire en désordre, abandonnant près de cinq mille hommes sur le champ de bataille [3].

Le 30, une troupe consternée rentrait dans Ancenis, précédée d'un brancard sur lequel gisait Cathelineau [4]. Il avait été atteint d'une balle qui s'était perdue dans la poitrine, après avoir fracassé le bras : il ne survécut que quinze jours à sa blessure. Il laissait, pour le représenter dans le combat, trois frères, quatre beaux-frères et seize cousins germains, qui, tous, périrent les armes à la main, en défendant la cause illustrée par son héroïsme [5]. D'Elbée

---

[1] *Mémoires de madame de La Rochejaquelein*, chap. IX, p. 155.
[2] *Entrée des Vendéens à Ancenis*, par Benjamin Fillon, p. 8.
[3] *Mémoires manuscrits de Mercier du Rocher*, p. 211.
[4] *Entrée des Vendéens à Ancenis*, p. 7.
[5] Voyez la *Biographie universelle*.

lui succéda, mais nul ne le remplaça. Pourquoi? Parce que, selon cette belle et forte parole de M. Michelet [1]: « Dans la contre-révolution, il représentait encore la Révolution et la démocratie. »

Charette, dans ce désastre de la grande armée, n'avait plus rien qui le retînt devant Nantes. Après un jour passé à canonner de loin la place et à danser en manière de bravade, il ramena, on pourrait dire dans son repaire, ses soldats, très-peu satisfaits d'avoir à remporter leurs sacs vides.

Quant aux Nantais, heureux d'avoir fêté par une aussi magnifique victoire le patron de la ville, — car la levée du siége de Nantes eut lieu le jour de la Saint-Pierre, — ils votèrent, pour toute récompense, aux frères d'armes de Meuris... quoi? Des chemises, des bas et des souliers à ceux d'entre eux qui justifièrent en avoir besoin [2]: imitation de l'antiquité, qu'il est bon de rappeler, parce qu'elle caractérise l'époque.

[1] Liv. XI, chap. III, p. 121.
[2] *Biographie universelle*, article Meuris.

CHAPITRE TROISIÈME

MARAT ASSASSINÉ.

Rapport de Saint-Just sur les Girondins; modération de ce rapport. — Charlotte Corday; sa famille; sa généalogie; son séjour chez sa tante, à Caen; ses sympathies pour la Gironde. — Hypothèses romanesques et sans fondement. — Première entrevue avec Barbaroux. — Réponse de Charlotte Corday à une plaisanterie de Pétion. — Elle part pour Paris. — Singulier mélange de force et de légèreté d'esprit. — Récit moqueur. — Doctrine de Charlotte Corday : « *On ne doit point la vérité à ses tyrans.* » — Elle arrive à Paris. — Complot de Dillon dénoncé. — Dillon défendu par Camille Desmoulins. — Rumeurs scandaleuses à ce sujet. — Imprudents sarcasmes de Camille. — Étranges rapprochements. — Marat malade. — Son obstination dans la fureur. — Ses accès de générosité. — Description de la demeure de Marat; son extrême pauvreté. — Catherine Évrard. — Charlotte Corday chez Marat. — Comment elle parvient à s'introduire. — Marat assassiné. — Lettre d'adieu de Marat à Gusman; ce qu'il en faut penser. — Immense émotion parmi le peuple. — Déclaration tragique du chirurgien Pelletan. — Interrogatoire de Charlotte Corday par Guellard du Ménil. — Elle avoue qu'elle se serait sauvée, si elle avait pu. — Son extrait de baptême dans sa poche. — Elle s'apitoie sur Catherine Évrard. — Son calme railleur. — Tenue décente de ceux qui l'environnent. — Elle a un instant de défaillance. — Son étonnement à la vue du respect que le peuple de Paris porte aux magistrats. — Arrestation de Duperret et de Fauchet. — Deuil public. — Dépit jaloux de Robespierre. — Funérailles. — Lettre à Barbaroux; mélange de bien et de mal. — Autre lettre de Charlotte Corday à son père. — Charlotte Corday au tribunal révolutionnaire; sur la charrette fatale; sur l'échafaud. — Strophes d'André Chénier en son honneur — Adam Lux. — Charlotte

Corday le plus illustre des disciples de Marat. — Jusqu'à quel point
elle manqua son but. — Apothéose de Marat. — La perte des Girondins assurée. — Le parti de la fureur ravivé. — Appréciation de la
doctrine de l'assassinat politique.

Le 8 juillet, on vit paraître à la tribune de la Convention le morne et pâle visage de Saint-Just. Attentive aux
paroles qui allaient tomber de ces lèvres glacées, l'Assemblée fit silence. Lui : « La conjuration dont j'ai à vous
entretenir, dit-il, est enfin démasquée; je n'ai point à
confondre les hommes, ils sont confondus; je n'ai point
à arracher, par la force du discours, la vérité sanglante
de leurs cœurs, je n'ai qu'un simple récit à vous faire[1]. »

Il le fit, ce récit, qui était celui des crimes que la
Montagne, victorieuse, imputait aux Girondins; il le fit
dans un style plein de passion contenue et de sauvage
grandeur. Des accusations qu'il accumulait contre les accusés, les unes étaient fondées, comme celle d'avoir excité
la guerre civile, sous prétexte d'éteindre l'anarchie; les
autres étaient fausses, comme celle d'avoir tramé l'assassinat des Montagnards chez Valazé, et d'avoir voulu
placer le fils de Louis XVI sur le trône[2].

Le rapport avait, du reste, un caractère de modération qui étonna. Les maximes y abondaient, revêtues
d'une forme que n'eût point désavouée l'auteur du *Dialogue d'Eucrate et de Sylla :* « Tous les députés détenus
ne sont point coupables; le plus grand nombre n'était
qu'égaré : rien ne ressemble autant à la vertu qu'un
grand crime. — Cromwell respecta le roi dans Charles Ier,
pour ne pas avilir le pouvoir d'un seul. — Buzot fut le
premier à lancer ici la discorde : la vertu n'a pas tant
d'aigreur. — L'ordre eût régné dans la République, si
l'on eût moins répété qu'il n'y régnait pas. — Un usur-

[1] *Hist. parlem.*, t. XXVIII, p. 241.
[2] Le montagnard René Levasseur en fait le loyal aveu dans ses *Mémoires*, t. I, chap. x, p. 333.

pateur a bientôt tous les vices de son parti, et le besoin
du repos fait enfin supporter l'esclavage. — Les hommes
habiles et pervers en même temps ont fini par sentir
qu'il fallait suivre le peuple, persuadés que la ligne que
parcourent les révolutions est horizontale, et que, par les
excès, les malheurs et les imprudences qu'elles entraînent, on retourne au point d'où l'on était parti. — Les
honneurs et la confiance aveugle que s'accordent les magistrats entre eux est une tyrannie. — Le bonheur public
est la mesure des réputations. »

Dans un seul passage de son discours, Saint-Just s'élevait jusqu'à la véhémence; et c'était, chose à remarquer,
à propos des massacres de septembre. Après s'être écrié,
en s'adressant aux Montagnards : « Et vous aussi, vous
avez été sensibles aux agonies du 2 septembre, » il ajoutait : « Eh ! qui donc avait le plus de droit de s'en porter
les accusateurs inflexibles, ou de ceux qui en ce temps-
là jouissaient de l'autorité et répondaient de l'ordre public, de la vie des citoyens; ou de nous, qui arrivions dés-
intéressés de nos déserts? Pétion et Manuel étaient alors
les magistrats de Paris; ils disaient à quelqu'un qui leur
conseillait d'aller aux prisons, qu'ils ne voulaient point
risquer leur popularité. Celui qui voit égorger sans pitié
est plus cruel que celui qui tue... Ils ont déploré les forfaits qu'ils ont laissé commettre pour n'en être pas accusés... Accusateurs du peuple, on ne vous vit point, le
2 septembre, entre les assassins et les victimes. Quels
qu'aient été les hommes inhumains qui ont versé le
sang, vous en répondez tous, vous qui l'avez laissé répandre ! »

Saint-Just concluait en ces termes :

« Quoi qu'il en soit, la liberté ne sera point terrible
envers ceux qu'elle a désarmés. Proscrivez ceux qui nous
ont fuis pour prendre les armes; leur fuite atteste le peu
de rigueur de leur détention. Proscrivez-les, non pour ce

qu'ils ont dit, mais pour ce qu'ils ont fait. Jugez les autres, et pardonnez au plus grand nombre. L'erreur ne doit pas être confondue avec le crime. Il est temps que le peuple espère enfin d'heureux jours, et que la liberté soit autre chose que la fureur de parti... J'ai peint la conjuration : fasse le ciel que nous ayons vu les derniers orages de la liberté! Les hommes libres sont nés pour la justice. On profite peu à troubler la terre. [1] »

Ce langage, surtout dans la bouche d'un homme tel que Saint-Just, annonçait de la part des Montagnards le parti pris d'adopter une politique magnanime: mais l'extrême fureur de leurs ennemis leur vint ravir cette gloire, et ils furent rejetés dans les voies de la rigueur par un de ces crimes qui, selon l'expression de Saint-Just, ressemblent à la vertu.

Il y avait alors à Caen une jeune fille que le sort des Girondins avait profondément touchée. On la remarquait tout d'abord à l'expression de sa physionomie, mélange aimable de calme, de gravité et de décence. Dans son œil d'un bleu incertain, la vivacité d'un esprit clair était amortie par beaucoup de tendresse, et les seules cordes de l'amour semblaient vibrer dans le timbre de sa voix, faible et douce comme celle d'un enfant [2].

Née le 27 juillet 1768, dans une chaumière de la commune des Ligneries, d'une famille noble, mais qu'un revenu de quinze cents francs sauvait à peine de l'indigence, elle se nommait Charlotte de Corday, du nom d'une terre située dans l'arrondissement d'Argentan [3]. Elle avait de bonne heure perdu sa mère; ses deux frères, royalistes décidés, avaient émigré; et son père, Jacques-

[1] Voyez ce rapport reproduit *in extenso* dans l'*Hist. parlem.*, t. XXVIII, p. 241-269.
[2] Charlotte de Corday. *Essai historique*, par Louis Dubois. Paris, 1838. — Notes communiquées à Louis Dubois par M. Vaultier.
[3] *Ibid.*, p. ij de l'Avant-Propos.

François d'Armont de Corday, n'était connu que par un écrit qu'il avait lancé en 1790 contre le droit d'aînesse, dont il avait eu beaucoup à se plaindre comme cadet de Normandie [1]. Elle ne pouvait, au reste, avoir une plus illustre origine, car elle descendait au quatrième degré de Marie, sœur du grand Corneille [2].

Obligé de se séparer de ses filles, Jacques-François d'Armont les avait placées à cette Abbaye-aux-Dames que, dans la ville de Caen, avait fondée Mathilde, femme du conquérant de l'Angleterre. Ce fut là que, sous la protection de madame de Belzunce, l'abbesse, et de madame de Pontécoulant, sa coadjutrice, la jeune Charlotte de Corday resta jusqu'à l'heure solennelle qui sonna la Révolution. Le père vint alors se fixer à Argentan, et la fille trouva un asile décent chez sa tante à la mode de Bretagne, madame Coutellier de Breteville-Gouville, la-

---

[1] *Essai historique.*

[2] La généalogie de Charlotte Corday n'ayant été donnée en détail, que nous sachions, par aucun des historiens de la Révolution, peut-être nos lecteurs seront-ils bien aises de la trouver ici telle que nous l'empruntons à l'*Essai* de Louis Dubois, dans lequel elle forme le n° 2 des Pièces justificatives.

PIERRE CORNEILLE, père du grand CORNEILLE.

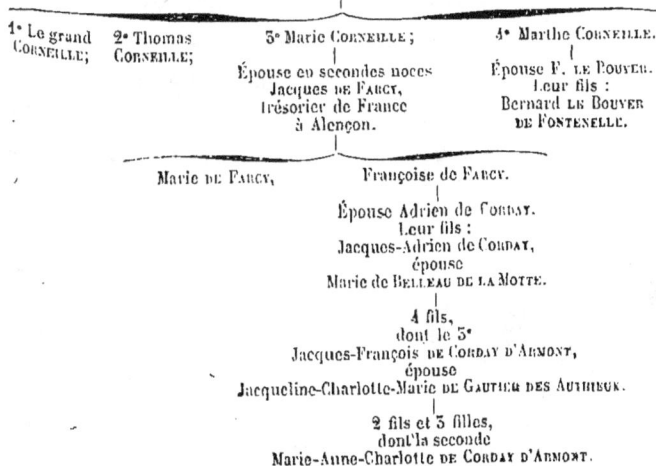

1° Le grand CORNEILLE;	2° Thomas CORNEILLE;	3° Marie CORNEILLE;	4° Marthe CORNEILLE.
		Épouse en secondes noces Jacques DE FARCY, trésorier de France à Alençon.	Épouse F. LE BOUYER. Leur fils : Bernard LE BOUYER DE FONTENELLE.

Marie DE FARCY,   Françoise DE FARCY.

Épouse Adrien de CORDAY.
Leur fils :
Jacques-Adrien de CORDAY,
épouse
Marie de BELLEAU DE LA MOTTE.

4 fils,
dont le 5°
Jacques-François DE CORDAY D'ARMONT,
épouse
Jacqueline-Charlotte-Marie DE GAUTIER DES AUTHIEUX.

2 fils et 3 filles,
dont la seconde
Marie-Anne-Charlotte DE CORDAY D'ARMONT.

quelle vivait à Caen, rue Saint-Jean, près de l'hôtel de
Faudoas[1].

Cette dame, âgée d'environ soixante ans, menait une
existence très-retirée[2]. Mais rien n'est plus propre que
la solitude à nourrir les fortes pensées. Du fond de sa
retraite, Charlotte Corday se mêlait en esprit aux agitations du dehors, sans dissiper au contact du monde le
brûlant foyer qu'elle portait en elle-même, et dont ses
études de prédilection ne servaient qu'à augmenter l'ardeur. « Je me rappelle, raconte un auteur qui la connut,
qu'un jour, à un déjeuner de quinze personnes, nous
parlâmes de littérature et de politique; elle me cita comme
ses lectures favorites Jean-Jacques Rousseau et Raynal[3]. »
C'est assez dire que Charlotte Corday était républicaine[4].
Or comment eût-elle un instant balancé entre cette république des Girondins qui, de loin, semblait devoir continuer l'alliance du mâle génie de Périclès avec la grâce
d'Aspasie, et cette autre république que les émissaires de
la Gironde avaient toujours montrée aux provinces se
traînant dans la fange et le sang, à la suite de Marat?

Aussi Charlotte Corday n'apprit-elle pas sans la plus
vive émotion l'arrivée à Caen des Girondins en fuite.

Ceux qui ne veulent pas que la femme puisse, sans
passer par l'amour, faire son entrée dans l'Histoire, se
sont plu à supposer, entre la jeune nièce de madame de Bretteville et le comte de Belzunce, égorgé par
le peuple en 1790, une liaison dont le souvenir serait
resté uni, dans le cœur de Charlotte Corday, à de noires
pensées de vengeance. Quelques-uns la représentent

---

[1] *Essai historique*, p. 6.
[2] *Ibid.*, p. 13.
[3] *Ibid.*, p. 15.
[4] Sa propre profession de foi sur ce point est plus croyable
qu'une note de Wimpfen qui la déclare royaliste. Cette note, insérée
dans l'ouvrage de Toulongeon, contient d'évidentes erreurs que nous
avons déjà relevées... faut-il dire des mensonges?

hantée par l'ombre de Boisjugan de Maingré, pris, en
1792, les armes à la main, et fusillé comme traître à son
pays. Romanesques hypothèses que pas un fait ne justifie ! On en doit dire autant de la prétendue impression
qu'aurait faite sur Charlotte Corday la beauté de Barbaroux ; d'autant que cette beauté, que les Mémoires de
madame Roland ont rendue célèbre, n'avait pas été sans
subir en peu de temps de très-rudes atteintes. Selon le
témoignage de Louvet, l'Antinoüs de la Gironde était
devenu très-gras, très-pesant, à l'époque dont nous parlons, et présentait, à l'âge de vingt-huit ans, l'embon-
point d'un homme de quarante [1].

Quoi qu'il en soit, ce fut à Barbaroux que la jeune fille
s'adressa durant le séjour des Girondins à Caen. Elle
l'alla trouver à l'*hôtel de l'Intendance*, pour lui demander
une lettre d'introduction auprès de Garat, voulant, dit-
elle, retirer des bureaux ministériels certaines pièces
utiles à une dame de ses amies, émigrée. L'entrevue eut
lieu dans une salle ouverte à tout venant, en présence
d'un vieux domestique [2], et Charlotte Corday exposa sa
demande avec la modestie convenable à son sexe. Survint
Pétion, et, comme il plaisantait « la belle aristocrate qui
venait voir des républicains, » elle répondit : « Vous me
jugez aujourd'hui sans me connaître, citoyen Pétion ; un
jour, vous saurez qui je suis [3].

Le 9 juillet, après avoir écrit à son père que, redou-
tant les horreurs de la guerre civile, elle se retirait en
Angleterre [4], elle monta dans la diligence qui prenait la
route de Paris. S'il en faut juger par le compte rendu
qu'elle-même, plus tard, rendit de son voyage, elle ne

---

[1] *Mémoires de Louvet*, p. 153.

[2] *Ibid*, p. 114. — *Mémoires de Meillan*, p. 75.

[3] *Charlotte de Corday. Essai historique*, par Louis Dubois, p. 21. —
Notes fournies à l'auteur par M. Vaultier.

[4] Lettre de Charlotte Corday à Barbaroux, dans l'*Hist. parlem.*,
t. XXVIII, p. 330.

subissait alors l'empire d'aucune de ces pensées toutes-
puissantes qui absorbent l'être qu'elles ont une fois envahi. Une certaine légèreté de caractère mêlée aux élans
d'une âme capable de haines vigoureuses, et la malice
d'une jeune fille moqueuse qui s'amuse des hommages
dont on l'entoure, voilà ce qui marque le journal de ses
impressions, écrit de sa propre main [1] : « Vous avez désiré,
citoyen, le détail de mon voyage ; je ne vous ferai pas
grâce de la moindre anecdote. J'étais avec de bons Montagnards, que je laissé parler tout leur content, et leurs
propos, aussi sots que leurs personnes étaient désagréable, ne servirent pas peu à m'endormir ; je ne me
réveillai pour ainsi dire qu'à Paris. Un de nos voyageurs,
qui aime sans doute les femmes dormantes, me prit pour
la fille d'un de ses anciens amis, me supposa une fortune
que je n'ai pas, me donna un nom que je n'ai jamais
entendu, et enfin m'offrit sa personne et sa main.
Quand je fus ennuyée de ses propos : — Nous jouons
parfaitement la comédie, lui dis-je ; il est malheureux,
avec tant de talent, de n'avoir point de spectateur ; je
vais chercher les autres voyageurs, pour qu'ils prennent
leur part du divertissement. Je le laissé de bien mauvaise
humeur ; la nuit il chanta des chansons plaintive, propre
à exciter le sommeil... J'ignorais que ces messieurs
eussent interrogé les voyageurs, et je soutins ne les connaître aucuns, pour ne point leur donner le désagrément
de s'expliquer ; « je suivais en cela mon oracle Raynal,
qui dit « qu'on ne doit point la vérité à ses tyrrans [2]. »

Charlotte Corday arriva à Paris, le 11 juillet, vers
midi, et alla descendre à l'hôtel de la Providence, rue des
Vieux-Augustins. Se sentant fatiguée, elle ordonna qu'on
lui préparât un lit, et pendant que le garçon de l'hôtel
s'y employait, elle lui dit, contrairement à la vérité et à

---

[1] Nous conservons son orthographe en la citant.
[2] Hist. parlem.

ce qu'elle savait, « que soixante mille hommes marchaient sur Paris [1]. » Puis elle s'enquit de ce qu'on disait
à Paris du « petit Marat ; » à quoi le garçon répondit que
les patriotes l'estimaient beaucoup, mais que les aristocrates ne l'aimaient pas [2]. La jeune fille se tut, alla se
coucher et s'endormit paisiblement.

Ce jour-là même, la Convention apprenait de Cambon,
parlant au nom du Comité de salut public :

Qu'un complot venait d'être découvert ;

Que les conjurés avaient à leur tête Dillon et douze
autres officiers généraux ;

Que le but de la conspiration était d'enlever le fils de
Louis XVI, de le faire proclamer roi, et de donner la régence à Marie-Antoinette pendant la minorité du nouveau monarque ;

Que les auteurs de cette révolution devaient former
une garde privilégiée, et porter des médailles avec un
ruban blanc moiré, sur lesquelles un aigle renversé,
avec ces mots : *A bas l'anarchie, Vive Louis XVI !*

Que Dillon, arrêté et interrogé, n'avait pas nié l'existence d'un complot ayant pour but d'abattre la Montagne,
de seconder le mouvement des provinces, et de donner
le dessus à ce que les contre-révolutionnaires appelaient
le parti des *honnêtes gens* [3].

Cambon n'avait pas encore terminé son rapport que
des bancs mêmes de la Montagne partit cette interruption
inattendue : « Rien d'absurde comme la fable qu'on vient
de débiter [4]. » C'était l'ardent Camille qui venait de
pousser ce cri. Ses amis le regardent avec étonnement,
quelques-uns avec douleur, d'autres murmurent. Lui,

[1] Déposition de Pierre-François Feuillard, garçon de l'hôtel de la
Providence, dans le procès de Charlotte Corday. Voyez le t. XXVIII de
l'*Hist. parlem.*, p. 319.

[2] *Ibid.*

[3] *Ibid.*, p. 373 et 274.— Rapprochement omis par tous les historiens.

[4] *Ibid.*, p. 274.

d'un bond, s'élance à la tribune, et penché à l'oreille de
Thuriot, qui présidait, réclame instamment la parole.
Supplications vaines! Thuriot, décidé à ne pas permettre
que l'imprudent jeune homme se compromît davantage,
faisait semblant de ne pas l'entendre, et d'une main infatigable agitait sa sonnette [1]. Camille insistant, Billaud-
Varenne s'écrie : « Il ne faut pas laisser Desmoulins se
déshonorer ! » Lui, regagne sa place, moins irrité peut-
être qu'amusé de la protection qui pèse sur lui. David le
suivait d'un œil morne. Il y en eut qui chuchotèrent
autour de lui le mot *suspect*. Comme il sortait de la salle,
Legendre l'aborde, et accompagnant ses apostrophes
d'un geste furieux : « Va dîner avec les aristocrates!...
Je vous ai défendu hier, mais aujourd'hui je vous abandonne. » Il poussa sa pointe, reprochant à Camille la tié-
deur de son zèle révolutionnaire, sa paresse, son éloi-
gnement pour la tribune dans les importants débats. Et
Camille de répliquer, avec cette railleuse insolence qui
lui fit tant d'ennemis : « Mais, mon cher Legendre, je
n'ai pas tes poumons, et tu sais bien que, parmi les animaux, celui à qui la nature a donné la voix la plus
retentissante n'est pas le plus propre à faire des lois [2]. »

Le bruit avait couru que Dillon, jeune encore et fort
aimable, rendait à Lucile Desmoulins des soins assidus,
et l'intérêt qu'en cette circonstance le mari n'hésita pas
à témoigner au général fut méchamment attribué à l'influence de la femme. Mais Camille Desmoulins, qui connaissait le cœur de Lucile, alla droit à la calomnie, sûr
de la confondre, et prit la défense de Dillon hautement,
bravement, dans une brochure tout étincelante du feu
de son facile génie. Par malheur, il y perçait de traits

---

[1] Camille Desmoulins donne lui-même ces détails dans la brochure
qu'il publia sous ce titre : *Réponse de Camille Desmoulins à Arthur
Dillon.*

[2] *Ibid.*

lancés en souriant et au hasard la plupart de ceux qu'il aurait dû ménager, ne fût-ce que pour le besoin de sa cause. Il y tournait en ridicule les jaunes colères de Billaud-Varenne et les manières peu raffinées de Legendre ; il y comparait ses amis de la Montagne, essayant de couvrir ses imprudences, à ces fous d'Abdéritains qui, après la tragédie d'*Andromède*, s'en allaient gémissant sur la fragilité des vertus humaines et s'écriant : « O amour, tyran des dieux et des hommes[1] ! » De Saint-Just, du terrible Saint-Just, il osa écrire qu'il « portait sa tête sur ses épaules avec respect et comme un saint-sacrement[2]. » —Saint-Just ajourna sa réponse...

Au reste, eût-il été aussi discret qu'il se montra téméraire et provoquant, Camille n'eût pas sauvé Dillon, dont l'innocence ne pouvait être prouvée[3]. Il se trouvait d'ailleurs avoir mal pris son temps ; car, sur d'affreuses machinations prêtes à éclater, il s'était répandu depuis quelques jours des craintes d'autant plus actives qu'elles étaient plus vagues.

Le 10 juillet, à l'assemblée de la Commune, on avait lu une lettre que le maire de Strasbourg communiquait comme ayant été adressée. de Paris, à un de ses administrés ; elle contenait ces lignes, qui semblaient annoncer quelque événement sinistre et prochain : « ...La Montagne, la Commune, la Jacobinière, et toute la séquelle scélérate, sont à deux doigts du tombeau... D'ici au 15 juillet, nous danserons ! Je désire qu'il n'y ait pas d'autre sang répandu que celui des Danton, Robespierre, Marat et compagnie... Vive Wimpfen ! vivent les Normands, Bretons, Marseillais, Lyonnais, et tous les autres républicains[4] ! »

---

[1] *Réponse de Camille Desmoulins à Arthur Dillon.*
[2] *Ibid.*
[3] Nous le verrons plus loin.
[4] *Charlotte Corday, Essai historique*, par Louis Dubois, p. 27. — Rapprochement omis par tous les historiens de la Révolution.

D'ici au 15 juillet... Quelle date funèbre était donc enveloppée dans ces mots? Ce sang de Danton, de Robespierre, de Marat, dont la lettre parlait d'un ton si affirmatif, était-on à la veille de le répandre?

Chose étrange! Le 11 juillet, c'est-à-dire le jour de l'arrivée de Charlotte Corday à Paris, on lut dans un journal de couleur girondine : « Voici une observation bien singulière et qui mérite d'être consignée. Depuis le commencement de la Révolution, nous avons vu disparaître beaucoup de patriotes à grande réputation, beaucoup de ces hommes en qui le peuple avait mis confiance; mais ils étaient aussitôt remplacés par d'autres. Aujourd'hui il n'en est plus de même[1]. »

Le lendemain, le journal qui vient d'être cité écrivait, dans un style dont l'intention ironique était manifeste : « On dit Marat très-sérieusement malade. S'il quittait la vie, on en trouverait sans doute quelques motifs secrets; car chacun sait que la mort des grands hommes a toujours quelque chose d'extraordinaire[2]!.. »

Il est juste de reconnaître que Marat était en effet malade. Car, tandis que la *Chronique de Paris* sonnait d'avance ses funérailles, Maure, envoyé par les Jacobins pour s'informer de sa santé, leur faisait le rapport suivant :

« Nous venons de trouver notre frère Marat dans le bain. Une table, un encrier, des journaux, des livres auprès de lui, l'occupaient sans relâche de la chose publique. Ce n'est point une maladie, mais une indisposition qui ne prendra jamais les membres du côté droit; c'est beaucoup de patriotisme pressé, resserré, dans un très-petit corps[3]... »

[1] *Chronique de Paris*, n° du 11 juillet 1793.

[2] *Ibid.*, n° du 12 juillet 1795. — Rapprochement omis par tous les historiens de la Révolution.

[3] Le *Républicain français*, n° 244, cité par les auteurs de l'*Hist. parlem.*, t. XXVIII, p. 305.

La vérité est que jamais, quoi qu'on en ait dit, Marat ne s'était plus complétement abandonné au démon familier qui avait pris d'une façon si rude possession de son âme. Sa dévorante activité d'esprit ne s'était pas ralentie un seul instant. Un de ses collègues, par allusion à la facilité avec laquelle il accueillait toute dénonciation, avait comparé sa tête à une boîte aux lettres, qui reçoit tous les paquets qu'on y jette [1] : il eût été plus exact de la comparer à un volcan toujours en éruption. D'une plume que la douleur faisait trembler dans sa main, il n'avait cessé, pendant le mois de juin, d'adresser à ses collègues de l'Assemblée des lettres haletantes où il demandait, tantôt le rappel de Lecointe-Puyraveau, tantôt la destitution de Menou, ou bien encore un décret d'arrestation contre Leygonnier et Westermann [2]. Le 5 juillet, sept jours à peine avant la visite officielle de Maure, il avait écrit à la Convention pour renouveler la proposition de mettre à prix les têtes des Capet rebelles [3]. C'est donc à tort que quelques écrivains ont représenté Marat comme arrivé, dans la dernière période de sa vie, « à l'écueil où périrent l'une après l'autre les générations révolutionnaires, l'indulgence et la modération [4]. » Non, non ; et il y eut cela, au contraire, de prodigieux dans Marat, qu'il se montra jusqu'au bout fidèle à ce génie de la fureur dont l'âme humaine se fatigue si vite, et qu'il passa, sans intervalle de repos, d'un immense délire à l'éternel sommeil. S'il fit exempter Ducos, Dussaulx et Lanthénas du décret fulminé contre les Girondins ; si, après la chute de ses plus mortels adversaires, il déclara vouloir se tenir à l'écart, pour ne pas peser sur leur sort ; s'il couvrit d'une protection magnanime le physi-

[1] Prudhomme, *Révolutions de Paris*, n° 209.
[2] *Hist. parlem.*, t. XXVIII, p. 302.
[3] *Ibid.*, p. 303.
[4] Michelet, *Histoire de la Révolution*, liv. XII, chap. III, p. 147 et 148.

cien Charles, son ennemi personnel ; s'il sauva la vie à des malheureux qui l'imploraient..., il serait peu équitable d'attribuer ces actes de générosité, soit à un affaiblissement physique, soit à une sorte d'attiédissement intérieur et subit : la carrière de Marat, dès le début, avait été semée de traits semblables, très-faciles à expliquer de la part d'un fanatique, et d'un fanatique de cette trempe. L'homme est « ondoyant et divers, » selon la vive expression de Montaigne. C'était, ne l'oublions pas, par des pages d'une tendresse presque morbide que le farouche *ami du peuple* s'était annoncé au monde ; et qui sait, pour nous servir d'un mot de Byron, si la haine, chez lui aussi, n'était pas de l'amour aigri au fond du cœur ?

On voit, aujourd'hui encore, rue de l'École-de-Médecine, n° 18, une maison d'assez triste apparence, contiguë à celle que signalent tout d'abord à l'attention du passant une architecture antique et bizarre, des fenêtres étroites et une tourelle hexagone portant sur des soubassements voûtés. La maison n° 18 n'a rien de remarquable, sinon qu'on dit aussitôt qu'on l'aperçoit : « Là vivait Marat. » L'appartement qu'il y occupait se composait d'une antichambre, éclairée d'une seule croisée ayant vue sur la cour ; d'une très-petite pièce ayant vue aussi sur la cour, et conduisant à un réduit où il y avait à peine place pour une baignoire ; d'une chambre à coucher où le jour de la rue pénétrait par deux croisées à verres de Bohême, et enfin d'une pièce également à deux croisées servant de salon [1]. L'aspect de cette demeure d'un homme alors si puissant ne présentait rien que de misérable. Les fenêtres étaient lourdes, à vitres étroites, et construites de telle sorte que la partie inférieure se

---

[1] Procès-verbal de l'arrestation et du premier interrogatoire de Charlotte Corday, par Jacques-Philibert Guellard. (*Revue rétrospective,* avril 1835.)

relevait sur l'autre en glissant dans une coulisse ; pour-
toute tapisserie, de grandes colonnes torses dessinées sur
un fond blanchâtre [1]. « Le salon meublé en damas bleu
et blanc, les rideaux de soie élégamment relevés en dra-
peries, le lustre brillant, l'ottomane voluptueuse, les superbes vases de porcelaine remplis de fleurs naturelles,
rares et de haut prix, » tout cela n'exista jamais que
dans l'imagination de madame Roland, abusée par un
récit mensonger [2]. Ce qui est vrai, c'est que Marat était
pauvre, si pauvre, que lorsque après sa mort on leva les
scellés qu'on avait mis partout à son domicile, on ne
trouva chez lui qu'un assignat de vingt-cinq sous [3]. Son
unique trésor, — le plus précieux, du reste, qu'il soit donné
à l'homme de posséder en ce monde, — était l'amour d'une
femme bonne et dévouée, qui avait nom Catherine Évrard.

Dans la matinée du 13 juillet, une jeune fille d'un
extérieur modeste et d'un visage tranquille se présenta à
la maison qu'habitait Marat, demandant à lui parler. La
portière ayant répondu que l'ami du peuple, malade,
ne pouvait recevoir personne, l'inconnue se retira en
murmurant [4], après avoir laissé pour Marat une lettre,
qui lui fut remise et qui était conçue en ces termes :

« Citoyen, j'arrive de Caen. Votre amour pour la patrie
me fait présumer que vous connaîtrez avec plaisir les

---

[1] Voyez, dans le *Livre des Cent et un*, l'article de Drouineau, intitulé : *Une maison de la rue de l'École-de-Médecine*.

[2] Madame Roland, t. II, p. 223 de ses *Mémoires*, ne donne la description qui précède que sur la foi d'une personne qu'elle ne nomme pas
et qu'elle-même désigne ainsi : « Petite femme du Midi, née à Toulouse, ayant toute la vivacité du climat ardent sous lequel elle a vu
le jour. »

[3] Et non de cinq francs, comme dit M. Thiers. Voyez, ainsi que le
font observer avec raison les auteurs de l'*Hist. parlem.*, et le rapport
fait à la Commune le 27 juillet, et le *Moniteur* et tous les journaux.

[4] Dépositions de la citoyenne Évrard et de Marie-Barbe Aubin, portière de la maison de Marat, dans le procès de Charlotte Corday.

malheureux événements de cette partie de la République.
Je me présenterai chez vous vers une heure. Ayez la bonté
de me recevoir, et de m'accorder un moment d'entretien, je vous mettrai à même de rendre un grand service
à la France.

« Je suis, etc.   Charlotte CORDAY [1]. »

Le soir, à sept heures, l'inconnue revint. La portière
et Catherine Évrard refusant l'entrée, un débat s'élève,
dont le bruit parvient jusqu'à Marat, qui était au bain
dans ce moment et occupé à écrire. Il avait reçu la requête de l'étrangère et ordonna qu'on la laissât entrer.
Quelques instants après, un cri lamentable : *A moi, ma
chère amie!* Catherine Évrard s'élance, épouvantée,
éperdue, dans le cabinet de Marat, et n'a que la force
de crier : A la garde! Marat, la figure couverte d'une
pâleur livide, était sans mouvement dans sa baignoire,
toute rouge de sang. Laurent Basse, commissionnaire,
entre, attiré par le bruit; il aperçoit Charlotte Corday
debout près du corps de la victime, et, pour l'empêcher
de fuir, se hâte de barrer les portes. Nul doute que cette
jeune fille, si belle et si calme, ne fût l'assassin : dans sa
fureur, l'homme du peuple courut à elle et lui asséna
un coup de chaise sur la tête [2]. Un chirurgien, qui demeurait dans la maison, était accouru : penché sur
Marat, dont le sein laissait voir une blessure profonde, il
essaya en vain d'arrêter le sang, qui coulait à gros
bouillons; le corps fut retiré de la baignoire et porté
dans un lit, « où étant, Marat ne remua plus [3]. »
Dulaure assure que Marat, quoique percé de part en
part, vécut assez pour adresser à son ami Gusman le

[1] Lettre produite au procès.
[2] Déposition de Laurent Basse dans le procès.
[3] Déposition d'Antoine Delafondée, principal locataire de la maison.

billet que voici, dont l'auteur des *Esquisses historiques* dit avoir l'original sous les yeux et donne le *fac-simile* :

« Les barbares, mon ami, ne m'ont pas voulu laisser la douceur de mourir dans vos bras ; j'emporte avec moi la consolante idée que je resterai éternellement gravé dans votre cœur. Ce petit présent, tout lugubre qu'il est, vous fera souvenir du meilleur de vos amis, portez-le en mémoire de moi, *et vous* — ici un mot oublié ; peut-être voulait-il écrire *tout à vous* — jusqu'à mon dernier soupir. MARAT[1]. » ·

Suivant Dulaure, ces lignes, tracées d'une main tremblante, furent envoyées à Gusman, qui les garda, enveloppées d'un morceau de taffetas noir, et les porta sur lui jusqu'à sa mort. Mais comment croire qu'après avoir reçu un coup si terrible Marat ait eu la force de tenir la plume ? C'est, d'ailleurs, ce que rien n'indique dans les dépositions qui suivirent[2].

Par une tragique coïncidence, au moment même où l'on assassinait Marat, les sœurs de Léonard Bourdon se présentaient à la barre de l'Assemblée, ardentes à demander un sursis en faveur de ceux qui avaient tenté d'assassiner leur frère ! La Convention passa à l'ordre du jour, par ce double motif que le code pénal ne déléguait pas le droit de grâce et qu'elle avait à sauvegarder la vie de ses membres. Elle ignorait quel sanglant à-propos donnaient à cette décision les scènes dont la rue des Cordeliers était en cet instant le théâtre[3] !

[1] *Esquisses historiques sur les principaux événements de la Révolution*, par Dulaure, t. II, chap. x, p. 455. Paris, 1823.

[2] Le document ci-dessus, que Dulaure donne comme extrait de la collection d'autographes de M. Villenave, n'est pas sans présenter des signes assez frappants d'authenticité. Mais, s'il est authentique, il doit se rapporter à une date un peu antérieure. La lettre a pu effectivement être écrite la veille ou l'avant-veille, Marat sentant déjà la vie lui échapper.

[3] Cette coïncidence, si caractéristique, est une des omissions à signaler dans le récit de nos prédécesseurs.

Cependant la nouvelle lugubre s'est répandue de proche en proche, et déjà presque tout Paris répète : *L'ami du peuple est mort! On vient d'assassiner l'ami du peuple!* Parmi ceux pour qui Marat, selon sa propre expression, « s'était fait anathème, » la sensation fut inexprimable. Car, enfin, ce qu'il semblait personnifier en lui, cet homme, avec sa taille rabougrie, sa laideur, ses sombres pensées, son dur langage, ses sales vêtements, sa vie souterraine, et tous les mépris qu'on lui avait prodigués, c'était cette immense masse d'infirmités et de difformités dont se compose le limon des sociétés humaines. Robespierre pouvait bien représenter la puissance du peuple, Danton ses emportements, Saint-Just ses mornes tristesses; mais sa misère!... quel autre que Marat pouvait représenter sa misère? D'ailleurs, — et nous en verrons bientôt un exemple! — s'il est vrai que, trop souvent, le peuple, trompé, se tourne contre ses défenseurs, ce n'est jamais du moins quand l'assassinat les sacre martyrs. Aussi quel spectacle de deuil! Et de quel mouvement impétueux ils allèrent saluer les dépouilles mortelles de leur tribun, tous les damnés de ce monde! Dans la foule qui, de ses flots pressés, inondait la rue des Cordeliers et bouillonnait autour de la maison mortuaire, la douleur, la vengeance, la rage, étaient les seuls sentiments que trahît l'expression des visages, et un seul cri montait vers le ciel, celui qui demandait la tête de l'assassin. Pendant ce temps, la garde était arrivée, et Charlotte Corday, entourée de soldats, était descendue. Mais le limonadier Berger, qui la conduisait, s'étant aperçu qu'elle « désirait être livrée à la fureur du peuple, » la fit remonter chez Marat, où presque aussitôt après parut Guellard du Mesnil, commissaire de police de la section du Théâtre-Français [1].

[1] Charlotte Corday. *Essai historique*, par Louis Dubois, p. 34.

Guellard du Mesnil, sans s'arrêter dans l'antichambre, où l'on retenait Charlotte prisonnière, va droit à la chambre à coucher où le cadavre était exposé. Là se trouvait un chirurgien consultant des armées de la République, Philippe-Jean Pelletan, lequel fit remarquer au commissaire de police que le coup porté à Marat avait pénétré près de la clavicule du côté droit, entre la première et la deuxième côte, et cela si profondément, que l'index avait fait écart pour s'enfoncer de toute sa longueur à travers le poumon blessé, et que probablement le tronc des carotides avait été ouvert[1]. Quelle plus effroyable preuve pouvait être fournie de l'assurance apportée par Charlotte Corday dans l'accomplissement du crime?

Interrogée en présence des administrateurs de police Marinot et Louvet, elle répondit avec beaucoup de sang-froid :

Qu'ayant vu la guerre civile sur le point de s'allumer dans toute la France, elle avait résolu de sacrifier sa vie au salut de son pays ;

Que c'était bien effectivement pour tuer Marat qu'elle avait quitté Caen ;

Qu'elle n'avait pas de complices ;

Qu'elle ne connaissait personne à Paris, où elle n'était jamais venue auparavant ;

Qu'arrivée le jeudi, vers midi, elle s'était couchée, n'était sortie que le vendredi matin pour aller se promener vers la place des Victoires, et, rentrée chez elle, s'était mise à écrire ;

Que, dans la matinée du 13, elle s'était rendue au Palais-Royal, où elle avait acheté un couteau à gaîne façon de chagrin ;

[1] Procès-verbal de l'arrestation et du premier interrogatoire de Charlotte de Corday, par Jacques-Philibert Guellard, inséré dans la *Revue rétrospective*, avril 1835.

Qu'elle avait ensuite pris une voiture de place pour aller chez Marat, près duquel on ne l'avait point laissée parvenir;

Qu'elle s'était alors décidée à lui écrire pour lui demander audience sous un faux prétexte;

Que, lors de sa seconde visite, et dans la crainte d'un nouveau refus, elle s'était munie d'une autre lettre, dont elle n'avait pas eu à se servir, ayant cette fois été admise;

Qu'enfin « son projet n'était point un projet ordinaire[1]. »

Le commissaire de police lui ayant demandé si, le meurtre commis, elle n'avait point cherché à s'évader par la fenêtre : « Non, répondit-elle, mais je me serais évadée par la porte, si l'on ne s'y fût opposé[2]. »

On la fouilla, et l'on trouva sur elle la clef de sa malle, un dé à coudre en argent, un peloton de fil, la gaîne façon de chagrin du couteau, cinquante livres en argent, cent vingt livres en assignats, une montre d'or. Elle avait caché la gaîne du couteau dans son sein, ainsi que deux papiers, attachés ensemble avec une épingle, et dont l'un était un projet d'adresse manuscrit aux Français, l'autre son extrait de baptème[3]. Quel motif l'avait pu amener à se munir de cette dernière pièce? Elle n'entendait donc pas mourir *incognito*, comme elle l'écrivit à son père du fond de sa prison! Et la crainte de compromettre sa famille ne l'avait pas empêchée de se placer d'avance sur la route de la postérité, pour y prêter l'oreille au bruit de son nom!

Survinrent, envoyés par l'Assemblée, Maure, Legendre, Chabot et Drouet[4].

---

[1] Procès-verbal de l'arrestation et du premier interrogatoire de Charlotte de Corday, par Jacques-Philibert Guellard, inséré dans la *Revue rétrospective*, avril 1835.

[2] *Ibid.*

[3] *Ibid.*

[4] *Ibid.*

Charlotte Corday était parfaitement calme : l'unique chose qui, de temps en temps, parut la faire souffrir[1] était la douleur de Catherine Évrard. Les cris de la pauvre femme éveillaient des échos plaintifs dans un cœur fait pour connaître, de la vie, toutes ses agitations et tous ses orages[2]. N'eût été cette émotion passagère, on eût pu croire Charlotte Corday insensible, tant il se mêlait de malice ironique et de présence d'esprit à sa fermeté! Legendre la prenant pour une femme dont il avait reçu, le matin, une visite suspecte, elle le détrompa en lui faisant observer qu'il n'était pas de taille à être le tyran de son pays, et qu'au surplus elle ne prétendait pas punir tant de monde[3]. A Chabot tendant la main vers la montre trouvée sur elle, elle dit : « Oubliez-vous que les capucins font vœu de pauvreté[4]? » Et, le même Chabot lui demandant : « Comment avez-vous pu frapper Marat droit au cœur? » elle lui répondit : « L'indignation qui soulevait le mien m'indiquait la route[5]. »

Harmand (de la Meuse) raconte, comme une circonstance dont il fut témoin, que, Chabot ayant aperçu un papier plié dans le sein de la jeune fille et ayant fait un geste pour l'en arracher, elle rejeta ses épaules en arrière avec tant de vivacité, que les épingles et les cordons qui retenaient sa robe échappèrent ou se rompirent. Sa poitrine se trouva, de la sorte, tout à fait nue; et, malgré la promptitude avec laquelle elle courba sa tête sur ses genoux pour se dérober aux regards, sa pudeur eût pu avoir cruellement à souffrir, sans la tenue parfaitement

---

[1] Lettre de Charlotte Corday à Barbaroux.

[2] « Une imagination vive, un cœur sensible, promettaient une vie bien orageuse. » (C'est ainsi que Charlotte Corday se juge elle-même dans sa lettre à Barbaroux.)

[3] Ibid.

[4] Coüet de Gironville.

[5] Histoire abrégée de la Révolution, t. III, liv. XVIII.

décente de ceux qui l'environnaient[1]. Elle avait les mains
liées : on se hâta de les lui délier, afin qu'elle réparât
elle-même ce désordre accidentel, ce qu'elle fit la face
tournée contre le mur. On lui permit, en outre, de ra-
battre ses manches et de mettre des gants sous ses liens[2]. »

Lorsqu'on la fit monter en voiture pour la conduire
en prison, il s'éleva du milieu du peuple un mugissement
si formidable, qu'elle se sentit défaillir[3]. Revenue à elle,
et voyant avec quelle docilité la foule se retirait à la voix
des commissaires, elle témoigna son étonnement d'être
encore en vie, et demanda d'une voix troublée comment
il se faisait que les interprètes de la loi eussent autant
d'autorité sur un peuple qu'on lui avait peint comme
composé de cannibales[4]. Pendant la nuit, elle parla
beaucoup, avec quelque désordre, mais sans laisser
échapper un mot de regret ou de repentir. Loin de là,
on lui entendit dire d'un air satisfait : « J'ai rempli ma
tâche, d'autres feront le reste[5]. »

La séance du 14 juillet fut remplie tout entière par les
divers incidents qui se rattachaient au meurtre commis
la veille. Une section vint réclamer pour Marat les honneurs du Panthéon[6]. Guirault, orateur de la section du
Contrat-Social, s'étant écrié au milieu de son discours :
« Où es-tu, David? Tu as transmis à la postérité l'image
de Lepelletier mourant pour la patrie, il te reste encore
un tableau à faire... » David répondit : « Aussi le
ferai-je[7] »

On avait saisi des lettres de nature à compromettre

[1] *Anecdotes de la Révolution*, par Harmand (de la Meuse).
[2] *Ibid.*
[3] Rapport de Drouet à la Convention, séance du 14 juillet 1793.
[4] *Ibid.* — Ceci omis par nos prédécesseurs.
[5] *Ibid.*
[6] *Moniteur*, séance du 14 juillet 1793.
[7] *Ibid.*

Fauchet et Duperret : ces deux députés furent amenés à la barre par une véhémente dénonciation de Chabot. Voici le résumé des déclarations de Duperret :

Le 12 juillet, au moment où il entrait chez lui pour dîner, ses filles lui remirent un paquet renfermant des imprimés à lui adressés par Barbaroux, et une lettre qu'on ne lui laissa pas le temps de lire et qu'il plaça sur la cheminée. Au dessert, une inconnue entra; et, comme elle manifestait le désir de lui parler en particulier, il la conduisit dans un cabinet voisin, où, après lui avoir donné des nouvelles de quelques-uns de ses amis, elle le pria de l'accompagner chez le ministre de l'intérieur. La visite ayant été ajournée au lendemain, et l'étrangère s'étant retirée, Duperret dit à ses filles : « La plaisante aventure ! Cette femme m'a paru une intrigante[1]. J'ai vu dans son attitude, dans sa contenance, quelque chose qui m'a semblé singulier. Demain je saurai ce qui en est. » Le lendemain il l'alla prendre, et la conduisit chez le ministre, qu'on lui assura n'être visible que de huit à dix heures du soir. Là-dessus, nouvel ajournement. Mais dans l'intervalle, la correspondance de Duperret ayant été saisie par suite d'un décret qui le supposait de connivence avec Dillon, il craignit que sa présence chez le ministre ne fût plus nuisible qu'utile à sa protégée. Il lui en fit là remarque à la seconde visite qu'il lui rendit : sur quoi Charlotte Corday lui dit : « Citoyen Duperret, j'ai un conseil à vous donner; quittez l'Assemblée, et retirez-vous à Caen, où vous pourrez, avec vos collègues, servir la chose publique. » Lui, répondant qu'il ne voulait pas abandonner son poste: « Vous faites une sottise, » répliqua-t-elle[2].

Tel fut le récit de Duperret. Il y était question d'imprimés envoyés de Caen : Billaud-Varenne accusa Du-

---

[1] Ceci omis par les historiens nos prédécesseurs.
[2] *Moniteur*, séance du 14 juillet 1793.

perret de les avoir distribués, dans l'Assemblée même, à des membres qui tiraient de leur poche des assignats et les donnaient en échange[1]. Or vainement le député girondin nia-t-il le fait en termes formels; vainement Levasseur assura-t-il qu'effectivement Billaud-Varenne se trompait, et qu'à Rabaud-Pommier seul était imputable le manége signalé; les rapports de Duperret avec Charlotte Corday, en de pareilles circonstances, le désignaient trop naturellement aux soupçons pour qu'on lui fît grâce d'un examen plus approfondi. Sur la motion de Couthon, il fut décrété d'accusation par l'Assemblée[2]. Contre Fauchet aussi, un décret de mise en arrestation fut lancé, à la suite de ces paroles violentes de Danton : « Je demande qu'on entende cet apostat de la liberté; peut-être ce qu'il dira vous confirmera-t-il davantage dans l'idée que c'est un infâme conspirateur[3]. »

Rapprochement qui fait penser et qui attriste! Le malheureux Fauchet reçut son décret d'arrestation précisément le même jour et à la même heure où, quatre ans auparavant, il avait eu, devant la Bastille, son manteau troué de balles[4]!

Tandis que ces choses se passaient dans l'Assemblée, les sections se succédaient autour des dépouilles sanglantes de Marat. Semblables aux chœurs des tragédies antiques, des groupes sombres de Jacobins allaient répétant le cri : « Il est mort, l'ami du peuple! » Les uns, s'adressant aux femmes, disaient : « Citoyennes, jetez des fleurs sur le corps pâle de Marat[5]! » Les autres, sur le poignard qui lui avait percé le sein, juraient de l'imiter et de le venger. La plupart le voulaient au Panthéon.

[1] Moniteur, séance du 14 juillet 1793.
[2] Ibid.
[3] Ibid.
[4] Prudhomme, Révolutions de Paris, n° 209.
[5] Voyez le discours de l'orateur de la section de la République dans le Journal de la Montagne, n° 47.

Ces transports répugnaient au caractère grave de Robespierre et parurent offenser son orgueil. Au fond, il était humilié de n'avoir pas été choisi pour victime expiatoire par la haine des Girondins, et il lui déplaisait de voir prodiguer tant d'hommages à un homme qu'il n'avait jamais regardé que comme un énergumène sincère. Ce sentiment, très-sérieux chez lui, mais associé à un dépit qui manquait de grandeur, perça si bien dans le discours où, en pleine séance des Jacobins, il combattit l'idée de porter tout de suite le corps de Marat au Panthéon, que Bentabolle l'interrompit par ces dures paroles : « C'est un honneur qu'il obtiendra, malgré les jaloux[1]. » Néanmoins la majorité des Jacobins se rangea de l'avis de Robespierre, tant l'autorité morale de sa parole était souveraine !

Les funérailles de Marat avaient été fixées au 16 juillet : la veille, sur la proposition de David, la Convention décida qu'elle assisterait en corps à la cérémonie funèbre. Et le 16, en effet, tous les membres de l'Assemblée se rendirent à l'église des Cordeliers, où le corps avait été exposé. Le concours était immense ; les cris de fureur avaient fait place à un deuil muet ; quelques flambeaux brûlaient çà et là. On fit l'éloge du mort ; on jeta des fleurs sur sa dépouille sanglante ; puis on alla déposer le corps dans le jardin des Cordeliers, sous des arbres. Thuriot, qui présidait alors la Convention, prononça, devant la fosse ouverte, les paroles de suprême adieu ; la fosse reçut le dépôt qu'on lui était venu confier, elle se referma, et la foule s'écoula en silence[2].

Pendant ce temps, Charlotte Corday était transférée de l'Abbaye à la Conciergerie. Cette translation interrompit une longue lettre qu'elle était occupée à écrire à Barbaroux, et qui est datée : « Aux prisons de l'Abbaye,

[1] Séance des Jacobins du 14 juillet 1793.
[2] Voyez le n° 48 du *Journal de la Montagne*.

dans la ci-devant chambre de Brissot, le second jour de la préparation de la paix[1].

Rien de plus mêlé que le style de ce document. On y trouve certainement de la force, des élans de sensibilité, de l'élévation, une âme maîtresse d'elle-même ; mais, à côté de cela, une affectation manifeste d'enjouement, un ton de plaisanterie qui ressemble trop à un calcul, une préoccupation de gloire toute païenne, et l'adoption systématique de la morale qui, par le but, justifie les moyens :

« Je n'ai jamais haï qu'un seul être, et j'ai fait voir avec quelle violence, mais il en est mille que j'aimais encore plus que je ne le haïssais... — Comme j'étais vrayment de sang-froy, je souffris des cris de quelques femmes... — Je jouis délicieusement de la paix ; depuis deux jours, le bonheur de mon pays fait le mien... — Je passe mon temps à écrire des chansons... — On m'a donné des gendarmes pour me préserver de l'ennui ; j'ai trouvé cela fort bon pour le jour, et fort mal pour la nuit... Je crois que c'est de l'invention de Chabot ; il n'y a qu'un capucin qui puisse avoir ces idées... — Une imagination vive, un cœur sensible promettaient une vie bien orageuse ; je prie ceux qui me regretteraient de le considérer, et ils se réjouiront de me voir jouir du repos dans les champs Élysées avec Brutus et quelques anciens... — J'avoue que j'ai employé un artifice perfide pour attirer Marat à me recevoir. « Tous les moyens sont bons dans « une telle circonstance[1]... » etc... etc...

C'est dans cette lettre à Barbaroux que se trouve

[1] Voyez l'*Hist. parlem.*, t. XXVIII, p. 328.

[2] Voyez cette lettre reproduite *in extenso* dans l'*Hist. parlem.*, t. XXVIII, par 328-331.

— Nous en avons détaché les traits caractéristiques, soit en bien, soit en mal.

— La phrase « *tous les moyens sont bons*, etc... » a été soigneusement omise par nos prédécesseurs.

l'unique fondement historique sur lequel les écrivains, nos prédécesseurs, puissent asseoir la réalité des dernières paroles qu'ils mettent dans la bouche de Marat. « Après avoir écrit vos noms à tous, raconte Charlotte Corday, il me dit, pour me consoler, que dans peu de jours il vous ferait tous guillotiné à Paris. Ces derniers mots décidèrent de son sort[1]. » Que Marat ait effectivement prononcé une telle menace, il n'y a là certes rien d'invraisemblable ; mais, pour établir le fait historiquement, il ne suffit pas de l'assertion d'une femme qui proclamait bien haut « qu'on ne doit pas la vérité aux « tyrans ; que tous les moyens sont bons dans certaines « circonstances, » et qui, dans le cours du procès, ne sofit, comme on le verra, nul scrupule de trahir la vérité, en des choses où l'intérêt de sa conservation n'était pas même engagé. Il était, au reste, manifestement faux que, dans l'esprit de Charlotte Corday, les derniers mots de Marat eussent « *décidé de son sort,* » puisqu'elle était partie de Caen avec le dessein bien arrêté de le tuer, et qu'elle avait eu soin de se munir, dès le matin, du couteau fatal.

Une chose avait évidemment frappé Charlotte Corday : la modération du peuple de Paris en ce qui la concernait. Dans la partie de sa lettre qu'elle écrivit à la Conciergerie, on remarque la phrase suivante : « Il est bien étonnant que le peuple m'ait laissé conduire de l'Abbaye à la Conciergerie ; c'est une preuve nouvelle de sa modération ; dites-le à nos bons habitants de Caen ; ils se permettent quelquefois de petites insurrections qu'on ne contient pas si facilement[2]. »

Elle adressa aussi à son père quelques lignes, dont le

[1] *Hist. parlem.*, p. 329.
[2] *Ibid.*, p. 332. — Pas un de nos prédécesseurs qui n'ait omis cet hommage rendu par Charlotte Corday à la modération du peuple de Paris.

fac-simile est sous nos yeux, et dont nous conservons l'orthographe :

« Pardonnés moi, mon cher papa, d'avoir disposé de mon existance sans votre permission, j'ai vengé bien d'innocentes victimes, j'ai prévenu bien d'autres désastres. Le peuple un jour désabusé se réjouira d'être délivré d'un tyrran ; si j'ai cherché a vous persuadé que je passaïs en Angleterre, cesque j'esperais garder l'incognito mais j'en ai reconu l'impossibilité, j'espere que vous ne serés point tourmenté. En tous cas, je crois que vous aurés des défenseurs à Caën ; j'ai pris pour défenseur Gustave Doulcet, un tel attentat ne permet nulle defense c'est pour la forme ; adieu, mon cher papa, je vous prie de moublier ou plutôt de vous rejouir de mon sort la cause en est belle, jembrasse ma sœur que jaime de tout mon cœur ainsi que tous mes parens, n'oubliés pas ce vers de Corneille [1]

« Le crime fait la honte et non pas l'échafaud.

« C'est demain à huit heures que l'on me juge.

« Ce 16 juillet.

« CORDAY. »

Le lendemain en effet, 17 juillet, Charlotte Corday comparut devant le tribunal révolutionnaire.

Elle était coiffée d'un bonnet à papillons, et un ample fichu lui couvrait le sein [2]. L'homme qui lui servit d'avocat trace son portrait en ces termes : « Stature assez forte quoique légère, longs cheveux négligemment épars sur les épaules, yeux ombragés par de grandes paupières,

[1] C'est le comte d'Essex qui dit ce vers, dans une tragédie, non de Pierre, mais de Thomas Corneille, acte IV.

[2] D'après un tableau dessiné pendant l'audience même, et au bas duquel on lit : « *Marie-Anne-Charlotte Corday, ci-devant d'Armont, âgée de vingt-cinq ans, moins trois mois ; à l'instant où elle s'aperçoit qu'un des auditeurs est occupé à la dessiner, elle tourne la tête de son côté.* »

visage ovale dans la physionomie duquel respirait sa grande âme, voix enfantine en harmonie avec la simplicité de ses dehors [1]. »

Le président lui ayant demandé si elle avait un défenseur, elle répondit qu'elle avait choisi un ami, qui sans doute n'avait pas eu le courage de se présenter. Alors le président, apercevant Chauveau de La Garde dans la salle, le nomma d'office. Il monte près de l'accusée; et elle, de fixer sur lui des regards pleins d'inquiétude, comme craignant une justification qu'il lui eût fallu désavouer [2].

La lecture de l'acte d'accusation par Fouquier-Tinville et l'audition des témoins durèrent peu : le crime n'étant pas nié, il n'y avait guère sujet à débat.

Voici quelles furent, selon le *Bulletin révolutionnaire*, les réponses les plus saillantes de l'accusée, lorsqu'on l'interrogea :

« Qui vous a poussé à assassiner Marat? — Ses crimes. — Qu'entendez-vous par ses crimes? — Les malheurs dont il a été la cause depuis la Révolution. — Quels sont ceux qui vous ont engagée à commettre cet assassinat? — Personne. Moi seule en ai conçu l'idée. — Quel est en ce moment l'état de Caen? — Il y a un comité central de tous les départements qui sont dans l'intention de marcher sur Paris. — Que font les députés transfuges? — Ils ne se mêlent de rien; ils attendent que l'anarchie cesse pour reprendre leur poste. — Qui vous a dit que l'anarchie régnait à Paris? — Je le savais par les journaux. — Quels sont ceux que vous lisiez? — *Perlet*, le *Courrier français* et le *Courrier universel*. — C'est donc dans les journaux que vous lisiez que vous avez appris que Marat était un anarchiste? — Oui, je savais qu'il pervertissait la France. J'ai tué un homme pour en sauver cent mille.

---

[1] Note de Chauveau de La Garde dans les *Femmes*, par le vicomte J.-A. de Ségur.

[2] *Ibid.*

IX   7

C'était d'ailleurs un accapareur d'argent; on a arrêté à Caen un homme qui en achetait pour lui. J'étais républicaine bien avant la Révolution, et n'ai jamais manqué d'énergie. — Qu'entendez-vous par énergie? — Ceux qui mettent l'intérêt particulier de côté et savent se sacrifier pour la patrie. — Était-ce à un prêtre assermenté ou insermenté que vous alliez à confesse, à Caen? — Je n'avais point de confesseur. — Ne vous êtes-vous point essayée d'avance avant de porter le coup à Marat? — Non. — Il est cependant prouvé par le rapport des gens de l'art, que si vous eussiez porté le coup de cette manière (en long), vous ne l'eussiez point tué. — J'ai frappé comme cela s'est trouvé; c'est un hasard [1]. »

Selon le récit de Chauveau de La Garde, Charlotte Corday aurait fait quelques réponses plus remarquables encore par leur énergique précision :

« Qui vous avait inspiré tant de haine contre Marat? — Je n'avais pas besoin de la haine des autres; j'avais assez de la mienne. — Mais la pensée de le tuer a dû vous être suggérée par quelqu'un? — On exécute mal ce qu'on n'a pas conçu soi-même. — En tuant Marat, qu'espériez-vous? — Rendre la paix à mon pays. — Croyez-vous avoir tué tous les Marat? — Celui-là mort, les autres auront peur, peut-être [2]. »

Dans le cours de son interrogatoire, elle déclara qu'elle aurait voulu immoler Marat sur les cimes de la Montagne, ajoutant : « J'étais bien sûre alors de devenir à l'instant victime de la fureur du peuple, et c'est ce que je désirais. On me croyait à Londres, mon nom eût été ignoré [3]. »

Sommée de déclarer si elle connaissait Claude Fauchet,

---

[1] Voyez le compte rendu du *Bulletin révolutionnaire*, dans l'*Hist. parlem.*, t. XXVIII, par 311-325.

[2] Note de Chauveau de La Garde, *ubi supra*.

[3] *Ibid.*

qu'on avait fait venir à l'audience, elle répondit qu'elle ne le connaissait que de vue et le méprisait [1].

Lorsqu'elle était descendue à l'hôtel de la Providence, l'hôtesse lui ayant demandé s'il était vrai qu'une force armée marchât sur Paris, elle avait répondu en riant : « Je me suis trouvée sur la place de Caen, le jour où l'on a battu la générale pour venir à Paris ; il n'y avait pas trente personnes [2]. » Interrogée à cet égard, elle dit — mensonge calculé pour faire peur à la Montagne — : « J'avais voulu donner le change, attendu qu'il y en avait plus de trente mille [3]. »

On lut à l'audience la seconde lettre qu'elle avait écrite à Marat, mais dont elle n'eut pas occasion de faire usage, ayant été admise la seconde fois qu'elle se présenta. Cette lettre était ainsi conçue :

« Je vous ai écrit ce matin, Marat ; avez-vous reçu ma lettre ? Je ne puis le croire, puisqu'on m'a refusé votre porte. J'espère que demain vous m'accorderez une entrevue. Je vous le répète, j'arrive de Caen : j'ai à vous révéler les secrets les plus importants pour le salut de la République. D'ailleurs, je suis persécutée pour la cause de la liberté, je suis malheureuse : il suffit que je le sois pour avoir droit à votre protection.

« Charlotte CORDAY [4]. »

Sur l'observation que ce moyen de s'introduire auprès de sa victime tenait de la perfidie, et qu'elle ne pouvait regarder comme un monstre l'homme à qui elle adressait un semblable appel, elle répondit :

---

[1] Cette version est celle du *Moniteur*. La version du *Bulletin révolutionnaire* prête à l'accusée des paroles dont le sens est le même, mais moins dures dans la forme.

[2] Déposition de Marie-Louise Grolier.

[3] *Bulletin du tribunal révolutionnaire.* — Autre omission de nos prédécesseurs. — Exception faite ici pour M. Michelet.

[4] *Ibid.*

Selon le compte rendu officiel : « Que m'importe que Marat se montre humain envers moi, si c'est un monstre envers les autres[1]? »

Selon Chauveau de La Garde, son défenseur : « J'avoue que ce moyen n'était pas digne de moi ; mais tous les moyens sont bons pour sauver son pays[2]. »

Chauveau de La Garde raconte aussi qu'à l'aspect du couteau qu'un huissier lui présentait, elle détourna la vue avec émotion ; et lorsque, faisant allusion à la manière dont elle avait porté le coup, l'accusateur dit : « Il faut que vous soyez bien exercée à ce crime, » elle s'écria indignée : « Oh ! le monstre ! il me prend pour « un assassin ! » Exclamation qui, comme un coup de foudre, termina le débat[3]. »

L'avocat s'étant levé, les jurés lui faisaient dire de garder le silence, et le président de la déclarer folle ; mais lui, qui sentait bien que ce qu'elle craignait plus que toute chose était d'être humiliée, s'exprima en ces termes :

« L'accusée avoue avec sang-froid l'horrible attentat qu'elle a commis ; elle en avoue avec sang-froid la longue préméditation ; elle en avoue les circonstances les plus affreuses.... Ce calme et cette abnégation sublimes ne sont pas dans la nature ; ils ne peuvent s'expliquer que par l'exaltation du fanatisme politique qui lui a mis le poignard à la main.... Je m'en rapporte à votre prudence[4]. »

Pendant que Chauveau de La Garde parlait ainsi, le

---

[1] *Bulletin du tribunal révolutionnaire.*

[2] Note de Chauveau de La Garde, *ubi supra.*

Ni M. de Barante, ni M. Thiers, ni M. Michelet, ne mentionnent cette profession de foi : « Tous les moyens sont bons, » etc... Quant à M. de Lamartine, il fait mieux : à la phrase de Charlotte Corday, il substitue celle-ci : « Il fallait paraître l'estimer pour arriver jusqu'à lui. »

[3] *Ibid.*

[4] *Bulletin du tribunal révolutionnaire.*

visage de Charlotte Corday rayonnait de joie. Elle se fit conduire à l'avocat par les gendarmes, le remercia d'une voix douce de l'avoir défendue d'une manière digne de lui et d'elle; et, comme témoignage de sa reconnaissance, le pria de payer ses dettes de prison. Elles s'élevaient à trente-six livres en assignats, que Chauveau de La Garde paya le lendemain au concierge de l'Abbaye[1].

Charlotte Corday fut condamnée à mort.

On lit dans l'*Histoire secrète du tribunal révolutionnaire*, par Proussinalle[2] : « Le 20 juillet 1793, le comité de salut public fit mettre en accusation le président du tribunal révolutionnaire, pour avoir, dans le jugement de Charlotte Corday, changé la cinquième question, ainsi conçue : « L'a-t-elle fait avec préméditation et dessein criminel, » en celle-ci : « L'a-t-elle fait avec dessein prémédité? » Ce président s'appelait Montané.

De retour dans sa prison, Charlotte Corday refusa de recevoir un prêtre[3]. Elle prit la plume et écrivit : « *A Doulcet-Pontécoulant.* Doulcet-Pontécoulant est un lâche d'avoir refusé de me défendre[4]. Celui qui l'a fait s'en est acquitté avec toute la dignité possible; je lui en conserverai ma reconnaissance jusqu'au dernier moment. » Elle achevait à peine, qu'on entra.... C'était le bourreau.

Elle fut conduite au supplice en chemise rouge, costume alors en usage pour les assassins[5]. Il était sept heures du soir. D'épais nuages couvraient le ciel et annonçaient un orage, qui ne tarda pas en effet à éclater[6].

---

[1] Note de Chauveau de La Garde, *ubi suprà*.

[2] T. I, p. 161.

[3] *Hist. parlem.*, t. XXVIII, p. 534. — Prudhomme, n° 209.

[4] Elle se trompait. Doulcet-Pontécoulant ignorait qu'elle l'eût choisi pour défenseur. Comme il le manda au président du tribunal révolutionnaire par une lettre datée du 20 juillet, il n'avait reçu celle de Charlotte Corday que le samedi, et décachetée.

[5] *Hist. parlem.*, t. XXVIII, p. 534.

[6] *Essai historique*, par Louis Dubois, p. 55.

Le peuple suivait en silence la charrette lugubre, du haut de laquelle Charlotte Corday promenait sur les objets environnants un regard tranquille. Au pied de l'échafaud une légère pâleur, aussitôt remplacée par les couleurs les plus vives, se répandit sur son beau visage[1]. Quand on fut pour lui enlever une partie de ses vêtements, ses traits exprimèrent un sentiment de pudeur offensée[2] qui rappelle le mot sublime de Madame Élisabeth à l'exécuteur, au moment où il lui arracha le fichu qui lui couvrait le sein : « Au nom de votre mère, monsieur, couvrezmoi[3] ! »

Après l'exécution, un des aides du bourreau, ayant saisi la tête pour la montrer au peuple, eut l'infamie de la souffleter, lâcheté abominable que le peuple accueillit par un immense et presque universel murmure[4]. La tête alors était pâle, mais d'une beauté parfaite. L'exécuteur l'ayant une seconde fois montrée, on la vit, ou on crut cette fois la voir colorée, comme si l'indignation de l'outrage eût survécu au supplice! Et cette circonstance tragique donna lieu, les jours suivants, dans le *Journal encyclopédique de Millin*, à un débat non moins tragique sur la question de savoir si la vie s'éteint au moment précis où la tête est séparée du corps[5].

Le misérable qui avait insulté la mort fut jeté en prison et publiquement flétri[6].

La fière attitude de Charlotte Corday, sa jeunesse, sa

---

[1] Cabanis, d'après le témoignage d'un médecin de ses amis, témoin oculaire.

[2] Beaulieu, *Biographie universelle*.

[3] *Anecdotes de la Révolution*.

[4] Récit de la *Chronique de Paris*.

[5] L'affirmative fut soutenue par Cabanis contre le docteur Süe et l'anatomiste allemand Scœnnering.

[6] Voyez la lettre de Roussillon, juré au tribunal révolutionnaire, telle que la rapportent, d'après la *Chronique de Paris*, les auteurs de l'*Hist. parlem.*, t. XXVIII, p. 335.

beauté, son courage, frappèrent tous les esprits, et excitèrent chez quelques-uns une admiration passionnée. Un grand poëte composa en son honneur une ode apologétique de l'assassinat :

> Son œil mourant t'a vue, en ta superbe joie,
> Féliciter ton bras et contempler ta proie.
> Ton regard lui disait : « Va, tyran furieux,
> Va, cours frayer la route aux tyrans tes complices.
> Te baigner dans le sang fut tes seules délices :
> Baigne-toi dans le tien, et reconnais les dieux. »

O discordes civiles ! l'auteur de ces strophes violentes était André Chénier; et ce fut Marie-Joseph Chénier, son frère, qui fit, plus tard, le rapport qui mit Marat au Panthéon !

Parmi les fils adoptifs de la Révolution et de la France, on comptait, à cette époque, un député de Mayence, nommé Adam Lux, cœur sincère et intrépide. Il s'était trouvé sur le passage de la charrette qui conduisait la jeune fille à l'échafaud; et, dès ce moment, poursuivi, obsédé par un fantôme charmant et triste, il avait résolu de mourir; il écrivit et publia une brochure où, sans approuver l'assassinat en théorie, il disait : « S'ils veulent me faire l'honneur de leur guillotine, qui désormais n'est à mes yeux qu'un autel..., je les prie, ces bourreaux, de faire donner à ma tête abattue autant de soufflets qu'ils en firent donner à celle de Charlotte... » Il proposait, en terminant, qu'on élevât à l'héroïne une statue avec cette inscription : *Plus grande que Brutus* [1] !

La *Chronique de Paris*, ce même journal qui avait annoncé en termes si singuliers la mort prochaine de Marat, essaya de sauver Adam Lux, en accréditant le bruit que la brochure portait un nom supposé [2], et, lorsqu'on

[1] *Mémoires pour servir à l'histoire de la Révolution*, par Adam Lux, réimprimés à Strasbourg, 1794.
[2] N° du 24 juillet 1793.

l'eût arrêté, elle fit un dernier effort, en affectant de le croire fou. « Comment répondre du moral d'un homme qui, arrêté, s'est écrié avec joie : « Je mourrai donc pour Charlotte Corday ! » Il faut être fou pour avoir plaisir à mourir pour une personne qui n'existe plus. S'il est vrai que tout ce qui est inutile peut devenir nuisible, on doit empêcher cet homme-là de mourir [1]. »

Telle ne fut pas l'opinion du Tribunal révolutionnaire ; et le malheureux Adam Lux fut condamné à mort le 5 novembre 1793. Dans son délire, il avait eu la pensée d'aller se faire sauter la cervelle à la barre de la Convention [2].

Lorsque, devant le Tribunal révolutionnaire, Charlotte Corday avait dit : « J'ai tué un homme pour en sauver cent mille, » elle ne se doutait pas probablement qu'elle ne faisait en cela que professer la doctrine de Marat lui-même ; n'avait-il pas dit, lui aussi, et répété sans cesse qu'il demandait cinq cents têtes pour en sauver cinq cent mille ? Sa carrière n'avait-elle pas été, d'un bout à l'autre, déterminée et dominée par cette maxime que proclama si follement, sur son cadavre, celle qui le tua : « Tous les moyens sont bons dans certaines circonstances ? »

Oui, de tous les disciples de Marat, le plus illustre fut.... Charlotte Corday. Et elle poussa la logique du système jusqu'à assassiner le professeur, en vertu des principes qu'il avait professés !

De sorte que Marat périt, victime de la fausseté de ses prétendus axiomes ; et, pour que rien ne manquât à ce solennel enseignement, il arriva qu'à son tour, en poignardant Marat, Charlotte Corday, loin d'atteindre son but, poussa au but contraire.

Quelles furent, en effet, les suites ?

[1] N° du 28 juillet 1793.
[2] Histoire abrégée de la Révolution, t. III, liv. XVIII, p. 191.

D'abord, en ce qui touche Marat, de tribun qu'il était il devint martyr.

Qui ne connaît le tableau de David? La tête appuyée sur le bord de son lit, Marat n'a que la poitrine et le bras hors de la baignoire, toute rouge de son sang. Dans une de ses mains est encore la lettre de Charlotte Corday : « Il suffit que je sois malheureuse pour avoir droit à votre protection. » Le bras, tombant avec la rigidité du cadavre, tient une plume. Sur un billot accoté à la baignoire, on voit un encrier, un assignat, et un écrit ainsi conçu : « Vous donnerez cet assignat à cette mère de cinq enfants, dont le mari est mort pour la défense de la patrie. » Loin de chercher un effet théâtral dans le jeu des lumières et des ombres, David a peint son tableau d'un ton clair, dans une manière rapide et ferme, légère et discrète, mais avec une vérité saisissante. La tête, cependant, après avoir été dessinée à la plume d'après nature, est idéalisée et sans hideur. Le tableau est d'une simplicité antique ; tout y rappelle la pauvreté stoïque du personnage ; pas d'autre accessoire que la plume et le couteau ! Il semble que le peintre, en dessinant la victime, ait évoqué les grandes figures de Sénèque et de Caton. « Marat ! disait David, *ah! celui-là, je l'ai peint du cœur* [1]. »

Eh bien, qu'on se figure l'effet d'une œuvre pareille exposée pendant plusieurs jours dans la cour du Louvre, sur un autel, avec cette inscription au-dessous : « Ne pouvant le corrompre, ils l'ont assassiné ! »

De là une enthousiasme funèbre, dont les transports allèrent jusqu'à la superstition. Marat eut des temples, il eut des arcs de triomphe [2]. Son buste, colporté partout, devint, dans beaucoup de maisons, un préservatif pour

---

[1] Mots cités par M. Jal, dans ses *Esquisses et Croquis*. Comment ne pas rappeler ici le beau tableau de Charlotte Corday, par M. Henry Scheffer?

[2] Mercier, le *Nouveau Paris*, chap. CXLVI : *Fêtes de la Raison*.

les suspects[1]. Beaulieu assure avoir eu entre les mains un imprimé en forme de prière, composé par un nommé Brochet, et où se lisaient ces mots : « Cœur de Jésus, cœur de Marat ! O sacré cœur de Jésus ! O sacré cœur de Marat[2] ! » Et ce cœur, on le renferma dans l'urne la plus précieuse du garde-meuble de la couronne[3]. Le 14 novembre 1793, une loi, rendue sur le rapport de Marie-Joseph Chénier, ordonna que les restes de Marat seraient admis au Panthéon, à la place de ceux de Mirabeau. Que dire encore ? On bâtit à sa gloire, en plein Carrousel, une espèce de pyramide dans l'intérieur de laquelle on plaça son buste, sa baignoire, son encrier, sa lampe; et Mercier, à qui nous empruntons ces détails, ajoute : « On y posa une sentinelle qui, une nuit, mourut de froid ou d'horreur[4]. »

Telles furent, relativement à Marat, les conséquences de l'attentat de Charlotte Corday. Et l'influence de cet attentat, soit sur le sort des Girondins, soit sur la situation générale, quelle fut-elle?

La Montagne, d'abord disposée à l'indulgence, comme on a pu en juger par le rapport de Saint-Just, fut violemment ramenée à des pensées sombres, et sentit renaître toutes ses haines, quand elle entendit Levasseur crier au côté droit : « Le poignard des assassins est levé sur nous! Doublons, s'il est possible, notre existence politique[5]. » A partir de ce moment, une prompte décision sur les députés incarcérés fut ardemment poursuivie, et leur destin parut fixé !

D'un autre côté, le parti de la fureur, qui commençait à se fatiguer, reprit des forces. Marat était sincère, et sa sincérité, en mainte occasion, servait de garantie. Ses

[1] Beaulieu. *Biographie universelle.*
[2] *Ibid.*
[3] Beaulieu. *Biographie universelle.*
[4] *Nouveau Paris,* chap. CXLVI.
[5] *Mémoires de Levasseur,* t. I, chap. x, p. 307.

folies, qui avaient leur contre-poids dans une sagacité peu commune, étaient une sorte de *maximum* démocratique, au delà duquel ne pouvaient se flatter d'aller les démagogues sans bonne foi, dont l'ascendant se trouvait de la sorte annulé. Rien de plus profond et de plus vrai que ce mot de Camille Desmoulins : « Tout le temps que je vois Marat dans notre sein, je ne saurais avoir de crainte ; car celui-là au moins ne saurait être dépassé [1]. » Marat mort, il n'y eut plus de sauvegarde contre les popularités intéressées et hypocrites, contre les faux tribuns aux gages de l'étranger. Marat fut remplacé par une tourbe de vils plagiaires qui, sans avoir ni sa droiture, ni sa vigilance patriotique, ni son coup d'œil, reprirent son apostolat sanguinaire et exagérèrent ses exagérations. Marat, s'il eût vécu, rendait Hébert impossible.

Qu'il nous soit donc permis de répéter ici, comme conclusion et avec toute l'autorité des faits qui viennent d'être exposés, ce que nous avons dit dans un autre ouvrage : L'assassinat est une faute aussi bien qu'un crime ; et il le faut laisser aux aristocrates et aux tyrans. Que Henri III attire le duc de Guise dans le château de Blois et l'y fasse égorger par des sicaires d'antichambre ; que des séides royalistes essayent contre Napoléon d'une machine infernale, ce sont là forfaits dignes de ceux qui les commirent, et la démocratie défend qu'on la serve ainsi. De tels moyens sont contraires par essence à son génie et à son principe. Eh ! qui donc pourrait sans insolence s'attribuer le droit de se mettre, seul, soit comme vengeur de la liberté, soit comme redresseur du destin, à la place de tout un peuple, presque à la place de l'Histoire ? Un coup de poignard est une usurpation. Où est d'ailleurs le pouvoir correspondant à ce droit monstrueux ? Quoi ! il serait donné au premier venu de changer, en avançant le bras,

[1] *Mémoires de Levasseur*, t. I, chap. x, p. 327.

le cours des lois historiques! Cet homme qui passe dans
la rue n'aurait qu'à presser la détente d'un pistolet pour
donner une secousse au monde! Non, il n'en va pas de la
sorte. Le mal, quand il existe au sein d'une société, tient
à un vaste ensemble de causes auprès desquelles l'existence d'un individu, quelque puissant qu'on le suppose,
ne figure qu'à titre d'accident. A nul homme on ne saurait accorder l'honneur de faire tenir dans sa vie celle
d'un peuple. Nous en demandons pardon à l'ombre de
Pascal, mais il nous semble avoir amoindri l'humanité
jusqu'au scandale, quand il a fait dépendre de la longueur
du nez de Cléopâtre les destinées de l'univers. L'occasion
est la surface de la cause, et voilà pourquoi, trop souvent.
l'on prend l'une pour l'autre. On s'imagine abattre la
tyrannie en abattant le tyran : erreur! Le mal est au fond
des choses, quand il est. Il n'existe point parce que quelqu'un le représente; quelqu'un le représente parce qu'il
existe. Vous avez poignardé César, malheureux? il va
ressusciter, plus terrible, dans Octave! Vous avez forcé
Néron à se donner la mort? vous n'échapperez pas à
Vitellius! Marat expire, noyé dans son sang? voici venir
Hébert! Il ne sert de rien de faire disparaître la person-
nification, lorsqu'on laisse subsister le principe person-
nifié, toute chose créant un homme pour son usage.

Sans doute, respect est dû à l'héroïsme, même quand
il s'égare. La Grèce antique dressa des autels à Harmo-
dius, à Aristogiton ; et nous avons tous été élevés à trouver
belles ces paroles que Shakspeare met dans la bouche de
Brutus : « *As Cæsar loved me, I weep for him ; as he was
fortunate, I rejoice at it ; as he was valiant, I honor him ;
but, as he was ambitious, I slew him.* » « César m'aima,
je le pleure; il fut heureux, je m'en réjouis; il fut vaillant, je l'honore; mais il était ambitieux, je l'ai tué. »
Malheureusement ce sont les erreurs les plus respec-
tables qui, par la séduction qu'elles exercent, sont les

plus dangereuses. Où en serait la société, si, l'individualisme y devenant la loi du dévouement, chacun y était admis à n'accepter, de la légitimité de ses actes à l'égard de tous, d'autre juge que lui-même? Et pourtant tel est le pouvoir du dévouement, jusque dans son délire, que les meurtriers à la manière de Sand et de Stabs déconcertent presque également l'approbation et le blâme. Quand on rencontre leurs noms dans l'histoire, on est mécontent de sa raison si on les absout, et de son cœur si on les condamne.

CHAPITRE QUATRIÈME

LYON SE SOULÈVE.

La contre-révolution à Lyon. — Assassinat de Sautemouche. — Robert Lindet. — Inutiles efforts de la Convention pour sauver Chalier. — Pouvoir dictatorial. — Désarmement des Jacobins à Lyon. — Proclamation factieuse. — Chalier dans sa prison. — Lettre de Chalier à Bernascon, son ami. — Décret du 3 juillet 1793. — Biroteau applaudi et trompé. — Arrivée de Chasset à Lyon. — Armée départementale; choix de Précy pour la commander. — Décret du 12 juillet contre les Lyonnais rebelles. — Chassagnon essaye de sauver Chalier. — Calomnies répandues par les royalistes. — Lettre supposée. — Le peuple induit en erreur. — Dévouement de Bernascon. — La guillotine dressée à Lyon pour la première fois par les *modérés*. — Exécution de Chalier. — Progrès du parti royaliste. — Mélange d'hypocrisie et d'audace. — Aspect de la révolte dans l'Est et le Midi. — La contre-révolution dans les autorités à Grenoble. — Dubois-Crancé et Gauthier; mesures qu'il prennent. — Carteaux marche sur Avignon au pouvoir des Marseillais. — Infériorité des troupes commandées par Carteaux. — Les royalistes à Lyon jettent le masque; désespoir et confusion des Girondins; fuite nocturne de Chasset et de Biroteau.

Pendant qu'à Paris Marat mourait assassiné, les contre-révolutionnaires, devenus maîtres de Lyon, y assassinaient l'ex-municipal Sautemouche et y dressaient la guillotine pour Chalier.

On a vu comment le royalisme, à Lyon, s'était glissé sous la bannière de la Gironde : le monstrueux rappro-

chement durait encore : ce que la peur avait commencé,
l'ardeur de la vengeance le maintenait. L'installation
d'un *tribunal extraordinaire* avait été dénoncée par les
ennemis du parti jacobin comme le comble de l'horreur[1] ;
et, maintenant que ce tribunal était au service de leurs
colères, ils ne songeaient plus qu'à en recueillir les bé-
néfices sanglants. Malheur aux juges s'ils avaient la faiblesse d'être justes ! Les victimes, d'ailleurs, eussent eu
peu de chance d'échapper : des assassins les attendaient
aux portes du prétoire.

Au nombre de ces victimes, condamnées d'avance,
était Sautemouche. En exécution de l'arrêté du 14 mai,
par lequel les corps administratifs, alors en fonction,
avaient frappé un emprunt forcé de six millions, destiné
à l'entretien de l'armée révolutionnaire, Sautemouche
était allé demander à deux sœurs leur quote-part de l'impôt, et cela *un sabre nu à la main*[2]. Tel était son crime :
ses plus mortels ennemis ne purent lui en trouver un
autre ; et Sautemouche, traduit devant la police correc-
tionnelle, fut acquitté[3]. Il sortait donc de prison le
27 juin, lorsque, étant entré dans un café sur la terrasse
de l'Évêché, il y est reconnu par des jeunes gens appartenant au parti de la contre-révolution. Menacé d'être
mis en pièces, il prend la fuite et court se réfugier dans
la salle de la section des Porte-Frocs. La section était
assemblée : le malheureux implore la vie, on le repousse.
Toujours poursuivi, il gagne les bords de la Saône ; mais
déjà, sous les coups de sabre qu'il a reçus, son sang
ruisselle. Il se précipite dans le fleuve : un coup de pistolet lui est tiré à la tête. Il enfonce, reparaît : on l'a-
chève à coups de pierres. Et le lendemain, dans le monde

[1] Voyez comment s'exprime à cet égard l'historien royaliste Guillon de Montléon, dans le tome Ier de ses *Mémoires*, chap. VI, p. 231.

[2] Voyez le volume précédent de cet ouvrage, p. 400.

[3] *Journal de Lyon*, no du 30 juin 1793.

des femmes sensibles, dans le monde de ceux qui s'appelaient les « honnêtes gens, » une plaisanterie courait, qu'on trouvait charmante : *Après tout, ce n'est qu'une mouche*[1] *!*

On juge quel pouvait être le pouvoir des commissaires de la Convention, là où les contre-révolutionnaires se livraient impunément à de tels excès : Robert Lindet, envoyé à Lyon, après le 31 mai, vit son autorité méconnue; il représentait, disait-on, ce qui n'existait plus, l'intégrité de la Convention ayant été détruite par la proscription des Girondins. Il fut même question de l'enfermer comme otage au château de Pierre-Scise[2]. Vainement déploya-t-il une modération que la roideur bien connue de son caractère rendait encore plus remarquable en de pareilles circonstances : les contre-révolutionnaires ne lui surent aucun gré de sa sagesse, dont un de leurs écrivains ne parle que pour la traiter de *patelinage*[3].

Lui n'en persévéra pas moins dans cette voie; si bien que, de retour à Paris, il fit un rapport où, gardant le silence sur tout ce qui était de nature à irriter les esprits, il assurait qu'il n'y avait rien à craindre à Lyon pour la liberté, « si la nouvelle autorité qui s'élevait dans cette

[1] Tout ceci extrait textuellement d'une lettre datée de Lyon, et lue par Sansbat aux Jacobins, séance du 14 juillet 1793. — Le *Journal de Lyon*, feuille girondine, et l'abbé Guillon de Montléon dans ses *Mémoires*, n'ont pu s'empêcher d'avouer l'assassinat de Sautemouche, quoiqu'ils s'étudient à en voiler les horribles circonstances. C'est à cette occasion que l'abbé Guillon de Montléon dit, t. Ier, p. 286 : « Le municipal Sautemouche, dont *quelques crimes* ont été racontés, p. 239, etc... » Or, à la page indiquée, que trouve-t-on? Rien, sinon que Sautemouche entra un jour dans la demeure de deux femmes timides, le sabre nu à la main, et leur « extorqua la somme dont il avait besoin. » *Dont il avait besoin!* lorsqu'en sa qualité d'officier municipal il allait lever un impôt voté par les corps administratifs réunis de la ville de Lyon, et commandé par le salut public !

[2] *Mémoires de l'abbé Guillon de Montléon*, t. Ier, chap. VII, p. 275-276.

[3] *Ibid.*, p. 275.

ville tenait avec fermeté les rênes de l'administration [1]. »
Cela voulait dire : « Si la nouvelle autorité, qui se pare
encore des couleurs de la République, ne se laisse pas
déborder par le royalisme. » Tel était effectivement le
danger, et Robert Lindet ne s'y était pas trompé. Il avait
compris qu'à Lyon les Girondins ne formaient que l'avant-
garde d'une armée dont le gros se composait de royalistes,
lesquels n'attendaient qu'un moment favorable pour se
débarrasser de leurs auxiliaires et arborer le drapeau
blanc. Aussi avait-il soin d'ajouter dans son rapport :
« Il y a beaucoup à observer [2]. » Et il concluait en demandant que la Convention « mît sous la sauvegarde de la loi
et des autorités constituées les citoyens arrêtés à Lyon
dans les derniers troubles. »

Le projet fut aussitôt converti en décret. Son but était
de soustraire Chalier au glaive des vengeances locales, en
évoquant la procédure au tribunal révolutionnaire de
Paris.

Mais les vainqueurs du 29 mai n'entendaient pas lâcher
ainsi leur proie. « Une loi, non expressément révoquée,
qui établissait que les jugements seraient rendus sur les
lieux du délit, servit de motif au refus de céder les coupables [3]. »

C'était le premier pas des contre-révolutionnaires
lyonnais dans la révolte. Bientôt, le tocsin de la guerre
civile ébranlant tout le Midi, et leur audace croissant
avec les malheurs de la France, ils songent à créer un
pouvoir rival de la Convention. Oubliant tout à coup avec
quelle fureur ils avaient maudit l'institution d'un comité local de salut public, lorsqu'ils étaient les plus
faibles, les voilà qui créent à leur usage, sous le nom de

[1] Rapport de Robert Lindet, au nom du Comité de salut public,
29 juin 1793.
[2] Ibid.
[3] Guillon de Montléon. Voyez ses Mémoires, t. 1er, chap. vii, p. 277.

Commission républicaine et populaire de salut public, une autorité dictatoriale devant laquelle il faudra que tout tremble, et à la tête de laquelle ils placent, royalistes encore sous le masque, le Girondin Gilibert. Cette commission, à peine installée[1], arrête que dix-huit cents gardes nationaux, choisis à tour de rôle dans les bataillons, seront casernés; elle envoie nombre de citoyens, armés de pelles et de pioches, travailler aux retranchements de la ville; et, le 3 juillet, appelant dix mille hommes sous les armes; les faisant ranger sur deux haies le long des maisons, depuis le pont d'Aisne jusqu'à Saint-Just; ordonnant qu'on ferme les portes d'allée et les fenêtres, et qu'on braque quatre canons, un à la place Saint-Georges, un au pont volant, deux à Saint-Just, elle donne le signal du désarmement des Jacobins dans les deux sections du Gourguillon et de Saint-Georges[2].

Le lendemain, solennellement, en grand cortége, à la lueur d'illuminations joyeuses, les autorités s'en allaient lisant dans les rues la proclamation suivante :

« Le peuple de Rhône-et-Loire déclare qu'il mourra pour le maintien d'une représentation nationale républicaine, libre et entière ;

« Déclare que la représentation nationale n'est ni entière ni libre ;

« Déclare qu'il demande, dans le plus bref délai, la réunion d'une représentation nationale, libre et entière ;

« Déclare que, jusqu'au rétablissement de son intégralité et de sa liberté, les décrets rendus depuis le 31 mai sont regardés comme non avenus, et qu'il va prendre des mesures pour la sûreté générale[3]. »

Et le *Journal de Lyon* d'écrire : « Mânes de nos amis

---

[1] 1ᵉʳ juillet 1793.
[2] *Journal de Lyon,* cité dans l'*Hist. parlem.,* t. XXVIII, p. 289-291.
[3] *Ibid.,* p. 292.

égorgés dans la journée du 29 mai, soyez satisfaits, vous serez vengés[1] ! »

Pendant ce temps, Chalier, dans sa prison, se rongeait le cœur. Sans autre couche qu'un méchant grabat que lui disputait la vermine[2], sans autre compagnie que celle d'un pigeon dont la compatissante sympathie d'un autre prisonnier lui avait fait cadeau, il exhalait ses tourments dans des lettres haletantes, décousues, toutes pleines du désordre de ses pensées. Culte exalté de la patrie, effroi de la solitude, horreur des tyrans, tressaillements d'une âme où la tendresse déborde, tragiques étonnements de l'innocence qui se sent opprimée, amour naïf de la vie, que ne trouve-t-on pas dans ces lettres étranges? « Tout trahit le peuple, et le peuple lui-même se trahit. Je n'entends plus parler de la bonne Pie, ma gouvernante. N'y a-t-il donc pas un être qui puisse dire à la Convention, à Paris, à la France, que Lyon est en contre-révolution? Allez à pied à Paris, mon ami, allez-y à mes dépens; allez vite, allez vite, et sauvez les patriotes, qui sont sous le couteau. Dites à l'ami Marteau, et à sa sœur, et à la bonne Pie, que je suis dépourvu de tout, que la vermine me dévore déjà. Mes ennemis ont la perfidie d'animer le peuple contre moi quand je vais à l'interrogat devant Amper, grand royaliste. Le peuple se forge à lui-même des fers! Jugez de la noirceur de leurs complots : ils ont osé inventer des lettres d'Allemagne pour me faire croire d'intelligence avec Dumouriez et Cobourg! Que je suis en peine de la bonne Pie!... Vous et Marteau, remuez ciel et terre; allez voir les citoyens Ricottier, Artaud et Dusurgey : ils connaissent la pureté de mon cœur... Écrivez-moi ce qui peut m'intéresser... la

[1] Numéro du 5 juillet 1793.
[2] Lettres de Chalier à Bernascon, dans la *Bibliothèque historique de la Révolution*, 1320-1. (*British Museum.*)

liberté. Le médecin m'a dit que la bonne Pie ne fait que pleurer. Ah ! qu'elle se console ! Elle sait mon innocence : qu'elle vive pour se rappeler les maux inouïs qu'on fait souffrir aux amis de la liberté ! Dites-leur que j'ai grand courage... Je suis au désespoir de voir que toute la terre m'abandonne, connaissant mon innocence. O malheureuse et trop aveugle ville de Lyon !... Les jours sont pour moi des siècles, excepté le matin... Où êtes-vous, et qu'ai-je fait ? La liberté veut fuir de cette terre, et personne ne veut rien sacrifier pour elle... Brissot est un scélérat, il est pris. Adieu, mon ami... Venez à la seconde fenêtre du second étage, du côté du tribunal ; regardez sous le toit qui est au fond de la cour, dans le milieu. Je suis dans un cachot où il y a une petite fenêtre sous le toit. Faites-vous voisin d'un morceau de pierre ; regardez depuis midi jusqu'à cinq heures : vous me verrez[1]!... »

Bernascon aimait Chalier comme un frère ; il le vénérait comme un saint[2] : il s'empressa de faire parvenir les lettres qu'il recevait à Paris, où, communiquées aux patriotes, elles les remplirent d'indignation et de douleur. Le 3 juillet, Couthon paraît à la tribune, et d'une voix émue : « Les patriotes, s'écrie-t-il, sont opprimés à Lyon comme à Marseille. » Aussitôt décret portant qu'il y a lieu à accusation contre le procureur général syndic de Rhône-et-Loire, le procureur syndic du district de la ville de Lyon, et que les dépositaires actuels de l'autorité dans Lyon répondront individuellement, sur leurs têtes, des atteintes portées à la sûreté des citoyens arrêtés par suite du 29 mai. En même temps, un courrier extraordinaire était envoyé aux représentants du

[1] Lettres de Chalier à Bernascon.
[2] Voyez comment il en parle dans *La vie, la mort et le triomphe de Chalier.* (*Ibid.*)

peuple près l'armée des Alpes, pour qu'ils tinssent la main à l'exécution du décret[1].

Mais déjà les nouvelles autorités lyonnaises se préparaient à lancer à la Convention un défi suprême. Car, de Bordeaux, de Marseille, de Caen, arrivaient des nouvelles enflammées; et, d'un autre côté, le girondin Biroteau était là, soufflant autour de lui l'imprudente fureur dont il était animé. Il croyait servir la République, le malheureux, et ne servait que les royalistes, qui l'applaudissaient en le trompant[2]!

Le 8 juillet, la commission qui se parait astucieusement du titre de *républicaine et populaire* tenait séance, lorsque soudain l'arrivée d'un personnage important est annoncée. C'était Chasset, le conventionnel. Il entre au milieu des acclamations, et, placé à la droite du président, il prend la parole pour dire que « la Convention n'est plus composée que d'un reste impur de factieux et de scélérats[3]; » qu'il faut résister, s'armer[4]. On applaudit; le président embrasse l'orateur; et, séance tenante, il est décidé qu'on formera une armée départementale; qu'on en confiera le commandement au citoyen Perrin, dit Précy; qu'on lui dépêchera un courrier extraordinaire à Roanne, pour l'appeler sans retard à son poste, et que les adjudants généraux seront les citoyens Valabry, Gabriel et Louis Julien[5].

---

[1] *Moniteur*, séance du 3 juillet 1793.

[2] Pour se faire une idée de l'hypocrisie du rôle joué à Lyon par les royalistes, on n'a qu'à consulter leur propre historien, l'abbé Guillon de Montléon, qui ne s'est pas cru tenu à en faire mystère, tout moyen lui paraissant bon, sans doute, pour relever la cause du trône et de l'autel. Voyez, sur la manière *clandestine* dont le royalisme parvint à supplanter le girondinisme à Lyon, les *Mémoires* de cet ecclésiastique, t. Ier, chap. VII.

[3] *Ibid.*, p. 291.

[4] *Journal de Lyon*, cité dans l'*Hist. parlem.*, t. XXVIII, p. 294.

[5] Rapprocher ce que disent de la séance du 8 juillet l'abbé Guillon de

Le choix du commandant qui venait d'être désigné était significatif, et disait assez combien la commission *républicaine et populaire* était, au fond, royaliste. Perrin, comte de Précy, avait servi comme lieutenant-colonel dans la garde constitutionnelle de Louis XVI, pour lequel il s'était battu bravement au milieu des Suisses le 10 août[1]!

Inutile d'ajouter que ceux qui faisaient ce pas décisif n'avaient pas à s'arrêter au décret du 3 juillet. A cet égard, la commission passa à l'ordre du jour, motivé sur ce qu'on s'en rapportait au comité de surveillance, et attendu « que la commission s'occupait des moyens de bien recevoir Dubois-Crancé, s'il avait l'audace de se présenter devant Lyon[2]. »

Ces nouvelles, communiquées à la Convention dans la séance du 11 juillet[3], y portèrent l'indignation au plus haut point. Legendre propose de faire immédiatement marcher des troupes. C'est peu : si les Lyonnais ne se prononcent pas sous quinze jours, il faut que *la Convention donne quittance à tous leurs créanciers*. Lui-même ira faire exécuter ce décret, au péril de sa vie. Un membre ajoute que la ville de Lyon doit être déclarée en état de révolte ouverte; mais Couthon combat cette mesure, qui tendrait à confondre les bons et les mauvais citoyens[4]. Le décret ne fut rendu que le lendemain : rédigé en partie par Couthon, il portait :

Que Biroteau était mis hors la loi, comme traître à la patrie;

Que ceux-là aussi étaient déclarés traîtres, qui, admi-

Montléon, t. Ier, chap. vii, p. 291, et le *Journal de Lyon*, n[os] des 10 et 11 juillet 1793.

[1] *Ibid.*

[2] *Journal de Lyon*, ubi supra.

[3] Discours de Couthon.

[4] *Moniteur*, séance du 11 juillet 1793.

nistrateurs, officiers municipaux, fonctionnaires, avaient convoqué ou souffert le congrès départemental ;

Que la Convention enverrait des forces pour faire respecter la souveraineté du peuple, garantir les personnes et les propriétés, délivrer les citoyens arrêtés arbitrairement, et traduire les conspirateurs au tribunal révolutionnaire ;

Que les biens de ces conspirateurs seraient séquestrés, et, quand la confiscation aurait été prononcée, répartis entre les patriotes indigents et opprimés ;

Que tous payements de sommes dues, soit par la trésorerie nationale, soit par les particuliers à la ville ou aux habitants de Lyon, notamment ceux de l'emprunt viager connu sous le nom des *trente têtes de Genève*, seraient provisoirement suspendus ;

Que tous particuliers non domiciliés à Lyon seraient tenus d'en sortir, dans un délai de trois jours, sous peine d'être considérés comme complices [1].

En réponse à ces terribles menaces de la Convention, les contre-révolutionnaires lyonnais lui jetèrent la tête de Chalier.

Et pourtant, une voix puissante s'était élevée en faveur du captif : celle de Chassagnon. Dans un pamphlet d'une éloquence bizarre, mystique et amère, le royaliste Chassagnon, — tant son âme était honnête ! — avait épuisé, pour sauver Chalier, tous les artifices de l'anathème et toute la poésie du dithyrambe. Chalier était un *monstre* : quel monstre que celui qui, un jour, forcé d'arrêter un citoyen, disait à l'épouse désolée : « Ma chère amie, mettez la main sur mon cœur, et vous sentirez ce qu'il souffre... Mais un républicain doit étouffer la nature pour obéir au devoir ! » Et n'était-ce pas le même homme qui, entrant un autre jour dans une maison de religieuses,

---

[1] Décret du 12 juillet 1793. Voyez le *Moniteur*.

leur disait les larmes aux yeux : « Mes chères filles, avez-
vous quelque peine? Ne me déguisez rien. Je suis votre
père spirituel. Votre recueillement me touche, votre modestie m'enchante... Que je serais heureux d'épouser une
des vierges de ce sanctuaire[1] ! » Et puis, comme ils avaient
vite oublié, ceux qui se faisaient les accusateurs de Chalier et ses juges, de quelle pusillanime idolâtrie, na-
guère encore, ils l'entouraient ! « Lamourette, poursuivait
Chassagnon, lui dédia sa mitre; Joliclerc, son bréviaire;
Maisonneuve, son écharpe; Bret, sa Bible; Billiemaz, ses
facéties; Vitet, sa tactique; Carret, son énergie; Grand-
champ, son jabot et ses odeurs; Nivière, sa conscience;
Gilibert (médecin), sa morale; Rozier (curé), sa philan-
thropie, et Frossard (pasteur), ses principes. Si la loi fait
marcher Chalier à l'échafaud, que d'hommes vertueux
qui ont porté sa livrée et qui encensèrent son écharpe
doivent, par gratitude, ou du moins par bienséance,
assister à cette cérémonie funéraire, les cheveux épars,
un crêpe au bras et un flambeau de cire jaune à la
main[2] ! »

Inutiles adjurations! la perte de Chalier était résolue.
Et, pour lui faire savourer la mort dans toute son amertume, ses ennemis avaient imaginé de le faire périr aux
acclamations du peuple, de ce peuple qu'il aimait jusqu'au délire. Ils s'étaient donc étudiés à répandre parmi
les classes ouvrières, et autour de Lyon, dans les campagnes, que Chalier était un complice des émigrés; que
c'était au nom de la République, et parce qu'il la trahissait, qu'il fallait le tuer; que son crime, en un mot,
était de *vouloir un roi*[3] ! Ah! quel profond dégoût soulève le cœur quand on songe que ceux qui poursuivaient

[1] *Offrande à Chalier.*
[2] *Ibid.*
[3] *La vie, la mort et le triomphe de Chalier,* dans la *Bibliothèque
historique de la Révolution,* 1320-1-2. (*British Museum.*)

Chalier de cette accusation meurtrière, « il veut un roi, » étaient précisément des royalistes!

La vérité est qu'on ne lui pouvait rien reprocher, sinon une furieuse intempérance de langage et des menaces forcenées, dans un temps et dans une ville où le vocabulaire de la fureur était à l'usage de tous les partis, témoin la lettre citée par l'abbé Guillon de Montléon lui-même [1], dans laquelle un des sbires du parti *modéré* disait, à propos de Chalier et des siens : « Je porterai leurs boyaux en bandoulière, et garderai leurs crânes pour y boire à la santé des vrais républicains [2]. » Dans l'embarras où l'on était, on inventa une lettre où la main du faussaire se reconnaît, rien qu'au luxe inusité des précautions prises pour la faire croire authentique [3]. On l'avait intitulée : « Lettre adressée à Chalier d'Oberstad, le 22 mai 1793, timbrée de Reinhausen, taxée vingt sols, et arrivée le lendemain de l'arrestation de Chalier. » Elle était supposée écrite au tribun lyonnais par un émigré qui l'engageait à se couvrir toujours du voile du patriotisme, pour mieux servir la cause des rois, et l'informait que « son projet avait été fortement goûté du prince. Pas de nom, cela va sans dire, et, pour toute signature, *Mis... de Saint-V...* [4].

Il était difficile de recourir à un expédient plus grossier; mais les royalistes mirent un art infini à propager cette calomnie. Ils la mêlèrent à des exhortations patriotiques; ils lui donnèrent du poids en la glissant

[1] T. 1er, p. 210.
[2] Nous avons déjà cité ces horribles menaces, p. 595 du précédent volume.
[3] Comme le font observer avec raison les auteurs de l'*Hist. parlem.*, t. XXIV, p. 387.
[4] Cette prétendue lettre figure parmi les prétendus documents placés à la suite du libelle de l'avocat Guerre, dont nous avons déjà parlé, et qui fait partie de la *Bibliothèque historique de la Révolution*, 1520-1-2. (*British Museum.*)

dans des adresses qu'appuyaient les lettres pastorales de
l'évêque constitutionnel de Lyon, Lamourette[1]; elle figura
sous les mots sacramentels *République, Liberté, Égalité,*
inscrits en tête de placards dont on inondait les campagnes[2]. Comment de pauvres laboureurs crédules auraient-
ils pu soupçonner la vérité dans ce chaos de publications
astucieuses? « Le peuple est un être changeant et grossier,
qui ignore ses forces, supporte les coups et les fardeaux
les plus lourds. Il se laisse guider par un faible enfant
qu'il pourrait renverser d'une secousse. Mais il le craint
et le sert dans tous ses caprices; il ne sait pas combien
on le redoute, et que ses maîtres lui composent un philtre
qui l'abrutit. Chose inouïe! il se frappe et s'enchaîne de
ses propres mains; il se bat et meurt pour un seul des
carlini[3] qu'il donne au roi. Tout ce qui est entre le ciel
et la terre est à lui, mais il l'ignore, et, si quelqu'un l'en
avertit, il le terrasse et le tue[4]. » Ce cri déchirant de
Campanella, Chalier dut le pousser, lui aussi, du fond de
son cachot : « Tout trahit le peuple, écrivait-il avec sanglots, et le peuple lui-même se trahit[5]! »

Toutefois il restait à l'infortuné des amis fidèles, prêts
à donner pour lui tout le sang de leurs veines. Bernascon
et Lauras formèrent le projet de l'arracher par force
de sa prison. Ils rassemblent cinquante hommes déter-
minés, et peut-être eussent-ils réussi, sans les pièces
de canon chargées à mitraille qu'on avait eu soin
de disposer dans toutes les avenues conduisant à la
prison[6].

Le jour arriva donc où celui que Bernascon appelle

[1] Voyez *La vie, la mort et le triomphe de Chalier,* ubi supra.
[2] *Ibid.*
[3] Petite monnaie napolitaine.
[4] *OEuvres choisies de Campanella,* traduites par madame Louise
Colet, p. 83.
[5] Lettres de Chalier à Bernascon, *ubi supra.*
[6] *La vie, la mort et le triomphe de Chalier,* ubi supra.

le plus humain des hommes[1] allait être sacrifié. C'était le 16 juillet. En présence d'une foule nombreuse, lecture fut faite des dépositions. Tout à coup Bernascon fend la presse, demandant à défendre son ami; mais on le repousse, on crie que quiconque osera parler en sa faveur est son complice[2]. La sœur de Marteau, la Pie et la femme de Bernascon s'enfuient, épouvantées. Bernascon seul, au péril de sa vie, insiste et parvient à se faire écouter. Il y eut un instant d'hésitation parmi les juges; mais « la voix du peuple les menaçait de mort s'ils osaient absoudre[3]. » La sentence fatale fut prononcée.

Quand Bernascon entra dans la prison pour dire à son ami l'adieu éternel, le voyant étendu sur un grabat, il resta muet de saisissement. Mais Chalier : « Ne t'afflige pas, mon ami. Je meurs content, puisque je meurs pour la liberté. Dis que l'on punisse les grands coupables qui ont égaré le peuple, toujours bon et juste quand il n'est pas séduit; mais qu'on épargne, dans le grand jour des vengeances, ces milliers d'hommes, victimes innocentes de l'erreur. Je ne te verrai plus. Adieu. » En ce moment, une voix terrible retentit; c'était celle du bourreau. On emporta Bernascon évanoui[4].

Chalier fit à pied, au son du tambour, et accompagné d'un prêtre, le chemin qui conduisait de la prison au lieu du supplice. Il marchait d'un pas ferme, refoulant dans son cœur l'impression des huées dont le poursuivaient de malheureuses femmes, trompées par ses ennemis. Sous le couperet, il dit au bourreau : « Rends-moi ma cocarde, attache-la-moi; car je meurs pour la liberté[5]. » La guillotine, dressée à Lyon pour la première fois par le parti *modéré*, n'avait pas encore servi, et le

[1] *La vie, la mort et le triomphe de Chalier*, ubi supra.
[2] *Ibid.*
[3] *Ibid.*
[4] *Ibid.*
[5] *Ibid.*

bourreau manquait d'expérience. Le couteau se trompa quatre fois, et il fallut achever de couper avec un couteau ordinaire cette tête ruisselante de sang : spectacle abominable qui n'empêcha pas quelques claquements de mains!... Le peuple, une fois revenu de son erreur, fit de Chalier un martyr; mais trop tard... « Le peuple se bat et meurt pour un seul des carlini qu'il donne au roi. Tout ce qui est entre le ciel et la terre est à lui; mais il l'ignore, et, si quelqu'un l'en avertit, il le terrasse et le tue[1]! »

La veille de l'exécution de Chalier, que suivit de près celle de Riard, la commission lyonnaise avait remplacé au fauteuil de la présidence le Girondin Gilibert par le royaliste Rambaud. Grâce à ce dernier, le royalisme, qui, selon les propres expressions de l'abbé Guillon, « s'était introduit clandestinement dans la commission populaire et républicaine[2], » ne tarda pas à étendre son influence. Percy, présenté à la commission le 19 juillet, accepta le commandement auquel on l'avait appelé, et, dès ce moment, la contre-révolution se tint prête à lever le masque. La garde nationale du département fut sommée de fournir, pour compléter la force départementale, un contingent de neuf mille six cents hommes, et la ville fut taxée à une somme de trois millions, requis pour sa défense[3].

[1] L'abbé Guillon de Montléon, dans ses *Mémoires*, t. Ier, p. 295, et la *Biographie universelle*, art. Chalier, s'accordent à dire qu'à la vue de l'instrument du supplice ses forces l'abandonnèrent. Le *Journal de Lyon*, quoique très-opposé à Chalier, ne dit rien de semblable, et on comprend mal qu'un homme en état de défaillance ait pu dire au bourreau : *Attache-moi ma cocarde!* Nous avons déjà fait remarquer jusqu'à quel point le livre de l'abbé Guillon de Montléon est infecté de l'esprit de parti. Quant à l'article de la *Biographie universelle*, qui n'est qu'une diatribe contre Chalier, il est bon de noter que dans la liste des auteurs, cet article a pour toute signature *Anonyme*.
[2] T. Ier, p. 298.
[3] *Ibid.*, p. 299-300.

Toutefois, comme les royalistes ne se jugeaient pas encore en état de se passer de l'appoint girondin, et qu'à l'égard de la République l'hypocrisie leur semblait, jusqu'à nouvel ordre, commandée par la prudence, ils continuèrent à employer le mot en minant la chose. La vérité commençant à percer, et les républicains de Lyon manifestant des inquiétudes, Rambaud publia une proclamation destinée à dissiper les soupçons par un mensonge. Il assura que des hommes pervers calomniaient la commission en lui prêtant des vues royalistes, quoiqu'elle eût déclaré « n'avoir d'autre vœu que celui du maintien de l'égalité, de la liberté et de la République [1]. » Suivait un ardent appel aux armes : « Levez-vous, citoyens ! ne souffrez pas qu'on vienne ravir vos propriétés, et un bien infiniment plus précieux, la liberté. Préparez-vous à combattre et à vaincre. Quittez à l'instant toute affaire ; plus de sollicitudes domestiques et commerciales !... Aux armes !... *L'ennemi* est à vos portes [2]... »

L'état des choses dans l'Est et le Midi expliquait tant d'audace. Rien de plus triste que le tableau du Mont-Blanc, tel que le tracèrent les commissaires de la Convention envoyés à l'armée des Alpes. A Chambéry, le patriotisme dominait ; mais les campagnes environnantes appartenaient sans réserve à un fanatisme ignorant et brutal. Les lois françaises y étaient inconnues, les assignats conspués. En Tarentaise et en Maurienne, pas une auberge qui ne fût fermée. Les volontaires n'auraient

---

[1] Ceci raconté naïvement, chap. vii, p. 300, par l'abbé Guillon lui-même, qui semble le trouver tout naturel, quoiqu'il dise, dans une autre occasion, chap. vii, p. 269 : « L'hypocrisie, cette vile ressource des âmes noires et lâches. » Mais il paraît qu'au service de la royauté vice devient vertu !

[2] Voyez cette proclamation dans les *Mémoires de l'abbé Guillon*, chap. vii, p. 301.

pas obtenu là un œuf pour cinq livres[1]. En passant à Moutiers, Dubois-Crancé offrit un assignat de cinquante sols à un mendiant, qui le refusa[2].

Lorsque, de Chambéry, le même Dubois-Crancé se rendit à Grenoble, accompagné de Gauthier, son collègue, il trouva cette ville au pouvoir d'administrateurs perfides qui étaient en train d'y préparer les esprits « à des événements astucieusement combinés, dont ils avaient seuls le secret[3]. » Les deux commissaires se virent au moment d'être arrêtés et conduits à Lyon, où leurs têtes étaient à prix. Dans une séance nocturne que tinrent les administrateurs, on alla jusqu'à mettre sur le bureau la carte de France, pour prouver géographiquement que le Midi se pouvait passer du Nord[4]. Ce ne fut pas sans peine que Dubois-Crancé et son collègue parvinrent à dessiller les yeux du peuple, et, dès qu'avec son aide ils se furent rendus maîtres de l'administration, que trouvèrent-ils dans les magasins? quinze cents fusils; et l'armée des Alpes manquait d'armes! quinze cents paires de souliers; et nos soldats étaient nu-pieds[5]!

Encore si la Révolution n'avait eu affaire partout, comme à Grenoble, qu'à la mauvaise foi et aux manœuvres souterraines des administrations locales! Mais à Bordeaux, à Toulouse, à Nîmes, à Montpellier, à Marseille, la révolte marchait tête levée. Déjà des bataillons de Marseille et d'Aix avaient envahi Tarascon; ceux de Nîmes occupaient le fort du Pont-Saint-Esprit avec du canon. Les contre-révolutionnaires, qui ne tardèrent pas

---

[1] Compte rendu à la Convention nationale de la mission des représentants du peuple à l'armée des Alpes, par Dubois-Crancé, dans les *Mémoires du général Doppet;* note E des *Éclaircissements historiques.*

[2] *Ibid.*

[3] *Ibid.*

[4] *Ibid.*

[5] *Ibid.*

à avoir en leur possession Arles, Avignon et les deux rives du Rhône, « comptaient se grossir en route de tous les mécontents, frapper de terreur les patriotes ou les égorger, envahir les départements voisins du Rhône, se réunir à Lyon, et marcher avec cent mille hommes contre Paris, sur une ligne parallèle avec la Vendée, tandis que les Piémontais s'empareraient du Mont-Blanc, de l'Isère, et se partageraient avec les Anglais tous les départements situés entre le Rhône et les rochers des Alpes[1]. »

La clef de ce plan sacrilège fut donnée à Dubois-Crancé et à Gauthier par la saisie d'un paquet caché dans un petit sac de toile, et contenant la correspondance d'un administrateur de Grenoble avec Oreclet et Royer, que l'administration de Grenoble avait députés à Lyon[2]. Les meneurs du mouvement contre-révolutionnaire dans cette dernière ville n'ignoraient donc rien de ce qui était de nature à enflammer leur espoir. L'abbé Guillon de Montléon ne cache pas que de tous les départements soulevés par les Girondins arrivaient des députations promettant aux Lyonnais des auxiliaires contre la Convention. On compta jusqu'à cinquante-deux de ces députations dans un banquet; et là, au milieu des plus vifs transports d'enthousiasme, au bruit des salves d'artillerie, les députés de Marseille couronnèrent de lauriers les triomphateurs du 29 mai, « voulant que ces couronnes fussent non-seulement la récompense de la victoire remportée, mais aussi le prix anticipé de celle qu'on espérait[3]... »

Dans cette crise, la Révolution ne s'abandonna pas elle-même, et proportionna son énergie au péril. Nous avons rapporté le décret terrible du 12 juillet : renchérissant sur les rigueurs de la Convention, Dubois-Crancé

---

[1] *Mémoires du général Doppet*, note E des *Éclaircissements historiques*.
[2] *Ibid.*
[3] *Mémoires de l'abbé Guillon de Montléon*, t. Ier, chap. vii, p. 297.

et Gauthier lancèrent, de Grenoble, un arrêté qui visait à ruiner de fond en comble le commerce de Lyon; il déclarait nulles toutes les quittances que pourraient donner les créanciers qui habitaient Lyon[1]. En même temps, Carteaux, nommé général de brigade, recevait l'ordre de marcher sur Avignon, dont les Marseillais s'étaient emparés, et d'empêcher à tout prix la jonction des troupes de Marseille avec celles de Lyon[2].

Malheureusement la Convention avait tant d'ennemis à la fois sur les bras, qu'elle avait dû interdire à Dubois-Crancé de dégarnir les frontières[3]; de sorte que la mission imposée à Carteaux avec empire était d'écraser, à la tête d'un faible détachement de cinq mille six cents hommes, des forces beaucoup plus considérables, poussées en avant et soutenues par tout le Midi embrasé[4]!

La fortune semblait donc sourire aux royalistes lyonnais. De là leur ardeur. Elle était telle, que bientôt ils s'ennuyèrent des entraves de la prudence. On se rappelle que le chef des vainqueurs du 29 mai était Madinier: il semblait naturel qu'on le mît à la tête de la force départementale; on n'en fit rien; on se contenta de lui conférer le titre de commandant général provisoire, « sans doute, écrit l'abbé Guillon, parce qu'il n'avait point de système politique, et que tout le but de son zèle était l'ordre conservateur des propriétés[5]. » Ce mot dit assez quel chemin les royalistes avaient fait depuis le 29 mai! Les Girondins ne pouvaient se tromper plus longtemps sur la profondeur de l'abîme qu'ils avaient creusé de leurs propres mains. Selon la forte expression de Montaigne, ils avaient « troublé l'eau pour d'autres

[1] *Mémoires de l'abbé Guillon de Montléon.*
[2] Compte rendu de Dubois-Crancé, *ubi supra.*
[3] *Ibid.*
[4] Voyez les *Mémoires du général Doppet*, liv. III, chap. Ier, p. 151.
[5] *Mémoires de l'abbé Guillon de Montléon*, t. Ier, chap. VII, p. 300.

pêcheurs. » Ils se retirèrent de la scène, le cœur navré.
Biroteau et Chasset, qu'on avait enivrés d'applaudisse-
ments si artificieux, se réveillèrent comme d'un songe.
Lyon leur apparut tout à coup peuplé de noirs fantômes.
Le 23 juillet, pendant la nuit... ils s'enfuirent[1]!

[1] *Mémoires de l'abbé Guillon de Montléon*, p. 305.

CHAPITRE CINQUIÈME.

Pendant ce temps, les dangers s'accumulaient aux frontières. Trois cent quatre-vingt-dix-sept mille hommes, voilà tout ce que la France comptait d'hommes

présents sous les armes, au mois de mai 1793[1]. Et avec
ces forces il lui fallait vaincre au Nord, sur le Rhin,
aux Alpes, aux Pyrénées! Rappelons, en revenant un
peu sur nos pas, quelle était, au moment de la chute des
Girondins, la situation militaire du pays.

Au Nord, la frontière était menacée par le duc d'York,
à la tête de vingt mille Autrichiens et Hanovriens; par
le prince de Cobourg, à la tête de quarante-cinq mille
Autrichiens et de huit mille Hessois; par le prince
d'Orange, qui commandait quinze mille Hollandais; enfin par le prince de Hohenlohe, qui, avec trente mille
Autrichiens, occupait Luxembourg et Namur. Or l'armée républicaine, de ce côté, outre qu'elle ne s'élevait
guère qu'à vingt-deux mille hommes, avait été désorganisée par la défection de Dumouriez, découragée par
la mort de Dampierre, et rejetée, du camp de Famars
sous Valenciennes, au camp de César sous Bouchain, où
elle semblait hors d'état de rien entreprendre; si bien
que, sans éprouver d'obstacle, les alliés avaient formé le
blocus de Condé et bombardaient Valenciennes[2].

Sur la frontière de l'Est, pour soutenir le choc de
cinquante-cinq mille Prussiens, commandés par leur
roi; de quinze mille Autrichiens, sous les ordres de
Wurmser; de huit mille Autrichiens, détachés du corps
de Hohenlohe, et d'environ six mille émigrés français,
la République n'avait pas à mettre en ligne plus de
soixante mille combattants, divisés en deux armées,
celle de la Moselle et celle du Rhin[3]. Dès la fin de mars,
le roi de Prusse avait traversé le Rhin à Bacharach, passé

---

[1] Chiffre tiré d'un document du ministère de la guerre, intitulé Tableau de la force des armées de la République, depuis le mois de décembre 1792 jusqu'au mois de pluviôse an V. (Voyez l'Histoire de la
Révolution, par M. Villiaumé, t. III, n° 9 des pièces justificatives.)

[2] Voyez le volume précédent, p. 486 et 487.

[3] Selon Jomini, t. III, liv. IV, chap. XVI, p. 205, l'armée du Rhin
était forte de trente-six mille hommes, et celle de la Moselle de vingt-

la Nahe, poussé jusqu'à Seltz et coupé la route de
Mayence à Worms, tandis que, tombé soudain dans une
irrésolution et un embarras inexplicables, Custine abandonnait ses magasins à Ringen, à Creutznach et à Worms,
se retirait précipitamment sous Landau, et, ne s'y croyant
pas encore en sûreté, se repliait derrière la Lauter, laissant l'ennemi libre d'investir Mayence[1]. Ce fut au mois
d'avril que commença l'investissement de cette place.
Son enceinte figure un demi-cercle dont le Rhin est le
diamètre, et elle communique, au moyen d'un pont de
bateaux, avec le faubourg de Cassel, jeté sur l'autre
rive; on n'avait donc pas jugé nécessaire de la fortifier
beaucoup du côté du fleuve, parce qu'il était peu probable qu'on l'attaquât par des débarquements. Seulement,
pour mettre à l'abri le front riverain, composé d'une
muraille en briques, et conserver un débouché offensif
sur la rive droite, les Français avaient fortifié Cassel et
l'île du vieux Mein[2]. Du côté de la terre, Mayence était
dans un état de défense respectable, grâce aux travaux
de deux officiers distingués du génie, les généraux Doyré
et Meunier[3]. Mais, mieux que par ses murailles, la ville
était protégée par l'admirable intrépidité d'une garnison
de vingt mille hommes, dont Jomini a pu dire que,
« sous des chefs tels que Meunier, Aubert Dubayet et
Kléber, elle était capable de tout[4]. » L'unique question
était de savoir, dans le cas où l'on ne viendrait pas la
dégager, combien de temps elle pourrait écarter d'elle un

sept mille. Mais cette dernière eut à subir une diminution notable.
Toulongeon ne l'évalue qu'à quatorze mille hommes après le départ
de Custine, c'est-à-dire au mois de juin. (Voyez cet auteur, t. II.
p. 284, édition in-4°.)

[1] Jomini, t. III, liv. IV, chap. xvi, p. 205. — *Mémoires tirés des pa-*
piers d'un homme d'État.

[2] *Ibid.*, p. 210.

[3] *Ibid.*, p. 209.

[4] *Ibid.*, p. 213.

ennemi qui a raison des plus fiers courages : la famine ! Sans compter que le tiers de l'armement nécessaire manquait sur les remparts[1]. Quoi qu'il en soit, le roi de Prusse attachait trop d'importance à la conquête de ce boulevard de l'Allemagne, pour ne pas essayer de s'en rendre maître. Il entreprit le siége, confiant au général Kalkreuth le soin d'en diriger les opérations, et au duc de Brunswick le soin de les couvrir, à la tête d'un corps d'observation, du côté des Vosges. Sur ces entrefaites, le commandement de l'armée de la Moselle ayant été réuni à celui de l'armée du Rhin, Custine se trouva en position de disposer de soixante mille hommes, avec lesquels il eût pu aisément reprendre l'offensive ; d'autant que l'ennemi, depuis le revers des Vosges jusqu'à Lauterbourg, s'étendait isolément par brigades[2]. Mais, au lieu de concentrer ses forces, Custine les étendit parallèlement à celles des Prussiens, et passa tout le mois d'avril à inspecter sa ligne dans le Porentruy, où il n'y avait ni rien à diriger ni rien à tenter[3]. Vers le milieu du mois de mai cependant, appelé au commandement de l'armée du Nord, il parut honteux de sa longue inaction et voulut dire à ses anciens compagnons d'armes un adieu qui fût un exploit ; mais il n'aboutit qu'à un effort qui fut une déroute[4].

Aux Alpes, la situation ne se présentait pas sous un aspect plus favorable. L'armée qui devait sauver de l'invasion des Piémontais la Savoie et le comté de Nice était dans un déplorable dénûment, fruit de la secrète connivence des corps administratifs avec les malveillants de l'intérieur et les ennemis du dehors[5]. Trompée par de

---

[1] Jomini, t. III, liv. IV, chap. xvi, p. 21.

[2] *Mémoires tirés des papiers d'un homme d'État*, t. II, p. 256.

[3] Jomini, t. III, liv. IV, chap. xvi, p. 208.

[4] *Ibid.*, p. 224.

[5] Compte rendu à la Convention nationale de la mission des représentants du peuple à l'armée des Alpes, par Dubois-Crancé, dans les *Mémoires du général Doppet*, aux éclaircissements historiques, note E.

faux rapports, la Convention croyait cette armée complète, au moment même où il y manquait dix-huit mille
hommes, et où elle n'avait pas un seul général de brigade[1]. Pour ce qui est des troupes placées aux Alpes
maritimes, elles s'élevaient à peine à quinze mille hommes, mal approvisionnés. Or, tant en Savoie que vers
Nice, il y avait à faire face à quarante mille Piémontais
renforcés de huit mille Autrichiens ; et si, profitant de
ce que, du côté des grandes Alpes, les glaces rendaient
toute action impossible, les Piémontais eussent eu l'idée
de précipiter sur Nice la masse de leurs forces, rapide-
ment transportées des Alpes au Midi, qui les eût em-
pêchés de pénétrer dans les départements insurgés, d'y
donner la main à la révolte, d'occuper Lyon qui les appelait et les attendait, et de mettre la France en lambeaux ?

Aux Pyrénées, tandis que sept mille Espagnols per-
çaient dans la Cerdagne française et menaçaient le Mont-
Libre, quinze mille hommes, appartenant à la même
nation, s'étaient répandus vers Céret et le Boulou[2]. Pour
les repousser, ou seulement les tenir en échec, était-ce
assez d'une petite armée de dix mille hommes, la plupart de nouvelle levée[3], et qui étaient sans officiers généraux, sans canons de campagne, sans affûts pour les
canons de siége, presque sans pain[4] ? Aussi le général
espagnol, aidé d'ailleurs par les émigrés du pays[5], n'a-
vait-il pas eu de peine à s'emparer du pont et de la ville
de Céret, de Montesquiou, de Villelongue, du Boulou,
de Saint-Genis, de Palau, de Saint-André, et à nous ôter
toute communication avec Bellegarde, le fort des Bains

---

[1] *Mémoires du général Doppet.*
[2] *Ibid.*, liv. IV, chap. 1, p. 226.
[3] *Ibid.*
[4] Rapport de Cambon, au nom du comité de Salut public, dans la
séance du 11 juillet 1793.
[5] *Mémoires de Doppet*, p. 225.

et Prats de Mollo. Vers la fin de mai, le général français Deflers établit un camp retranché à peu de distance de Perpignan, mais sans pouvoir faire autre chose que couvrir cette ville, tant ses forces étaient insuffisantes! Bellegarde, le fort des Bains, Prats de Mollo, devaient donc inévitablement succomber; et c'est ce qui arriva, dans le courant du mois de juin.

En résumé, à l'époque où les Girondins, vaincus à Paris, agitaient de leurs ressentiments la France entière, armant la Normandie, poussant Bordeaux à la résistance, soulevant Marseille, et fournissant de la sorte des auxiliaires inattendus aux insurgés royalistes de la Vendée, de la Lozère, des Vosges, du Jura et de Lyon, une armée formidable d'Autrichiens, de Hanovriens, de Hollandais et de Hessois entourait Condé et incendiait Valenciennes; les Prussiens enveloppaient Mayence; la Savoie et Nice étaient à la merci des Piémontais; et les Espagnols, auxquels il ne fallait qu'une attaque un peu vive pour enlever le camp français sous Perpignan, semblaient déjà maîtres du Roussillon.

En de telles extrémités, la France était perdue si les gouvernements qui l'attaquaient eussent eu la centième partie du génie et de la vigueur que déploya le Comité de salut public. Mais, Pitt excepté, aucun de nos ennemis fameux ne se trouva au niveau des circonstances. Celui d'entre eux qui avait été l'âme de la coalition dans l'origine, et qui lui communiqua un instant le prestige d'une réputation diplomatique alors sans égale, était le vieux comte de Kaunitz; et il est curieux d'opposer ce que la chronique rapporte de ce personnage à ce que nous savons déjà des Robespierre, des Saint-Just, des Billaud-Varenne.

Kaunitz était un homme de haute taille, aux yeux bleus, au teint blanc comme du lait. Il portait une perruque remarquable dont les nombreuses boucles tombaient en zigzag sur son front, de manière à en cacher les rides. Il semble avoir été l'inventeur de cet art de poudrer les cheveux, pratiqué avec tant de raffinement par le fameux prince de Ligne, lequel, dit-on, au moment de sa toilette, avait coutume de faire ranger ses domestiques sur une double haie, avec injonction de lui jeter sur la tête, lorsqu'il parcourait la ligne, l'un de la poudre blanche, un autre de la poudre bleue, un troisième de la poudre jaune, etc... jusqu'à ce que la fusion et la combinaison des couleurs offrît quelque chose de parfait. Káunitz tranchait volontiers du révolutionnaire... en matière de costume. Par exemple, lui faire quitter les bas blancs pour des bas rouges était une question d'État. Un grand chien l'accompagnait partout — excepté à la Cour. — Ce fut son point de ressemblance avec Robespierre. — N'étant plus jeune, il ne voulait pas absolument être vieux; et l'idée de sa fin lui était si insupportable, qu'il avait fait défense expresse qu'on prononçât en sa présence le mot *mort*. Il ne souffrait même pas qu'on parlât devant lui de *petite vérole*, parce qu'il avait vu l'impératrice atteinte de cette maladie, et qu'il lui en était resté une impression désagréable. Un jour, il dit à un de ses lecteurs, le secrétaire Harrer, âgé alors de soixante ans : « Se peut-il que des jeunes gens comme vous oublient de pareilles choses ? » Avait-on à lui annoncer une nouvelle funèbre, il fallait recourir à une circonlocution. Lorsque le baron Binder, son ami et son confident, mourut, Xaverius Raidt, le lecteur du prince, l'informa de l'événement en ces termes : « On ne trouve plus nulle part le baron Binder [1]. »

Un personnage de cette trempe n'était pas pour lutter d'audace avec des hommes qui se croyaient sûrs de com-

---

[1] Nous empruntons ces curieux détails à la traduction anglaise des *Mémoires de la cour, de l'aristocratie et de la diplomatie d'Autriche*, par le docteur E. Vehse.

mander à la victoire, à force de regarder la mort en face;
et c'est ce que Kaunitz semblait comprendre lui-même,
lorsqu'il disait : « Les Jacobins sont des insectes qu'il
faut tuer à force de patience [1]. » Mais la Cour d'Autriche
ne tarda pas à s'apercevoir que, contre la Révolution
française, d'autres vertus n'eussent pas été de trop. La
vieille routine des Cabinets ne pouvait manquer de pâlir
devant une politique environnée d'éclairs et qui procédait
par coups de foudre : Kaunitz fut jugé insuffisant. Restait à le remplacer.

On raconte que, visitant un jour le collége des langues
orientales formé à Vienne, Marie-Thérèse y remarqua un
enfant nommé Thunigut. C'était le fils d'un pauvre batelier de Lintz. L'impératrice prit intérêt à lui, et le recommanda au directeur du collége, après avoir changé son
nom de *Thunigut* (vaurien), en celui de *Thugut* (fais bien)[2].
Ce fut le point de départ d'une fortune aussi éclatante
que rapide. Attaché dès l'âge de quinze ans à la légation
de Constantinople, Thugut franchit en peu de temps tous
les degrés de l'échelle diplomatique, et fit preuve de tant
d'habileté dans les diverses missions dont on le chargea,
que, lorsque l'empereur d'Autriche résolut de donner un
successeur à Kaunitz, ce fut sur le fils du batelier de Lintz
qu'il jeta les yeux. Thugut avait suivi le comte de Mercy
en France; il y avait eu des conférences secrètes avec
Marie-Antoinette, avait contribué à y mettre Mirabeau
dans l'intérêt de la Cour; et on le supposait mieux en état
que personne de combattre efficacement une révolution
dont il avait surveillé de si près les développements et
connu les principaux acteurs [3].

[1] *Mémoires inédits et manuscrits du maréchal Jourdan.*
Des rapports de famille nous ont mis en possession de ce document
d'un prix inestimable pour l'histoire des guerres de la Révolution.
Nous y aurons souvent recours.
[2] *Mémoires tirés des papiers d'un homme d'État*, t. II, p. 260 et 261.
[3] *Ibid.*, p. 260-267.

La vérité est cependant que Thugut, nommé, dans les derniers jours de mars 1793, *directeur général du bureau des affaires étrangères*, se montra tout aussi impuissant que son prédécesseur à diriger d'une manière efficace les ressorts de la coalition. Non moins attaché aux traditions d'une politique égoïste et tortueuse que le prince de Cobourg l'était aux théories surannées de la guerre méthodique, il ne vit, il ne chercha dans le dénoûment d'une lutte de principes que l'agrandissement particulier de l'Autriche. Au lieu de pousser les armées impériales vers Paris, foyer de la doctrine nouvelle, il les retint, sur la frontière du Nord, autour de deux places dont le Cabinet de Vienne convoitait la possession définitive. De son côté, Pitt, que son génie aurait dû sauver de ces étroites inspirations de l'égoïsme national, Pitt en subit à ce point l'influence, qu'il aima mieux s'emparer des colonies françaises des Indes occidentales que porter secours aux royalistes de la Vendée [1]. Est-il besoin d'ajouter que ce furent des préoccupations du même genre qui empêchèrent l'Espagne d'étendre ses vues au delà de l'occupation du Roussillon et qui enchaînèrent les Prussiens sous les murs de Mayence [2]?

Ainsi, au lieu d'attaquer la France hardiment et avec ensemble comme le berceau d'une philosophie par eux jugée dangereuse, les coalisés ne songèrent qu'à la déchirer comme une proie dont chaque gouvernement voulait un lambeau. Et de là vient que l'histoire de leurs efforts, au moment où nous sommes, se réduit au récit de deux siéges : celui de Mayence et celui de Valenciennes.

---

[1] *Mémoires tirés des papiers d'un homme d'État*, t. II, p. 292.

[2] L'auteur des *Mémoires d'un homme d'État*, si prompt à dénoncer l'égoïsme des cabinets de Vienne et de Saint-James, n'a garde de mettre en cause le cabinet de Berlin, ce qui s'explique, du reste, de la part d'un homme qui fut au service du roi de Prusse.

Nous avons parlé en passant d'une défaite que Custine essuya au milieu du mois de mai. L'attaque que suivit cette défaite était censée entreprise en faveur de Mayence. Non que Custine eût sérieusement le projet de dégager la place; mais, appelé au commandement de l'armée du Nord, il désirait qu'une victoire signalât son départ [1]. Il projeta donc d'assaillir la gauche des Autrichiens, que commandait Wurmser, au sujet duquel on lit dans les Mémoires du prince de Hardenberg cette réflexion remarquable : « Il fallait une révolution pour voir un prince du sang de France aux ordres d'un gentilhomme alsacien, né sujet du roi, et qui avait fait la guerre de Sept-Ans dans un grade subalterne, sous le prince de Condé lui-même [2]. » Wurmser, en effet, était un gentilhomme alsacien qui avait autrefois obtenu de Louis XV la permission de passer au service de la cour de Vienne, et c'était à son armée auxiliaire qu'était venu se joindre, en 1793, le corps d'émigrés, connu sous le nom d'armée de Condé [3]. L'engagement eut lieu le 17 mai et fut fatal à Custine, qui, mis en désordre, dut regagner Weissembourg, puis partir pour Cambrai, chargé du poids d'un revers [4].

Un semblable échec laissait à la garnison de Mayence peu d'espoir d'être secourue. Elle ne se découragea pas néanmoins, animée qu'elle était par l'exemple de ses chefs, et peut-être plus encore par celui de Merlin (de Thionville), que la Convention avait envoyé avec Rewbell à Mayence, en qualité de commissaire. Merlin (de Thionville) avait fait ses études au séminaire de Saint-Sulpice; puis, laissant là le bréviaire et la soutane, s'était engagé

---

[1] Jomini, *Histoire critique et militaire des guerres de la Révolution*, t. III, p. 224.

[2] *Mémoires tirés des papiers d'un homme d'État*, t. II, p. 258.

[3] *Ibid.*, p. 257.

[4] *Ibid.*, p 300. — Jomini, t. III, liv. IV, chap. xvi, p. 224.

dans la carrière du barreau [1] ; mais la nature l'avait créé soldat. Aussi le vit-on déployer, à Mayence, une bravoure qui étonna jusqu'à Kléber, ce Kléber que rien qu'à sa taille, à son visage, à sa démarche, à son geste, les anciens eussent salué dieu de la guerre. Pointer des canons, diriger les sorties, caracoler sur le front des troupes en habit de hussard [2], tels étaient les amusements favoris de Merlin ; et il se montrait si terrible dans les combats, que les Allemands le surnommèrent *diable de feu* (*Feuer-Teufel*).

Ici se place un fait singulier. Un jour, un trompette ennemi entra dans la ville, s'annonçant porteur de lettres de la part de Custine. Aussitôt le conseil de guerre s'assemble. Un homme qui se disait l'agent du général demandait à faire au commandant de la place des communications importantes. On décide que l'entrevue désirée aura lieu, et que Doyré s'y rendra, accompagné du représentant Rewbell. En arrivant, ils trouvèrent un nommé Boze, qui les attendait, au milieu d'un cercle d'officiers prussiens et hessois. Boze dit, en balbutiant, qu'il apportait de mauvaises nouvelles ; que l'armée de Custine se trouvait fort affaiblie ; que Paris était insurgé, la Convention dissoute, le Dauphin proclamé roi. Les Français n'ayant, à Mayence, aucun moyen de savoir ce qui se passait au dehors, les tromper avait paru facile. Pour mieux y réussir, un officier prussien tira de sa poche un *Moniteur* imprimé à Francfort et qui contenait des détails confirmatifs du récit de Boze. Mais Doyré et Rewbell, soupçonnant un piége, refusèrent d'en entendre davantage, et reprochèrent même à Boze en termes très-vifs de s'être lâchement chargé d'une mission pareille. On se sépara, non sans que Boze fût parvenu à glisser dans la main de

---

[1] *Biographie universelle.*

[2] C'était son costume le jour où la ville fut évacuée. (Voyez les *Mémoires tirés des papiers d'un homme d'État*, t. II, p. 318.)

Doyré un billet portant la signature de Custine et dans lequel les assiégés étaient engagés à rendre la place, pourvu qu'ils obtinssent une capitulation honorable. Le conseil de guerre, ayant pris connaissance de ce billet, passa tout de suite à l'ordre du jour, motivé sur la réso-lution de combattre jusqu'à la mort[1].

C'était là précisément ce que le roi de Prusse aurait voulu éviter. Comme des combats journaliers avaient lieu sur le terrain qui séparait les retranchements prussiens des ouvrages français, iladvint que, dans une de ces ren-contres, le chef d'une troupe de cavaliers sortis de la place défia un officier prussien à un combat singulier. « Et si je venais à vous comme ami? dit ce dernier. —Je vous recevrais en ami, » répond le Français. Là-des-sus, les voilà qui se tendent la main. Le général Kalkreuth et Merlin, peu éloignés des avant-postes, sont avertis; un pourparler a lieu, et un déjeuner est convenu pour le lendemain avec le prince Ferdinand de Brunswick et Rewbell. Ce repas militaire se passa gaiement, à quel-que distance des troupes. Mais le prince eut beau mettre en jeu toutes les ressources d'une habile courtoisie, on ne put s'entendre, Rewbell exigeant, pour condition pre-mière, que le roi de Prusse se séparât de la coalition et reconnût la République française[2].

Aussi bien, une entreprise inattendue vint couper court aux égards réciproques. Une nuit, apprenant que Louis-Ferdinand de Prusse était au quartier général de Marienborn, les assiégés forment le projet d'enlever ce prince. Divisés en trois colonnes, ils se mettent en mar-che, au nombre de six mille hommes, conduits par un espion; pénètrent dans le camp prussien à la faveur des ténèbres, et, au moyen du mot d'ordre, qui avait été livré[3],

---

[1] Déposition de Rewbell dans le *Procès de Custine.*
[2] *Mémoires tirés des papiers d'un homme d'État,* t. II, p. 302 et 303.
[3] *Ibid.,* p. 303 et 304.

surprennent l'état-major, le massacrent. Le général Kalkreuth n'échappa que parce que le grenadier qui avait saisi la bride de son cheval reçut la mort au moment de la donner[1].

Le lendemain fut un jour de deuil pour les Français : Meunier périt à l'attaque de la grande île du Mein. C'était un héros qui disparaissait de la scène. Une trêve qui rappelle les plus nobles pages d'Homère fut aussitôt conclue, la trêve des funérailles; et les Prussiens, en armes sur leurs lignes, répondirent par une salve générale au bruit des adieux militaires que les Français firent au tombeau où leur général venait de descendre[2].

A partir de cette journée, le siége fut poussé avec un redoublement de vigueur. Dans la nuit du 18 au 19 juin, la tranchée avait été ouverte, et, le 28, les Prussiens avaient emporté la redoute de Veisnau : l'achèvement des batteries précipita toute chose vers un dénoûment meurtrier, et une partie de la ville s'affaissa bientôt sous un déluge de bombes. Le 16 juillet, le laboratoire des artificiers de la garnison sauta. Presque au même instant le feu prenait à un magasin de fourrages[3]. A la fin de juillet, vingt batteries armées de deux cent sept bouches à feu se hérissaient sur la rive gauche[4].

Mais la constance des assiégés avait à lutter contre un fléau plus terrible que les boulets et les bombes. Dès le début, Custine avait négligé d'approvisionner la ville, et il avait même écrit, comme pour endormir la Convention, que Mayence était parfaitement approvisionnée[5]. Après son départ, une compagnie de juifs s'était engagée à fournir les bœufs, le vin et l'eau-de-vie nécessaires, mais

---

[1] Déposition du général Aubert Dubayet dans le *Procès de Custine*.
[2] *Mémoires tirés des papiers d'un homme d'État*, t. II, p. 304.
[3] *Ibid.*, p. 311.
[4] Jomini, t. III, liv. IV, chap. xvi, p. 238.
[5] Dépositions de Rewbell et du général Schstilinski, dans le *Procès de Custine*.

à la condition que les convois arrêtés par l'ennemi seraient payés comme s'ils étaient arrivés à bon port. On jugea ces juifs capables de faire arrêter leurs propres convois pour vendre une seconde fois leurs denrées, et l'on ne voulut pas de la condition[1]. Vint le blocus, et avec le blocus la famine. Elle fit des progrès d'autant plus rapides, que l'ennemi, ayant des émissaires dans la ville, savait tous les endroits où étaient des magasins de blé et ne manquait pas de diriger son feu de manière à les incendier. On eut beau les changer de place à diverses reprises, rien n'y fit. Les moulins, à leur tour, ne tardèrent pas à être réduits en cendres, ce qui forçait d'avoir recours aux moulins à bras; et le danger d'y travailler était tel, qu'on était obligé d'y conduire les ouvriers à la pointe du sabre. Sur la fin du siége cependant on avait encore du pain pour quinze jours, mais plus de fourrage, plus de médicaments, plus de viande, plus de beurre, plus de graisse. Pour graisser ce qui leur tenait lieu de soupe, les soldats qui occupaient les forts employaient des rats et des souris[1].

La détresse devint si impossible à supporter, que le commandant de la place en fit sortir, après vives sollicitations, un grand nombre de vieillards, de femmes, d'enfants et de malades. Ces infortunés, au nombre d'environ deux mille, s'attendaient à être reçus dans le camp allemand. Ils se traînent jusque-là; mais la guerre est la science du meurtre : on les repousse. Ils refluent vers la ville; ils en trouvent les portes inexorablement fermées : ce fut un spectacle déchirant. Sur le terrain même qui séparait les deux armées, il fallut que cette foule gémissante restât exposée, pendant toute une nuit, aux coups qui venaient des deux côtés. Le soleil se leva,

---

[1] Déposition de Rewbell dans le *Procès de Custine*.
[2] *Ibid.*

et montra des soldats français emportant de pauvres enfants, blessés, dans les pans de leurs habits[1].

Si du moins, l'oreille ouverte aux plus lointaines, aux plus vagues rumeurs, ils eussent pu apprendre quelque chose de la patrie absente, ces vaillants hommes ! Mais, tandis qu'avec tant de dévouement ils combattaient pour la France, ils étaient condamnés au supplice d'ignorer si elle existait encore; et ce supplice dura quatre mois. Avec quelle impatience ils attendirent Custine ! Dans quel douloureux étonnement les plongea cette absence si absolue et si prolongée de nouvelles ! Longtemps ils interrogèrent les flots du Rhin, pensant qu'au moyen de papiers mis dans des bouteilles bien bouchées on aurait pu les instruire des choses du dehors. Hélas! les filets qu'ils jetèrent sur le fleuve furent muets jusqu'au bout[2].

Ce n'est pas que le Comité de salut public eût perdu Mayence de vue; mais la longue inaction de Custine avait été continuée par son successeur à l'armée du Rhin, Beauharnais, lequel, marié depuis cinq ans à la célèbre Joséphine, ne s'occupait guère, dans son quartier général, qu'à donner des fêtes à sa jeune femme et à se divertir[3]. Soit répugnance à subir l'impérieuse tutelle des commissaires de la Convention, soit crainte de hasarder une bataille qui, perdue, le mettait sur la route de l'échafaud, ce général différa tant qu'il put de prendre l'offensive, et, lorsque enfin, pressé par des ordres formels, il s'y résolut, l'heure du salut était passée pour Mayence. Il est vrai que, le 19 juillet, Houchard, qui commandait l'armée de la Moselle, avait essayé de percer la ligne de trente lieues sur laquelle s'étendaient les troupes aux ordres de Wurmser ; mais, outre que cette

[1] *Mémoires tirés des papiers d'un homme d'État.*
[2] Voyez la déposition du général Schstilinski, dans le *Procès de Custine.*
[3] *Mémoires tirés des papiers d'un homme d'État,* t. II, p. 314 et 315.

attaque, réitérée trois fois, n'avait été nullement décisive, la garnison de Mayence fut amenée à croire, sur la
foi de certains rapports mensongers que lui firent des
juifs envoyés par les Prussiens, qu'un dernier effort pour
dégager Mayence avait abouti à la défaite de trente
mille Français[1]. Cette fausse nouvelle, coïncidant avec
une sommation pressante du roi de Prusse, décida de la
reddition de la place. Considérant qu'aucun mouvement
ne se manifestait en sa faveur; que deux armées d'observation couvraient le siége; qu'une plus longue résistance contraindrait tôt ou tard dix-huit mille braves à se
rendre sans conditions ou à périr; que la France était
dans une situation à réclamer le courage de tous ses enfants, et qu'il valait mieux conserver à la patrie un
noyau de rudes guerriers que s'acharner à la conservation d'une ville allemande, isolée de tout secours...,
les défenseurs de Mayence cédèrent enfin à la fortune,
mais fièrement, noblement, comme il convenait à leur
honneur et à celui de la République. La capitulation
portait que la garnison rentrerait en France avec armes
et bagages. Nul autre engagement que celui de ne pas
servir d'un an contre les alliés[2].

En conséquence, les Prussiens, le 22 juillet, prirent
possession des forts extérieurs, et la garnison sortit tambour battant jusqu'aux glacis. Le 24 seulement, elle se
mit en marche, et cela au bruit de la *Marseillaise*. La
défense avait eu un caractère héroïque : ce caractère
marqua la retraite. Un clubiste ayant été reconnu et insulté, Merlin (de Thionville), qui était en costume de hussard, sort tout à coup d'un groupe d'officiers, impose
silence aux insulteurs, et les avertit que ce n'est pas la
dernière fois qu'ils verront les Français[3].

[1] *Mémoires tirés des papiers d'un homme d'État*, t. II, p. 316.
[2] Voyez le texte des articles de la capitulation de Mayence dans l'*Hist. parlem.*, t. XXVIII, p. 378-380.
[3] *Mémoires tirés des papiers d'un homme d'État*, t. II, p. 318 et 319.

Depuis, les ennemis de ce conventionnel firent sourdement courir le bruit qu'il avait vendu Mayence au roi
de Prusse. Sa conduite pendant le siége dément assez
une pareille calomnie, à laquelle donna sans doute
naissance le faste qu'il déploya plus tard ; car il fut
du très-petit nombre des commissaires de l'Assemblée
que leurs missions enrichirent. Tandis que la plupart
d'entre eux, pauvres au sein de la toute-puissance, se
consolaient d'être l'effroi du monde en restant l'honneur
de la Révolution, il achetait, lui, de belles maisons de
campagne et des équipages magnifiques[1]. « Un jour, raconte Levasseur, Merlin (de Thionville) vint s'asseoir à
côté de moi, au sommet de la Montagne, au retour d'une
mission. Il était tout essouflé et se plaignait d'une
extrême lassitude. — D'où viens-tu donc ? lui demandai-
je. — Je viens de forcer le cerf. — Où donc ? — Dans
mon parc. — Ah ! tu as un parc ! Et des chevaux ? —
Mes écuries en sont bien garnies. — Ah ! tu as des écuries ! Et des chiens ? — Deux meutes superbes. — Ah ! tu
as des meutes ! Et, quand tu es venu siéger à la première
législature, tu n'avais pas d'effets pour la valeur d'un
louis. Ote-toi de là ; je ne veux pas m'asseoir à côté d'un
fripon. Merlin restait atterré sur son banc. Je me levai,
et j'allai me placer à l'autre extrémité de la Montagne[2]. »
L'Histoire ne saurait enregistrer, sans faire ses réserves,
un jugement dont l'austérité révolutionnaire a seule
dicté les termes ; mais quelle pitié que, sous le rapport
du désintéressement, Merlin, ce grand soldat, n'ait pas
ressemblé un peu plus à Kléber, et un peu moins à
Fouché ou à Cambacérès !

Nous avons laissé les alliés, au nord, se disposant à
emporter Valenciennes. Dès les premiers jours de mars,
un équipage de cent quatre-vingts bouches à feu de gros

---

[1] *Biographie universelle.*
[2] *Mémoires de René Levasseur*, t. II, chap. I, p. 14.

calibre était parti de Vienne. De son côté, la Hollande avait fourni cent sept bouches à feu. Les mortiers, au nombre de quatre-vingt-treize, se trouvaient approvisionnés à six cents coups, les canons à mille[1]. Le duc d'York conduisait le siége; et Ferrand, à la tête de dix mille hommes, défendait la place[2]. Elle fut sommée le 14 juin. Mais là étaient des soldats de la trempe de ceux qui immortalisèrent la résistance de Mayence. Peu de temps avant la sommation, réunis aux habitants, dont la masse rivalisait avec eux de patriotisme et d'ardeur, ils avaient prêté sur la grande place de Valenciennes, autour de l'autel de la patrie, au son des instruments guerriers, et dans une sorte de magnanime ivresse, le serment de mourir plutôt que de se rendre. Ferrand se contenta d'envoyer copie de ce serment au duc d'York, et, un quart d'heure après, le feu commença. La première bombe, partie d'Anzin, éclata, sans atteindre personne, au milieu de la rue de Tournay, en ce moment remplie de monde. Cela parut de bon augure. Nul visage n'avait pâli, et le bruit de la bombe avait été couvert par un immense cri de *Vive la République!* Le bombardement devint formidable. « Il m'est arrivé, rapporte un témoin des événements, de compter, de onze heures du soir à deux heures du matin, jusqu'à 723 bombes. Il y en avait souvent quinze ou dix-huit en l'air, et j'en ai vu partir huit à la fois de la même batterie à Sainte-Sauve[3]. »

[1] Jomini, t. III, liv. IV, chap. xv.

[2] Il existe sur le siége de Valenciennes un document très-précieux, et pourtant très-peu connu. C'est une brochure écrite d'un fort bon style, dans un excellent esprit, et intitulée *Précis historique du siége de Valenciennes*, par un soldat du bataillon de la Charente en garnison dans cette ville. Nous avons trouvé ce document dans la *Bibliothèque historique de la Révolution*, au 1035-6-7 (*British Museum*); et c'est là que nous avons puisé les traits les plus caractéristiques de notre récit.

[3] *Précis historique du siége de Valenciennes*, par un soldat du bataillon de la Charente en garnison dans cette ville, p. 25, *ubi supra*.

Aussitôt qu'un incendie se manifestait, l'ennemi le célébrait par des fanfares. Dès le cinquième jour, l'église de Saint-Nicolas s'étant embrasée, ce fut, toute la nuit, comme un vaste édifice de feu. La tour, qui brûlait à l'intérieur, semblable à un volcan, et qui vomissait, mêlés à d'épais tourbillons de fumée, des torrents de flamme, formait un spectacle à troubler les âmes les plus fermes. Bientôt l'arsenal fut incendié; et quatorze mille fusils furent réduits en cendres, avec une prodigieuse quantité de mèches, de sacs à terre, de pelles, de pioches, d'affûts et roues de rechange. Sur tout le front de l'attaque, le ciel ne présentait qu'un épouvantable nuage de poussière rougeâtre ou de fumée, et, depuis Cardon jusqu'à Poterne, le rempart ressemblait à un long cimetière où l'on aurait creusé d'innombrables fosses [1].

Une seule chose répondait à la grandeur du désastre: le courage des assiégés; et à Valenciennes, comme cela s'était vu à Lille, la gaieté, l'indomptable gaieté française se plut à défier la mort. Trois boulets étant tombés sur une maison, on entendit le propriétaire crier, du seuil de sa porte: « Eh! eh! qui veut loger à l'enseigne des trois boulets? » Un bourgeois très-riche, apprenant la chute de sa cinquième maison, demanda si quelqu'un était blessé. Rassuré à cet égard, il dit en riant: « Voilà qui est pour le mieux; les hommes font les maisons, et les maisons ne font pas les hommes [2]. »

Tel était l'esprit de la majorité des habitants; mais la bourgeoisie renfermait une classe de gens qui, atteints dans leurs intérêts matériels, étaient loin de partager l'entraînement général. Et, par malheur, cette classe égoïste s'appuyait sur la municipalité. Les opposants n'osèrent d'abord se produire, et durent se borner à chercher refuge au fond des souterrains. Mais, lorsque l'image

[1] *Précis historique du siége de Valenciennes.*
[2] *Ibid.*, p. 63.

de la désolation et de la ruine fut partout, ils commencèrent à avoir le courage de leur peur. Des pétitions factieuses, que la municipalité provoqua sous main, circulèrent. Les émissaires de l'autorité locale s'étaient étudiés à mettre du parti de la soumission l'irritabilité nerveuse d'un sexe facile à impressionner, ils réussirent. Ce fut au point qu'un jour, contre un rassemblement de femmes, l'intervention d'un détachement de cavalerie fut nécessaire. Le soir, les groupes se reforment; et, sans s'arrêter aux instances de leurs maris, qui, le visage morne, les lèvres tremblantes et pâles, leur parlent de la patrie, des femmes courent se précipiter en pleurs aux pieds des municipaux, soupçonnés d'avoir eux-mêmes arrangé cette scène[1]. Les deux commissaires de la Convention, Cochon de Lapparent et Briez, étaient présents: une des pétitionnaires, s'adressant au premier comme à une divinité terrible, s'écrie: « Monsieur, quand cesserez-vous donc votre colère sur nous ? » Il répondit avec beaucoup de dignité et de douceur. Sa situation dans Valenciennes était fort pénible, le poids des animosités bourgeoises portant sur lui d'une manière exclusive, à cause du peu de crainte qu'inspirait le caractère timide de Briez, son collègue, et du respect affectueux que commandaient les services militaires du général Ferrand, son âge avancé et son air paternel. Chargé particulièrement de représenter, dans une ville accablée de maux, l'immuable politique de la Montagne, le malheureux commissaire fut abreuvé de tant d'amertumes, qu'il en vint à désirer la mort. Mais elle ne voulut pas de lui, et le funèbre espoir qui le conduisait à l'endroit le plus périlleux du rempart fut trompé jusqu'à la fin[2].

L'agitation continua pendant quelques jours, jusqu'à ce qu'enfin les canonniers, indignés, déclarèrent que,

[1] *Précis historique du siége de Valenciennes*, p. 14 et 15.
[2] *Ibid.*, p. 14 et 15.

si l'émeute se renouvelait, ils tourneraient leurs canons contre la ville[1]. Les opposants ne doutèrent pas que la menace ne fût sérieuse, et le drame de la sédition cessa de compliquer celui de la défense. Mais imposer silence aux mécontents, ce n'était point couper court aux manœuvres obscures des traîtres. On avait fort mal à propos décidé qu'on bannirait de la ville tout homme qui aurait manqué au service, tout ivrogne : des gens se firent chasser de la sorte, sans autre but que d'aller renseigner l'ennemi. On assure, en outre, que la municipalité correspondait avec le duc d'York, au moyen d'obus non chargés. Ce qui est certain, c'est que le général anglais n'ignora rien de ce qui avait lieu dans l'intérieur de la place, et il en fit lui-même la confidence aux parlementaires de la garnison, en leur montrant une liasse de bulletins qu'il avait reçus, jour par jour, pendant le siége[2]. Quant à Ferrand et aux deux commissaires, ils eurent toujours soin de ne donner leurs instructions que verbalement. Un papier sur lequel était écrit le mot *Confiance*, avec les signatures de Briez, de Cochon et de Ferrand, servait à accréditer les envoyés, qui portaient ce papier cousu dans leur jarretière de culotte[3].

Sur ces entrefaites, Custine, quittant le Rhin, était arrivé au camp de César; et le voisinage de l'armée dont il venait prendre le commandement autorisait les assiégés à se bercer de l'espoir d'un prompt secours; mais leur attente fut cruellement déçue. Ils imaginèrent alors de faire partir un ballon, auquel ils attachèrent un paquet contenant une lettre des deux commissaires à l'Assemblée nationale. Un billet, joint à cette lettre, promettait une récompense à quiconque, ayant trouvé le paquet, irait le remettre sur-le-champ à la municipalité la plus

---

[1] *Précis historique du siége de Valenciennes*, p. 20 et 21.
[2] *Ibid.*, p. 20 et 21.
[3] *Ibid.*, p. 66.

voisine. Le ballon s'enleva très-bien. Un vent favorable le dirigeait vers la France. Longtemps la garnison le suivit des yeux, aux cris mille fois répétés de *Vive la nation!* tandis que, sortis de leurs tentes près de Famars, les ennemis criaient, à leur tour, d'un air triomphant : « Voilà les députés qui se sauvent! » Malheureusement, le ballon ne parvint pas à sa destination : il alla tomber dans le camp de Cobourg, qui apprit de cette manière que ceux de Valenciennes avaient juré de se défendre jusqu'à la dernière extrémité [1].

Vers le milieu du mois de juillet, une allégresse générale se manifesta parmi les assiégeants : Condé venait d'ouvrir ses portes, après une vaillante résistance de près de quatre mois. L'état de la garnison, réduite de quatre mille hommes à quinze cents, témoignait assez haut de la vigueur de la défense. Mais la famine sévissait à tel point, que le général Chancel, gouverneur de la place, s'était vu un jour condamné à la douloureuse nécessité d'en faire sortir les femmes et les enfants; et cela même n'avait servi de rien, les Autrichiens ayant eu la barbarie de repousser dans la ville à coups de fusil les malheureuses créatures [2]. Il fallut se rendre; et, à cette nouvelle, les émigrés royalistes qui combattaient sous le drapeau de l'Angleterre, devant les murs de Valenciennes, se mirent à exhaler leur joie en insultes et en sarcasmes. Il y en avait un, entre autres, dont les assiégés entendaient monter du fond de la tranchée la voix perçante; il s'épuisait à répéter en ricanant : « Président, je vous demande la parole [3]. »

Le 25 juillet, tout étant prêt pour l'explosion des mines et l'assaut du chemin couvert, une attaque décisive fut résolue par l'ennemi. Elle devait s'effectuer sur trois

[1] *Précis historique du siège de Valenciennes*, p. 66.
[2] The new Annual Register for the year 1793, p. 189.
[3] *Précis historique du siège de Valenciennes*, p. 41.

colonnes, l'une composée d'Anglais, l'autre d'Allemands, la troisième de Hongrois et de Valaques. Le feu s'ouvrit à dix heures du soir. Deux mortiers battaient sur le réduit de la citadelle, dont les palissades étaient en même temps assaillies de mousqueterie et de grenades. Mais ce grand fracas n'était que pour diviser l'attention et les forces des assiégés pendant l'attaque des ouvrages de Mons. Après avoir fortifié de ce côté postes et réserves, les Français venaient de s'engager dans une vive fusillade, lorsque, soudain, l'explosion de trois globes de compression, faisant sauter deux places d'armes, ouvrit un large passage par le déchirement de la palissade. Les trous étaient si énormes, que cinq ou six mille bottes de foin eussent à peine suffi à les combler. Aussitôt l'ennemi s'y précipite, en poussant des hurlements affreux : « Tue ! tue ! tue !... Weich patriote (vilain patriote) !... » Froissés de leur chute, couverts de terre, nos soldats ne se relèvent que pour gagner les réserves, qu'ils trouvent abandonnées et déjà au pouvoir de l'ennemi. Les volontaires de la Côte-d'Or, de la Charente et des Deux-Sèvres se battirent vaillamment en retraite jusqu'aux poternes. Les assaillants les y suivent. Alors déroute complète. Le carnage fut horrible. A une des poternes, il y eut entassement de cadavres, parce qu'on refusa d'ouvrir aux fuyards, de peur que l'ennemi n'entrât pêle-mêle avec eux dans la ville. Plusieurs se firent hisser le long des brèches ; d'autres n'évitèrent la mort qu'en se couchant au milieu de leurs compagnons égorgés. Un soldat du 29ᵉ, qui, blessé à la tête, avait eu recours à ce lamentable artifice, fut dépouillé comme mort, et, après la retraite des assaillants, rentra par la brèche, entièrement nu [1].

[1] *Précis historique du siége de Valenciennes*, p. 48-50. — Jomini ne donne de cette attaque, et en général du siége de Valenciennes, qu'une idée très-incomplète. Son récit est très-écourté, même au point de vue militaire. (Voyez son *Histoire critique*, etc., t. III, liv. IV, chap. xv. p. 178 et 179.)

On estime que, ce jour-là, la ville eût été emportée, si les alliés eussent eu quelque chose de l'audace et de la vivacité françaises. Mais ils se hâtèrent de regagner leurs ouvrages, sans chercher à s'établir dans les nôtres, excepté dans la corne, où ils jetèrent un certain nombre de travailleurs[1].

Le lendemain, un trompette parut, tenant un drapeau blanc à la main. Il apportait l'offre de conditions honorables, si la garnison se rendait, et, en cas de refus ou d'hésitation, la menace d'un assaut furieux. Ce fut pour les partisans de la soumission comme un signal depuis longtemps attendu. Ils sortent de leurs caves, et courent en tumulte à la maison commune. Les municipaux s'avancent alors sur le perron, pour donner communication solennelle des motifs qui rendent, disent-ils, une capitulation indispensable. Des applaudissements frénétiques retentissent. Malheur à qui parlerait de continuer la lutte! L'un des deux commissaires de la Convention était accouru : on l'insulte. Dans l'intervalle, le conseil de guerre s'est réuni; et le bataillon de la Charente, descendant de la citadelle, s'avance sur la place au pas de charge, bien décidé à protéger contre les violences de l'esprit bourgeois la liberté des délibérations. Mais, un ordre supérieur, arraché à la faiblesse des chefs militaires, ayant fait rentrer ce bataillon, la place devint le théâtre d'un hideux désordre. Quelques soldats, l'écume des régiments, avaient été d'avance gagnés à la sédition : ils pillent les magasins de vivres et d'habillements. On les voyait revenir par les rues avec d'énormes charges de bas, de culottes, de souliers, qu'ils vendaient à vil prix. Quelques-uns portaient des bidons d'eau-de-vie et de vin[2].

Ce fut au milieu de cette anarchie que la question de la reddition s'agita : débat plein d'angoisse et sur lequel

[1] *Précis historique du siége de Valenciennes.*
[2] *Ibid.*, p. 52-54.

planait l'image de la Convention courroucée! Quelques
chefs, parmi lesquels Dillon, colonel du 87e, et le commandant du bataillon de la Charente, rappelèrent le serment de s'ensevelir sous les ruines de la place, et déclarèrent que, si on ne pouvait la défendre, il fallait mourir.
D'autres représentèrent que, lorsque ce serment fut prêté,
une seule et même pensée paraissait dominer l'esprit des
citoyens, mais que, depuis lors, une opposition aussi
fougueuse qu'imprévue s'était produite; qu'il s'agissait
conséquemment de vaincre désormais et les ennemis et
une partie des habitants; que cette circonstance donnait
à la situation une face toute nouvelle; que la garnison
avait opposé à des forces supérieures une résistance qui
marquerait dans les annales des siéges; qu'on avait assez
fait pour la gloire et que quelque chose restait à faire
pour l'humanité. Un rapport du directeur du génie, Tholozé, établissant l'impossibilité matérielle de tenir six
jours de plus, trancha la question; et il fut décidé qu'en
réponse à la sommation de l'ennemi on demanderait les
honneurs de la guerre, la faculté d'emmener l'artillerie,
l'engagement de garantir la sûreté de tous les habitants
sans exception, l'exemption des corvées militaires, le
maintien des ventes de biens nationaux, la circulation des
assignats. Trois commissaires allèrent porter ces conditions au duc d'York, qui débuta par leur dire, en riant:
« Ah, ah! messieurs! Et, si à présent je ne voulais pas,
moi? » Il se contenta d'exiger de la garnison la promesse
formelle que, rentrée en France, elle ne servirait pas
d'un an contre les alliés [1].

Ainsi se termina ce siége mémorable, après cinquante-
six jours de tranchée ouverte, et un bombardement qui
dura quarante-trois jours et quarante-trois nuits [2]. La

---

[1] *Mémoire sur les opérations des généraux en chef Custine et Hou-*
chard, par Gay de Vernon, p. 216.
[2] *Ibid.*, p. 54-62.

place avait été battue par plus de deux cents pièces. On lui jeta quatre-vingt-quatre mille boulets, vingt mille obus et quarante-huit mille bombes[1]. La garnison, qui, au commencement, s'élevait à dix mille hommes, se trouva réduite à moins de cinq mille[2], c'est-à-dire que la moitié de ces intrépides soldats périrent; et quant à ceux qui survécurent, ils gardèrent jusqu'au dernier moment une attitude héroïque. Le jour de la sortie de la ville, 28 juillet, les armes du bataillon de la Charente étaient nettoyées comme pour un jour de parade. Pas une maison que le boulet n'eût touchée. Les bombes anéantirent presque la rue de Mons, la place Verte et tout le voisinage de l'hôpital. Inutile d'ajouter que, de leur côté, les assiégeants avaient beaucoup souffert : d'après une confidence d'un officier anglais à Ferrand, l'ennemi ne perdit pas moins de vingt mille hommes[3].

La conduite du général Ferrand avait été aussi patriotique que vaillante, et Tholozé avait déployé des talents militaires du premier ordre. Cependant telle était l'ombrageuse politique de la Convention, que, n'étant pas morts, ils furent suspects. On envoya Ferrand à la prison de l'Abbaye, Tholozé à la maison du Luxembourg; et ils auraient eu probablement à comparaître devant le tribunal révolutionnaire, si Briez et Cochon de Lapparent ne s'étaient fait un devoir de témoigner bien haut en leur faveur[4].

[1] Jomini, t. III, liv. IV, chap. xv.

[2] Jomini se trompe en disant sept mille. Cinq mille est le chiffre donné par le *Précis historique*... qui doit faire autorité ici. Trois mille cinq cents est le chiffre qu'on trouve dans l'*Hist. parlem.*, t. XXVIII, p. 381.

[3] *Précis historique*, etc..., p. 63. — Gay de Vernon, dans son *Mémoire sur les opérations des généraux en chef Custine et Houchard*, chap. ii, p. 216, dit que les alliés perdirent trente mille hommes tués ou blessés.

[4] *Mémoires sur les opérations militaires des généraux en chef Custine et Houchard*, par le baron Gay de Vernon, chap. ii, p. 217.

Le 29, le duc d'York entra dans Valenciennes, accompagné du prince de Lambesc! L'indigne municipalité avait élevé un énorme trophée d'armes à l'invasion, et les rues apparaissaient pavoisées de drapeaux blancs, avec cette inscription : *A notre libérateur*[1] *!* Le soir, comme le duc était au théâtre, un acteur s'avance, aussitôt après le lever du rideau, et, le visage tourné vers la loge du prince anglais, commence en balbutiant : « Monseigneur... Votre Altesse... Votre Altesse... Monseigneur... Votre... » Une voix du parterre : « Est-ce que vous avez peur? » Et l'acteur de répliquer : « Eh! quand cela serait? Son Altesse a fait peur à bien d'autres[2]. » Il va sans dire que cette scène d'abominable et sacrilége bassesse avait été arrangée d'avance. C'était le compliment de bienvenue fait par les royalistes à l'étranger! Voici comment l'étranger y répondit : le lendemain même, le feld-maréchal Cobourg annonçait qu'à Valenciennes, ainsi qu'à Condé, il prenait possession de la ville, *au nom du roi son maître*, et, de peur qu'on n'en doutât, une junte, composée de sujets autrichiens, fut aussitôt instituée, et l'aigle impériale arborée sur les remparts[3]!...

Hâtons-nous d'ajouter que, pendant ce temps, cinq mille gardes nationaux républicains qui, accourus des villes voisines, avaient concouru à défendre, dans Valenciennes, le sol sacré, abandonnaient volontairement leurs foyers domestiques[4], et, unis à la garnison, allaient chercher la mort pour ne pas perdre l'honneur.

La nouvelle de la reddition de Mayence n'était pas encore arrivée à Paris; mais on y était instruit déjà de la capitulation de Condé, et l'on y tremblait de voir succom-

---

[1] *Mémoire sur les opérations militaires des généraux en chef Custine et Houchard*, par le baron Gay de Vernon, chap. II, p. 218.

[2] *Ibid.*, p. 219.

[3] *Ibid.*, p. 219.

[4] *Ibid.*, p. 216.

ber Valenciennes, lorsque le Comité de salut public manda Custine.

L'attitude équivoque de ce général, le « mélange *incompréhensible* de vues très-justes et de mesures *singulières* [1], » qui avait marqué sa carrière de soldat, son inaction prolongée à l'armée du Nord, les éloges imprudents dont le comblaient les artisans de la guerre civile et les Girondins fugitifs, leur confiance en lui hautement déclarée [2], la lettre où Wimpfen l'appelait « Mon cher maître [3], » et se montrait si assuré de son concours, tout le désignait aux soupçons d'un parti ombrageux, aigri d'ailleurs par l'excès des revers. Ce n'est pas que Custine eût paru disposé à répondre aux sollicitations de Wimpfen ; il les avait, au contraire, repoussées avec rudesse, et dénoncées [4]. Mais sa conduite, en cette dernière occasion, ne fut attribuée qu'à un calcul de prudence. Aussi longtemps qu'entre les Girondins et les Montagnards la lutte avait paru douteuse, sa haine à l'égard des seconds s'était librement épanchée, et la Convention elle-même, prise dans son ensemble, avait été de sa part l'objet de dédains qu'il mettait une coupable jactance à afficher devant ses troupes [5]. Les Montagnards savaient cela, et ne lui tinrent aucun compte d'une soumission qui lui fut imputée à faiblesse.

Lui, cependant, arrive à Paris, affectant beaucoup de sécurité et portant la tête haute. Il se présente au Palais-Royal, et, sur ce théâtre des conciliabules secrets du roya-

---

[1] Jomini. *Histoire critique et militaire des guerres de la Révolution*, t. II, liv. III, chap. xi, p. 280.

[2] *Mémoires de René Levasseur*, t. I, chap. vi, p. 354.

[3] *Ibid.*

[4] *Ibid.*, *Biographie universelle*.

[5] Mercier du Rocher, que ses rapports avec l'armée de Mayence en Vendée mirent à même de bien connaître quelle avait été la conduite de Custine, donne, à ce sujet, des détails curieux sur lesquels nous aurons à revenir.

lisme, reçoit une ovation [1]. On eût dit une page de l'histoire de Dumouriez; et ce qui, malheureusement pour Custine, compléta la ressemblance, c'est qu'il devint, par cela seul qu'il était suspect à la Montagne, le point de ralliement de l'aristocratie [2]. La France, à cette époque, semblait toucher de si près à sa ruine, que beaucoup crurent la Révolution à l'agonie. Aussi les royalistes déployaient-ils une confiance qui croissait à chaque nouveau revers des armées. A peine Custine fut-il à Paris, qu'ils l'entourèrent, et la section de la Butte-des-Moulins, celle des Filles-Saint-Thomas, se pressèrent autour de lui, comme elles avaient fait jadis autour de la Fayette et de Dumouriez [3]. Ce fut sa perte.

A la séance du 22 juillet, Bazire annonce que Custine a paru la veille au Palais-Royal, et que les habitués des tripots ont crié : *Vive Custine!* Il l'accuse d'avoir donné pour mot d'ordre : *Condorcet, Paris, la Constitution* [4]. Simon l'inculpe à son tour pour avoir déclaré insolemment que, « lorsque les décrets de la Convention lui déplaisaient, il en faisait des papillotes [5], » et cette inculpation s'appuie sur le témoignage du ministre de la guerre. Danton dit que la nation a des doutes, et qu'il importe de les éclaircir promptement. La détention provisoire de Custine à l'Abbaye fut décrétée [6].

Survint la nouvelle de la reddition de Mayence. Barère se rend à la Convention, et, au nom du Comité de salut public, s'exprime en ces termes : « Nous venons de rece-

---

[1] *Hist. parlem.*, t. XXVIII, p. 393.
[2] *Mémoires de René Levasseur*, t. I, chap. vi, p. 356.
[3] *Ibid.*
[4] « Le général Leveneur écrivit quelques jours après pour informer la Convention que ce mot d'ordre avait été donné en l'absence de Custine. »
Note des auteurs de l'*Hist. parlem.*, t. XXVIII, p. 392.
[5] *Ibid.*
[6] Séance de la Convention du 22 juillet 1793.

voir des nouvelles... qui ne serviront qu'à enflammer le courage des républicains: ils savent que l'empire de la liberté ne se fonde que sur des revers... Mayence a capitulé, au moment où deux armées victorieuses s'avançaient à son secours... Houchard, après avoir délivré Mayence, devait prendre les Autrichiens par derrière, et les forcer d'évacuer les départements du Nord. Custine s'est toujours opposé à cette expédition, en disant qu'il ne fallait s'avancer sur Mayence que vers le 15 août. Ce général perfide triomphe; voilà l'effet de ses trahisons: il voulait livrer Valenciennes et Condé en même temps que Mayence. Nous avons appris qu'il existait un billet signé Custine, où il engageait Doyré, commandant de Mayence, à livrer la place aux Prussiens[1]. » Barère alors donne lecture d'une dépêche du général Houchard, qui commandait l'armée de la Moselle. Houchard pressait la Convention de faire arrêter sur-le-champ Custine, comme suspect de trahison; il ajoutait : « Sans ses perfidies, j'étais avant huit jours à Mayence, et je délivrais la place. » L'ordre donné par Custine d'enlever de Lille soixante-seize pièces de canon, sans motif appréciable, et une lettre de lui contenant ces mots étranges : « Emmenez avec vous le plus de Prussiens que vous pourrez : *ce sont des Prussiens, il ne faut pas tout tuer;* quant aux Autrichiens et aux Hessois, je vous les abandonne, faites en chair à pâté : » tels furent les documents qui complétèrent l'acte d'accusation présenté par le rapporteur du Comité de salut public. Les lignes du billet qui précède ne rappelaient que trop les relations du fils de Custine avec le duc de Brunswick, auquel le général français avait, par une manœuvre absolument inexplicable, livré Francfort : la

---

[1] Voyez, sur ce point, Jomini, t. II, liv. III, chap. XI, p. 284, et les *Mémoires tirés des papiers d'un homme d'État*, t. II, p. 87-89. — Nous avons raconté, p. 457 et 458 du septième volume, comment Custine laissa prendre Francfort.

Convention n'hésita pas, et Custine fut décrété d'accusation [1].

Or, ce jour-là même, on l'a vu, la ville de Valenciennes, qu'on lui reprochait aussi d'avoir abandonnée, capitulait. A la vérité, il pouvait répondre que, l'armée du Nord étant désorganisée, son premier soin avait dû être d'en recomposer les débris, et que la chance de sauver Valenciennes ne valait pas le risque d'une grande bataille perdue. Mais son crime, aux yeux de la Convention, était moins dans sa circonspection que dans une sorte d'indifférence systématique qui, rapprochée de sa conduite à l'égard de Francfort, puis à l'égard de Mayence, éveillait des idées de trahison. « Ce que je lui reproche, écrivait un soldat de la dernière garnison délaissée, c'est de n'avoir point provoqué un rapide rassemblement de forces par la vive peinture de notre détresse, qu'il devait présumer, et d'avoir, au lieu de cela, endormi le peuple et l'armée par des récits mensongers sur nos vigoureuses sorties; c'est de n'avoir pas même essayé (ce dont je suis sûr) de nous faire parvenir de ses nouvelles; c'est de n'avoir établi aucuns signaux sur les endroits dont il était maître, et que nous découvrions; par exemple, le drapeau tricolore, élevé au lieu Saint-Amand, eût confirmé la résolution du soldat, diminué la frayeur des citoyens faibles et contenu l'audace des malveillants [2]. » De fait, Valenciennes était la troisième place importante qui tombait, après avoir compté sur le voisinage des troupes de Custine et sur son secours.

Quoi qu'il en soit, ce dernier événement rendait fort critique la position du camp de César, dont Kilmaine, à la suite du rappel de Custine, avait accepté le commande-

[1] Séance de la Convention du 28 juillet 1795.
[2] *Précis historique du siége de Valenciennes*, par un soldat du bataillon de la Charente, p. 66, dans la *Bibliothèque historique de la Révolution*, 1032-6-7. (*British Museum.*)

ment provisoire ; car l'armée qui occupait ce camp était à peine le tiers de celle que pouvaient former les forces réunies du duc d'York et de Cobourg. La question était de savoir quel parti prendrait l'ennemi.

Selon le plan adopté à l'ouverture de la campagne, le prince de Cobourg devait, marchant à gauche, aller s'emparer de la ville du Quesnoy, tandis que le duc d'York, se dirigeant à droite, irait assiéger Dunkerque. Et le Cabinet de Londres pressait l'exécution de ce plan. Mais le prince de Cobourg, qui, par là, aurait perdu la direction d'une grande partie des troupes, et qui tenait à rester l'arbitre de la guerre, fit décider qu'on attaquerait d'abord le camp de César, espérant détourner ainsi les Anglais de l'entreprise sur Dunkerque[1]. Le duc d'York consentit à demander de nouveaux ordres au gouvernement britannique, et, en attendant, se mit en marche à la tête de vingt-deux mille hommes, la veille du jour où le prince de Cobourg partait de son camp de Hérin, avec le gros de l'armée impériale[2].

Le camp de César, situé à cinquante lieues en avant de Paris, était la dernière défense de la frontière. Derrière, pas de réserve ! Kilmaine, averti qu'il allait avoir toute l'armée combinée sur les bras, ne voulut pas exposer à une destruction presque certaine les seules forces qui défendissent le Nord : la retraite fut résolue ; et, sur l'avis ouvert par l'adjudant général Gay de Vernon, l'on se rangea à l'idée de porter l'armée derrière la Scarpe, entre Douai et Arras. De la sorte nous nous attachions aux places de la Flandre maritime ; nous mettions Lille derrière nous, et, comme au camp de César, nous nous

---

[1] *Mémoires tirés des papiers d'un homme d'État*, t. II, p. 342 et 343.

[2] *Ibid.*, p. 343.

trouvions protégés par deux places fortes et un bon cours d'eau[1].

Ce fut le 8, dans la matinée, que la retraite commença. De Solesmes à Cambrai s'étend une plaine de plusieurs lieues. La chaleur était excessive. Grand nombre de chevaux périrent.

Cependant l'armée du duc d'York s'avançait avec lenteur, en trois colonnes que couvrait une cavalerie nombreuse soutenue de trente pièces d'artillerie légère. Kilmaine, feignant d'attaquer, lorsqu'il ne songeait qu'à gagner du temps, s'avance avec trois mille chevaux à la rencontre du prince, force les premiers régiments de l'ennemi à se déployer, retarde leur marche. Au commencement de la soirée, de retour au quartier général, il ordonne à l'avant-garde de contenir l'ennemi, et de prendre position de manière à rester jusqu'au lendemain maîtresse du passage de l'Escaut en amont de Cambrai. Mais, n'ayant pu ou su exécuter ces ordres, la cavalerie abandonna sans résistance Noyelle, Marcoing, Crévecœur, et vint se former à Fontaine-Notre-Dame, à la gauche de Bourbon[2].

A l'entrée de la nuit, le duc d'York était devant Cambrai. Sommé d'en ouvrir les portes, le général Declaye répond : « Je ne sais pas me rendre, mais je sais me battre. » Et, pour le prouver, il ordonne deux sorties, tombe sur les Anglais, leur tue une centaine d'hommes et leur prend un drapeau[3].

Le 9, l'armée française continua son mouvement de retraite avec beaucoup d'ordre et de fermeté. Deux bataillons, s'étant égarés, se virent enveloppés par les Anglais; mais Kilmaine, accouru à temps, les dégagea : ce

[1] *Mémoire sur les opérations militaires des généraux en chef Custine et Houchard*, par le baron Gay de Vernon, chap. II, p. 222.

[2] *Ibid.*, p. 223.

[3] *Ibid.*, p. 224.

fut le seul épisode alarmant de la journée. Toutefois, vers le soir, ce cri des traîtres qui a traversé toutes les guerres de la Révolution française, ce cri infâme de *Sauve qui peut !* se fit entendre. Mais, grâce au ciel, on n'eut pas, cette fois, à gémir des suites ; et, le lendemain, 10 août, au moment où Paris célébrait, comme nous le raconterons, l'anniversaire du renversement de la royauté, l'armée du Nord occupait la position de Gravelle, ayant sa gauche appuyée à Douai, sa droite à Arras, et son front couvert par la Scarpe.

CHAPITRE SIXIÈME

LA VENDÉE MENACE.

Le soulèvement de Lyon et les revers essuyés aux frontières n'étaient pas les seuls soucis de la République. Vaincus devant Nantes, mais non écrasés, les Vendéens se préparaient à de nouveaux combats. Pour abattre cette gigantesque révolte, même après la mort de Cathelineau, il restait à verser un fleuve de sang.

Quelques succès, obtenus par les républicains, marquèrent les premiers jours de juillet. De Parthenay, Westermann avait poussé jusqu'au village d'Amaillou, y avait mis le feu, et s'était emparé du château de Clisson, abandonné précipitamment à son approche. Le 2 juillet, rendant compte à Biron de ce facile exploit, il écrivait : « Ce faquin de Lescure se croyait en sûreté chez lui... Je ne l'ai manqué que de quatre heures... Je verrai si je puis me procurer des voitures pour conduire le mobilier à Parthenay. Sinon, meubles et château seront la proie des flammes[1]. » Le jour même, il faisait apporter des fagots et de la paille dans les chambres, les greniers, les écuries, la ferme, et, par la destruction de ce qu'il appelait « l'asile d'un monstre que l'enfer a vomi[2], » inaugurait en Vendée le régime des incendies.

Lescure, dans sa fuite, fut rejoint par la Rochejaquelein, qui, ne pouvant retenir à Saumur ses paysans, pressés d'aller revoir leurs femmes et leurs bœufs, avait dû renoncer à garder cette ville[3]. Westermann avançait toujours, se dirigeant sur Châtillon. Les deux chefs, réunis, rassemblent trois mille hommes, et essayent de défendre les hauteurs du Moulin-aux-Chèvres, mais en vain. Le poste est emporté, et, tandis que la femme de Lescure, avertie dans le château de la Boulaye par le bruit lointain du canon, s'enfuyait à travers champs déguisée en paysanne[4], Westermann courait s'emparer de Châtillon, d'où il écrivait au général en chef : « Je visiterai les ma-

[1] Rapport de Westermann à Biron, dans la collection de M. Benjamin Fillon.
[2] Ibid.
[3] Mémoires de madame de la Rochejaquelein, chap. IX, p. 161.
[4] Ibid., p. 165.

gasins... La Rochejaquelein et Lescure avaient promis de promener aujourd'hui ma tête dans Châtillon ; je brûlerai leurs châteaux. J'ai enlevé le drapeau de l'armée catholique. Il est de taffetas blanc, avec trois fleurs de lis d'or. Je vous l'enverrai, si mieux n'aimez le venir voir [1]. »

Mais, pendant ce temps, les chefs vendéens repoussés de Nantes rassemblaient à Chollet les débris de la grande armée, et se disposaient à reprendre l'offensive. Le 5 juillet, vers onze heures du matin, Westermann était en train de percer un vieux fût de Bordeaux, dans la maison du receveur de district, lorsqu'il entendit tout à coup le retentissement du canon. En ce moment, ses troupes, sur les hauteurs de Château-Gaillard, vidaient des bouteilles, leurs armes en faisceaux. On bat la générale. Westermann monte à cheval, court au feu. Il était trop tard. Effrayés de se voir attaqués de toutes parts et à l'improviste par les paysans, qui s'étaient glissés autour d'eux en silence, les républicains roulaient déjà, culbutés les uns sur les autres et pêle-mêle, avec leurs canons, dans la rapide descente qui mène à Châtillon. Westermann et les renforts qu'il amenait sont emportés par les fuyards. Lui, le sabre à la main, se fait jour à la tête de quelques centaines d'hommes, et gagne Bressuire, au milieu des coups de fusil partis de chaque village qu'il traverse. Le long de la route, des nuées de femmes vendéennes s'élançaient audacieusement sur les cavaliers : il fallut en tuer plusieurs pour leur faire lâcher les rênes des chevaux. Jamais désastre plus complet. On compta six cents cadavres de républicains sur le chemin de Fortais, trois cents vers le Pin ; on en trouva un grand nombre au milieu des prairies, dans les bois. Aux fuyards égarés en quelque métairie, la mort ! car les incendies du château de Clisson et du village d'A-

---

[1] Rapport de Westermann à Biron, dans la collection de M. Benjamin Fillon.

maillou avaient rendu le paysan furieux. Les républicains perdirent quatorze pièces de canon, nombre de caissons, trois forges de campagne, toutes leurs munitions de guerre, toutes leurs provisions de bouche. Westermann se demandait en pleurant ce qu'était devenue la belle légion avec laquelle il avait battu les Prussiens [1].

Malheureusement pour les Vendéens, la cruauté de leurs vengeances déshonora leur victoire. Tandis qu'à Châtillon les chefs criaient aux républicains de se rendre, qu'on ne leur ferait pas de mal, les soldats massacraient quiconque mettait bas les armes [2]. Il y eut une boucherie de prisonniers, dirigée, chose hideuse, par ce même Bernard de Marigny, dont les proclamations n'avaient d'abord respiré que clémence. La vue et l'odeur du sang lui avaient tellement porté à la tête, que, Lescure ayant voulu arrêter le carnage, Marigny, furieux, lui cria : « Retire-toi : que je tue ces monstres, ils ont brûlé ton château. » Il fallut que le magnanime Lescure menaçât ce bourreau-gentilhomme de prendre la défense des prisonniers contre lui-même [3].

Westermann avait donné plusieurs sujets de plaintes. Aussi prompt dans ses colères que téméraire dans ses projets, il tranchait volontiers du despote. Un jour il fit mettre à genoux devant l'armée, et fut au moment de faire fusiller, sans forme de procès, un vieux capitaine dont tout le crime était d'avoir voulu sauver ses soldats du résultat d'une fausse manœuvre commandée, sous l'impression d'une fausse alarme [4]. Rossignol, lieutenant-

---

[1] *Mémoires manuscrits de Mercier du Rocher*, p. 214. — *Mémoires de madame de la Rochejaquelein*, chap. IX, p. 167. — Proclamation du Conseil supérieur de Châtillon, aux habitants du *Pays conquis*, dans la collection de M. Benjamin Fillon.

[2] Ceci avoué par madame de la Rochejaquelein elle-même, chap. X, p. 167.

[3] *Ibid.*, p. 168.

[4] Lettre des représentants Goupilleau (de Fontenay) et Goupilleau

colonel de la 35e division de gendarmerie, lui ayant été
dénoncé comme auteur de certains propos « incendiaires » dirigés contre lui et contre le « ci-devant » Biron,
il ordonna l'arrestation de Rossignol, sans prendre le
temps d'examiner si l'accusation était fondée[1]. Ajoutez à
cela que la confiance que Westermann inspirait à Biron,
déjà très-suspect lui-même, rappelait celle que lui avait
témoignée Dumouriez[2]. La défaite de Châtillon, quoique
précédée de quelques succès, venant combler la mesure,
un décret le traduisit à la barre.

Sur ces entrefaites, les Vendéens vainqueurs apprennent que les troupes républicaines ont reçu l'ordre d'entrer en Vendée par les Ponts-de-Cé. Et en effet, dès le
11 juillet, Bourbotte, Richard, Tallien et Choudieu
avaient écrit d'Angers à leurs collègues de Niort : « Notre armée est partie cette nuit pour aller chercher l'ennemi. Il importe que la division de Niort aide ce mouvement[3]. » Mais, avant que cette division se fût ébranlée,
celle d'Angers, sous les ordres du général Labarolière,
passait les Ponts-de-Cé et venait camper à Martigné-
Briant. Douze mille républicains[4] y furent attaqués, le
15 juillet, par quarante mille Vendéens. L'avantage fut
d'abord du côté de ceux-ci. Bonchamps, la Rochejaquelein et Lescure culbutent les avant-postes, et prennent vivres, munitions de guerre, jusqu'aux sacs. Mais, cette

(de Montaigu), au Comité de salut public, en date du 13 juillet 1793.
— Collection de M. Benjamin Fillon.

[1] La preuve qu'elle ne l'était pas, c'est qu'avant même que le Comité de salut public eût annulé l'ordre d'arrestation, les deux Goupilleau, ennemis de Rossignol, l'avaient fait mettre en liberté.— Ils
l'annoncèrent au Comité de salut public dans leur lettre du 13 juillet.

[2] Lettre des représentants du peuple, près l'armée des côtes de la
Rochelle, au Comité de salut public. *Ibid.*

[3] Collection de M. Benjamin Fillon.

[4] Extrait de la correspondance des généraux catholiques. *Ibid.*

[5] *Mémoires du général Turreau*, p. 85.

première action terminée, le gros de l'armée des bleus s'avance en bon ordre, et le combat recommence. Les Vendéens, pour gagner Martigné, avaient eu à traverser rochers et coteaux par une chaleur excessive. Bientôt la fatigue les accabla. Tout à coup, sur la route même qu'un de leurs chefs, Bernard de Marigny, avait prise, à la tête d'un détachement de cavalerie, pour aller tourner l'ennemi, ils voient s'élever un épais nuage de poussière et sentent le sol frémir sous le galop des chevaux. La peur les saisit. C'était Marigny, qui, s'étant trompé de route, revenait. En ce moment, Bonchamps est atteint d'une balle qui lui fracasse le coude. Une charge vigoureuse de trois escadrons de hussards républicains fit le reste. Les Vendéens battirent en retraite. Lescure, qui, tourmenté par la soif, avait bu d'une eau corrompue, se trouva mal : ses soldats l'emportèrent évanoui. La nuit était survenue. Les vainqueurs avaient eu trop à souffrir de la chaleur, eux aussi, pour pousser plus loin leur avantage. Ils bivaquèrent sur le champ de bataille, laissant dans la possession des vaincus tout ce que ceux-ci avaient pris, et notamment une voiture qui contenait les rafraîchissements de Santerre. On ne put savoir le nombre des morts, cachés pour la plupart dans les blés[1].

Une chose à remarquer, c'est que, dans cette action, les bataillons parisiens venaient de déployer la plus grande bravoure[2] : noble réponse à ceux qui, parce qu'ils comptaient parmi eux quelques traîtres, leur avaient donné le flétrissant surnom de *Héros de cinq cents livres*.

Et qu'il y eût dans l'armée républicaine des traîtres

---

[1] Rapport de Turreau et de Bourbotte, daté du champ de bataille. — *Mémoires de madame de la Rochejaquelein*, chap. x, p. 170 et 171. — Extrait de la correspondance des généraux des armées catholiques et royales, dans la collection de M. Benjamin Fillon.

[2] Rapport de Turreau et Bourbotte.

salariés par le royalisme, c'est ce dont on n'allait avoir que trop tôt la preuve.

Menou était d'avis qu'après la victoire de Martigné on se portât sans retard sur Saint-Lambert, et de là sur Chollet[1] : Labarolière ayant repoussé ce plan[2] et s'étant borné à occuper la position de Vihiers, les Vendéens revinrent à la charge avec une nouvelle fureur. Toutes les paroisses du canton s'étant levées, le nombre des paysans, cette fois, s'élevait à cinquante mille[3]. Seulement, par une fatalité singulière, nul de leurs généraux n'était présent. D'Elbée et Bonchamps faisaient panser leurs blessures; Lescure et la Rochejaquelein n'avaient pas encore quitté Chollet, où ils s'étaient rendus en toute hâte pour organiser de nouveaux rassemblements : de sorte que les Vendéens se trouvèrent avoir pour tout général... un prêtre. Il est vrai que ce prêtre, l'abbé Bernier, n'avait de sa profession que l'habit. Il dirigea le mouvement avec beaucoup d'habileté et fit croire aux soldats que leurs généraux étaient là[4]. Quant à la bataille, il eut peu de chose à faire pour la gagner. Le combat était engagé à peine que, sur un signal mystérieux, trois caissons à la fois prennent feu au centre de l'armée républicaine, où leur explosion cause un effroyable ravage, et, au même instant, le cri fatal de *Sauve qui peut!* s'élevant du sein de bataillons éloignés de l'ennemi de plus d'une demi-lieue, les voilà qui prennent la fuite, sans avoir brûlé une amorce. Ces explosions inattendues, cette fuite inexplicable, les clameurs confuses qui l'ont provoquée et qui l'accompagnent, jettent le trouble dans les rangs. Comme une ava-

[1] Compte rendu à la Convention nationale, par Philippeaux, député commissaire dans les départements du Centre et de l'Ouest.
[2] Philippeaux y trouva matière d'accusation contre ce général.
[3] *Mémoires du général Turreau*, p. 83.
[4] *Mémoires de madame de la Rochejaquelein*, chap. x, p. 171.

lauche roulant du haut des montagnes, la panique renverse et entraîne tout. On coupe traits de chevaux, de charrois, d'artillerie. Les uns se perdent dans les bois, les autres se couchent dans les blés, beaucoup se débarrassent, pour mieux fuir, de leur sac, de leur fusil, de leur giberne. Menou est blessé. Bourbotte, qu'un officier perfide a conduit seul au milieu des colonnes ennemies, et qui souffre encore d'un violent coup de crosse reçu à la tête dans la journée du 15, n'échappa à la mort qu'en sautant de son cheval derrière une haie, et Santerre qu'en faisant franchir au sien un mur de six pieds. Il y eut peu d'hommes tués, la fuite ayant prévenu le combat; mais le nombre des prisonniers fut considérable, et la moitié de l'artillerie républicaine resta au pouvoir des Vendéens. La majeure partie des fuyards reflua à Saumur. Bourbotte arriva à Tours le soir du 19. « Je le reçus dans mes bras, écrit Philippeaux, le corps tout meurtri, le visage ensanglanté, les vêtements imprégnés d'une boue de sueur et de poussière, l'âme brisée de douleur.» Quant à Santerre, les Vendéens ne se consolèrent pas d'avoir manqué une telle proie. Santerre avait présidé au supplice de leur roi Louis XVI, et ils s'étaient promis de l'enfermer dans une cage de fer [1].

Ce fut le lendemain de la bataille de Vihiers qu'un successeur fut nommé à Cathelineau. Depuis longtemps, mais plus particulièrement depuis la prise de Saumur, une jalousie sourde et la rivalité mal contenue des prétentions individuelles divisaient les chefs de l'insurrection : chacun se croyait digne du commandement suprême et y aspirait, à l'exception peut-être de la Rochejaquelein, dont les talents étaient ceux d'un colonel de

[1] Lettre de Richard, Bourbotte et Philippeaux à leurs collègues de Niort, dans la collection de Benjamin Fillon. — *Mémoires de madame de la Rochejaquelein*, chap. x, p. 172.— *Mémoires manuscrits de Mercier du Rocher*, p. 220.—Compte rendu de Philippeaux à la Convention.

hussards, et qui n'avait que l'ambition de son vrai rôle.
Talmont, quoique le dernier venu, avait son titre de
prince à mettre dans la balance. De hautes qualités morales recommandaient Lescure. L'élection de Cathelineau
le paysan avait ouvert à Stofflet d'attirantes perspectives.
Charette, chef d'une armée indépendante de la grande
armée, était un candidat qu'il semblait malséant de dé-
daigner et dangereux d'aigrir. Mais c'était du côté de
Bonchamps et de d'Elbée surtout que penchait l'opinion.
Aussi étaient-ils, l'un et l'autre, de la part de leurs compagnons d'armes, l'objet d'un sentiment d'envie moins
habile à se dissimuler[1]. Dans cet état de choses, il est
probable que le choix d'un généralissime eût amené de
graves conflits, si d'Elbée n'eût mis beaucoup d'adresse
et de décision à brusquer le dénoûment. De longue-
main il s'était étudié à gagner les chefs secondaires; il
avait fait à Charette, à Joly, à Royrand, des avances que
les deux premiers avaient repoussées, mais qui furent
acceptées par le troisième. Sûr de cet appui, il assemble
un conseil de guerre, et insiste sur la nécessité de cen-
traliser la direction des forces. Lescure, en ce moment,
était malade. Bonchamps se trouvait retenu à Jallais par
sa blessure. Stofflet, que certaines préférences avaient
irrité, gardait l'attitude du dédain. Charette, fort loin
de là, savait à peine ce qui se passait. D'Elbée fit seul l'é-
lection. Voici comment fut composé le conseil de guerre :
D'Elbée, généralissime; Bonchamps, Lescure, Donnissan
et Royrand, généraux de division ; Talmont et Forestier,
généraux de la cavalerie ; Marigny et Perrault, commandants de l'artillerie. Stofflet, d'abord désigné comme
simple membre, reçut ensuite le grade de major général[2].

---

[1] *Mémoires du général Turreau*, liv. III, p. 95.
[2] *Pièces contre-révolutionnaires*, publiées par Benjamin Fillon,
p. 79-81.

Amer fut le dépit des intéressés. Charette, selon le témoignage de madame de la Rochejaquelein, « trouva tout cet arrangement de nomination fort plaisant[1]. » De son lit, Bonchamps écrivit au nouveau généralissime une lettre de félicitations ironique[2]. Joly, oublié, « jura haine à la noblesse[3]. »

L'élection de d'Elbée marque la date du rappel de Biron.

Il y avait déjà plus d'un mois que l'inaction du général républicain était la source d'un mécontentement général et l'objet des dénonciations les plus vives. Dans une lettre au Comité de salut public, les représentants du peuple Choudieu, Tallien, Richard, Turreau et Bouchotte l'accusèrent d'avoir apporté dans l'organisation de la division de Niort une lenteur fatale; de n'avoir pas soutenu l'avant-garde de cette division, aventurée par Westermann, et accablée à Châtillon d'une manière si terrible; d'avoir entretenu avec Bordeaux, depuis que cette ville s'était déclarée fédéraliste, une correspondance suspecte; de s'être livré contre les généraux patriotes, et, par exemple, contre le général Salomon, à des insinuations calomnieuses; d'être resté sourd à toutes les sollicitations ayant pour but une diversion en faveur de la ville de Nantes, menacée[4].

Rien de plus louche en effet que la conduite de Biron. A Niort, il passait son temps en causeries vaines. Le soir, il montait à cheval, et, le chapeau à la main, parcourait les rues, suivi d'un inutile état-major. Lui demandait-on : « Mais quand vous déciderez-vous à attaquer les brigands? » il répondait, d'un ton léger : « Ce sera

---

[1] *Pièces contre-révolutionnaires*, chap. x, p. 176.
[2] Voyez ces lignes citées par madame de la Rochejaquelein. *Ibid.*
[3] Benjamin Fillon. *Pièces contre-révolutionnaires*, p. 81.
[4] Lettre du 13 juillet 1793, dans la collection des *Documents originaux et inédits*, rassemblés par M. Benjamin Fillon.

bientôt[1]. » Il fit cuire du pain pour huit jours, et ordonna de tenir prêtes trois cents voitures, que réclamaient les travaux de la campagne. Chacun le croyait
à la veille de se mettre en mouvement, il n'en fit rien. Le
pain qu'il avait commandé, et qui était très-beau, se
gâta : on fut obligé de le donner à un denier la livre
pour servir de nourriture aux pourceaux[2]. Pour comble
de malheur, il était parvenu à acquérir sur les deux
commissaires de la Convention à Niort, Bourdon (de
l'Oise) et Goupilleau (de Fontenay), un ascendant qui
endormait leur surveillance[3]. Quelquefois il lui prenait
fantaisie de disparaître, sans qu'on pût savoir, pendant
plusieurs jours, où il se tenait, ce qui faisait dire à
Bourdon (de l'Oise) : « Eh bien, écrivons-lui : *A Biron,
dans l'univers*[4]. »

Les circonstances en Vendée étaient trop graves pour
que ce jeu fût toléré longtemps · la Convention rappela
Biron et le remplaça par Rossignol.

Le nouveau général était un homme d'habitudes simples et vraiment républicaines; il avait beaucoup de
courage, de désintéressement, de loyauté et de modestie[5]. Mais, un patriotisme plus fougueux qu'éclairé l'ayant
asservi à l'influence d'hommes qui ne le valaient pas, il
avait contre lui le caractère de son entourage et la mo-
ralité équivoque de ceux qui, tels que Ronsin, affectaient d'être ses protecteurs. Il ne possédait, d'ailleurs,

[1] *Mémoires manuscrits de Mercier du Rocher*, p. 224. — Mercier du
Rocher était à Niort à cette époque, et voyait Biron tous les jours.

[2] *Ibid.*, p. 125.

[3] Le conventionnel Maignen, dans une lettre à son ami Goupilleau
(de Fontenay), lui reproche de se laisser jouer par Biron, et, lui rendant compte de ce qu'on en pense à Paris, l'avertit de se tenir sur ses
gardes. — Collection de M. Benjamin Fillon.

[4] *Mémoires manuscrits de Mercier du Rocher*, p. 224.

[5] Voyez *Observations sur la guerre de la Vendée*, par Nicolas Hentz,
député de la Moselle, et *Mémoires de Turreau*, p. 93. Ce dernier dit :
« Je suis l'ami de Rossignol, *et je m'en fais gloire.* »

aucun des talents propres à justifier son élévation et à braver l'envie. Le coup de fortune qui le mettait si soudainement sur la même ligne que le comte de Canclaux ne pouvait manquer d'apparaître comme un scandale aux yeux des officiers *de bonne maison,* — et la République en employait encore beaucoup. — Son autorité risquait donc, sinon d'être méconnue ouvertement, au moins d'être combattue sous main et à chaque instant contrariée : c'est ce qui arriva, comme nous le verrons.

Une semaine s'était à peine écoulée depuis l'élection de d'Elbée, lorsque Lescure reçut de Montaigu une lettre où Royrand lui donnait de fâcheuses nouvelles et demandait assistance. Voici ce qui avait eu lieu. Des républicains, détachés de la division de Luçon, avaient imaginé d'enlever par ruse le poste de Pont-Charron. Ils se déguisent en paysans, et parviennent à franchir la ligne des sentinelles en se faisant passer pour des royalistes pris par les bleus et qui désertent. Reçus sans défiance, ils ne se déclarèrent qu'en mettant le sabre à la main. Les Vendéens, n'ayant pas le temps de se reconnaître, prirent la fuite en désordre; Sapinaud de la Vérie, qui les commandait, fut égorgé, et le poste resta aux républicains[1].

Le corps de Royrand se trouvait de la sorte très-exposé : les chefs de la grande armée, avertis, se hâtèrent de marcher au secours, et résolurent d'attaquer Luçon.

On a vu comment, dans une précédente affaire, Sandoz, général de la division de Luçon, avait déserté le champ de bataille, au moment même où ses officiers remportaient la victoire[2]. Une pareille conduite ne pou-

---

[1] Lettre de Duplessis à de Chouppes, dans la collection des *Documents originaux et inédits,* rassemblés par M. Benjamin Fillon.

[2] Voyez le chap. *Guerre de la Vendée.*

vant demeurer impunie, Tuncq fut choisi pour lui suc-
céder. Il se présente, et voilà que les soldats volontaires
se mutinent. « Sandoz! criaient-ils furieux. Nous ne
voulons que Sandoz! » Le passage suivant de Mercier
du Rocher nous apprend de quels motifs honteux
provenait cet enthousiasme pour le général destitué :
« Sandoz faisait des sorties, qui étaient de vrais brigan-
dages. Il souffrait que, dans les communes que les brigands n'habitaient point, des soldats allassent enlever
meubles et bestiaux. Ce n'était, certes, pas un beau spectacle que la rentrée de ces volontaires chargés de butin :
des oies, des poules, des veaux, des moutons, étaient l'or-
nement de leur triomphe, et rappelaient assez bien ce
qu'on rapporte des compagnons de Romulus, quand ils
rentraient dans Rome, après une incursion sur les terres
de leurs voisins [1]. » Il est juste de dire qu'à côté de ces
pillards sans pudeur, la troupe de ligne donnait l'exemple de la subordination ancienne, et revint toujours de
ces tristes expéditions sans porter une seule pièce de ma-
raude [2]. Quoi qu'il en soit, l'émeute militaire excitée par
l'installation de Tuncq n'eut pas de suites sérieuses, grâce
au départ volontaire de Sandoz, et la marche des Vendéens sur Luçon fut une occasion toute naturelle de fortifier son pouvoir en déployant ses talents pour la guerre.

Le 29 juillet, prévenu qu'un des escadrons ennemis
battait la campagne, il fit approcher son bivac du pont
de Minclaye, où il plaça des vedettes, et ses troupes passèrent la nuit sous les armes. Le lendemain, vers midi,
les vedettes se replient sur le bivac : l'ennemi passait
déjà le pont et se formait en colonnes. Jamais lutte ne
fut à ce point inégale. Les Vendéens, conduits par leurs
plus vaillants capitaines, les d'Elbée, les la Rochejaquelein, les Lescure, s'avançaient au nombre de vingt-cinq

---

[1] *Mémoires manuscrits de Mercier du Rocher*, p. 203.
[2] *Ibid.*

mille hommes, et Tuncq n'avait guère à leur en opposer que deux mille quatre cents[1] : il n'en imita pas moins résolûment leur ordre de bataille. La gendarmerie flanquait ses colonnes, dont des hussards du 9.e régiment recouvraient les ailes. Il braqua son artillerie de manière à riposter à celle de l'ennemi, et se plaça, avec son état-major, en arrière de son centre de bataille. Il courait risque d'être tourné : une marche oblique qu'il fit faire à son aile gauche le sauva de ce péril. Mais, le combat s'étant engagé entre la cavalerie vendéenne et les hussards républicains, ceux-ci sont repoussés. Au même instant, un champ de blé s'embrase devant un bataillon de réquisitionnaires de Parthenay, qui, se trouvant au feu pour la première fois, reculent épouvantés. Tuncq ordonne au commandant de la gendarmerie de les ramener au combat, et de les charger s'ils refusent. « C'est l'ennemi qu'il faut charger, » répond le commandant, et il fond, à la tête des siens, sur les tirailleurs ennemis. A leur tour, les hussards se rallient et reviennent à la charge. Une panique, semblable à celle qui avait saisi les républicains à Vihiers, s'empare des Vendéens : ils prennent la fuite, laissant deux mille des leurs sur le carreau. Parmi les prisonniers, il y avait une jolie femme vêtue en amazone et un gentilhomme nommé Bouillé, qu'on prit d'abord pour le fameux Bouillé du voyage à Varennes. Les Vendéens doutaient si peu de la victoire, qu'on trouva dans les poches des morts des billets de logement pour Luçon[2].

Ainsi la guerre continuait, mêlée de succès et de revers. Rien de décisif, et c'était là un mal immense; car les forces de la République risquaient de s'épuiser à cou-

[1] *Mémoires sur la guerre de la Vendée*, par un ancien administrateur militaire, chap. III, p. 75. — *Mémoires manuscrits de Mercier du Rocher*, p. 225.

[2] *Ibid. — Ibid.*

per la tête de cette hydre de Lerne, d'autant que la chute
des Girondins continuait de peser d'un poids énorme sur
la Vendée. Les bataillons de Bordeaux, qui, aux Sables,
faisaient la principale force de la division que commandait Boulard, déclarèrent nettement qu'ils n'entendaient
pas servir plus longtemps. Les supplications de leur chef,
le souvenir de la gloire dont ils s'étaient couverts, les
exhortations nobles et touchantes que leur adressèrent
de Niort les commissaires montagnards, tout fut inutile[1]. Ils s'emportèrent en plaintes si violentes, et leur
licence devint si contagieuse, qu'ils firent considérer
leur départ comme une calamité moindre que leur présence. « Je suis désolé, » écrivit le représentant du peuple Gaudin aux commissaires ses collègues, « je suis désolé de voir ces Bordelais, qui se sont si bien conduits,
finir ainsi leur carrière; mais il faut qu'ils partent, alors
même qu'on pourrait les retenir[2]. »

Et pendant ce temps, sur un autre point de la Vendée
d'une importance bien plus grande encore, à Nantes, la
faction girondine entrait en révolte ouverte contre la
Convention. Fiers, et à juste titre, de leur part glorieuse
dans la belle défense de Nantes, les Girondins de cette
ville ne s'étaient pas plutôt vus délivrés des royalistes,
qu'ils avaient repris leur lamentable guerre à la Montagne. Les portes de Nantes outrageusement fermées aux
commissaires de la Convention, les séditieux arrêtés de
Rennes adoptés par l'autorité départementale, qu'appuyait
Beysser; le bataillon montagnard de Meuris provoqué
par la légion Nantaise, composée de jeunes bourgeois
qui appartenaient au parti de la Gironde, et la querelle
aboutissant à la mort de l'héroïque Meuris, tué en duel,
tel est le résumé de l'histoire de Nantes pendant la pre-

[1] Lettres des représentants près l'armée des côtes de la Rochelle, au
Comité de salut public, dans la collection de M. Benjamin Fillon.
[2] Lettre de Gaudin, *ibid.*

mière moitié du mois de juillet. On ne peut prévoir ce qui serait advenu, si Canclaux, qui était alors à Ancenis, eût consenti à mettre sa signature au bas des arrêtés qui portaient celle de Beysser. Heureusement, il refusa. Les Girondins de l'administration départementale essayèrent de se venger de lui en affamant les troupes qu'il avait à Ancenis, tellement qu'il fallut leur envoyer d'Angers de l'argent et des vivres. Mais là fut le terme de ces tristes exploits. L'autorité départementale, qui avait compté sur la garnison, fut déçue dans son espoir. Le conseil général de la commune, le district, les ouvriers, se prononcèrent contre ce qui n'eût été, après tout, que la guerre civile dans la guerre civile. La Constitution, annoncée avec solennité aux hommes du peuple, fut acceptée par eux avec transport ; et ce fut Baco lui-même qui alla témoigner de la soumission de Nantes à la Convention, où un violent démenti donné à Fayau le fit mettre à l'Abbaye[1]. Beysser prit la fuite, puis se rétracta[2].

Mais la plaie ouverte aux flancs de la France, en Vendée, n'en allait pas moins s'élargissant et s'envenimant. La Convention, exaspérée, résolut d'en finir, n'importe à quel prix ; et, le 1er août, elle fulmina un décret terrible :

« Il sera envoyé en Vendée, par le ministre de la guerre, des matières combustibles de toute espèce pour incendier les bois, les taillis et les genêts. — Les forêts seront battues, les repaires des rebelles seront détruits, les récoltes seront coupées par des compagnies d'ouvriers pour être portées sur les derrières de l'armée, et les bestiaux seront saisis. — Les femmes, les enfants, les vieillards, seront conduits à l'intérieur, où il sera pourvu à

---

[1] Séance du 12 août.
[2] Voyez, sur le mouvement de Nantes, les n°ˢ 7 et suivants du *Courrier des côtes de la Rochelle*, publié par les représentants du peuple Richard, Choudieu, Bourbotte, Turreau et Tallien.

leur sûreté et à leur subsistance, avec tous les égards dus à l'humanité [1]. »

La prise de Mayence laissait disponible pour l'intérieur la garnison de cette ville, les articles de la capitulation n'ayant trait qu'à l'étranger; le décret du 10 août ordonna que la garnison de Mayence serait transportée en poste dans la Vendée [2].

Le jour où l'on arrêtait à Paris ces formidables mesures, Philippeaux arrivait à Nantes, où la Convention l'avait dépêché. Lui-même a raconté quel fut son voyage, et comment il s'en allait de ville en ville, tendant la main pour la patrie en détresse, enflammant les cœurs, et recueillant les dons que le patriotisme s'empressait de lui faire; les uns donnaient de l'or, d'autres leur sang. De Tours à Nantes, sa course eut un caractère qu'il a peint en vives couleurs, et dans un récit où l'on croit voir revivre cette grande époque : « Le 26 juillet, je partis de Tours avec Chaux. Ronsin, qui tranchait du despote, et se faisait appeler *général-ministre*, vint me dire que les brigands venaient de nous vaincre près du Pont-de-Cé, qu'ils s'avançaient du côté d'Angers, et qu'il serait téméraire à nous de nous aventurer le long de la levée, dont ils avaient probablement obstrué les issues... Mais je dis à Chaux : « Notre présence à Angers peut soustraire cette ville au péril qui la menace. En suivant la levée, nous gagnons cinq heures, décisives peut-être. Le « pis-aller est que nous tombions au pouvoir des brigands. « Eh bien, dans ce cas, voici deux pistolets pour nous « brûler la cervelle. » J'ordonnai au postillon d'aller en avant. Un adjudant du général Duhoux, qui se rendait à Angers, s'offre comme éclaireur, avec deux gendarmes. Nous voilà partis... Nous passâmes à deux cents toises de

---

[1] Décret du 1er août 1794.

[2] Trois millions furent mis à la disposition du ministre de la guerre pour l'exécution de cette mesure.

l'ennemi... Angers était dans la consternation. Nous vîmes toutes les boutiques fermées. On parlait d'évacuer la ville. Je me transporte à la séance des corps administratifs. Les circonstances rendent orateur : je prononce un discours brûlant. Je cours au Champ de Mars, et j'y fais prêter au peuple le serment de s'ensevelir sous les ruines de la ville. Les brigands, qui s'étaient approchés à la distance d'un mille, furent effrayés de cette vigoureuse attitude, et se reployèrent sur les Ponts-de-Cé, dont ils coupèrent la première arche. Possesseurs du château qui, de la rive opposée, domine tous les bras de la Loire, ils pouvaient intercepter nos convois, et choisir le moment favorable pour surprendre Angers ; je voulus voir la moustache de ces barbares. J'allai visiter leur position, accompagné de mon camarade Chaux et de l'adjudant. Nous reçûmes, à la pointe du pont, plusieurs bordées, dont une caressa mon panache. De braves canonniers m'exhortaient à moins exposer un représentant du peuple. « Non, répondis-je, je veux être en pre- « mière ligne. » Et, m'avançant jusque sur la brèche, je leur fis entonner l'hymne des Marseillais. Des charpentiers, que j'avais requis, s'occupèrent de rétablir le pont. L'ardeur de nos guerriers était telle, que, sans attendre, plusieurs se jetèrent à la nage ou gagnèrent la rive opposée à l'aide de longues échelles. Le château fut pris, et l'on poursuivit les brigands jusque sur les hauteurs d'Érigné [1]. »

Il est certain que ce Philippeaux était une noble nature, mais un peu étourdiment passionnée, une nature honnête, mais trop prompte à accuser, et surtout à étendre ses accusations. Le 25 juillet, quelques jours après la déroute de Vihiers, c'est-à-dire lorsque, selon ses pro-

[1] Compte rendu à la Convention nationale par Philippeaux, dans la *Bibliothèque historique de la Révolution*, 1082. (*British Museum.*)

pres expressions, « tout cœur républicain aurait dû être
en deuil; » il avait aperçu, dans un char fastueux escorté par cinquante hussards, le *général-ministre* Ronsin, assis en compagnie de quatre courtisanes [1]; et ce
spectacle l'avait justement révolté. Mais cette première
impression le précipita sur une pente où il ne sut pas se
retenir; et sa sincérité, qui trop souvent s'égara, contribua, plus que toute autre chose, aux discordes intestines dont nous aurons à tracer le tableau.

Ce qui donna le signal de ces discordes, ce fut l'arrivée en Vendée de dix-huit mille hommes d'excellentes
troupes, sous les ordres des généraux Aubert-Dubayet,
Kléber, Beaupuy, Haxo, Vimeux. Elles venaient d'Allemagne, où elles s'étaient illustrées en soutenant, à
Mayence, un des siéges les plus opiniâtres dont l'histoire
ait conservé le souvenir, et c'est pourquoi on ne les désigna plus en Vendée que sous le nom d'*armée de Mayence*.

A qui la direction de ce puissant renfort? Tel fut, dès
l'abord, l'objet d'un doute que l'esprit de parti et les rivalités locales changèrent bientôt en un débat envenimé.

Enverrait-on les *Mayençais* à Nantes, pour y faire partie de l'armée des côtes de Brest? Les placerait-on à Saumur comme partie intégrante de l'armée de la Rochelle?
En d'autres termes, les mettrait-on sous le commandement du comte de Canclaux, ou bien sous celui du plébéien Rossignol?

La commission centrale de Nantes, dont Philippeaux
était l'âme, embrassa ardemment le premier de ces deux
partis, et la commission centrale de Saumur, composée
de Richard, Choudieu, Bourbotte, Tallien, se prononça
très-résolûment pour le second [2].

De là une défiance réciproque et des récriminations

[1] Compte rendu à la Convention nationale par Philippeaux, dans la
Bibliothèque historique de la Révolution, 1082. (*Britisch Museum.*)

[2] Voyez à cet égard les *Observations sur la guerre de la Vendée*, par

mutuelles qui ne servirent que trop à répandre l'esprit d'anarchie. Appuyé à Saumur par Richard, Choudieu, Tallien et Bourbotte, mais combattu à Nantes par Philippeaux, et dans la circonscription même de son commandement, c'est-à-dire à Niort, à Luçon, à Fontenay, par les commissaires de la Convention, Bourdon (de l'Oise) et Goupilleau, le malheureux Rossignol ne savait comment se faire obéir. Méprisé des uns, parce qu'ils le jugeaient incapable; odieux aux autres, parce que le patronage de Ronsin le noircissait à leurs yeux ; en butte à l'aversion des officiers nobles, parce qu'il était du peuple, il n'était sorte de contrariété qu'on ne lui suscitât. Un mot avait fait fortune, celui-ci : « Nous ne voulons pas chanter avec le Rossignol [1]. »

Parmi les généraux ses subordonnés, il y en avait bien qui, tels que Boulard, avaient uniquement en vue l'intérêt de la République; mais il y en avait aussi qui frémissaient de voir au-dessus d'eux un homme auquel ils se croyaient supérieurs, et de ce nombre était le général Tuncq, que son succès du 30 juillet avait enivré, et que la protection de Bourdon (de l'Oise) encourageait à la désobéissance. Un fait monstrueux que Choudieu révéla plus tard à la Convention montre jusqu'où allait le désordre. Un jour, en l'absence de Goupilleau (de Fontenay), son collègue Bourdon (de l'Oise) prit un arrêté qui enjoignait au divisionnaire Tuncq de ne communiquer au général en chef Rossignol aucuns moyens d'ap-

Nicolas Hentz, *imprimées par ordre de la Convention; Biblioth. hist. de la Révolution*, 1046, 7-8. (*British Museum*.)

[1] *Ibid.* — M. Thiers, t. III, p. 142, de son *Histoire de la Révolution*, présente Rossignol comme un *infracteur de la discipline*. Ce fut contre lui qu'elle fut violée : tous les documents qui sont sous nos yeux en font foi. Au reste, la partie du livre de M. Thiers qui concerne la Vendée est si pauvre, si écourtée, si pleine d'erreurs, qu'il n'y a pas à s'y arrêter.

provisionnement de sa division, ni aucun état de situation de ses troupes [1] !

Tant d'anarchie, c'était la ruine, c'était la mort : Rossignol en écrivit au ministère de la guerre, et, le 13 août, Tuncq fut destitué.

Mais, par une coïncidence heureuse pour lui, le lendemain même, et avant qu'il eût été remplacé, quarante mille Vendéens, conduits par d'Elbée, Charrette, Lescure, la Rochejaquelein, Royrand, Marigny, parurent soudain devant Luçon. Tuncq, qui n'avait que huit mille soldats et cinq pièces d'artillerie volante, reçoit les assaillants de pied ferme, les met en déroute, leur tue quatre mille hommes [2], et les poursuit jusqu'au delà de Chantonnay. « Le pont de Mainclaye, écrit Mercier du Rocher, était encombré de cadavres, et les eaux du Lay apparaissaient toutes rouges de sang. » Étonnés de la grandeur de ce désastre, les chefs vendéens s'en renvoyèrent l'un à l'autre la responsabilité, non sans aigreur. D'Elbée reprochait à Lescure d'avoir fait adopter un plan de bataille qui ne convenait qu'à des troupes de ligne. Lescure reprochait à d'Elbée de n'avoir donné à ses officiers aucune des instructions nécessaires, tellement que, pendant la bataille, on l'avait entendu crier aux paysans, qui couraient en tumulte sur l'ennemi : « Mes enfants, alignez-vous donc par-ci, par-là, sur mon cheval [3]. » Quant aux prêtres, habiles à profiter de tout, ils persuadèrent aux paysans que l'auteur de leur défaite était le

---

[1] Rapport de Choudieu sur la Vendée, présenté le 18 pluviôse (6 février 1794). Voyez le *Moniteur*, nᵒˢ du 21 pluviôse et suivants.

[2] Madame de la Rochejaquelein dit quinze cents, p. 194 de ses *Mémoires*; mais le chiffre de quatre mille est celui que donnent les *Mémoires sur la Vendée*, par un administrateur, p. 80, en quoi le témoignage de l'auteur se trouve concorder littéralement avec celui de Mercier du Rocher dans ses *Mémoires manuscrits*, p. 231.

[3] *Mémoires de madame de la Rochejaquelein*, chap. xi, p. 193.

curé constitutionnel de Lairoux ; que ce curé, lié au diable par un pacte abominable, avait été aperçu dans la plaine, métamorphosé en lièvre, et examinant la position de l'armée catholique, dont il était allé rendre compte aux républicains, au milieu de plus de deux cents coups de fusil tirés sur lui sans l'atteindre [1].

C'était la seconde victoire que Tuncq remportait, et cela à quinze jours de la première : Goupilleau (de Fontenay) et Bourdon (de l'Oise), ses protecteurs, ne pouvaient donc avoir un meilleur prétexte pour user en sa faveur du droit provisoire que les représentants en mission s'attribuaient de faire et de défaire les généraux : ils rétablirent Tuncq dans son commandement, et même le nommèrent général divisionnaire [2], prêts à destituer Rossignol lui-même, si l'occasion se présentait, ce qui ne tarda guère.

Rossignol, alors en tournée, étant arrivé à Fontenay dans la nuit du 21 au 22 août, la municipalité le logea, lui et sa suite, dans une maison dont le maître était absent. L'entourage du général en chef était fort mêlé. A côté du brave Bourbotte, on y voyait figurer un ancien comédien subitement transformé en officier supérieur par la lie des clubs, un ancien prêtre nommé Hasard, que les jacobins avaient chassé, et Momoro, une des futures célébrités de la secte d'Hébert. Suivaient quelques femmes, dont la plus jolie, au dire des ennemis de Rossignol, partageait ses faveurs entre lui et Bourbotte. A peine installés dans la maison qui leur était assignée, les arrivants apprennent qu'elle appartient à un certain Lépinay-Beaumont, lequel était passé du côté des rebelles. Les scellés avaient été apposés sur les effets : on les brise, et colliers, bijoux, vêtements des hommes, ajus-

---

[1] *Mémoires manuscrits de Mercier du Rocher*, p. 250 et 251.
[2] Rapport de Choudieu sur la Vendée, présenté le 18 pluviôse (6 février 1794).

tements des femmes, tout est confisqué. Il en fut de
même d'une voiture appartenant au même Lépinay-Beaumont [1].

Si Rossignol et Bourbotte se crurent autorisés à con-
fisquer ces objets au profit de la nation, c'est ce qui résulte non-seulement de ce fait que la Convention leur
donna raison, quand l'affaire lui fut soumise, mais aussi
d'une lettre que Rossignol s'empressa, le lendemain,
d'écrire à la municipalité, la prévenant que c'était uniquement *pour le service de la République* qu'il emmenait
la voiture d'un traître, reconnu tel, et parce que les pos-
sessions des brigands étaient *propriétés nationales.* L'appréciation eût-elle été erronée, l'intention du moins
était claire. Mais, soit que l'autorité locale se considérât
comme offensée par le bris des scellés qu'elle-même avait
apposés; soit que, prévenue contre le général, elle attri-
buât cet acte à des motifs de cupidité déshonnête, elle
fit grand bruit de l'événement. Rossignol, patriote d'un
esprit borné et d'une âme ardente, était regardé comme
un homme capable d'exécuter à la lettre l'effrayant décret du 1er août, et lui-même avait nourri cette opinion
en parlant de promener la flamme dans tout pays ouvert
aux insurgés, après en avoir retiré blés et bestiaux [2]. Mais
quoi! ce n'était pas aux rebelles seulement que s'adressait une menace de ce genre; les républicains qui pos-
sédaient des propriétés en Vendée avaient bien quelque
raison de prendre alarme, eux aussi; et voilà ce que n'a-
vait point assez considéré la Convention. Rossignol ne
pouvait donc se donner pour l'instrument de la politique

---

[1] Voyez le *Procès-verbal de la municipalité de Fontenay*, dans l'ouvrage de Savary, *Guerre des Vendéens et des Chouans*, t. II, chap. V,
p. 59.

[2] Voyez dans Savary, *Guerre des Vendéens et des Chouans*, t. II,
chap. V, p. 59, une lettre écrite à ce sujet par Simonneau, président
du tribunal du district de Parthenay.

sauvage que le décret du 1ᵉʳ août avait inaugurée, sans dévouer sa tête aux furies ; et le premier prétexte dont on put s'armer contre lui dut paraître une bonne fortune au génie des inimitiés ou des terreurs locales. Toujours est-il qu'à Fontenay on crut ou on affecta de croire que ces hommes, étrangers à la ville, n'y étaient venus que pour la rançonner [1]. La municipalité dresse sur-le-champ procès-verbal, l'envoie aux deux représentants en mission, Goupilleau (de Fontenay) et Bourdon (de l'Oise), et ceux-ci, séance tenante, fulminent contre Rossignol et ses *complices* un arrêté qui, non-seulement les destitue, mais les met en état d'arrestation pour *vol !*

C'était le comble de l'absurde [2]. Bourbotte, indigné, se hâta, en sa qualité de représentant du peuple, de lancer un contre-arrêté qui mit dans le plus cruel embarras ceux à qui l'exécution du premier avait été prescrite, et il se rendit précipitamment à Paris, tandis qu'à Saumur, Richard, Choudieu et Rewbell confiaient provisoirement à Santerre le commandement de l'armée des côtes de la Rochelle [3].

Bientôt averti du mauvais effet que sa conduite avait produit sur l'esprit de Choudieu, de Rewbell et de Richard, Bourdon (de l'Oise) leur écrivit qu'ils avaient tort de s'intéresser à des hommes coupables d'un *vol*, et d'un *vol avec effraction;* que, *d'après le bruit public,* Bourbotte avait passé sa première nuit, à Fontenay, dans les

---

[1] Cet excès de prévention perce jusque dans le récit de Mercier du Rocher, d'ordinaire plus équitable.

[2] Savary, quoique violemment opposé au *parti de Saumur,* comme on l'appela, attendu qu'il était de sa personne engagé dans le *parti de Nantes;* Savary ne peut s'empêcher de blâmer l'arrêté de Goupilleau (de Fontenay) et de Bourdon (de l'Oise), comme entaché d'excès de passion et d'injustice. « Rossignol, dit-il, n'avait certainement pas l'intention de voler la voiture, puisqu'il avait annoncé à la municipalité *qu'il l'emmenait pour le service de la République.* » Voyez *Guerre des Vendéens et des Chouans,* t. II, chap. v, p. 60.

[3] Cet arrêté manuscrit est sous nos yeux.

bras d'une courtisane; que, si l'on voulait vaincre les brigands royalistes, il fallait se montrer aussi estimable qu'eux. Il terminait en disant : « Rewbell, tu es époux et père. Juge cette cause [1] ! »

Il y avait peu de bonne foi en tout ceci. Bourdon (de l'Oise) dissimulait une circonstance importante, celle qui, précisément, changeait le caractère de l'affaire, savoir qu'il y avait eu simple confiscation d'effets considérés, à tort ou à raison, comme *propriétés nationales*, saisis à ce titre, et par des hommes agissant au nom du pouvoir central. D'un autre côté, à supposer que le *bruit public* n'eût rien inventé sur le compte de Bourbotte, Bourdon (de l'Oise) était assez mal venu à prêcher le culte des bonnes mœurs, lui qui se livrait avec fureur aux excès de la table, et que l'ivresse poussait à de véritables accès de démence : témoin le jour où, ayant reçu, au milieu des fumées du vin, la visite de deux administrateurs de Fontenay, il entra soudain dans un prodigieux transport, se prétendit empoisonné, ordonna l'arrestation de ses deux hôtes, et voulut qu'on arrêtât du même coup, comme conspirateur, un cheval qui avait pris le mors aux dents et passait au galop sous ses fenêtres [2].

Quoi qu'il en soit, la Convention, après avoir entendu Bourbotte et Tallien, n'hésita pas à rendre à Rossignol le commandement. Suivant Bourbotte [3], le vrai motif de la destitution de Rossignol était sa ferme volonté de mettre à exécution le décret du 1er août, crime impar-

---

[1] L'autographe de cette lettre fait partie de la collection de M. Benjamin Fillon.

[2] Mercier du Rocher donne tous les détails sur cette ridicule et lamentable histoire. Les deux administrateurs en question se nommaient Rouillé et Martineau. De retour auprès de leurs collègues, ils leur racontèrent avec douleur l'étrange scène. Ils avaient failli, sur l'ordre de Bourdon ivre, être conduits pieds et poings liés à la Rochelle.

[3] Séance du 28 août 1793.

donnable aux yeux des Goupilleau, qui avaient des propriétés en Vendée. Le reproche était injuste; mais, du moins, Bourbotte n'alla pas jusqu'à s'écrier, comme Tallien : « Eh ! que m'importe, à moi, quelques pillages particuliers? » Hâtons-nous d'ajouter que l'Assemblée couvrit de murmures ces paroles imprudentes[1], montrant, de la sorte, qu'elle eût condamné Rossignol, si elle l'eût jugé coupable de ce qui paraissait si simple à Tallien. La vérité est qu'elle regarda l'accusation comme calomnieuse; et, lorsque, appelé à la barre, Rossignol dit d'une voix émue : « Mon corps, mon âme, tout est à la patrie, » les applaudissements éclatèrent. Robespierre, qui présidait, le félicita « d'avoir marché dans le sentier étroit du patriotisme; » et il fut invité aux honneurs de la séance[2].

Est-il besoin de dire combien les misérables disputes qui agitaient le camp républicain profitaient à la cause royaliste? Aussi les chefs vendéens, quoique encore sous le poids de deux défaites, ne s'étaient-ils jamais montrés plus confiants dans l'avenir. Proclamation du conseil supérieur de Châtillon, recommandant aux catholiques la tolérance des autres cultes, pourvu que ceux qui les professent prient en secret et prêtent serment à Louis XVII; — règlement sur le séquestre et l'administration des biens des ennemis du roi, de leurs fauteurs

---

[1] Séance du 26 août 1793. Voyez l'*Hist. parlem.*, t. XXVIII, p. 501.

[2] Nous avons sous les yeux une lettre de Maignen à Goupilleau, qui constate combien l'effet de cette séance fut favorable à Rossignol. Dans l'excès de leur haine pour les *matérialistes*, parmi lesquels ils rangent Rossignol, et mus par le désir d'expliquer la sympathie qu'en maintes circonstances lui témoigna Robespierre, lui si hostile à Ronsin et à toute la secte d'Hébert, les auteurs de l'*Histoire parlementaire* supposent, t. XXVIII, p. 502, qu'en défendant Rossignol Robespierre « faisait parler sa politique révolutionnaire, et non pas une estime réelle pour l'homme. » Mais l'histoire ne se fait pas avec des *suppositions.*

ou complices ; — règlement sur l'organisation de l'ordre
judiciaire ; — règlement sur les assignats de la *prétendue République française ;* — proclamation de d'Elbée,
exemptant du payement des impositions jusqu'au rétablissement de la monarchie quiconque se réunirait aux
royalistes... voilà par quelle série d'actes les chefs vendéens tendaient à constituer en gouvernement ce qui n'a-
vait été d'abord qu'une révolte[1].

Pour achever de mettre de l'ensemble dans les vues
et de l'unité dans les projets, ils songèrent à une nouvelle distribution de la force armée dans le *pays conquis.*
Un règlement général, rédigé dans les derniers jours du
mois d'août, et que signèrent, d'une part, d'Elbée, Charette, Royrand, Lescure, Bonchamps, la Rochejaquelein;
d'autre part, l'évêque d'Agra, Michel Desessarts, le curé
Bernier, les prêtres Brin et Jagault, contient les dispositions suivantes : Désormais l'obéissance sera forcée ; —
les conseils provisoires procéderont au recensement de
la population sur toute la surface du *pays conquis,* depuis l'âge de seize ans ; — la population en état de porter les armes sera distribuée en compagnies, en demi-
compagnies et escouades ; — au conseil militaire appar-
tiendra la nomination des commandants ; — les conseils
provisoires désigneront aux différents grades, sur la
présentation des chefs de compagnie ; — à chaque division du pays conquis correspondra un camp ; — nul ne
pourra quitter le service sans permission expresse du
commandant ; — le service se fera dorénavant à heures
fixes ; — nul ne pourra se faire remplacer, si ce n'est
par un homme de sa paroisse, auquel il devra, dans ce
cas, payer vingt-cinq sols par jour[2].

---

[1] Toutes les pièces ci-dessus mentionnées se trouvent dans la collection de M. Benjamin Fillon.

[2] Ce règlement curieux fait partie des *Documents originaux et inédits* mis à notre disposition par M. Benjamin Fillon.

C'était ôter à l'insurrection vendéenne son puissant caractère d'originalité, et, à la place des libres allures, de la soumission volontaire et empressée, de l'élection démocratique, de l'enthousiasme, mettre une lourde discipline. Sous ce rapport donc, la valeur de l'organisation nouvelle était pour le moins contestable ; mais elle annonçait dans les chefs une détermination réfléchie, des vues d'avenir et la volonté inébranlable d'aller jusqu'au bout : là était sa portée.

Ainsi, perpétuelle alternative de victoires et de défaites, anarchie dans les autorités républicaines, soit militaires, soit civiles ; incertitude sur les moyens à employer pour étouffer la révolte ; et, pendant ce temps, formation graduelle d'un État dans l'État... Tel se présente, durant les mois de juillet et août 1795, l'aspect des choses en Vendée.

Effrayante perspective, lorsque, se détournant de ce théâtre de désolation, le regard se promène sur toutes nos frontières envahies, sur Lyon soulevé, sur le Midi en feu ! perspective si effrayante, que, quelquefois, les royalistes eux-mêmes, en y songeant, se sentirent troublés jusqu'au fond du cœur. « Je pense, » écrivait un jour Savin, lieutenant de Charette, à Duplessis, président du comité provisoire de la Roche-sur-Yon, « je pense que les Anglais doivent avoir beau jeu dans l'Inde et dans nos colonies d'Amérique. Il faut que notre malheureuse France soit ruinée sans ressource, si, par le plus grand des hasards, elle n'est pas démembrée et ne devient pas la proie de nos voisins [1]!... » Oui, plus d'une fois, elle leur apparut, dans le silence des nuits, cette imposante et livide image de la France prisonnière !... Mais, la pâle vision dissipée, aux premiers rayons du matin, au premier appel du tambour, au premier coup de fusil dans

[1] Autographe de Savin. *Documents originaux et inédits* mis à notre disposition par M. Benjamin Fillon.

les bois, ils se levaient et couraient frapper, les parrici-
des! Oh! que serait devenue la France, si elle n'eût eu
alors, pour la défendre et la sauver, des âmes telles que
l'antiquité n'en produisit jamais de plus grandes? Un pauvre vinaigrier d'Angers, nommé Gaudin, n'ayant à offrir
à la patrie que son enfant, le lui avait offert, et le jeune
homme servait dans l'armée du Nord. Saisi d'un irrésistible désir de revoir son vieux père, il quitte son bataillon sans congé, et vient frapper à la porte de la maison
paternelle. « Qui est là? — Votre fils. — Vous mentez :
mon fils est à la frontière, devant l'ennemi... Je n'ouvre
pas [1]. »

[1] *Courrier de l'armée des côtes de la Rochelle*, n° 2.

CHAPITRE SEPTIÈME

SUPRÊME EFFORT.

Décrets révolutionnaires. — Pitt déclaré l'ennemi du genre humain.
— Attitude de Robespierre. — Son entrevue avec Garat. — Lutte
de Robespierre contre les anarchistes. — Fête du 10 août. — Fameux
décret du 23 août 1793; levée en masse. — Prise de Marseille. —
Soumission de Bordeaux. — Toulon livré aux Anglais par les royalistes. — Bombardement de Lyon. — Couthon en Auvergne. — Coup
d'œil sur la carrière de Custine; soulèvement militaire réprimé par
Levasseur. — Procès et mort de Custine. — Politique de la Convention
à l'égard des généraux. — Provocations multipliées des royalistes.
— Le peuple sur la place de Grève. — Séance du 5 septembre 1793.
— Comment s'ouvrit l'ère de la terreur. — Série de décrets révolutionnaires. — Second mariage de Danton. — Danton refuse d'entrer au Comité de salut public. — Adjonction de Billaud-Varenne
et de Collot-d'Herbois au Comité de salut public. — Les *gens révolutionnaires*; les *gens d'examen*; les *gens de la haute main.* — Réor-
ganisation du Comité de sûreté générale. — Mécanisme révolutionnaire. — Il est conçu de façon à imprimer une force et une unité
irrésistibles à l'action de Paris. — L'énergie du gouvernement soutenue par celle de la nation.

Tout le Midi embrasé; le long des frontières, les
armées de l'Europe refoulant la France sur elle-
même, l'enveloppant, et, au cœur, une guerre à mort :
la Vendée...! C'était à en mourir d'épouvante. Mais les
hommes de la Révolution avaient juré de changer la face

du monde, ou de se faire un tombeau dans ses débris.
L'idée qu'ils auraient à tirer les moyens de salut d'un
effroyable chaos de passions déchaînées, d'intérêts fré-
missants, et d'ambitions, et de jalousies, et de haines,
les trouva résolus. Quels mois que ceux qui s'appelleront
dans l'Histoire *août et septembre* 1793! Ils virent un
déploiement de volonté si terrible, qu'aujourd'hui encore, à plus d'un demi-siècle de distance, rien que d'y
songer fait tressaillir.

Le 26 juillet, la Convention avait prononcé peine de
mort contre les accapareurs. Le 1er août, dans une seule
séance, sur le rapport de son Comité de salut public, elle
décréta :

Que les biens des personnes hors la loi appartien-
draient à la République ;

Que la reine serait jugée ;

Que les tombeaux des rois, à Saint-Denis et ailleurs,
seraient détruits ;

Que les généraux n'emploieraient plus désormais pour
mots d'ordre que les noms des anciens républicains ou
des martyrs de la liberté ;

Qu'on arrêterait sur-le-champ les étrangers, non domiciliés en France, nés sur un sol ennemi ;

Que, pour empêcher la sortie de ceux qui ne justifie-
raient pas d'une mission publique, les barrières de Paris
seraient fermées ;

Que quiconque aurait refusé deux fois les assignats en
payement serait condamné à vingt ans de fers ;

Que nul ne placerait des fonds sur les banques des
pays étrangers, sous peine d'être déclaré traître à la
patrie ;

Qu'en Vendée, les forêts seraient battues, les récoltes
coupées, les bestiaux saisis, les repaires des rebelles
livrés aux flammes, et des combustibles de toute espèce

envoyés par le ministre de la guerre pour mettre le feu aux bois, aux taillis, aux genêts. Et les femmes, les enfants, les vieillards?... On devait, après les avoir conduits dans l'intérieur, pourvoir à leur sûreté comme à leur subsistance, et les traiter avec tous les égards dus à l'humanité[1].

Dans le portefeuille d'un Anglais arrêté à Lille, on avait trouvé une longue liste de dépenses corruptrices, et, associée au nom de Pitt, la révélation d'un vaste plan d'incendie[2]. La communication de ces pièces par Barère donna lieu au décret suivant : « La Convention nationale dénonce à tous les peuples, et même au peuple anglais, la conduite lâche, perfide et atroce du gouvernement britannique, qui soudoie l'assassinat, le poison, l'incendie, tous les crimes, pour le triomphe de la tyrannie et l'anéantissement des droits de l'homme[3]. »

Arriva, quelques jours après, la nouvelle que l'arsenal de Huningue venait d'être incendié. On se rappela alors qu'en moins d'un mois, et coup sur coup, il y avait eu des incendies à Douai, à la voilerie de Lorient, au château de Bayonne; que des explosions mystérieuses avaient eu lieu près de Chemillé et Saumur; que, pendant le siége de Valenciennes, le feu avait pris à l'arsenal, dont le sous-directeur, Monestier, s'était donné la mort: comment expliquer cet étrange et sinistre concours d'événements de même nature? On ouvrit de nouveau le portefeuille de l'Anglais; et, au milieu des élans d'une indignation universelle, Garnier demanda qu'un décret solennel proclamât le droit de chacun d'assassiner Pitt. Mais Couthon combattit cette consécration de l'assassinat,

---

[1] Voyez le texte de ces divers décrets dans l'*Hist. parlem.*, t. XXVIII, p. 367 et p. 396-400.

[2] Voyez le texte dans l'*Hist. parlem.*, t. XXVIII, p. 383-389.

[3] Séance du 1er août 1793.

et, sur sa proposition, l'Assemblée se contenta de déclarer que Pitt était l'ennemi du genre humain[1].

En même temps, comme si la République, pour vaincre, n'eût eu qu'à le vouloir fortement, Carteaux était chargé de réduire Marseille avec une poignée de soldats, et Dubois-Crancé, ainsi que nous l'avons dit, recevait l'ordre de marcher sur Lyon, « sans dégarnir la frontière[2]. » Or qu'avait-il à sa disposition? Cinq mille hommes de troupes qui jamais n'avaient vu le feu, douze pièces de canon à peine, et deux mille coups, au plus, à tirer[3].

N'importe : il fallait aller en avant, et malheur à qui hésiterait! L'exemple de Custine, qui venait d'être décrété d'arrestation[4], avertissait de reste les généraux que le moment approchait où ils auraient à choisir entre la victoire et la guillotine. Ils le comprirent.

Mais, quelque puissant que fût l'effort, il ne pouvait être décisif qu'à des conditions difficiles à réaliser. Car il était de nécessité absolue que la cendre des factions abattues ne fût point ranimée; que le pouvoir ne fût ni entravé dans sa marche ni troublé dans son unité d'action; que les ressorts de la machine révolutionnaire ne fussent point usés ou brisés par de continuelles attaques, soit contre la constitution, soit contre l'Assemblée nationale, soit contre les grands patriotes dont la République avait fait la réputation et en qui respirait son génie; c'est-à-dire qu'avant de vaincre le royalisme et l'étranger il y avait à étouffer les ressentiments qui couvaient dans

[1] Convention, séance du 7 août 1793.
[2] Voyez le chapitre intitulé : « *Lyon se soulève.* »
[3] Voyez le compte rendu de Dubois-Crancé et Gauthier à la Convention, à la suite des *Mémoires du général Doppet.* — Il y est question de huit mille réquisitionnaires armés de piques; mais ils ne rejoignirent Dubois-Crancé que pendant le cours du siége.
[4] Le 28 juillet.

les débris du parti girondin, à contenir d'une main ferme le parti des anarchistes, et à imposer silence à l'envie, fille impure de l'esprit d'égalité.

Quelle tâche à entreprendre! et, dans son accomplissement même, quel péril! Nul doute que l'homme capable d'en venir à bout ne le fût de s'ériger en dictateur, pour peu que son patriotisme se trouvât inférieur à sa puissance.

Ici s'ouvre la page la plus éclatante de l'histoire de Robespierre.

Dans ses *Mémoires*, Garat raconte qu'il composa vers cette époque un écrit sur la situation, et que le Comité de salut public, auquel il avait offert de le communiquer, nomma, pour en entendre la lecture, Robespierre et Saint-Just. Au jour et à l'heure fixés, Robespierre et Garat se trouvent au rendez-vous. Saint-Just y manqua. La lecture commence. Dès le début de l'ouvrage, l'auteur annonçait à la République qu'il allait l'entretenir des divisions de la Convention, des catastrophes qu'elles avaient amenées... « Quelle catastrophe? interrompt Robespierre; quant aux divisions, il n'y en a plus, le 31 mai les a terminées. » Garat continue, parlant des partis, des causes qui leur ont donné naissance, de leur esprit: « Un parti, interrompt encore Robespierre, suppose un corrélatif. Quand il y en a un, il y en a au moins deux. Où avez-vous vu parmi nous des partis? Il n'y en a jamais eu; il y a eu la Convention, et quelques conspirateurs. » Garat, dans l'excès de son impartialité philosophique, s'était appliqué, comme une espèce de devise, un emblème qui l'avait frappé en tête de la logique de Wolf: c'était une gravure représentant, au-dessus de la terre livrée aux orages, et dans la région qu'ils n'atteignent point, un bras qui sort du milieu de l'espace sans tenir à aucun corps, et auquel est suspendue une balance dont les plateaux sont immobiles. « Pourquoi, demanda Robespierre, ce bras ne tient-il à aucun corps? — Pour représenter qu'il ne tient à aucune passion. — Mais tant pis; la justice doit tenir à la passion du bien public, et tout citoyen doit rester attaché au corps de la République. » Ce que Garat répondit à ces belles paroles, qu'il rapporte sans avoir l'air de les comprendre, c'est ce qu'on cherche en vain dans son récit. Suivait un passage où il louait beaucoup Robespierre d'avoir promis, dans un de ses discours, d'oublier toutes les offenses personnelles pour ne songer qu'aux griefs de la République. Robespierre écouta cette partie de la lecture, la main posée sur ses yeux, de manière à cacher les mouvements de son âme. Quand Garat eut entièrement lu son ouvrage, qui contenait un blâme sévère des scènes du 2 juin, Robespierre se leva, et d'une voix altérée : « Vous faites, dit-il, le procès à la Montagne et au 31 mai. — A la Montagne? non; au contraire, je la justifie des inculpations les plus graves qui lui ont été faites; et, quant au 31 mai, j'en dis ce que j'en pense. — Vous jetez une torche allumée au milieu de la République. On ne le souffrira pas [1]. »

Telle fut cette entrevue. Garat, qui l'a décrite, était l'homme du monde le moins propre à en saisir le côté vraiment caractéristique. A propos des journées de septembre, et tout en déclarant qu'il n'y avait eu aucune part, Robespierre s'était écrié : « La postérité que vous invoquez, loin d'être épouvantée du sang répandu, prononcera qu'on a trop ménagé le sang des ennemis de la liberté [2]. » Cette terrible réminiscence du dialogue d'Eucrate et de Sylla, le dédaigneux langage de Robespierre touchant les Girondins, et la conviction par lui exprimée que la guillotine, s'ils eussent été vainqueurs, eût servi à consolider leur triomphe, voilà ce qui dut naturellement

[1] *Mémoires de Garat*, reproduits dans l'*Hist. parlem.* (voyez t. XVIII, p. 439-443).

[2] *Ibid.*, p. 439 et 440.

émouvoir Garat, étranger qu'il était à toutes les passions fortes. Ce qui lui échappa, ce fut la profondeur d'une politique placée en dehors des divisions de parti, ardente à en écarter le souvenir, et fondée sur l'unique préoccupation de ce qui était alors le besoin suprême de la France : l'ordre et l'unité.

Qu'on suive la marche de Robespierre depuis la chute des Girondins, on verra que cette politique fut la sienne, et qu'il n'en eut point d'autre.

Le 9 juin, commentant un rapport de Barère, il prouve qu'il faut absolument s'abstenir de remettre en question la légitimité du 31 mai, afin de ne pas réveiller la guerre des partis et l'éterniser [1].

Le 12 juin, au club des Jacobins, il montre la nécessité de l'union, et déclare que « son intention ne fut jamais de s'élever contre les autorités constituées [2] »

Le 25 du même mois, il défend la Constitution nouvelle contre Jacques Roux et le parti des anarchistes [3].

Le 10 juillet, il combat les dénonciateurs, les exagérés, et demande justice pour Danton [4].

L'avant-veille, aux attaques dont Chabot poursuivait le Comité de salut public, il avait répondu : « Le Comité a commis des fautes, sans doute ; est-ce à moi de les dissimuler ? Pencherai-je vers l'indulgence, moi qui crois qu'on n'a pas assez fait pour la patrie quand on n'a pas tout fait ? Oui, le Comité a commis des fautes, et je veux les lui reprocher avec vous. Mais il serait impolitique, en ce moment, d'appeler la défaveur du peuple sur un comité qui a besoin d'être investi de toute sa confiance, qui est chargé de grands intérêts, et dont la patrie attend de grands secours [5]. »

[1] Voyez l'*Hist. parlem.*, t. XXVIII, p. 169-170.
[2] *Ibid.*, p. 199.
[3] *Ibid.*, p. 216.
[4] *Journal de la Montagne*, n° 41.
[5] *Ibid.*

Et, en ceci, ce n'était point son propre domaine que
Robespierre protégeait. Le Comité de salut public, renouvelé le 10 juillet, se composait, à cette époque, de Barère, Hérault de Séchelles, Jean-Bon-Saint-André, Gasparin, Thuriot, Couthon, Saint-Just, Robert Lindet,
Prieur de la Marne; et Robespierre n'y fut appelé que le
27 juillet. Qu'importait, d'ailleurs, sa présence au pouvoir? Sa force n'était point là : elle était, et il le savait
bien, dans l'immense autorité morale qui s'attachait à
son nom, dans le respect que lui portaient les Jacobins
et dans sa popularité sans égale. Si donc il n'eût été
qu'un ambitieux vulgaire, loin de veiller avec sollicitude
à ce qu'on ne décriât point les autorités constituées et les
influences révolutionnaires indépendantes de lui, Robespierre eût aidé à ce mouvement désorganisateur, contre
lequel on n'aurait pu bientôt chercher de refuge que
dans sa dictature. Mais il n'était pas homme à jouer, sur
un calcul d'ambition personnelle, les destinées de la République. Il sentit que, pour la mettre en état de tenir
tête au monde entier, ce n'était pas trop de l'union de
tous les efforts, du concours de tous les pouvoirs, et il
poussa son dévouement à cette idée jusqu'à faire violence
à sa propre nature. On l'entendit s'écrier amèrement,
lui dont la roideur était si connue : « Un homme est en
place, il suffit, on le calomnie[1]. » Et il prêcha bien haut
la confiance, lui qui, sous la monarchie, avait émis cette
maxime : « La défiance est à la liberté ce que la jalousie est à l'amour[2]. »

Mais, où sa politique se déploya d'une manière éclatante, ce fut dans sa conduite à l'égard de Danton.

Ce dernier avait été d'avis que l'on confiât cinquante

---

[1] A propos d'une dénonciation dirigée contre d'Albarade, ministre
de la marine.

[2] Voyez, dans le septième volume de cet ouvrage, le chapitre intitulé : *Débats sur la guerre.*

millions au Comité de salut public, transformé en gouvernement provisoire : cette motion, que Robespierre fit
ajourner, la trouvant trop vague[1], devint une arme em-
poisonnée entre les mains des ennemis de Danton. Ils lui
imputent d'attenter à la souveraineté du peuple, et Vincent court le dénoncer aux Jacobins. Robespierre éclata.
Qu'était-ce donc? et d'où leur venait, à ces patriotes d'un
jour, cette rage de vouloir perdre dans l'esprit du peuple ses plus anciens amis? Discréditer Danton! mais il
fallait d'abord prouver qu'on le surpassait en talent, en
énergie, et que, plus que lui, on aimait la République!
Il continua sur ce ton, flétrissant les dénonciateurs par
système, les apôtres de la désorganisation, et les som-
mant de produire leurs titres. Ce Jacques Roux, par
exemple, quels actes l'avaient fait connaître? Deux actes
horribles! Il avait conseillé l'égorgement des boutiquiers, parce qu'ils vendaient trop cher, et provoqué le
rejet de la Constitution, parce qu'elle n'était point sans
défaut. Et Leclerc, ce jeune homme aux apparences si
séduisantes? On n'avait qu'à interroger sur son compte
les patriotes de Lyon, où il jouait le patriote pendant
qu'on y guillotinait l'infortuné Chalier! Ils se paraient
néanmoins du nom de Marat, ces deux hommes que Marat avait regardés comme des émissaires chargés par
l'étranger d'empoisonner les sources de la crédulité publique! Car, qu'importe de louer un mort, pourvu qu'on
puisse calomnier les vivants[2]?

Cette véhémente sortie, Robespierre la renouvela, une
semaine après, du haut de la tribune de la Convention,
à l'appui d'une réclamation dont il est probable que lui-
même avait suggéré l'idée, et qui fut présentée par la
veuve de Marat. Il y était dit :

[1] *Hist. parlem.*, XXVIII, p. 401.
[2] *Journal de la Montagne*, n° 67.

« Citoyens, vous voyez devant vous la veuve de Marat. Je ne viens point vous demander les faveurs que la cupidité convoite ou que réclame l'indigence... je viens vous demander justice des attentats commis contre la mémoire du plus intrépide et du plus outragé des défenseurs du peuple... Des écrivains scélérats usurpent son nom et défigurent ses principes, pour éterniser l'empire des calomnies dont il fut victime. Les lâches ! ils flattent la douleur du peuple par son éloge ; ils tracent quelques peintures vraies des maux de la patrie ; ils dénoncent quelques traîtres voués au mépris... mais c'est pour diffamer ensuite les plus zélés défenseurs que le peuple ait conservés ; c'est pour prêcher, au nom de Marat, les maximes extravagantes que ses ennemis lui ont prêtées et que toute sa conduite désavoue [1]. »

C'était plus qu'une reproduction des idées de Robespierre, c'était son style. Et la manœuvre signalée n'avait rien d'imaginaire. Jacques Leroux et Leclerc : le premier, ancien prêtre, le second, fils de noble, avaient effectivement fondé un journal, qu'ils intitulèrent *Ombre de Marat*, et où ils se posaient comme ses continuateurs, quoiqu'ils y prêchassent des doctrines contraires aux siennes. On se rappelle que Marat poussait la passion de l'unité et de la force dans le pouvoir révolutionnaire jusqu'à vouloir un dictateur, pourvu qu'on lui mît un boulet au pied. Telle était son image favorite, et il l'avait tant de fois présentée à ses lecteurs, il avait tant insisté sur la nécessité d'un chef, qu'il s'était attiré le reproche de préparer les voies au retour de la monarchie [2]. Quelle audace ne fallait-il pas à Leclerc et à Jacques Roux pour prétendre qu'ils continuaient Marat, quand leur princi-

[1] Voyez le texte de cette pétition reproduite en entier dans l'*Hist. parlem.*, t. XXVIII, p. 421-424.

[2] Voyez la séance du club des Jacobins, du 31 mai 1793. — Le n° 1388 du *Patriote français*.

pal objet était de persuader au peuple qu'on devait
« proscrire toute espèce de gouvernement[1] ! » Il est vrai
qu'afin de masquer leur jeu, ils affectaient de rendre à
la mémoire de l'homme dont ils faisaient parler l'ombre
un culte aussi puéril que frénétique. On en peut juger
par ce fait, que, le club où ils dominaient ayant obtenu
que le cœur de Marat fût suspendu à la voûte, nul ne parut trouver trop fortes les paroles d'un des membres s'é-
criant, les yeux élevés vers l'urne : « Restes précieux
d'un dieu[2] ! »

Cette basse idolâtrie, employée à populariser l'apostolat des anarchistes, dans un moment où la concentration
de son énergie était absolument nécessaire à la République, renfermait un danger mortel, et, s'il fut écarté, la
France dut cet inappréciable service à la fermeté de Robespierre.

Au milieu de tant de secousses, et à la veille de frapper des coups dont le retentissement dure encore, la
France républicaine eut une de ces journées qui, arrachant l'homme aux amertumes du présent, lui donnent
à savourer d'avance l'innocente et calme ivresse des heures à venir.

La Constitution de 1793 avait été acceptée par le peuple français à une majorité immense ; les envoyés des assemblées primaires étaient venus, de tous les points du
pays, apporter à la capitale la sanction des départements, et, selon le mot de l'un d'eux, « Paris n'était
plus dans la République, mais la République entière était
dans Paris[3]. » Restait à consacrer cette union ; restait à
transformer toutes les acceptations particulières du nou-

---

[1] Voyez la pétition de la veuve de Marat.

[2] Voyez l'*Hist. parlem.*, t. XXVIII, p. 395. — La cérémonie avait
eu lieu le 28 juillet 1793.

[3] Adresse lue aux Jacobins, le 7 août 1793, par Royer, curé constitutionnel de Châlons-sur-Saône.

veau contrat social en une acceptation générale ; et, pour
l'accomplissement de cette auguste cérémonie, le 10 août
avait été choisi.

Ah ! elle dut être la source d'émotions sacrées, cette
fête du 10 août 1793, telle que le génie de David l'ordonna, et telle que la rapporte un procès-verbal où, à
chaque ligne, palpite l'âme de ces temps héroïques. On
n'y vit nulle parade vaine, pas de broderies se détachant
çà et là sur un ensemble de haillons, pas d'escadrons lancés au travers d'un troupeau d'hommes, pas de panaches
flottant sur les casques, pas de baïonnettes prêtes à s'a-
baisser, pas de sabres nus, rien de ce qui charme l'im-
bécillité d'un peuple enfant et de sa dégradation même
lui compose un spectacle.

La fête s'ouvrit, aux premiers rayons du jour, sur les
ruines de la Bastille, par un hymne à la Nature, et se termina au Champ de Mars, dans les splendeurs du soleil
couchant, autour de l'autel de la Patrie, par un serment
sublime.

Tout y fut symbole de paix, de fraternité et d'amour.
Promenés sur un plateau roulant, les élèves de l'Institution des aveugles y rappelèrent le malheur honoré et con-
solé. La République y convia les enfants trouvés, ses enfants. Les insignes du travail s'y montrèrent avec fierté.
L'histoire de Biton et de Cléobis, racontée par Hérodote
d'une manière si touchante, s'y reproduisit dans le tableau de jeunes garçons attelés à la charrue qui portait
leurs vieux parents ; et en souvenir de l'importance qu'at-
tachaient à l'agriculture les législateurs des anciennes
républiques, chaque représentant du peuple fut aperçu
tenant à la main un bouquet d'épis de blé et de fruits.

Nul étalage de vanité dans les costumes, nulle distinction de rangs dans l'ordre de la marche. Perdus au sein
de la foule, les dignitaires de la commune, les juges, marchaient les égaux du tisserand ou du forgeron ; et l'é-

charpe des premiers, les plumets noirs des seconds, ne servaient qu'à rendre plus frappant cet hommage à l'égalité.

Pour la conquérir, que de combats livrés déjà, et à livrer encore! Mais on avait eu soin d'écarter toute image sombre. Le fer des piques ne brillait, aux mains des fédérés de départements, que masqué sous des branches d'olivier. Si la bannière des Jacobins représentait un œil ouvert sur des nuages, cet œil perçant ne les pénétrait que pour les dissiper. Il n'était pas jusqu'à la place où coula le sang d'un roi qu'on n'eût fait disparaître sous une colossale statue de la Liberté, dans les plis de laquelle il arriva que deux colombes échappées trouvèrent asile.

Montaigne a dit : « Votre mort est une pièce de la vie du monde. » A combien plus forte raison est-elle une pièce de la vie du monde, la mort qui ajoute au domaine de la vérité et de la justice! Pourquoi pleurer les martyrs d'une bonne cause? C'est les plaindre d'avoir beaucoup vécu. Dans la fête du 10 août 1793, la République ne commit pas cette erreur. De l'urne qui contenait la cendre de ses martyrs, elle écarta les cyprès. Aux héros pour jamais endormis, elle avait réservé les joies du triomphe. Elle les invoqua, le front couronné de fleurs et au bruit des fanfares; noble manière d'inviter à la régénération d'un grand peuple les mânes de ceux qui étaient entrés dans l'immortalité par la mort!

Après diverses stations, dont chacune donna lieu à quelque cérémonie caractéristique, le cortège, qui se composait de près d'un million d'hommes, arriva au Champ de Mars, où devait être publié le recensement des votes des assemblées primaires. Là, du point le plus élevé de l'autel de la Patrie, Hérault de Séchelles, président de la Convention, prononça ces paroles : « Français, vos mandataires ont interrogé dans quatre-vingt-sept départements votre raison et votre conscience, et quatre-vingt-sept départements ont accepté l'acte constitutionnel. Jamais vœu plus unanime n'a organisé une république plus grande et plus populaire. Il y a un an, notre territoire était occupé par l'ennemi : nous proclamâmes la République, et nous fûmes vainqueurs. Maintenant, tandis que nous constituons la France, l'Europe l'attaque de toutes parts; jurons de défendre la Constitution jusqu'à la mort. La République est éternelle ! »

A ces mots, un cri formidable, poussé par huit cent mille voix, monta vers le ciel ; le canon tonna ; en signe de l'indivisibilité de la République, un ruban aux couleurs de la nation réunit en un seul faisceau les piques que les quatre-vingt-sept commissaires des départements avaient portées durant la marche, et la Constitution de 1793 fut proclamée comme le premier pacte social qui eût, depuis l'origine du monde, fondé la liberté sur l'égalité, et fait un dogme politique de la fraternité humaine [1].

Le lendemain, la Révolution reprenait sa course ardente. Un moment, toutefois, la Convention parut défaillir ; soit désir secret de fuir une responsabilité trop lourde, soit surprise, un moment elle prêta l'oreille à Lacroix, qui l'invitait à déclarer sa mission finie et à laisser à d'autres le soin d'achever son œuvre. Mais au club des Jacobins cette dangereuse et pusillanime idée fut si puissamment combattue par Robespierre [2], qu'elle n'eut pas de suites. Faire un pas en arrière! un seul pas! Non. L'abîme était là béant... Eh bien, il y avait un moyen de n'y pas tomber, c'était de le franchir.

[1] Il existe de cette fête du 10 août 1793 un procès-verbal officiel et très-détaillé, qui porte les signatures de Hérault de Séchelles, Amar, Léonard Bourdon, Fayau, Audoin, Thirion, Dartygocyte. — C'est ce document irrécusable qui nous a fourni tous les éléments de notre récit. (Voyez l'*Hist. parlem.*, t. XXVIII, p. 436-451.)

[2] *Ibid.*, p. 453-459.

Le 12 août, sur la motion de Danton, les huit mille
envoyés des assemblées primaires sont investis des pouvoirs nécessaires pour faire lever la France en armes.

Le 14, Carnot, le futur organisateur de la victoire,
entre au Comité de salut public.

Le 15, Garat, l'homme des demi-mesures, sort du ministère.

Le 16, d'une assemblée extraordinaire, tenue aux Jacobins, part l'initiative de la levée en masse; dans une
adresse à la Convention, il est dit : « La nation entière
est plus facile à ébranler qu'une partie de la nation. —
Si vous demandez cent mille hommes, vous ne les aurez
pas : demandez des millions de républicains. — Le peuple ne veut plus d'une guerre de tactique. — Décrétez
que le tocsin sonnera dans toute la République, à une
heure fixe. — Que l'universelle affaire des Français soit
de sauver la France [1]... »

Et, quelques jours après, sur le rapport de son Comité
de salut public, la Convention décrète :

« Dès ce moment, jusqu'à celui où les ennemis auront
été chassés du territoire, tous les Français sont en réquisition permanente pour le service des armées.

« Les jeunes gens iront au combat; les hommes mariés forgeront des armes et transporteront des subsistances; les femmes feront des tentes, des habits, et serviront dans les hôpitaux; les enfants mettront les vieux
linges en charpie; les vieillards se feront porter sur les
places publiques pour exciter le courage des guerriers,
prêcher la haine des rois et l'unité de la République.

« Les maisons nationales seront converties en casernes,
les places publiques en ateliers d'armes; le sol des caves
sera lessivé pour fournir le salpêtre.

« Les armes de calibre seront exclusivement confiées

---

[1] *Hist. parlem.*, t. XXVIII, p. 465-467.

à ceux qui marcheront à l'ennemi; le service de l'intérieur se fera avec les fusils de chasse et l'arme blanche.

« Les chevaux de selle seront requis pour compléter les corps de cavalerie; les chevaux de trait, autres que ceux employés à l'agriculture, conduiront l'artillerie et les vivres...

« Nul ne pourra se faire remplacer. Les fonctionnaires publics resteront à leur poste.

« La levée sera générale; les citoyens non mariés ou veufs sans enfants, de dix-huit à vingt-cinq ans, marcheront les premiers. Ils se rendront sans délai au chef-lieu de leur district, où ils s'exerceront tous les jours au maniement des armes, en attendant l'ordre du départ... Le bataillon, organisé dans chaque district, sera réuni sous une bannière portant cette inscription : « Le peuple français debout contre les tyrans [1]!... »

La précision des mesures administratives répondit à la grandeur de l'élan. Tout fut prévu, tout fut réglé; et, pour la prompte exécution du décret, il fut mis à la disposition du ministre de la guerre une somme de cinquante millions, à prendre sur près de cinq cent millions que contenait la caisse à trois clefs [2].

C'était le 23 août que furent adoptées ces mesures de salut public; et, le 25 août, Carteaux entrait à Marseille. Là, comme à Lyon, le soulèvement des Girondins n'avait profité qu'au royalisme. Rébecqui, un des plus ardents à remuer la ville, sentit bientôt qu'il n'avait fait que livrer aux ennemis de la République le pouvoir de l'égorger, à l'ombre de son propre étendard. Un jour, un corps fut aperçu flottant dans le port de Marseille : c'était le cadavre de Rébecqui. Le malheureux s'était noyé de désespoir [3]. Heureusement, l'approche de Carteaux ranima

---

[1] *Hist. parlem.*, 469-471. — Décret du 23 août 1793.
[2] *Ibid.*, p. 471.
[3] Voyez les *Mémoires de Barbaroux*, p. 29.

les patriotes opprimés. Dès le 23, cinq sections sur trente-deux se déclarent pour la Convention, et donnant rendez-vous sur la place des Prêcheurs à tous les vrais républicains, demandent à grands cris que la Constitution soit proclamée, l'armée de la Convention admise, l'administration contre-révolutionnaire punie, et son tribunal de sang supprimé. Les corps administratifs répondirent en braquant des canons dans les rues ; et, le 24, à quatre heures du soir, les sections fidèles avaient à soutenir un feu meurtrier. Mais, pendant ce temps, le général Doppet, arrivé avec l'avant-garde de Carteaux aux gorges de Septèmes, les emportait après un engagement assez vif. Vainement les meneurs contre-révolutionnaires imaginèrent-ils de faire publier à son de trompe que les troupes conventionnelles avaient été battues à Septèmes ; ce mensonge ne pouvait avoir et n'eut d'autre résultat que de donner aux plus compromis le temps de s'enfuir à Toulon ; et, le 25 août, Carteaux, accompagné des représentants du peuple Albitte, Salicetti, Escudier, Nioche et Gasparin, fit son entrée solennelle dans la ville, au milieu d'acclamations passionnées. Parmi les nombreux patriotes qui remplissaient les prisons, il y avait deux membres de la Convention, Bo et Antiboul ; ils purent dire à leurs collègues, à leurs libérateurs, sous quelle pression contre-révolutionnaire avait vécu la puissante cité d'où les vainqueurs du 10 août étaient partis, et dont le nom brillait associé à jamais au chant sublime que le génie de la Révolution inspira [1].

A son tour, et vers la même époque, Bordeaux fit sa

---

[1] Voyez la lettre de Carteaux au ministère de la guerre, en date du 25 août 1793. — Le rapport présenté à Jean-Bon-Saint-André à la Convention le 9 septembre 1793. — Les *Mémoires du général Doppet*, p. 166-173. — Le mémoire des représentants du peuple près les départements méridionaux, présenté le 11 septembre 1793 à la Convention.

soumission. A Barbaroux, à Guadet, à Louvet, à Meillan, la Gironde était apparue de loin comme une terre promise. Ils ne doutaient pas qu'une fois là, il ne leur fût donné de faire sortir du sol, rien qu'en le frappant du pied, une armée de défenseurs et de vengeurs. Seul, parmi les illustres fugitifs, Buzot avait fermé son cœur à ce doux espoir [1], et il se trouva que lui seul eut raison. Les administrateurs de la Gironde avaient bien pu entraîner le peuple dans leur révolte, à force de répéter que la Convention était asservie à une poignée de monstres; que l'ambition du duc d'Orléans avait à sa solde les Montagnards, et que le *Maratisme*, qui suait le crime, couvait précisément la royauté... Mais, pour soutenir longtemps un pareil échauffaudage de calomnies, il eût fallu des prodiges d'adresse. D'ailleurs, Bordeaux ne tarda pas à manquer de subsistances, les commissaires répandus dans les départements voisins ayant soin d'arrêter les grains au passage [2]. Les administrateurs eurent donc contre eux, à la fois, et la détresse du peuple, et le mécontentement né de sa crédulité abusée. Beaucoup d'honnêtes républicains, un instant égarés, finirent par comprendre qu'il y avait folie à ne voir qu'un ramas d'imbéciles subjugués par quelques hypocrites aux gages d'un usurpateur, dans cette étonnante assemblée qui préparait à la démocratie son lendemain, résumait Paris et ébranlait toute la terre. Aussi, de quelle douleur poignante ils se sentirent l'âme serrée, ceux des Girondins proscrits qui, en ces heures de revirement subit, furent amenés sur les rivages de la Gironde par leurs illusions et une destinée moqueuse! « Nos amis, raconte Meillan, nous conseillèrent de ne pas nous montrer. Ils nous donnèrent des secours, nous distribuèrent en diverses maisons; après quoi il fut résolu que chacun de nous pren-

---

[1] *Mémoires de Buzot*, chap. 1, p. 144.
[2] *Mémoires de Meillan*, p. 140.

drait des mesures individuelles pour son salut. Je résolus
de passer en Amérique [1]... »

C'était un rude coup pour les ennemis de la France
que la prise de Marseille et la soumission de Bordeaux;
mais les royalistes gardaient un dédommagement à la
coalition, et quel dédommagement, grand Dieu!

La ville de Toulon s'était tout d'abord donnée à la Révolution avec cette véhémence qui caractérise l'âme brûlante des enfants du Midi. Mais l'opulence de cette importante cité, sa situation, son beau port, ses magasins,
ses arsenaux, le matériel immense rassemblé dans son
enceinte, n'étaient que trop de nature à fixer les regards
de Pitt. Toulon s'était donc rempli peu à peu d'agents
secrets par qui fut préparée, entre le royalisme et l'Angleterre, une alliance au fond de laquelle était une trahison [2]. Bientôt, la cupidité se mettant du complot,
beaucoup de bourgeois égoïstes et de marchands avides,
dont la Révolution gênait les calculs ou troublait la quié-
tude, se rapprochèrent de leurs ennemis de la veille, les
nobles et les prêtres. Une ligue se forma, obscure, monstrueuse, mal définie, mais puissante néanmoins, et dans
laquelle entrèrent, après le 31 mai, presque sans le savoir, les aveugles partisans de la Gironde. Le pain manquait, l'assignat perdait : on pressa sur cette double
corde de manière à exaspérer l'ouvrier et le matelot [3].

Pour comble de malheur, la Révolution, ne pouvant
improviser des marins aussi facilement que des soldats,
avait dû laisser à la tête de nos escadres une foule d'officiers attachés à l'ancien régime; de sorte qu'à Toulon,
par exemple, les hommes qui commandaient la flotte républicaine étaient les contre-amiraux royalistes Trogoff

[1] *Mémoires de Meillan*, p. 145.
[2] Rapport présenté par Jean-Bon-Saint-André, au nom du Comité
de salut public, dans la séance du 9 septembre 1793.
[3] *Ibid.*

et de Grasse, et le capitaine de vaisseau baron d'Imbert, l'un des agents des princes dans le Midi [1]. Ajoutez à cela une complicité décisive, celle de Puissand, ordonnateur civil de la marine [2].

Un pareil ensemble d'éléments rendait la contre-révolution inévitable à Toulon. Aussi, la municipalité patriotique cassée; la société populaire fermée; la tête de tout démocrate influent abattue [3]; les honneurs du triomphe décernés aux ossements de quelques royalistes qu'on déterra; le jour d'ouverture des sections célébré comme l'avénement d'un pouvoir nouveau; les commissaires de la Convention, Beauvais et Pierre Bayle, raillés, conspués, traînés à la grand'messe un cierge à la main [4]: tels furent les préludes d'une révolte qu'allait couronner un exécrable attentat. A cette époque, on lisait dans un papier réactionnaire publié à Marseille : « Les Toulonnais sont mille fois plus chauds contre les anarchistes et les brigands qu'on ne l'est à Marseille. On trouve la guillotine trop douce. Les sections sont permanentes. Il y a une proclamation portant que quiconque troublera l'acte souverain du peuple réuni en sections, sera puni dans les vingt-quatre heures, militairement. On a imprimé partout et affiché le manifeste de Wimpfen [5], » etc., etc.

Du reste, ici comme à Lyon, la violence était doublée d'hypocrisie; car tout cela se faisait au nom de la République, et ce que les royalistes affectaient d'abhorrer dans la Convention, c'était un indigne Sénat à la solde de Pitt et Cobourg [6]. Les vrais salariés de Pitt et Cobourg ne se

---

[1] *Mémoires tirés des papiers d'un homme d'État*, t. II, p. 357.
[2] Rapport de Jean-Bon-Saint-André. *Ubi suprà.*
[3] Le rapport officiel mentionne entre autres victimes : Sévestre, fondateur du club; Barthélemy, président du tribunal criminel, et Jassaud.
[4] *Ibid.*
[5] Le rédacteur de cette feuille était un nommé Reymbaud–Bussac. *Ibid.*
[6] *Ibid.*

déclarèrent que trop tôt. Barras et Fréron, envoyés dans le Var par le Comité de salut public, y avaient déployé une vigueur inutile et attiré sur eux des périls auxquels la fuite même avait pu à peine les soustraire. La prise de Marseille précipita le dénoûment.

Sous prétexte d'un échange de prisonniers, une négociation est ouverte avec l'amiral Hood, qui commandait la flotte anglaise de blocus. Un comité général s'était saisi des affaires. L'amiral anglais lui envoie une déclaration conçue en ces termes : « Si l'on se prononce en faveur du *gouvernement monarchique,* si l'on se décide à mettre le port à ma disposition, le peuple aura tous les secours que l'escadre anglaise pourra lui fournir. Je déclare qu'il ne sera touché ni aux propriétés ni aux personnes; nous ne voulons que rétablir la paix. Lorsqu'elle aura lieu, nous remettrons le port et la flotte à la France, d'après l'inventaire qui en sera fait[1]. » Dans une proclamation adressée à tous les habitants du Midi, l'amiral disait : « ... Vous êtes livrés à une révolution qui vous a fait plier sous le joug de quelques factieux... Ils ont renversé les lois, préconisé le crime, et cherché à propager dans toute l'Europe leur système antisocial... Votre commerce est anéanti, la famine vous menace. Une position aussi affreuse a dû affliger les puissances coalisées; elles n'y ont vu de remède que dans le *rétablissement de la monarchie.* Je viens vous offrir les forces qui me sont confiées pour écraser les factieux et rétablir la royauté. Prononcez-vous[2]... » Chose infâme! Cet appel à la trahison fut écouté, et l'amiral anglais put consigner cet excès de honte dans une seconde déclaration portant : « Attendu que les sections de Toulon... ont proclamé Louis XVII, fils de Louis XVI, leur légitime roi... je prends possession

---

[1] *Mémoires tirés des papiers d'un homme d'État,* t. II, p. 357.
[2] *Ibid.,* p. 357 et 358.

de Toulon, et le garde uniquement comme un dépôt pour Louis XVII. Donné à bord du vaisseau de Sa Majesté Britannique le *Victory*, à la hauteur de Toulon, le 28 août[1]. »

A cette nouvelle, dans la partie de la flotte française aux ordres du contre-amiral Saint-Julien, une indignation profonde s'empare de toutes les âmes où restait une étincelle d'honneur. Trogoff, un étranger que la France avait comblé de bienfaits et qui payait ainsi sa dette de reconnaissance, Trogoff se tenait prêt à recevoir les Anglais. Le souffrirait-on? Des matelots français permettraient-ils que l'ennemi vînt tranquillement désarmer dans le port une escadre française forte de dix-huit vaisseaux? Les marins fidèles se rangent autour de Saint-Julien, le proclament leur chef, et lui se hâte de hisser à son bord le pavillon de commandement, pour s'opposer à l'entrée de la flotte anglaise, qu'accompagnaient deux escadres, l'une espagnole, l'autre napolitaine. Mais déjà les traîtres, maîtres du fort Lamalgue, faisaient chauffer les boulets qui devaient incendier les vaisseaux de Saint-Julien; plusieurs de ses capitaines l'abandonnent; il est obligé de fuir suivi d'un petit nombre de matelots; et les Anglais, pénétrant dans la rade, prennent possession de la ville, où flotte désormais le drapeau blanc[2]. Ce grand crime était consommé.

Est-il besoin de dire que les conditions stipulées par l'amiral Hood ne présentaient aucune garantie? Quelle apparence que les Anglais, une fois saisis d'une aussi riche proie, consentissent jamais à l'abandonner, par dévouement chevaleresque à la légitimité de Louis XVII? « A peine, » écrit le prince de Hardemberg, « la Cour de Londres apprit-elle l'heureux événement qui lui livrait, sans coup férir, avec la plus forte place de la France, une

[1] *Mémoires tirés des papiers d'un homme d'État*, t. II, p. 359.
[2] *Ibid.*, p. 360, et le rapport de Jean-Bon-Saint-André, présenté à la Convention le 9 septembre 1793.

grande partie de sa marine, que les ministres éprouvè-
rent le regret de n'avoir pas songé à donner à Hood des
instructions préalables[1]. » Toutefois, craignant de désavouer d'une manière prématurée « une politique de circonstance, qui ne répondait pas tout à fait à leurs vues
ultérieures, » ils nommèrent, à Toulon, une commission
royale, composée de l'amiral lui-même, de sir Gilbert
Elliot et du major-général O'Hara[2].

Quant à la Convention et au Comité de salut public,
loin de se laisser abattre, ils ne songèrent qu'à redoubler
d'énergie.

Le siège de Lyon, dont on trouvera plus loin l'histoire,
durait depuis le 8 août; Kellermann, chargé de réduire
cette ville, n'avait obéi qu'avec une secrète répugnance,
et, quoique placé sous l'œil sévère des représentants du
peuple Dubois-Crancé et Gauthier, il s'était étudié à re-
tarder autant que possible les progrès « d'une expédition qui répugnait à ses principes[3]. » Le Comité de salut public lui-même s'était abstenu de presser l'attaque,
dans l'espoir que les Lyonnais se soumettraient volontairement, auquel cas il voulait qu'on les épargnât, citant
en leur faveur la maxime romaine : *Parcere subjectis et
debellare superbos*[4]. Mais c'est un des caractères de la Révolution française d'avoir, à chaque revers nouveau,
tendu plus fortement les ressorts de son indomptable politique. La remise de Toulon aux Anglais eut pour résultat de hâter, comme nous le verrons plus loin, la prise
de Lyon rebelle. On envoie en toute hâte des commissaires agiter l'Ardèche, le Cantal; et, dans le Puy-de-Dôme,

---

[1] *Mémoires tirés des papiers d'un homme d'État*, t. II, p. 361.

[2] *Ibid.*

[3] Jomini, *Histoire critique et militaire des guerres de la Révolution*,
t. IV; liv. V, chap. XXIV.

[4] Lettre du 18 août, adressée à Dubois-Crancé et à Gauthier, et signée
Couthon, Carnot, Robespierre, Barère, Saint-Just.

Couthon, le paralytique Couthon, s'apprête à prendre
« les rochers de l'Auvergne pour aller les précipiter dans
le faubourg de Vaize[1]. »

Rien de plus frappant que le compte rendu de cette
mission par Maignet, qui accompagnait Couthon. Lorsqu'ils entrèrent à Clermont-Ferrand, tout y semblait
marqué au coin de l'indifférence. Si l'esprit révolutionnaire était là, il sommeillait. Ils parlèrent des Lyonnais,
et la réponse fut : « Nous ne nous battrons pas contre
nos frères de Lyon. » Eux ne se découragèrent pas. Le
lendemain était jour de marché. Ils font annoncer aux
habitants des campagnes qu'ils veulent se mettre en communication avec eux, le dimanche, dans la cathédrale.
On s'y rassemble, ils s'y transportent, et leur parole élec-
trise le peuple. L'imminence du danger, proclamée avec
émotion, éveille un sentiment d'enthousiasme sombre,
qui va se répandant de proche en proche. L'ébranle-
ment fut prodigieux. On était aux premiers jours de septembre, et déjà, dans le seul département du Puy-de-
Dôme, près de trente mille hommes s'étaient levés. On les
voyait accourir de leurs hameaux, descendre de leurs
montagnes, demandant l'ennemi et apportant des vivres
pour quatre jours. Des femmes armées de piques mon-
taient la garde. Châteauneuf-Randon, un des commissaires, se chargea de l'organisation militaire de cette
masse ; Couthon et Maignet pourvurent aux approvisionnements ; puis les rudes phalanges marchèrent sur Montbrison, qu'occupait un détachement de Lyonnais. Elles
ne devaient pas s'y arrêter, et nous les retrouverons, fré-
missantes, à l'entrée de ce faubourg de Vaize, où Couthon s'était promis de précipiter les rochers de l'Auvergne[2].

---

[1] Faubourg de Lyon. — Le mot est de Couthon lui-même.
[2] Compte rendu à la Convention nationale de la mission des citoyens

Par une coïncidence fortuite, le jour même où la trahison de Toulon s'accomplissait, un général célèbre était frappé, à Paris, comme traître.

Nous avons parlé de l'arrestation de Custine : son jugement et sa condamnation ayant été, de la part de presque tous les historiens nos prédécesseurs, l'objet d'une censure passionnée, il importe, pour faire bien apprécier cet épisode de la Révolution, de récapituler d'abord en quelques mots les actes de Custine, soit comme soldat, soit comme citoyen[1].

Dans la campagne de 1792, sur le Rhin, Custine, chargé d'une division de l'armée, voit venir à lui, le front rayonnant d'enthousiasme et le cœur plein d'amour pour la France, tous les révolutionnaires allemands; ils le demandent, ils l'appellent à grands cris, ils l'entraînent, et, successivement, lui donnent Spire, Worms, Mayence[2]. Dans ce moment décisif, les Prussiens, qui, affaiblis par une campagne désastreuse, se traînaient avec lenteur, eux, leurs bagages et leurs malades, à travers un pays montueux et par des chemins abîmés, les Prussiens étaient à trente lieues de Coblentz, et l'on s'attendait si bien, dans cette ville, à l'apparition des Français, qu'au premier bruit de la prise de Mayence l'électeur, son ministre, son gouvernement, ses employés, tout s'était enfui. Si donc Custine, d'un pas rapide, eût marché sur Coblentz, il s'en emparait sans coup férir, forçait les Prussiens, qu'il aurait pressés d'une part tandis que Kellermann les

Couthon, Châteauneuf-Randon, et Maignet, par Maignet, dans la *Bibliothèque historique de la Révolution*, 1070, 1-2. British Museum.

[1] Pour se donner le droit d'accuser la Révolution d'injustice et de cruauté en ce qui concerne Custine, les historiens dont il est ici question ont eu recours à une admirable méthode : ils ont tout simplement omis les faits à charge. On en peut voir un curieux exemple dans le récit de M. de Barante.

[2] Nous avons décrit ce mouvement et ses suites p. 292 et 295 du septième volume.

pressait de l'autre, de se rejeter en Westphalie par We-
sel, facilitait la conquête de la Belgique, rendait possible
celle de la Hollande, et offrait au monde l'imposant spectacle de la République maîtrisant, à peine à son berceau,
tout le cours du Rhin, depuis la Suisse, par l'armée de
Biron, jusqu'à Worms ; par les armées de Custine et de
Kellermann, jusqu'à Bonn ; par l'armée de Dumouriez,
jusqu'à Dusseldorf[1]. Mais non, c'est en vain que les amis
de Custine, son état-major et ses généraux le conjurent[2]
de porter à la ligue des rois ce coup mortel ; c'est en vain
que le ministre de la guerre le lui ordonne[3]. Custine
préfère courir à Francfort, où semble l'attirer l'espoir
d'une proie opulente ; car il n'a pas plutôt été admis
dans cette ville républicaine et neutre, qu'il lui arrache
une somme de quinze cent mille florins : admirable
moyen de reconnaître et d'entretenir la brûlante sympathie qui poussait l'Allemagne dans nos bras ! Toutefois,
à ce point de sa carrière, ce n'est point par défaut de zèle
révolutionnaire que Custine pèche, loin de là : il répand
des proclamations enflammées ; il apostrophe le landgrave
de Hesse en ces termes : « Monstre ! tes soldats, dont tu
as fait un usage abusif, te livreront à la juste vengeance
des Français, tu ne leur échapperas pas[4] ! » Il fonde un
laboratoire de propagande, dont la direction est confiée à
l'adjudant Stamm[5] ; il renverse, à Mayence, et l'institution
de la régence et le vicariat électoral[6] ; il menace, il gronde, il
agite autour de lui toute chose. Pendant ce temps, les Prussiens sont parvenus à Coblentz, se sont répandus sur la rive
droite du Rhin, ont franchi la Lahn et se préparent à re-

---

[1] *Mémoires tirés des papiers d'un homme d'État*, t. II, p. 64.
[2] *Ibid.*, p. 66.
[3] *Biographie universelle*.
[4] *Mémoires tirés des papiers d'un homme d'État*, t. II, p. 71.
[5] *Ibid.*, p. 79.
[6] *Ibid.*, p. 82.

prendre Francfort, au nombre de cinquante mille hommes, commandés par le roi de Prusse et le duc de Brunswick, ce duc de Brunswick auquel le fils de Custine était allé offrir secrètement, à une autre époque, la couronne de Louis XVI [1]. Si le général français se jugeait en état d'accepter la bataille, il devait aller au-devant de l'ennemi, ou du moins établir sa ligne de façon à se lier à Francfort, sinon se replier sous le canon de Mayence : au lieu de cela, il se retranche derrière la Nidda, prêtant ainsi le flanc aux Prussiens, et faisant face à la ville, au lieu de la couvrir. D'où cet arrêt sévère de Jomini : « Il prit toutes ses mesures comme s'il avait voulu sacrifier la garnison [2]. » Était-ce son dessein ? Ce qui est sûr, c'est que sa conduite, en cette occasion, fut pleine de mystère ; c'est que son fils, rompu de longue main aux démarches clandestines, eut avec le duc de Brunswick, à Kœnigstein, une conférence secrète ; c'est que, ce jour-là même, le jeune diplomate se rendit à Francfort pour conseiller, en son propre nom, au commandant de la place, Van Helden, de se retirer pendant la nuit ; c'est que ce conseil jeta le malheureux Van Helden dans une perplexité horrible, parce qu'en écoutant le fils, il se rappelait cette injonction du père : « Menacez du feu la ville de Francfort, désarmez les habitants et réalisez si elle bouge ; » c'est, enfin, que la ville fut prise, n'ayant qu'une garnison de deux mille hommes, aventurée au milieu de quatre-vingt mille habitants, et si bien abandonnée par Custine, qu'il avait été jusqu'à retirer toute l'artillerie de la place, sauf deux pièces de bataillon [3].

[1] Nous avons, dans un précédent volume, rendu compte de cette négociation.

[2] *Histoire critique et militaire des guerres de la Révolution*, t. II, liv. III, chap. XI, p. 284.

[3] Nous avons trouvé, dans la Bibliothèque historique de la Révolution, au British Museum, n° 300.1.2, un document historique de la plus haute importance, et que les historiens nos prédécesseurs, Mont-

Après l'abandon de Francfort, celui de Mayence, Custine laisse dix mille hommes de garnison dans cette dernière ville et repasse le Rhin. Bientôt le roi de Prusse, se disposant à le rejeter en Alsace, il se replie sur Landau, ne s'y croit pas en sûreté, quoique à la tête de trente-cinq mille combattants, se retire derrière la Lauter, et parle même de se réfugier sous le canon de Strasbourg : précipitation d'autant plus extraordinaire, qu'il n'était poursuivi que par le corps du prince de Hohenlohe, et le sa-

gaillard excepté, ont ou ignoré ou voulu ignorer, c'est la *Relation de la prise de Francfort*, par le général Van Helden, publiée à la Haye, en 1798. Là on lit, tracé par le commandant même de Francfort, à l'époque du siége, un réquisitoire, contre Custine, bien autrement terrible que celui de Fouquier-Tinville. Parmi les *pièces probantes* placées à la suite du livre, nous citerons ici, en conservant le style et l'orthographe de Custine, la lettre qu'il écrivit au général Van Helden, le 28 novembre 1792, pour l'engager à tenir bon :

« Citoyen général, à une insolence telle que celle du général prussien, on ne lui répond que par une yronie, et je vous envoy la lettre écrite à ce général prussien. Je suis là, près de vous; je n'en sortirai que quand le sort des armes m'y forcera. Et alors, vous avez des bateaux pour venir me joindre et des bajonnaites pour vous faire un passage. Souvenés vous qu'un républicain ne capitule pas avec des esclaves suppôts des despotes, il n'a qu'à choisir entre la victoire et la mort. Si la ville de Francfort bouge, maités le feu à la ville, désarmés la garnison, et réalisés si elle bouge. Je n'aime pas les partis violens, et j'aime moins encore les autres lâches et pusillanimés : ils rempent devant la force. Eh bien! il faut en montrer, pour faire remper les capitalistes francfortois! Je vous verrai demain vers la fin du jour. — Le général d'armée, Custine. A Hochst, le 28 novembre 1792.»

Van Helden, au sujet de cette lettre, dont il publie le texte, dit : « Elle ne me laissait aucun doute qu'au moindre bruit d'attaque, le général Custine ne volât à mon secours; et c'était dans le temps même que son fils me conseillait d'évacuer la ville de Francfort, et insinuait à la bourgeoisie de cette ville que l'intention de son père était de lui épargner les horreurs du siége. » (P. 819.)

Voyons maintenant le récit de M. de Barante : « Custine perdit Francfort, qui ne pouvait être défendu; cette évacuation était l'objet de pourparlers confidentiels avec les généraux prussiens. Un soulèvement des habitants en prévint la conclusion, de sorte que la très-faible garnison fut obligée à une retraite précipitée. » Et rien de plus!....

vait[1]. Quel soudain changement dans un général connu
pour sa présomption et sa témérité! Il n'a pas devant lui
plus de trente mille hommes, et il écrit : « J'ai cent
quatre mille Allemands sur les bras[2]. » On ne lui en
donne pas moins le commandement de l'armée de la
Moselle, grâce au patronage des Girondins, qui, en avril
1793, dominaient encore la Convention. Et que fait-il de
cette armée? Il perd tout le mois d'avril à inspecter sa
ligne dans le Porentruy, où il n'y a ni opération à diriger, ni ennemi à combattre, tandis que Mayence, qu'il
pourrait sauver, reste livrée aux coups des Prussiens[3]. Il
se décide, enfin, à faire un « simulacre d'attaque en sa
faveur[4], mais sans projet sérieux de la délivrer, et parce
que, appelé au commandement de l'armée du Nord, il
veut laisser à ses anciens camarades un bon souvenir[5]. »
Il attaque donc l'ennemi le 17 mai ; il est battu et part
pour la frontière du Nord, où, trouvant l'armée dans un
état qui ne lui permettait de secourir ni Condé, ni Valenciennes, il dut consacrer ses soins à la réorganiser
sans rien entreprendre[6].

Qu'un entassement de fautes ne fournisse pas matière
à accuser un général de trahison, même lorsque ces
fautes sont qualifiées « d'incompréhensibles[7] » par les
hommes du métier, et qu'elles correspondent à des négociations clandestines avec l'ennemi, il est permis à la
rigueur de le soutenir; mais, quand on songe qu'après
avoir exagéré le langage de la Révolution, Custine en
était venu à la décrier; quand on songe que, mis par la

---

[1] Jomini, t. III, p. 205.
[2] *Ibid*, p. 204.
[3] *Ibid.*, p. 208.
[4] *Ibid.*, p. 209.
[5] *Ibid.*, p. 224.
[6] *Ibid.*, p. 224.
[7] C'est le mot dont se sert le général Jomini, et on ne peut pas,
celui-là non plus, l'accuser de jacobinisme.

Convention à la tête d'une armée, il en était venu à ne se servir de sa position militaire que pour inspirer le mépris de la Convention à ses troupes [1], est-il donc si difficile de comprendre ces mots de Danton dans la séance du 22 juillet : « La nation a des doutes sur Custine; il faut qu'il soit jugé? » — « A la vue des pièces qui déterminèrent mon vote il y a trente-six ans, écrit l'honnête et consciencieux Levasseur, ma conviction reste la même [2]. »

Quoi qu'il en soit, l'arrestation de Custine avait excité des mouvements séditieux parmi ses troupes, dont il s'était fait aimer, et qu'irritait la subordination du pouvoir militaire au pouvoir civil. Carnot mande sur-le-champ le Montagnard Levasseur et lui dit : « L'armée du Nord est en pleine révolte; il nous faut une main ferme pour étouffer la rébellion, c'est toi que nous avons choisi. » Levasseur était chirurgien; avec une âme fortement trempée et le goût des armes, il n'avait nul maniement du soldat; il était, en outre, de petite taille : c'est ce qu'il pria Carnot de considérer. Mais celui-ci : « La fermeté de ton caractère et ton dévouement pour la République nous répondent de tout. — Eh bien donc, j'accepte. Quand faut-il partir? — Demain. — Je serai prêt. Et mes instructions? — Elles sont dans ta tête et dans ton cœur. Tes pouvoirs sont illimités. Pars et réussis [3]. »

Levasseur arrive au camp. Quarante mille hommes étaient sous les armes. « Vous allez me faire passer devant les lignes, » dit-il au général. Le général obéit. Mais point d'honneurs militaires. « Général, pourquoi

---

[1] Mercier du Rocher, dans ses *Mémoires manuscrits*, cite une lettre de Custine, imprimée à Niort, au mois de juillet 1792, et dans laquelle il dit en propres termes : « Je me fous de la Montagne, de la Plaine et du Marais. »

[2] *Ibid.*, t. I, chap. VI, p. 338.

[3] *Ibid.*, t. II, chap. II, p. 26 et 27.

ne bat-on pas aux champs? » Les tambours battent et les trompettes sonnent. Levasseur passe devant une enseigne. Point de salut. « Nouvel oubli, général! » Les drapeaux s'inclinent. Les visages étaient sombres; on le suivait d'un œil farouche. Les uns murmuraient : « S'il ne nous rend pas Custine, nous le ferons descendre de cheval; » d'autres : « Si Custine ne nous est pas rendu, nous l'irons chercher à Paris. » Levasseur fait former le bataillon carré, se place au centre, et d'une voix forte : « Soldats de la République, le Comité de salut public a fait arrêter le général Custine... » Un cri terrible l'interrompt : « Qu'on nous le rende! » Lui, sans s'émouvoir, fait le signal d'un roulement, les tambours battent et les clameurs cessent : « Général, faites ouvrir les rangs. » Et le voilà qui parcourt la ligne, l'œil en feu, la pointe du sabre basse, prêt à étendre à ses pieds quiconque prononcera le nom de Custine. Immobiles et comme pétrifiés d'étonnement, les soldats regardaient cet homme qui, seul, venait braver dans son camp toute une armée. Il reprit : « Si Custine est innocent, il vous sera rendu. Sinon, point de grâce pour les traîtres. Je suis votre chef, vous me devez une obéissance aveugle. Pardon et oubli à qui respectera la voix d'un représentant du peuple! Malheur à qui la méconnaîtra! » Chacun se tut. La sédition était domptée [1].

Cet heureux résultat, on l'ignorait encore à Paris, que déjà l'esprit du temps s'y révélait dans l'attitude indomptable des Jacobins. L'armée en pleine révolte! Les soldats de la République devenus « les soldats d'un homme [2]! » Était-ce donc là le fruit des leçons de Custine à ses troupes? Était-ce ainsi qu'il les avait dressées au respect des magistrats et des lois? L'ère du despotisme des généraux allait-elle commencer? Allons! place aux légions d'Espa-

[1] *Mémoires de Levasseur*, t. II, chap. II, p. 27-34.
[2] C'est le mot dont se sert Levasseur.

gne, des Gaules, de Germanie : l'empire romain est à saisir, à partager ou à vendre ! Ah ! plutôt périr. Puisque les soldats osaient redemander Custine, l'épée à la main, une seule réponse était possible : frapper ! Tel était le sentiment des Jacobins, celui de Robespierre surtout. Ce morne génie pressentait que la Révolution serait étouffée par un homme des camps, il l'avait prédit [1], et sa politique à l'égard des généraux était de les faire trembler pour n'avoir pas à trembler devant eux. Aussi nul n'insista-t-il plus vivement que lui sur la nécessité de juger Custine, et de le juger promptement [2].

Ce fut le 15 mai que s'ouvrirent les redoutables assises, et elles ne se fermèrent que le 27 [3], de sorte que les débats durèrent près de deux semaines; plus de cent témoins furent entendus [4] : généraux, commissaires, représentants du peuple, agents du pouvoir exécutif, employés aux bureaux de la guerre ; la plus grande latitude fut laissée à la défense; le tribunal se montra si scrupuleux observateur des règles protectrices de l'accusé, qu'il encourut, de la part de Robespierre, le reproche de s'être « entortillé à dessein dans des formes avocatoires ; » et le compte rendu de ce procès, qui ferait la matière d'un volume, suffit pour prouver avec quel soin on y chercha la vérité [5].

Les accusations étaient nombreuses, diverses; et, comme il arrive souvent en pareil cas, il y en eut de pué-

---

[1] Dans les débats sur la guerre, voyez ce chapitre dans le sixième volume.

[2] *Hist. parlem.*, t. XXVIII, p. 477.

[3] Voyez le procès reproduit *in extenso* dans le *Moniteur*.

[4] *Mémoires de Levasseur*, t. II, chap, x, p. 142.

[5] Dans l'*Hist. parlem.*, le procès de Custine ne remplit pas moins de quatre-vingt-cinq pages. L'accusé y prend à chaque instant la parole avec véhémence, quelquefois pour accuser les autres, et sans que jamais les juges songent soit à lui retirer la parole, soit à l'interrompre. Ce qui n'empêche pas M. de Barante de dire, dans son *Histoire de*

riles, il y en eut d'injustes, et d'autres qui ne furent pas suffisamment établies.

Custine, étant à souper dans Mayence, avait paru affecté, à la nouvelle de la mort de Louis XVI, et avait dit qu'il eût mieux valu le garder en otage [1] : était-ce un crime? Il avait empêché dans son armée la distribution du *Père Duchesne* [2] : noir forfait, vraiment! Il avait mal parlé de Marat et de Robespierre [3] : Robespierre et Marat étaient-ils inviolables ou impeccables? Il avait licencié la gendarmerie de Landau; mais parce qu'elle s'était insurgée, et sur la réquisition même des représentants du peuple en mission : Merlin (de Thionville) l'attesta [4]. Il avait fait fusiller, sans forme de procès, et sans qu'aucune loi l'y autorisât, des soldats coupables de pillage; mais, sur ce point, l'approbation de l'Assemblée nationale était venue couvrir sa conduite [5]. Dans un moment où les Allemands attendaient partout les Français à bras ouverts, il avait négligé de s'emparer de Manheim, de Louisbourg, de Rhinsal, de Saint-Goard, de Darmstadt [6]; mais pouvait-il, avec dix-neuf mille hommes, occuper cent lieues de terrain? Il avait laissé prendre Valenciennes et Condé, sans faire un pas pour les secourir [7]; mais l'espoir incertain de sauver deux places fortes valait-il qu'on aventurât une armée désorganisée par de récents désastres, et que le moindre revers eût anéantie? Quant au mot d'ordre, *Con-*

---

la Convention, en parlant du procès de Custine : « A cette époque il n'y avait déjà plus à compter sur une apparence de justice; mais la procédure comportait encore certaines formes; la défense était gênée, mais admise!... »

[1] Déposition de Louis Montaut, représentant du peuple.
[2] Déposition de Pierre Cellier, commissaire du pouvoir exécutif.
[3] *Ibid.*
[4] Voyez sa déposition.
[5] Cela ne fut point nié.
[6] Déposition du médecin de l'hôpital militaire de Strasbourg.
[7] Réquisitoire de Fouquier-Tinville.

dorcet, *Paris*, la *Constitution* [1], il avait été donné en l'absence de Custine, à son insu, par le général Leveneur. Que, dans une conférence tenue à Mayence, et à laquelle prit part, à côté d'officiers prussiens, un nommé Boze qui se donnait pour un agent de Custine, ce Boze eût remis au général Doyré un billet portant invitation de livrer la place aux Prussiens, c'est ce qui fut établi péremptoirement [2]; et il faut ajouter que Custine déclara ne pas connaître Boze, ne pas savoir « s'il existait [3]; » déclaration fausse et imprudente, puisque c'était précisément en faveur de cet homme, et pour le réclamer, que Custine avait écrit au roi de Prusse et au duc de Brunswick des lettres d'une politesse étudiée [4]. Toutefois, le doute ici était permis; car le billet, signé Custine, n'était pas de son écriture, et beaucoup jugèrent la signature contrefaite, « la trouvant trop allongée [5]. »

Malheureusement, l'accusation n'était pas confinée dans le cercle qui vient d'être parcouru; et l'on disait à Custine:

La recommandation faite par vous à Houchard de ménager les Prussiens [6] éclaire toute votre conduite d'un jour sinistre. C'est vous qui leur avez livré Francfort, que vous saviez incapable de résister, et que vous n'avez ni voulu sauver par un combat ni voulu couvrir [7]. Tandis que, dégarnissant Strasbourg d'une grande partie de son artillerie, vous entassiez les canons dans Mayence, vous laissiez cette ville sans vivres [8], et sa garnison sans

---

[1] Déposition de Pierre Cellier.

[2] Dépositions de Merlin (de Thionville) et de Rewbell.

[3] Voyez le procès, t. XXVIII, p. 277 de l'*Hist. parlem.*

[4] Voyez l'*Hist. parlem.*, t. XXVIII, p. 267.

[5] Déposition du général de brigade Jean-Baptiste Hébert.

[6] Lettre de Custine à Houchard, citée dans la déposition de Louis Montaut.

[7] Déposition de Raymond Blanier, agent secret de l'armée du Rhin et de la Moselle.

[8] Déposition du général Aubert Dubayet.

autre ressource que de manger des souris et du cuir, rendant ainsi la reddition de la place inévitable, après y avoir préparé une riche proie militaire à l'ennemi ! Vous ne pouviez ignorer que Mayence, si on l'abandonnait à ses propres forces, succomberait, et ses défenseurs déclarent qu'un mouvement des armées de la République eût été funeste aux assiégeants[1] : comment expliquer votre inaction sur le haut Rhin? C'est peu : pour paralyser les secours et endormir la Convention, vous lui écriviez qu'on n'avait rien à craindre sur le sort de la ville de Mayence ; qu'elle tiendrait bon; qu'il était inutile d'y envoyer l'armée de la Moselle avant le 12 mai[2]. Et vous mandiez aussi que la place était approvisionnée pour longtemps, sachant le contraire[3]. Si bien qu'enfin Mayence a dû se rendre, au grand désespoir d'une garnison héroïque, et après des flots de sang versé. En ce qui touche l'abandon de Condé et de Valenciennes, vous assurez que l'armée du Nord, désorganisée, était hors d'état de les secourir ; mais au moins pouviez-vous ne pas dégarnir de son artillerie l'importante cité de Lille, que menaçait un nouveau siége ! Pourquoi donc avez-vous tant insisté sur le transport au camp de la Magdeleine de soixante bouches à feu que le général Favard, commandant de Lille, jugeait indispensables à la sûreté de cette place[4] ? Voilà pour le soldat; voyons pour le citoyen. Lorsque vous osiez vous vanter de faire des papillotes avec les décrets qui ne vous plaisaient pas[5], était-ce afin d'apprendre à vos troupes à respecter la République ? Lorsque vous donniez le

[1] Dépositions du général Dubayet et du général Schstilinski.
[2] Réquisitoire de Fouquier-Tinville.
[3] Déposition du représentant du peuple Rewbell.
[4] Pièces officielles produites par Vincent, secrétaire général de la guerre.
[5] Rapport de Barère. — Déposition de Lavaux, sous-chef des bureaux de la guerre.

signal de fusiller des volontaires et épargniez des soldats
de la ligne, coupables les uns et les autres du même délit [1], était-ce afin de mieux effacer toute distinction entre le citoyen et le soldat ? Lorsque vous menaciez de la
corde le docteur Hoffmann [2], président de la Convention
mayençaise, et excellent patriote, ou qu'en réponse à
certaines réclamations, fort innocentes, des Mayençais,
vous ordonniez qu'on dressât dans leur ville cinq poten-
ces [3], était-ce dans l'intention de faire aimer la liberté ?
Et de quels hommes se composait votre entourage ? Devrigny, votre agent de confiance, nommé par vous commandant de Landau, avait figuré aux Tuileries le 28 février 1791; c'était un chevalier du poignard [4]...

A cet ensemble de charges [5], grave assurément, et que
rendait plus grave encore la situation exceptionnelle de
la République, Custine fut loin de répondre d'une manière satisfaisante.

Les préférences pour les Prussiens s'expliquaient par
leur conduite à l'égard de nos troupes, plus humaine que
celle des Autrichiens et des Hessois. — Si Francfort eût
résisté trois ou quatre heures de plus [6], il arrivait à
temps. — Le soin d'approvisionner Mayence ne le regardait pas [7]. — Il avait cru que cette ville pouvait tenir.
— C'était d'après l'avis d'un homme de l'art qu'il avait
tiré de Lille soixante-seize bouches à feu. — Les habitants
de Mayence réclamaient des indemnités qu'on ne pouvait

[1] Déposition de Lavaux.
[2] Déposition du docteur Hoffmann.
[3] Ibid.
[4] Déposition de Gateau. — Déclaration de Vincent.
[5] M. de Barante n'a garde de les faire connaître à ses lecteurs. Il ne
mentionne que le billet remis à Doyré et le mot d'ordre : Condorcet,
Paris, etc... D'où la conclusion qu'il n'y avait rien à reprendre à la
conduite de Custine. C'est clair !
[6] Avec une garnison de deux mille hommes qui avait contre elle
les habitants !
[7] Elle le regardait. L'accusateur public lui montra la loi.

leur accorder, du moins pour le moment; de là les po-
teaux qu'il avait fait dresser sous leurs yeux. — Il était
plein de respect pour la Convention. — A l'égard des
troupes de ligne et des volontaires, il leur portait une af-
fection égale, et n'avait puni que ceux qui lui étaient dé-
noncés par la clameur publique.— Lorsqu'il avait menacé
de la corde le docteur Hoffmann, il ignorait que ce fût
un bon patriote, et ne l'avait appris que depuis. — Il ne
savait pas que Devrigny fût un chevalier du poignard, etc..., etc.. [1].

Tronçon-Ducoudrai, défenseur de l'accusé, prit à son
tour la parole; et le 27 août, à neuf heures du soir, le
tribunal, d'après la déclaration du jury, condamna Custine à la peine de mort, comme ayant coopéré à des manœuvres dont le but était de livrer aux ennemis de la
République les villes et les magasins appartenant à la
France [2]. Un peuple immense remplissait l'auditoire.
Avant que l'accusé fût introduit, Coffinhal, qui présidait,
recommanda aux spectateurs de ne donner aucun signe,
soit d'approbation, soit d'improbation, leur faisant remarquer que le général Custine n'appartenait plus désormais qu'à la loi, et qu'il le fallait plaindre de ne s'être
pas mieux conduit. Custine entra, marchant d'un pas
grave. La clarté des bougies, qu'on n'avait pas encore al-
lumées depuis le commencement des débats, et le profond
silence qui régnait dans la salle, parurent lui causer une
vive émotion. S'étant assis, il promena ses regards autour
de lui, et écouta sa sentence d'un air assez indifférent,
après avoir dit : « Ma conscience ne me reproche rien; je
meurs innocent et calme [3]. » Conduit au greffe, il se jeta
à genoux et resta longtemps en prières, voulut passer la

[1] Voyez l'*Histoire parlementaire*, t. XXIX, p. 264, 301, 312, 321,
322, 295, 306.
[2] *Ibid.*, p. 336 et 337.
[3] *Ibid.*

nuit avec un prêtre, écrivit à son fils de se rappeler sa
mémoire dans les beaux jours de la République, et marcha au supplice, ayant à ses côtés un confesseur qui lui
lisait quelques passages d'un livre de piété et lui faisait
embrasser un crucifix. Au lieu de l'exécution, il s'age-
nouilla, les yeux pleins de larmes, sur les premiers degrés de l'échelle; puis, se relevant, il subit la mort avec
fermeté[1].

Il avait commencé à l'âge de sept ans sa rude carrière
de soldat, et, en rapprochant de sa fin tragique le souvenir
de ses services, de ses talents et de sa bravoure, beaucoup le plaignirent, même parmi ceux qui ne pouvaient
l'absoudre; d'autres se félicitèrent d'un acte qui avertissait les généraux qu'à chaque trahison ou menace de
l'épée, la Révolution répondrait par un coup de hache.

Mais, plus elle se montrait implacable, plus ses ennemis semblaient prendre à tâche de l'exaspérer. Convaincus
que la France révolutionnaire allait périr étouffée par
l'Europe, et semblables à des enfants qui, se trouvant
dans une enceinte fermée autour d'un taureau furieux,
s'amuseraient à le piquer de l'aiguillon, les royalistes se
répandaient en étourderies provocantes. Dans un moment
de misère extrême et d'extrême péril, ils se mirent à
affecter des airs de triomphe. Le luxe de l'ancien régime
reparut soudain[2]. Aux abords des salles de spectacle, de
longues files de voitures somptueuses[3] fendirent les flots
d'une multitude affamée. Les *muscadins*, — on les désignait déjà par ce terme[4], — se concertèrent. Pour troubler les séances du club des Jacobins, l'aristocratie eut
soin d'y entretenir des agents; leur mot était : *Allons*

[1] *Hist. parlem.*, p. 336 et 337.
[2] *Journal de la Montagne*, n° xcv.
[3] *Ibid.*
[4] Voyez le rapport de Barère, dans la séance du 5 septembre 1793.

chez le cousin Jacques[1]. Plus particulièrement, les théâtres devinrent pour les royalistes des lieux de rendez-
vous. Là, ils applaudissaient avec emportement tout ce
qui tendait à flétrir la Révolution; et tout ce qui lui était
favorable, ils le sifflaient à outrance. Forts de leur majorité dans une lice occupée à prix d'argent, ils y faisaient
la loi; si quelque Jacobin s'avisait de protester, une avalanche d'injures roulait sur lui du haut des loges[2]. Au
Théâtre-Français, les acclamations enthousiastes des
royalistes accueillirent une pièce intitulée *Paméla*, mo-
nument élevé à la gloire de ce même gouvernement britannique qui, pendant ce temps, envoyait le duc d'York
ravager notre territoire et se faisait livrer Toulon[3]! Au
théâtre du Lycée, l'histoire de Marie-Antoinette et de son
fils, enfermés au Temple, fut mise sur la scène, dans une
pièce intitulée *Adèle de Sacy*. La tour du Temple y était
figurée de manière que personne ne pût s'y méprendre, et le drame se dénouait, non-seulement par la délivrance des captifs, mais par leur victoire[4]. De pareilles
provocations, au moment où Paris en deuil recevait toutes
sortes de nouvelles sinistres, et, entre autres, celle de
l'entrée des Anglais dans le plus beau port de la République, n'étaient que trop de nature à amener un régime
de terreur. Le Comité de salut public s'abstint de sévir
contre le Lycée; mais l'auteur de *Paméla* et les comédiens
du Théâtre-Français furent arrêtés[5].

La situation allait s'assombrissant de jour en jour; les

[1] Discours de Renaudin, dans la séance du 4 septembre 1793, club
des Jacobins.

[2] *Ibid.*

[3] Dénonciation au club des Jacobins des outrages subis au Théâtre-
Français par un capitaine de dragons. Séance du 1er septembre 1793.
— Voyez aussi le rapport présenté par Barère à la Convention, dans la
séance du 3 septembre.

[4] Voyez la séance des Jacobins du 4 septembre 1793, telle que la
rapporte le *Journal de la Montagne*, n° xcvii.

[5] Séance de la Convention, 3 septembre 1793.

faubourgs aux abois demandaient du pain [1]; les Jacobins
demandaient une armée révolutionnaire et le *Maximum* [2];
les royalistes, par machiavélisme, poussaient à une
émeute populaire [3]. Tous les cris de douleur, d'indignation ou d'effroi qui s'élevaient de chaque point de nos
frontières ravagées et de nos provinces en révolte venaient
retentir dans le cœur de Paris, qu'ils remplissaient de
rage [4]. Le 4 septembre, dès cinq heures du matin, les
ouvriers sont appelés du fond de leurs ateliers, et des
groupes nombreux se forment sur les boulevards, aux
environs de la maison de guerre [5]. *Du pain! du pain!* La
foule grossit, et, comme un torrent, envahit la place de
Grève. Une table est posée au milieu de la place, un bureau formé, une pétition rédigée, une députation envoyée
au corps municipal. Que veut le peuple? Du pain. Pendant
que Chaumette court prévenir la Convention de ce qui se
passe, la foule, répandue autour de l'Hôtel de Ville, y
pénètre, s'y amoncelle, et pousse les officiers municipaux
jusque dans la grande salle, remplissant banquettes, tri-
bunes, parquet, couloirs, et criant toujours : *Du pain!
du pain!* A la Convention, Chaumette avait représenté le
mouvement comme peu à craindre, ajoutant que les ennemis de la République ne cherchaient que des prétextes
pour égarer le peuple. De retour à l'Hôtel de Ville, il y
donne lecture d'un décret portant que le *Maximum* des
objets de première nécessité sera fixé. « Des promesses!
s'écrie-t-on; ce qu'il nous faut, c'est du pain, et tout de
suite! » Chaumette rappela que lui aussi avait été pau-

[1] Ce fut le point de départ du mouvement qui va être décrit.
[2] Séance des Jacobins du 1er septembre 1793.
[3] Voyez le compte rendu de Chaumette à la Convention, séance du
4 septembre 1793.
[4] Les premiers bruits de la trahison de Toulon furent mentionnés
par Billaud-Varenne, à la séance du 2 septembre.
[5] Compte rendu de Chaumette à la Convention, séance du 4 septembre 1793.

vre, tonna contre les riches, requit le transport à la halle d'une quantité de farine suffisante pour le lendemain, et qu'on provoquât l'établissement par décret d'une armée révolutionnaire destinée à parcourir les campagnes, à favoriser les arrivages, à assurer les levées, à déjouer l'égoïsme des riches, à le punir. Il n'avait point parlé de faire suivre cette armée révolutionnaire par la guillotine : Hébert en parla ! Le conseil général, ayant ensuite ouvert sa séance, décida que les anciens administrateurs des subsistances, parmi lesquels l'ex-ministre Garat, seraient mis provisoirement sous la garde de trois sans-culottes, avec indemnité de cinq livres par jour. L'arrivée d'une députation envoyée par les Jacobins au peuple pour lui donner l'assurance d'une sympathie vigilante compléta cette scène et la termina. Il était dix heures : la foule s'écoula satisfaite [1].

Que ce mouvement populaire, dont les conséquences allaient être formidables, ait été le résultat d'une double impulsion, c'est ce que les documents de l'époque prouvent de reste. Déterminé par la misère, il fut excité par ceux qui prétendaient sauver la Révolution en la précipitant dans les extrêmes, et par ceux qui brûlaient de la perdre en la précipitant dans le chaos. Robespierre le comprit bien; mais il comprenait aussi le danger de toute action énervante en de tels moments; et ce conflit de préoccupations se révéla dans l'indécision de son langage. Partagé entre le désir de modérer la fougue des Jacobins et la crainte de glacer leur énergie, il se plaignit vaguement des « moyens qu'on employait pour égarer le peuple, » fit valoir la nécessité de parer « les coups qu'on s'apprêtait à porter aux autorités constituées, » conseilla au club d'avoir l'œil sur les intrigants et les

---

[1] Bulletin de ce qui s'est passé le 4 septembre 1793, emprunté par les auteurs de l'*Hist. parlem.*, au n° ccxciv du *Républicain français*, et au n° xcvi du *Journal de la Montagne*.

traîtres[1]. Mais tant de prudence ne parut pas de saison aux Jacobins. Sans s'écarter d'une manière directe du sentiment de déférence que Robespierre leur avait toujours inspiré, ils applaudirent violemment à une violente sortie de Royer, et résolurent d'aller, le lendemain, à la Convention en passant par l'Hôtel de Ville[2].

Ce fut une séance mémorable, mais bien sombre, que celle du 5 septembre 1793. Elle s'ouvrit par un rapport de Merlin (de Douai), qui concluait à ce qu'on mît le tribunal révolutionnaire en état de juger plus vite; le moyen était de le diviser en quatre sections : décrété sur-le-champ[3]. Et ce n'était que le prélude. Par une de ces fatalités qui, trop souvent, se cachent, comme pour les empoisonner, au fond des choses humaines, une dépêche fut apportée qui annonçait des horreurs; les Autrichiens, maîtres de Sierk, y avaient pillé les habitants, incendié les maisons, égorgé de pauvres pères de famille, mutilé des prisonniers, ceux-ci en leur coupant les pieds et les mains, ceux-là en leur arrachant la langue[4]. Sur une assemblée encore tout émue des secousses de la veille, l'effet se devine! L'orage commençait à gronder.

Est-il vrai que, ce jour-là, Robespierre, quoique président de la Convention depuis le 26 août, s'abstint de paraître? Et doit-on supposer qu'il fut retenu chez lui par la prudence alarmée de ses amis, de son garde du corps Nicolas, de son hôte, des dames Duplay surtout, « vives, tendres, impérieuses[5]? » Rien de tel. Non-seule-

---

[1] *Journal de la Montagne*, n° XCVI.

[2] *Hist. parlem.*, t. XXIX, p. 32.

[3] *Moniteur*, n° 249.

[4] *Moniteur*. — Pas un mot de ceci dans M. de Barante, quoique son livre soit une histoire *spéciale* de la Convention. Inutile de faire remarquer l'importance d'omissions pareilles.

[5] Voilà ce que M. Michelet affirme d'une part et suppose de l'autre. « Ce qui est sûr, dit-il (liv. III, p. 271), c'est qu'on ne vit pas Robespierre le 5. »

C'est le contraire *qui est sûr*. L'erreur de M. Michelet vient sans doute

ment Robespierre parut à la séance, mais il la présida [1] ; et, si quelqu'un eut à « recevoir le choc de la foule, » ce fut lui [2].

Elle ne tarda pas à venir se heurter aux portes, à la suite d'une députation de la Commune que conduisaient deux hommes bien différents l'un de l'autre, le maire Pache et le procureur général Chaumette. Très-froidement et en peu de mots, Pache exposa que le peuple craignait de manquer de subsistances ; que le mal venait des accapareurs. Alors, Chaumette : « Les tyrans de l'Europe persistent dans leur affreux système d'affamer le peuple français ; ils veulent le forcer à changer sa souveraineté contre un morceau de pain... C'est ce qu'il ne fera jamais. — Non ! non ! » s'écrie-t-on de toutes parts. Lui, continuant d'un ton de plus en plus animé : « Une classe non moins criminelle que la noblesse s'est emparée des denrées de première nécessité. Vous l'avez frappée, mais vous ne l'avez qu'étourdie. — Vous remettez aux administrations les clefs des greniers et le livre infernal du calcul de ces monstres ; mais où est le poignet robuste qui tournera cette clef fatale aux traîtres. — Montagne ! soyez le Sinaï des Français ! — Plus de quartier aux traîtres ! — Jetons entre eux et nous la barrière de l'éternité. — Le jour de la justice et de la colère est venu... Que l'armée révolutionnaire se forme ; qu'elle parcoure les départements ; qu'elle se grossisse de tous les hommes qui veulent la République une et indivisible ; qu'elle soit suivie d'un tribunal incorruptible, redoutable, et de l'instrument qui tranche d'un seul coup les complots ; qu'elle porte sur ses enseignes : « Paix aux

de ce que, au lieu de recourir au compte-rendu du *Moniteur*, qui est complet, il se sera arrêté à celui de l'*Hist. parlem.*, qui ne l'est pas.

[1] Voyez les nos 250 et 251 du *Moniteur*.

[2] M. Michelet en fait honneur aux « Dantonistes seuls : » seconde erreur, suite de la première.

« hommes de bonne volonté, guerre aux affameurs! Pro-
« tection aux faibles, guerre aux tyrans! Point d'oppres-
« sion, mais la justice!... » Cette harangue farouche,
Chaumette la termina par un trait inattendu : pourquoi
dans le jardin des Tuileries tant d'objets qui ne pouvaient
servir qu'à alimenter l'orgueil des rois? pourquoi ces
fleurs de lis en buis, pourquoi ces statues? Ne valait-il
pas mieux faire croître là les plantes dont manquaient
les hôpitaux [1]?

Il achevait à peine, qu'un cortége immense, composé
d'hommes et de femmes, entre dans la salle, se répand
sur les gradins de la droite, et, bientôt, couvre tout le
parquet. Ils agitaient des écriteaux menaçants pour les
accapareurs, et, avec un formidable ensemble, ils
criaient : *Vive la République!* En cet instant, vous eussiez
dit un nuage chargé d'électricité qui se déchire. Les mo-
tions se succèdent, et, comme autant de coups de tonnerre, retentissent. Moyse Bayle demande que les mesures proposées soient formulées en décrets ; Billaud-
Varenne, qu'on arrête les suspects, et que, séance
tenante, on organise l'armée révolutionnaire ; Bazire,
qu'on publie le décret qui déclare la France en révolution ; Léonard Bourdon, que l'armée révolutionnaire
parte, accompagnée d'un tribunal chargé de juger les
conspirateurs dans les vingt-quatre heures. Et un homme
était là, un homme au teint pâle, au front morne, au regard vacillant, qui répétait d'une voix brève : « Agir,
agir, agir! » C'était Billaud-Varenne. Quoi! sans même
laisser au Comité de salut public le temps de respirer!
faisait observer Saint-André. Quoi! en courant les aven-
tures de l'enthousiasme! objectait Bazire. Remontrances
vaines! Chacun pensait ce que Gaston avait dit : « Nous
sommes dans une salle d'armes. » Danton se leva, et lui

[1] *Moniteur*, n° 250.

dont la popularité ne jetait plus que de rares lueurs, lui dont on croyait l'âme domptée, il éclata à faire frémir. Le tribunal révolutionnaire était trop lent; il fallait que, « chaque jour, un aristocrate, un scélérat, payât de sa tête ses forfaits [1]. » Les sections ne pouvaient attirer le pauvre; il fallait décréter en sa faveur une indemnité de quarante sols par assemblée. Ce qu'il fallait surtout, c'était l'armement des citoyens. Que n'y avait-il autant de fusils et presque autant de canons que de patriotes! Il ajouta : « Qu'on perde plutôt la vie que son fusil [2]! » Un mort se débarrassant de son suaire, et, debout sur la pierre de son tombeau, parlant ainsi, n'eût pas produit plus d'effet. Ravi de retrouver Danton, le Danton d'autrefois, le peuple donna libre cours à ses transports. L'enceinte fut ébranlée par le bruit des clameurs. On jetait les chapeaux en l'air. Ce que Danton proposait fut moins voté qu'acclamé [3]. Romme ayant exprimé la crainte que payer le patriotisme du pauvre n'aboutît à le dégrader, l'Assemblée n'hésita pas à se ranger de l'avis de Fabre d'Églantine, qui soutenait l'opinion contraire. Et telle était la disposition des esprits, que Bazire, accusé depuis quelque temps de trop d'indulgence, et dont on disait qu'il « était capable de blanchir un nègre [4], » ne serait peut-être point parvenu à se faire entendre, si Robespierre ne lui eût avec fermeté maintenu la parole [5]. Ce qu'il venait proposer, cependant, ne péchait certes point par excès d'indulgence; partant de ce point de vue que les gros commerçants, les agioteurs, les anciens

---

[1] *Moniteur*, n° 250.
[2] *Ibid.*
[3] Pas un mot de tout cela dans le récit de M. Michelet. Le caractère de cette fameuse séance y est défiguré à tel point, que l'auteur va jusqu'à dire : « Les Dantonistes étaient fort abattus. » (Voyez liv. XIII, p. 276.)
[4] *Journal de la Montagne*, n° LXXIX.
[5] *Moniteur*, n° 250.

procureurs, les valets insolents, les hommes d'affaires et jusqu'aux boutiquiers pouvaient fournir, aussi bien que les nobles et les prêtres, leur contingent de suspects, il conclut à l'épuration des comités révolutionnaires par le conseil général de la Commune [1]. Survint une députation de Jacobins réclamant le prompt jugement des membres de la Gironde détenus. Thuriot, auquel Robespierre venait pour un moment d'abandonner le fauteuil, promit que justice serait faite et que « tous les scélérats périraient sur l'échafaud [2]. » Puis, parut à la barre une députation de la section de l'Unité. Ceux-ci insistaient pour la destitution des nobles et des prêtres encore dans les emplois ; pour une exécution plus sévère des lois contre l'agiotage, et pour que l'Assemblée restât à son poste jusqu'à ce que la Constitution se trouvât fortement établie. Robespierre avait repris le fauteuil ; il répondit : « ... La Convention sera digne du peuple. S'il ne faut, pour son bonheur, que le sacrifice de notre vie, nous nous dévouerons tous. Notre récompense sera son amour et son estime [3]... »

Le maître de poste de Varennes, Drouet, avait demandé la parole ; dans un accès de délire, il s'écrie : « A quoi vous a servi jusqu'ici votre modération?... Voici le moment de verser le sang des coupables... De tous côtés ne vous appelle-t-on pas des scélérats, des brigands, des assassins? Eh bien, puisque notre vertu, puisque nos idées philosophiques ne nous ont servi de rien, soyons brigands pour le bonheur du peuple [4]. » A ces mots, de violents murmures s'élèvent ; et Thuriot, s'élançant à la tribune, prononce, aux applaudissements de l'Assemblée entière, cette belle parole : « La France n'est pas altérée

[1] *Moniteur*, n° 250.
[2] *Ibid.*
[3] *Ibid.*
[4] *Ibid.*

de sang; elle n'est altérée que de justice [1]. » Il parla ensuite de la nécessité de ne marcher qu'avec la loi ; et Drouet de s'écrier amèrement : « Je demande qu'on ne puisse assommer un Prussien que la loi à la main [2]. »

Restait à résumer et à convertir en décrets les diverses pétitions ; ce fut Barère qui présenta le rapport, et il le fit en termes d'une violence inouïe : « ...Plaçons la terreur à l'ordre du jour. — Les royalistes veulent du sang; eh bien, ils auront celui des conspirateurs, des Brissot, des Marie-Antoinette. — Ils veulent troubler les travaux de la Constitution... Conspirateurs, elle troublera les vôtres ! — Ils veulent faire périr la Montagne... Eh bien, la Montagne les écrasera [3]... »

Ainsi s'ouvrit l'ère de la terreur.

Une force armée, composée de six mille hommes, de douze cents canonniers, et commandée par Ronsin, eut mission de comprimer les contre-révolutionnaires et de protéger les subsistances partout où besoin serait.

La peine de mort fut prononcée contre quiconque achèterait ou vendrait des assignats.

Le tribunal révolutionnaire fut divisé en quatre sections, comme moyen d'accélérer les jugements.

Un décret ordonna que Brissot, Gensonné, Clavière et Lebrun seraient traduits immédiatement au tribunal révolutionnaire.

On rapporta un décret rendu autrefois sur la motion de Gensonné, et qui interdisait les visites domiciliaires pendant la nuit.

Bazire avait fait décréter l'épuration des comités révo-

---

[1] M. de Barante, qui n'oublie pas de citer la phrase de Drouet, oublie de citer la réponse de Thuriot.

[2] *Moniteur*, n° 250.

[3] *Moniteur*, n° 251. — Il est à remarquer que cette fameuse séance du 5 septembre 1793, M. Thiers la mentionne à peine; et encore se trompe-t-il de date. (Voyez son *Histoire de la Révolution*, t. III, chap. IV, p. 188. Édition Méline.)

lutionnaires par le conseil général de la Commune : Billaud-Varenne fit décider que les membres de ces comités recevraient une indemnité de trois livres par jour.

Le nombre des séances, dans les sections, fut fixé à deux par semaine, et une indemnité de quarante sols mise à la disposition de ceux des membres qui n'auraient pour vivre que le travail journalier de leurs mains.

Les puissances ennemies de la République entretenaient en France une foule d'agents chargés d'y semer le désordre : un décret d'arrestation frappa tout étranger qui n'obtiendrait pas des officiers municipaux un *certificat d'hospitalité*.

La débauche, cachée sous le manteau de la liberté, pouvait empoisonner les sources de la morale et de la santé publiques : sur la proposition de Jean-Bon-Saint-André, on confia au Comité de salut public le soin de pourvoir à ce que les femmes de mauvaise vie fussent bannies d'une République à laquelle il fallait des âmes austères et des corps vigoureux [1].

Enfin, pour couper court aux séductions de la beauté, la commune ferma l'accès des bureaux de la police aux *jolies solliciteuses* [2].

Mais ce qui dépassa la rigueur de toutes ces mesures, déjà si rigoureuses, ce fut la loi relative aux suspects, telle qu'on l'adopta, le 17 septembre, sur le rapport de Merlin (de Douai), au nom du Comité de législation, présidé par Cambacérès [3]. Cette loi réputait suspect quiconque se serait montré partisan de la tyrannie ou du fédéralisme; suspect, quiconque ne pourrait justifier de l'acquit de ses devoirs civiques; suspects ceux des ci-devant nobles qui n'auraient pas constamment manifesté

[1] Voyez pour ces diverses dispositions l'*Histoire parlem*, t. XXIX, p. 29-54.

[2] *Ibid.*, p. 122.

[3] *Histoire de France*, par l'abbé de Montgaillard, t. IV, p. 87.

leur attachement à la Révolution; suspects, les fonctionnaires publics suspendus ou destitués, soit par la Convention, soit par ses commissaires, et non réintégrés...
Quel vague effrayant! Pousserait-on jusqu'aux gens suspects d'être suspects[1]?

Cette formidable politique, sortie des profondeurs de
la situation, exigeait, comme instruments, des hommes
d'une trempe peu commune. L'adjonction de Danton au
Comité de salut public fut proposée. Mais lorsque Danton avait demandé qu'on érigeât le Comité de salut public
en gouvernement provisoire, il avait fait serment de n'y
point entrer, et il persista, soit pour déjouer tout soupçon
malveillant, soit que son génie paresseux se refusât au
tracas des affaires. Ils étaient si puissants d'ailleurs, et
si doux, les liens dont il vivait alors enlacé! Veuf de sa
première femme dès le mois de février 1793, il s'était
remarié, peu de temps après, à une jolie fille de seize ans,
mademoiselle Louise Gély, pieuse personne, née de parents
royalistes, royaliste elle-même, et qu'il lui fallut conquérir, le dirons-nous? en passant par le confessionnal,
en s'agenouillant sous la main d'un prêtre réfractaire, lui
Danton, « le vrai fils de Diderot[2]. » On conçoit qu'il ait
voulu savourer un bonheur obtenu à ce prix!

Quoi qu'il en soit, Danton s'effaçant, les deux hommes
appelés à remplir la place que son refus laissait vide,
furent Billaud-Varenne et Collot-d'Herbois; l'un, âme
froide et morne, esprit organisateur, concentré, implacable; l'autre, au contraire, nature exubérante, impres-
sionnable à l'excès, mais capable de toutes les fureurs

---

[1] Il est à remarquer, — et Montgaillard insiste sur ce point. — que
cette arme révolutionnaire si acérée fut forgée, de concert avec Merlin
(de Douai), par Cambacérès, devenu depuis, comme on sait, un des
grands dignitaires de l'Empire et un des soutiens de l'ordre.
[2] C'est ainsi que le qualifie M. Michelet, t. VI, p. 73, en rappelant
cet épisode de la vie de Danton en termes d'une tristesse éloquente.

que peut produire une sensibilité malsaine à l'état d'ivresse. Unis à Barère dans le Comité de salut public, Billaud-Varenne et Collot-d'Herbois y formèrent ce qu'on appela le parti des *gens révolutionnaires*, par opposition à celui des *gens d'examen*, nom sous lequel on désigna Prieur, Carnot, Lindet, et à celui des *gens de la haute main*, Robespierre, Couthon et Saint-Just [1].

Quant au Comité de sûreté générale, il avait moins besoin d'être complété que resserré. Le 14 septembre, on le réorganisa, sur la proposition de Drouet et de Maure, et les nouveaux membres élus furent : Vadier, Panis, Lebas, Boucher-Saint-Sauveur, David, Guffroy, Lavicomterie, Amar, Rhul, Lebon, Vouland et Moyse Bayle [2].

Ainsi :

Un club infatigable, celui des Jacobins, animant Paris de son souffle;

Paris, divisé en comices populaires, sous le nom de sections, exprimant sa pensée;

La Commune, centre des sections, portant à l'Assemblée nationale l'expression de la pensée de Paris;

L'Assemblée formulant cette pensée en loi;

Le Comité de salut public lui donnant la vie partout : dans l'administration, par le choix des agents; dans les armées, par les représentants en mission; dans chaque partie de la République, par les comités révolutionnaires;

Le Comité de sûreté générale s'occupant d'épier la désobéissance;

Le tribunal criminel extraordinaire se hâtant de la punir...

---

[1] *Révélations puisées dans les cartons des Comités de salut public et de sûreté générale*, par Senar, ch. XIV, p. 149.
[2] *Hist. parlem.*, t. XXIX, p. 60.

Tel se présentait le mécanisme révolutionnaire.

Il était conçu de façon à imprimer une force et une unité irrésistibles à l'action de Paris, considéré comme le brûlant foyer des idées nouvelles, comme le point d'où la France, ramassée sur elle-même, devait prendre son élan.

Mais, pour que l'énergie du gouvernement fût au niveau du péril, il importait que celle de la nation y répondît. Grâce au ciel, la France ne se manqua pas à elle-même. On avait courage, bras et fer, mais point de poudre. Soudain, chaque particulier descend dans sa cave; on fouille le terrain; pas de cuisine dont on ne retourne les pavés, pas de foyer dont on n'enlève les cendres. On remue en tous sens les décombres, afin d'en extraire les terres imprégnées de salpêtre. « On lèche chaque mur, dit un auteur du temps[1], et des milliers de pelles amènent le sol humide aux rayons du soleil[2]. » Le zèle avec lequel chaque citoyen travailla à cette patriotique besogne tint du prodige. Dans plusieurs quartiers de Paris, on vit sur les portes des inscriptions conçues en ces termes : « Pour donner la mort aux tyrans, les citoyens logés dans cette maison ont fourni leur contingent de salpêtre. » Et l'observateur qui a transmis ces détails à l'histoire s'écrie : « Qui eût dit que Paris contenait en ses caves de quoi repousser la ligue des rois[3]? »

[1] Mercier, le *Nouveau Paris*, chap. clviii, p. 194.
[2] *Ibid.*
[3] *Ibid.*

CHAPITRE HUITIÈME

LA RÉVOLTE DE LYON ÉTOUFFÉE.

Dubois-Crancé devant Lyon; proclamations conciliantes. — Le royalisme
à Lyon; ses manœuvres. — Les républicains lyonnais trompés. —
Les royalistes compromettent Lyon sans retour. — Entrevue de
Pâris et de Précy. — Physionomie du siége. — Des prêtres et des
femmes parmi les combattants. — Émigrations d'ouvriers. — Arrivée
des Auvergnats. — Maignet et Châteauneuf-Randon sont pour une
attaque de vive force; Dubois-Crancé est d'une opinion contraire. —
Kellermann remplacé par Doppet. — Attaque du 29 septembre. —
Couthon arrive; sa présence précipite le dénoûment. — Rappel de
Dubois-Crancé et de Gauthier. — Sommation dernière aux Lyonnais.
État déplorable de Lyon. — Soulèvement des esprits. — La femme
Rameau. — Égoïsme des meneurs royalistes; proposition magnanime repoussée. — Négociations. — La ville est ouverte. — Évasion
de Précy; sa colonne dispersée et anéantie. — Les assiégeants entrent
dans Lyon, *le pain à la main.* — Remarquable modération de Couthon, conforme à la politique représentée, dans le Comité de salut
public, par Robespierre et Saint-Just. — Pendant qu'à Paris Robespierre sauve les soixante-treize signataires d'une protestation en
faveur des vaincus du 31 mai, Couthon, à Lyon, veille à la sûreté
des personnes et des propriétés. — Menées de Dubois-Crancé et de
Gauthier. — Leur arrestation ordonnée par la Convention, puis
révoquée. — Opposition, au sujet de Lyon, entre les *gens de la
haute main* et les *gens révolutionnaires.* — Robespierre, Couthon et
Saint-Just veulent conserver Lyon à la République; Collot-d'Herbois, Billaud-Varenne et Barère demandent un exemple terrible;
décret qui ordonne la destruction de Lyon. — Couthon paraît

approuver ce décret, mais en diffère le plus possible l'exécution. — Fermeté qu'il met à réprimer tout désordre. — Difficulté de sa position. — Ne pouvant se résoudre à détruire Lyon, il provoque son remplacement. — La Convention lui donne pour successeurs Collot-d'Herbois et Fouché.

On vient de voir comment la France révolutionnaire se mit en mesure de faire face aux trois grands dangers qui la menaçaient : Lyon, la coalition, la Vendée. Les trois chapitres qui suivent montreront comment la ville de Lyon fut domptée, la coalition repoussée, la Vendée vaincue.

Peu de jours après avoir paru devant Lyon, Dubois-Crancé et Gauthier adressaient aux Lyonnais un manifeste où ils disaient : « Citoyens, la résistance que des hommes perfides qui se sont emparés de l'administration ont mise à reconnaître la Convention nationale et ses décrets, a nécessité l'appareil et le développement d'une force armée... Vous avez, dit-on, reconnu la Constitution ; eh bien, nous sommes donc frères, et vous allez nous recevoir en frères. Nous sommes vos libérateurs, car nous venons vous tirer du joug de l'oppression ; nous venons arracher les patriotes des mains de leurs bourreaux. Nous savons distinguer les bons citoyens de Lyon qui gémissent, depuis deux mois, sur les désordres dont ils sont victimes, de ces hommes pervers qui, coalisés avec les rebelles de la Vendée et parlant sans cesse de République une et indivisible, subordonnent les lois à leurs caprices, à leur vengeance, et poursuivent avec autant d'impudence que d'acharnement le système des Cobourg et des Dumouriez [1]... »

Dans une autre proclamation, en date du 14 mai, Dubois-Crancé disait encore : « Citoyens, quelle est donc l'influence de ceux qui se sont emparés de tous les pouvoirs dans votre ville?... Ils affectent de répandre que les

[1] Proclamation du 8 mai 1795, reproduite dans les *Mémoires de l'abbé Guillon de Montléon*, t. I, chap. VIII, p. 359-442.

représentants du peuple ont le projet de détruire Lyon, qu'ils veulent le meurtre des citoyens et le pillage des propriétés. Comment pouvez-vous croire à de pareilles absurdités? Les richesses de l'État ne se composent-elles pas de celles des citoyens? Et la prospérité d'une ville peut-elle être indifférente à la République?... Le massacre des citoyens est encore plus horriblement supposé. Les soldats de la République combattent des rebelles, mais ils n'assassinent pas des frères égarés qui sont rentrés dans le devoir. Vous parlez sans cesse du pillage des propriétés; mais c'est un délit que la Constitution réprouve et que la loi punit... Oui, citoyens, vos personnes et vos propriétés sont en toute sûreté si vous respectez les lois; mais, s'il faut vous traiter en ennemis et en rebelles, vous devez subir dans toute leur étendue les peines que la loi prononce... Vous servez la cause de nos ennemis; vos chefs le savent bien... Ils veulent que vous versiez votre sang pour sauver leurs têtes de la proscription; ils veulent qu'une ville entière périsse plutôt que de renoncer à leurs complots liberticides [1]. »

Le 21 août, même langage. « ...Vous dites que vous êtes nos frères; prouvez-le en nous ouvrant vos portes et en rendant à la République ce que vous lui avez pris. Marchons ensemble aux frontières, et que l'aspect de nos embrassements fasse fuir nos ennemis! Alors toutes vos craintes seront dissipées, vos propriétés respectées. La Convention peut même faire grâce aux coupables, s'ils prouvent qu'ils ne sont qu'égarés. S'ils sont des conspirateurs, auriez-vous l'impudeur de les défendre? Le pourriez-vous sans vous avouer leurs complices? Votre sort est donc entre vos mains, et si votre cité se couvre de décombres, n'en accusez que vous [2]. »

Ces proclamations, d'un style si conciliant d'ailleurs,

[1] *Mémoires de l'abbé Guillon de Montléon*, p. 350-354.
[2] Voyez le *Moniteur* du 17 septembre 1793.

établissaient une distinction tranchée entre la masse des Lyonnais et leurs meneurs. Aux premiers, poussés dans le piége d'une résistance insensée, on tendait les bras; aux seconds seuls, conspirateurs royalistes déguisés en républicains, on parlait de châtiment. La distinction était-elle légitime? C'est ce dont on va juger par les imprudents aveux d'un royaliste qui se trouva placé au centre de toutes les intrigues :

« Tout n'était pas faux, écrit-il dans l'accusation de royalisme portée si généralement contre les Lyonnais. Il était vrai que les familles nobles réfugiées chez eux, entrant naturellement dans leurs intérêts, leur fournissaient plusieurs combattants; il était vrai que, depuis que Précy était nommé commandant, et surtout depuis que l'exercice de ses fonctions l'avait rendu presque maître de la ville, beaucoup de royalistes des autres provinces de la France, et que l'on croyait émigrés, étaient accourus pour le seconder. Il était vrai encore que les chefs de parti royaliste dans Lyon se concertaient secrètement par lettres avec un agent de nos princes..., M. Imbert-Colomès, et qu'ils envoyèrent un des leurs en Suisse auprès de M. de Montv..., pour qu'il procurât aux Lyonnais des armes et des instructeurs suisses... Il est vrai enfin que, depuis la victoire remportée par les Lyonnais le 29 mai, nos princes, retirés à Ham sur les États prussiens, avaient dirigé leur attention sur Lyon, et que les délibérations qu'y avait prises la *Commission populaire républicaine* leur avaient fait concevoir le projet d'envoyer en Suisse un officier capable de lier les mouvements de Lyon avec les opérations de l'armée piémontaise..., et de commander les émigrés qui voudraient aller combattre à Lyon en faveur de la monarchie. M. le marquis d'Autichamp fut le général que choisirent nos princes pour cette grande entreprise [1]. »

[1] *Mémoires de l'abbé Guillon de Montléon*, t. I, chap. IX p. 363-365.

Le même auteur, dans l'effusion de son royalisme, déclare bien haut que le président et le secrétaire des délégués des sections étaient royalistes l'un et l'autre [1]; que le Comité de salut public lyonnais avait pour secrétaire général Roubiès, père de l'Oratoire, prêtre réfractaire [2]; que le royaliste Précy, « presque maître de la ville [3], » recevait d'un colonel, agent des princes à Lausanne, des messages où des renforts de troupes piémontaises et autrichiennes lui étaient promis [4]; qu'un jour il répondit à un inconnu qui lui demandait s'il accepterait des secours de l'Angleterre : « Fût-ce le diable qui vînt à notre secours, nous le recevrions avec plaisir [5]; » et que les officiers royalistes de l'ancien régime, employés d'abord pour la seule défense de la ville, ne tardèrent pas à agir pour la cause de la royauté [6].

Ce n'est pas que l'étendard de la révolte à Lyon fût le drapeau blanc; loin de là : une grande partie de la bourgeoisie lyonnaise appartenant aux opinions de la Gironde, et ces opinions ayant leur place jusque dans les corps administratifs, les meneurs royalistes avaient eu soin de « se couvrir des livrées de la République [7]; » et après avoir précipité Lyon dans la résistance, à force de lui faire peur de la Montagne, ils n'attendaient, pour lever le masque, que le moment où les habitants de cette ville infortunée, compromis sans retour, seraient forcés de subir, ou l'empire avoué du royalisme, ou les vengeances du gouvernement républicain. Aussi se gardaient-ils bien de refuser, soit leur adhésion, soit leur signature,

---

[1] *Mémoires de l'abbé Guillon de Montléon*, chap. VIII, p. 332.
[2] *Ibid.*, chap. IX, p. 408.
[3] *Ibid.*, p. 363.
[4] *Ibid.*, p. 366.
[5] *Ibid.*, p. 369.
[6] *Ibid.*, p. 379.
[7] Le mot est de l'abbé Guillon de Montléon lui-même, chap. VIII, p. 332.

aux actes où, en réponse à Dubois-Crancé, il était dit :
« Vous nous avez peints auprès des soldats tantôt comme
des royalistes, tantôt comme des fauteurs du royalisme;
nous désirons que des hommes impartiaux leur fassent
connaître « la pureté et la sainteté de nos principes [1]. »
Quand on songe que l'homme appelé, en sa qualité de
secrétaire général, à rédiger de pareilles réponses, était
un royaliste ardent, un père de l'Oratoire, un prêtre non
assermenté, comment ne pas s'indigner de tant d'hypocrisie? Elle fut poussée à ce point, que, des bouviers
s'étant un jour présentés aux portes de la ville avec la
cocarde blanche, les royalistes « ne trouvèrent pas mauvais en politique » qu'on eût arrêté ces paysans trop in-
génus; si bien que le plus mutin d'entre eux fut sur le
point d'être fusillé par jugement de conseil de guerre [2].

Et ce n'était pas seulement pour empêcher les rangs
de la révolte de s'éclaircir, que les royalistes se paraient
des couleurs de la République; ils obéissaient en cela
aux inspirations d'une politique dont les lignes suivantes
d'un des leurs révèlent la profondeur immorale : « Dès
qu'on voyait la même cocarde tricolore aux assiégés et à
leurs ennemis, il était naturel d'en conclure que les seconds n'en voulaient qu'à la vie et à la fortune des premiers [3] ! »

Pour égarer ce malheureux peuple de Lyon, que ne
fit-on pas? On alla jusqu'à placarder sur tous les murs,
comme ayant été écrite par Danton à Dubois-Crancé, la
lettre que voici :

« Mon cher collègue, la fameuse journée du 10 août
approche. Il est temps de frapper le grand coup. Il faut

---

[1] L'abbé Guillon de Montléon, p. 557.
[2] C'est Guillon de Montléon, un prêtre, qui dit que « les royalistes
ne trouvèrent pas cela mauvais en politique. » (Voyez ses *Mémoires*,
t. I, chap. VIII, p. 359.)
[3] *Mémoires de l'abbé Guillon de Montléon*, chap. IX. p. 587.

enfin que la sainte Montagne triomphe..: Si nous devons abandonner le Mont-Blanc, qu'importe? Dût-on voir les Savoisiens enchaînés deux à deux, pas de demi-mesures; il est temps que nous régnions... Si l'on ne peut forcer la ville de Lyon par les armes, il faut la réduire en cendres. Si les cultivateurs crient et demandent à qui ils vendront leurs denrées, dis-leur qu'ils aillent à Constantinople. Surtout, répands les assignats, ne les compte pas; ils se retrouveront à la fin [1]. »

Lorsque, voulant donner à la Convention une idée des manœuvres employées à Lyon, Barère vint lire, à la tribune, cette lettre qui trahissait avec tant de naïveté la main d'un faussaire, Danton se contenta de dire, avec mépris, qu'il était plus malin que les auteurs de cette pièce ; qu'il n'avait point de correspondance, et que, s'il lui était arrivé d'écrire, il aurait conseillé des mesures non moins vigoureuses, mais plus politiques [2].

Il n'y a lieu de s'étonner, après cela, ni de l'extrême mollesse des assiégeants pendant la majeure partie du mois d'août, ni de l'obstination aveugle des assiégés.

Dubois-Crancé savait en effet, comme ses nombreuses proclamations le prouvent, de quels artifices la masse des Lyonnais était dupe. Il aurait donc voulu échapper, en les éclairant, à l'affreuse nécessité d'une guerre d'extermination ; et ce sentiment, on le retrouve dans une lettre du 18 août, écrite par Couthon, Carnot, Robespierre, Barère et Saint-Just aux deux représentants Dubois-Crancé et Gauthier, pour leur recommander « d'épargner les Lyonnais s'ils se soumettaient [3]. »

Mais, à leur tour, les fauteurs de la révolte savaient fort bien, — et les manifestes de Dubois-Crancé ne le

---

[1] Voyez le *Moniteur* du 22 août 1793.
[2] *Ibid.*, séance de la Convention, du 21 août 1793.
[3] Nous avons mentionné cette lettre dans le chapitre précédent.

leur laissaient pas ignorer, — qu'entre eux les séduc-
teurs et la population séduite la Convention nationale
faisait une grande différence, et qu'ils n'avaient point,
eux, de quartier à attendre. Il leur fallait donc à tout
prix écarter jusqu'à l'idée d'une soumission volontaire
qui les eût mis au pied de l'échafaud. On juge s'ils y
épargnèrent leurs soins, et la lettre attribuée à Danton
indique assez la nature des moyens qu'ils mirent en
usage.

Malheureusement, quand le siége avait commencé,
tout encourageait les Lyonnais à la résistance. Carteaux
n'avait pas encore pris Marseille; Bordeaux n'avait pas
encore demandé grâce; l'incendie allumé en Vendée,
loin de s'éteindre, s'étendait, et Paris, de plus en plus
enveloppé par l'Europe, semblait au moment d'être fait
prisonnier; qui jamais eût pu croire la Convention capable de vaincre à ce point la mort? Les Lyonnais, d'ailleurs, n'avaient devant eux, dans les premiers jours du
mois d'août, qu'une armée de huit mille hommes avec
un petit train d'artillerie [1]. Qu'était-ce que cela? Le tri-
ple de ces forces eût été nécessaire contre une ville en
état de fournir au delà de vingt mille combattants, et
qui, bâtie au confluent de la Saône et du Rhône; dominée au nord, entre les deux rivières, par les hauteurs de
la Croix-Rousse; à l'ouest, sur la droite de la Saône, par
les collines de Fourvières et de Sainte-Croix, n'avait besoin, pour se défendre, que d'une bonne artillerie et de
quelques redoutes [2]. Or, d'après les relations royalistes

---

[1] Jomini, Histoire critique et militaire des guerres de la Révolution,
t. IV, liv. V, chap. xxiv, p. 185.

[2] Voilà ce que déclare en propres termes, t. IV, p. 185, Jomini,
grand théoricien militaire, comme chacun sait. On nous pardonnera
d'avoir préféré son appréciation à celle de l'abbé Guillon de Montléon,
qui, t. 1, p. 326 de ses Mémoires, assure que « l'assiette de Lyon n'était
pas favorable à la défense, » contrairement à ce que « Dubois-Crancé fit
croire aux ineptes Jacobins. » (Voyez p. 330.)

elles-mêmes, Schmith pourvut à ce qu'un nombre considérable de canons protégeât la cité, et le Lyonnais Agnel de Chenelette, ancien officier d'artillerie, sut aux anciennes redoutes en ajouter de nouvelles, qui étaient autant de chefs-d'œuvre dans l'art des fortifications [1].

Avec de tels éléments de résistance, et en des circonstances qui paraissaient si propices, il n'est pas surprenant que les Lyonnais aient cédé à la dangereuse tentation de montrer la seconde ville de France tenant tête à la première. Il est vrai que l'illusion ne fut pas de longue durée. Mais, quand des luttes de ce genre sont une fois engagées, tout ce qui en retarde le dénoûment en augmente la violence. Chaque coup de canon tiré sur la ville devait naturellement enflammer sa colère, et chaque coup de canon tiré par elle aggraver ses torts.

C'était le jour anniversaire du 10 août que les assiégeants avaient essayé leurs batteries, établies sur le tertre de Montessuy; et l'on racontait que c'était à une femme lyonnaise, dont il avait fait sa maîtresse, que Dubois-Crancé avait réservé, ce jour-là, le triste honneur de donner le signal du feu, après avoir reçu comme un hommage, des mains de son amant, la corde fumante. Le fait était faux, peut-être; mais il avait circulé, et l'on y croyait [2]. Le surlendemain, arrêté par lequel le Forez était détaché de Lyon. Presque à la même date, autre arrêté qui, sur la demande des habitants de la Guillotière, réunissait ce faubourg de Lyon au département de l'Isère [3]. Il y avait là matière à commentaires sinistres, et l'on pense bien que les royalistes en tirèrent profit pour souf-

---

[1] Guillon de Montléon, t. I, chap. viii, p. 339.

[2] L'abbé Guillon de Montléon, t. I, chap. viii, p. 345, l'affirme sans hésitation, mais sans citer ses autorités et sans nous apprendre comment il put savoir d'une manière certaine ce qui se passait dans le camp ennemi.

[3] *Mémoires de l'abbé Guillon de Montléon*, p. 346 et 347.

fler la flamme autour d'eux. Aussi, quelle fut la réponse
des Lyonnais à l'invitation conciliante que Dubois-Crancé
et Gauthier leur firent, le 14 mai, de séparer leur cause
de celle des fauteurs de la révolte[1]? Leur réponse fut, —
et elle portait vingt mille signatures : — « Nous sommes
sous les armes, décidés, si l'on ne nous rend justice, à
nous ensevelir sous les débris de la ville. Si vous avancez,
vous éprouverez ce que peuvent des hommes libres[2]. »
La missive ajoutait, à l'adresse de Dubois-Crancé, de
Gauthier, de Laporte et de Javogues, nommément désignés dans la suscription : « Si vous avez à faire des propositions, le peuple de Lyon *vous somme* de les lui faire
adresser; on en délibérera : voilà notre dernier mot[3]. »

C'est ainsi que d'honnêtes et sincères républicains se
trouvèrent amenés à défendre une cause qui n'était point
la leur, et à inscrire leurs noms sur un document où le
gouvernement de la République était bravé avec insolence
par ses plus mortels ennemis !

Les représentants du peuple, dans la personne desquels la Convention était traitée de la sorte, écrivirent
aussitôt au Comité de salut public : « Les bombes sont
prêtes, le feu rougit les boulets, la mèche est allumée.
Si les Lyonnais persistent dans leur rébellion, nous ferons
la guerre, demain au soir 19, à la lueur des flammes
qui dévoreront cette ville rebelle. Oui, encore quelques
jours, et Isnard et ses partisans iront chercher sur quelle
rive du Rhône Lyon a existé[4]. »

Tel était l'état des choses et des esprits, lorsque le
bruit se répand qu'une armée de vingt-cinq mille Piémontais, débouchant du petit Saint-Bernard et du mont

---

[1] Voyez plus haut.
[2] Ceci en date du 17 août 1793. Voyez le *Moniteur* du 30 du premier
mois.
[3] *Mémoires de l'abbé Guillon de Montléon*, t. I, chap. ix, p. 375.
[4] *Ibid.*, p. 375 et 376.

Cenis, est descendue dans les vallées de Sallenche, de la Tarentaise, de la Maurienne; que Kellermann, chargé d'arrêter l'invasion de la Savoie, s'est éloigné; que Gauthier est parti avec lui. A cette nouvelle, les royalistes, à Lyon, tombent dans l'ivresse de la joie; ils se préparent à jeter bien loin un déguisement qui les gêne. Leurs femmes et leurs filles se mettent à façonner des emblèmes avant-coureurs du retour des lis. Pourquoi tant de mystère? Les rubans blancs se transforment en cocardes; et, non contents de les porter sous leurs habits, plusieurs combattants n'hésitent plus à les étaler. Déjà même, un étendard aux fleurs de lis a été déposé dans un lieu de réserve [1].

Toutefois une épreuve tentée alors sur l'opinion publique par quelques administrateurs royalistes n'eut pas le succès espéré. Un papier obsidional ayant été créé pour les besoins du siége, et le filigrane de ce papier se trouvant marqué d'une fleur de lis, grand nombre de citoyens s'en émurent, et l'on dut retirer ces mandats de la circulation [2]. D'un autre côté, les Girondins étaient encore si forts dans l'administration, que trente-deux prêtres, enfermés à Pierre-Scise au nom de la République, n'avaient pas été rendus à la liberté [3]. Le royalisme fut donc forcé de garder son masque, au moins dans les actes de l'administration et du commandement militaire [4]; l'inscription *République une et indivisible* continua de figurer sur les portes de la ville, et les royalistes se consolèrent de la contrainte qui leur était imposée en songeant au bénéfice qu'ils en retiraient. Qu'on

[1] *Mémoires de l'abbé Guillon de Montléon*, p. 376. — Le lecteur remarquera que c'est à un écrivain royaliste que nous empruntons tous ces faits, si caractéristiques!

[2] *Ibid.*, p. 385 et 586.

[3] *Ibid.*, p. 380.

[4] *Ibid.*

n'oublie pas ces paroles de l'abbé Guillon de Montléon, que nous avons déjà citées : « Dès qu'on voyait la même cocarde aux assiégés et à leurs ennemis, il était naturel d'en conclure que les seconds n'en voulaient qu'à la vie et à la fortune des premiers[1] ! »

Cependant, Dubois-Crancé n'avait pas abandonné l'espoir de fléchir, par des représentations fraternelles, l'obstination des Lyonnais, et il chargea le commissaire des guerres Pâris de leur porter la troisième des proclamations mentionnées au commencement de ce chapitre. Le ton en était très-mesuré, très-conciliant, et, en certains passages, pathétique. On n'y disait pas : « Je vous somme; » on y disait : « Je vous conjure[2]. » Mais ce document contenait une phrase qui tendait à maintenir la situation de Lyon, précisément parce qu'elle en faisait connaître le secret : « Voyez, Lyonnais, dans quel précipice vous ont entraînés les intrigants coalisés avec Pitt et Cobourg. Ils ne vous parlent de vos droits que pour vous les ravir. C'est leur tête, prête à tomber sous le glaive de la loi, qu'ils défendent[3]. »

Le royaliste Précy, commandant de la place; le royaliste Roubiès, secrétaire général du Comité de salut public lyonnais; le royaliste Milanais, président des délégués des sections; le royaliste Rambaud, âme de la commission qui avait présidé à l'exécution de Chalier, ne pouvaient se méprendre au langage de Dubois. Une seule ressource leur restait : s'abriter derrière la résistance désespérée des Lyonnais. C'est ce qu'ils firent; et ce fut le prêtre non assermenté Roubiès qui rédigea[4] la réponse

---

[1] *Mémoires de l'abbé Guillon de Montléon.* p. 587.
[2] *Ibid.*, p. 401.
[3] *Ibid.*, p. 399.
[4] Voyez la note placée au bas de la page 408 des *Mémoires de l'abbé Guillon de Montléon*, t. I.

que résumait ce mot fatal : « Nous ne vous ouvrirons point nos portes [1]. »

Un historien de nos jours raconte [2], d'après des notes manuscrites de Pàris, que, ce dernier ayant reçu mission de Dubois Crancé de tenter avec Précy une négociation secrète, le général des insurgés lui dit : « La Convention a soif de sang; elle veut une expiation et une leçon. Lyon est condamné, je le sais : il succombera; mais vos soldats n'y entreront, sachez-le bien aussi, que sur des monceaux de cadavres. S'il ne s'agissait que de ma tête, je la donnerais... Mais combien de braves Lyonnais sont, comme moi, notés pour la hache du bourreau! Mieux vaut la balle du soldat. Nous irons jusqu'au bout. » Pàris ayant parlé du démembrement possible de la France comme conséquence de ces funestes dissensions : « Jamais, s'écria Précy, jamais! Les Lyonnais se feraient tuer jusqu'au dernier pour défendre le territoire de la patrie. »

Ainsi, Lyon devait succomber; Précy le savait, et il poussait cette malheureuse ville au-devant d'une catastrophe inévitable, sauf, quand le moment serait venu, non pas « à mourir de la balle du soldat, » mais, ainsi que la suite le prouve, à s'enfuir, lui et les siens, en laissant la population exposée à toutes les vengeances du vainqueur! Il repoussait avec horreur, devant l'envoyé de Dubois-Crancé, l'image de l'invasion triomphante; et, pendant ce temps, de l'aveu de Guillon de Montléon, lui et les siens entraient dans des transports de joie à la nouvelle de la descente des Piémontais [3]!

Les formalités requises pour la convocation des sec-

[1] *Mémoires de l'abbé Guillon de Montléon*, p. 407.

[2] M. de Barante, *Histoire de la Convention*, t. III, p. 251 et 252. Édition Meline.

[3] *Mémoires de l'abbé Guillon de Montléon*, chap. ix, p. 378. — Nous recommandons à ceux qui veulent savoir jusqu'à quel point l'histoire

tions ayant entraîné un retard de trente-six heures dans l'envoi de la réponse que Dubois-Crancé attendait, il donna l'ordre du bombardement, auquel les assiégés ripostèrent par deux mille coups de canon.

N'y avait-il donc aucun moyen d'arrêter cette lutte fratricide? Dubois-Crancé, tentant un dernier effort, écrit aux Lyonnais : « Pourquoi, si vous vous soumettez aux lois, douteriez-vous de l'indulgence de la Convention? Ne dites pas que vous avez juré de mourir libres. Votre liberté ne peut être que celle que toute la France a jurée. Toute autre acte de liberté prétendue est une rébellion contre la nation entière. [1] »

Après treize heures d'attente, il reçut pour toute réponse la notification que les citoyens, obligés de se disperser pour le service du siége, ne pouvaient plus correspondre eux-mêmes avec les représentants, et qu'il n'y avait plus d'autre moyen de s'entendre que de former un congrès de commissaires nommés de part et d'autre [2]. Le bombardement recommença.

On touchait à la fin du mois d'août. La Convention apprend que Toulon vient d'être livré aux Anglais par les royalistes, et, loin de fléchir, redouble d'efforts. Pour réduire Lyon, cent bouches à feu sont tirées des arsenaux de Besançon et de Grenoble; six compagnies d'artillerie, dix bataillons de vieilles troupes et deux régiments de cavalerie sont appelés des frontières des Alpes,

---

de la Révolution française a été défigurée par l'esprit de parti, la lecture des pages où M. de Barante raconte le siége de Lyon. Il n'y dit pas un mot, pas un seul mot, du rôle que les royalistes y jouèrent, comme royalistes. M. Thiers n'est pas plus explicite, et le côté politique de l'événement n'est pas même indiqué dans son récit, étriqué outre mesure. Quant à M. Michelet, il mentionne tout simplement la prise de Lyon, et, par une omission que nous ne pouvons comprendre, il ne dit rien du siége.

[1] Dépêche du 25 août 1793.
[2] Guillon de Montléon, t. ix, p. 421.

et viennent renforcer le corps de siége, qui fut alors partagé en quatre divisions, formant chacune une attaque : deux à la droite du Rhône; une dans l'isthme, entre le Rhône et la Saône, et une sur la droite de la Saône[1]. Ces diverses attaques étaient confiées aux généraux Valette, Vaubois et Rivas, placés, durant l'absence de Kellermann, sous les ordres du général Dumuy, ou plutôt de Dubois-Crancé, ingénieur habile, par qui furent conduites, en réalité, les opérations du siége.

Les Lyonnais avaient, tout d'abord, occupé des postes à une et deux lieues de la place, poussé des partis jusqu'à Saint-Étienne, de manière à communiquer avec Montbrison. Si, profitant de ce que les quatre camps de Dubois-Crancé, séparés par un fleuve et une rivière, ne communiquaient entre eux qu'au moyen de deux ponts, les assiégés eussent débouché sur l'un d'eux, au nombre de dix ou douze mille hommes, en tenant l'ennemi en échec sur les autres points par des démonstrations, ils pouvaient frapper un grand coup. « Mais, écrit Jomini, cette combinaison ne vint pas à la pensée de Précy, qui se contenta de disputer le terrain pied à pied, si bien, qu'il finit par être enfermé dans l'enceinte de la ville[2]. »

Au reste, emporter Lyon de vive force n'était pas chose facile. Entre le Rhône et la Saône, la Croix-Rousse présentait six étages de redoutes impossibles à tourner, et qu'il fallait successivement enlever avant d'être aux murs de la place. Du côté de l'est et à la sortie du pont Morand, se hérissait une redoute en fer à cheval, capable de contenir mille combattants et huit pièces de canon, très-bien construite d'ailleurs, en pierre de taille, avec un excellent fascinage et un fossé de vingt pieds de large

---

[1] Jomini, *Histoire critique et militaire des guerres de la Révolution*, t. IV, l. V, chap. XXIV, p. 187.

[2] *Ibid.*, p. 188

sur douze de profondeur. A l'ouest, enfin, les hauteurs
de Sainte-Foy et de Fourvières ne semblaient pouvoir
être le prix que d'un heureux excès d'audace [1]. Aussi les
efforts de Dubois-Crancé se bornèrent-ils, pendant tout
le mois de septembre, à intercepter les subsistances de
Lyon et à le resserrer, mais en multipliant, hélas! les
ravages de la canonnade et du bombardement!

La ville était trop étendue pour être endommagée
dans toutes ses parties; ce fut surtout celle que l'isthme
embrassait qui eut à souffrir, à cause de l'avantage qu'offrait, pour l'établissement des batteries incendiaires, les
chemins creux dont la plaine de la Guillotière est tra-
versée. Comment rappeler, sans que le cœur se brise,
ces maux affreux infligés à des Français par des Français? Les plus beaux quartiers de Lyon s'abîmèrent sous
une pluie de fer et de feu. Les somptueuses maisons qui
bordaient le quai Saint-Clair tombèrent sur le passage
des bombes et des boulets rouges. L'arsenal sauta, cou-
vrant une foule de maisons particulières de ses débris
enflammés [2]. Les cris convenus, que poussaient du haut
des toits les femmes intrépides qui s'étaient chargées

---

[1] Voyez à la suite des *Mémoires du général Doppet,* note E des *Éclaircissements historiques,* le compte rendu de la mission des représentants du peuple à l'armée des Alpes, par Dubois-Crancé.

[2] Jomini, t. IV, liv. V, chap. xxiv, p. 189.

— L'Hôtel-Dieu de Lyon, sur lequel flottait un drapeau noir, courut aussi risque d'être embrasé, parce que le feu des assiégeants était
attiré dans le voisinage par deux mortiers que les assiégés avaient eu
la malheureuse inspiration d'y placer. Mais, que les troupes conventionnelles aient pris soin d'épargner cet asile de la faiblesse et de la
douleur, c'est ce que prouvent deux faits décisifs : savoir, l'ordre
exprès qui en fut donné par Dubois-Crancé, et dont le texte existe,
daté du camp de la Guillotière, 22 août, et signé « Dubois-Crancé,
Claude-Javogues; » puis, l'admission dans l'hôpital, des blessés appartenant à l'armée des assiégeants, admission que ces derniers, faute de
chirurgiens et d'ambulance, avaient sollicitée et obtenue de la générosité des Lyonnais. Eh bien, veut-on avoir une idée du venin dont

d'observer la projection des bombes et d'en suivre les paraboles étincelantes, ressemblaient de loin à des cris de miséricorde [1]. Vous eussiez dit le sanglot de la ville en détresse.

Mais ce sanglot, il n'arrivait à l'oreille des assiégeants que mêlé au bruit de l'artillerie lyonnaise; et le spectacle des « flammes qui dévoraient une cité rebelle » leur inspirait moins de pitié que de colère, lorsqu'à cette clarté sinistre ils avaient à ensevelir tant de morts! Car il y eut des jours où le sol qui touchait au pied des redoutes fut tellement jonché de cadavres, que l'air en devint contagieux [2]. L'armée de Dubois-Crancé comptait dans ses rangs quatre mille pères de famille en réquisition [3] : combien d'entre eux que leurs enfants ne devaient jamais revoir!

Et à mesure que le siége se prolongeait, l'espoir du pardon s'éloignant de plus en plus, la défense tenait de plus en plus du désespoir. Ah! que ne furent-ils dirigés contre les envahisseurs de la patrie, les actes de courage par où se signala cette défense lamentable! On vit des prêtres figurer dans les sorties sous l'uniforme du soldat, et une jeune couturière de dix-sept ans, Marie Adrien,

le livre de l'abbé Guillon de Montléon est rempli? Cet écrivain, je me trompe, ce libelliste, ne rougit pas de dire, t. I, chap. ix, p. 427, que les assiégeants ayant dans l'Hôtel-Dieu *leurs propres blessés*, y jetèrent bombes et boulets de préférence, « avec plus d'acharnement que sur toute autre partie de la ville. » Comme une pareille calomnie est habile! Comme l'abomination qu'elle dénonce est vraisemblable! Quant à l'ordre de Dubois-Crancé, dont il a le texte sous les yeux et qui évidemment l'embarrasse, notre abbé se tire d'affaire en ces termes, p. 425 : « Cet ordre ne *paraît pas* avoir été jamais donné!... »

[1] C'est ainsi que Dubois-Crancé les qualifiait dans une de ses dépêches.

[2] *Mémoires de l'abbé Guillon de Montléon.* — De son côté, dans le compte rendu cité plus haut, Dubois-Crancé dit : « Chaque jour, ils nous tuaient du monde. »

[3] Compte rendu de Dubois-Crancé, *ubi supra*.

servir en habit d'homme comme canonnier[1] ; on vit deux jeunes gens, Barthélemy Dujast et Laurençon, attacher sur leur tête des fusées à incendie enveloppées d'une toile goudronnée, passer le Rhône à la nage, et courir jusqu'à trois cents toises de la rive gauche du fleuve mettre le feu à des chantiers de bois de construction qui protégeaient les batteries de Dubois-Crancé[2].

Quant à ceux des habitants dont l'âme était restée fidèle au gouvernement de la République, qu'imaginer de comparable à l'horreur de leur situation ? Traîtres à la Convention et à leur conscience s'ils prenaient les armes, et passibles, dans le cas contraire, des peines portées contre les délinquants[3] ; menacés, s'ils parlaient de se rendre, d'être traduits devant une commission militaire pour propos séditieux[4], et, s'ils se taisaient, d'être désignés plus tard aux ressentiments du vainqueur, de quelles malédictions secrètes ils durent poursuivre les fauteurs de la guerre civile ! S'échapper était l'unique voie de salut qui leur fût ouverte : beaucoup s'y précipitèrent ; et l'armée assiégeante eut à partager son pain avec une multitude de pauvres ouvriers en soie, accourus au-devant d'elle. S'il en faut croire une lettre de Dubois-Crancé au Comité de salut public, le nombre des fugitifs, hommes, femmes et enfants, ne monta pas à moins de vingt mille.

Pendant ce temps, Couthon faisait lever toute l'Auvergne. Nous avons déjà décrit ce prodigieux mouvement. Le général Nicolas, détaché pour l'accélérer, fut

---

[1] Guillon de Montléon, t. I, chap. viii, p. 338.
[2] Ibid., chap. ix, p. 429-431.
[3] Ordonnance du 6 septembre 1793, publiée à Lyon par le conseil de guerre établi durant le siège.
[4] Les termes de l'ordonnance du 6 septembre sont : « Il est défendu de tenir les moindres propos séditieux, sous peine d'être poursuivi extraordinairement. »

enlevé, dans le Forez, avec un détachement de hussards qui l'accompagnait[1]. Mais, cet échec ne servant qu'à rendre les appels de Couthon plus brûlants et plus efficaces, un formidable cri de guerre ébranle les montagnes du Puy-de-Dôme; de chacun de leur sommets roule une énorme avalanche de paysans[2]; à l'approche d'une de leurs colonnes, un bataillon de Lyonnais, qui occupait Montbrison, se replie[3]; et, le 17 septembre, Lyon voit arriver à Saint-Genis une ardente cohue de pâtres, armés de faux, de piques, de fourches, de fléaux. Maignet et Châteauneuf-Randon conduisaient ces rudes réquisitionnaires[4]. Javogues, de son côté, amenait ceux du Forez. Lyon sentit comme le froid de la mort. Rien à espérer des Piémontais : Kellermann venait de les repousser dans le fond de la Maurienne[5].

Vers la fin de septembre, l'armée assiégeante, renforcée d'un détachement de la garnison de Valenciennes, était forte de trente-cinq mille hommes, dont huit mille environ de troupes réglées et vingt-deux mille de réquisition[6], sans compter un nouveau renfort que Couthon, resté en arrière, promettait. La Convention et le Comité de salut public, à qui rien ne paraissait impossible, n'avaient pas attendu jusque-là pour témoigner leur surprise de la lenteur du siége; bientôt cette surprise se changea en colère. Quoi! éternellement canonner! éternellement bombarder! Quand donc approcherait-on les Lyonnais à la baïonnette? Cette impatience hautaine des pouvoirs

---

[1] Compte rendu de la mission de Couthon, Châteauneuf-Randon et Maignet, par Maignet, dans la *Bibliothèque historique de la Révolution*, — 1070. 1, 2, (*British Museum*).

[2] *Ibid.*

[3] *Ibid.*

[4] Guillon de Montléon, t. II, chap. xi, p. 51.

[5] Lettre des représentants du peuple près l'armée des Alpes.

[6] Compte rendu de Dubois-Crancé, à la suite des *Mémoires de Doppet; n° E.*

révolutionnaires, Châteauneuf-Randon et Maignet, à peine arrivés devant Lyon, la représentèrent [1]. Dubois-Crancé, esprit méthodique, n'aurait pas voulu risquer un échec; sachant les Lyonnais à la veille d'être affamés, il eût préféré les réduire par la disette [2], et Gauthier partageait à cet égard son sentiment. De sorte qu'il se forma comme deux partis parmi les assiégeants, celui de Dubois-Crancé et de Gauthier, dont le quartier général était à la Pape; et celui de Châteauneuf-Randon et de Maignet, qui établirent leur quartier général à Sainte-Foy.

Mais comment la temporisation aurait-elle lutté longtemps contre l'audace, sous le règne des audacieux? La destitution de Kellermann, accusé de mollesse [3], fut la première preuve décisive que le Comité de salut public donna de sa volonté d'en finir, et, le 26 septembre, Doppet, appelé au commandement de l'armée des Alpes, était devant Lyon [4].

Il est permis de ne pas adopter comme définitif le jugement suivant que Napoléon a porté de Doppet : « Il était Savoyard, médecin et méchant; son esprit ne se fondait que sur des considérations; il était ennemi déclaré de tout ce qui avait du talent; il n'avait aucune idée de la guerre, et n'était rien moins que brave. » Autre est le langage de Jomini. « Doppet, dit ce grand critique militaire, était une espèce de Montagnard illuminé, homme de bien pourtant, et très-propre à seconder les vues de la Convention pour la réduction de la ville rebelle [5]. »

Quoi qu'il en soit, Doppet n'eut pas plutôt pris la direc-

---

[1] Compte rendu de Maignet, *ubi supra*.

[2] *Ibid.*

[3] Dubois-Crancé lui-même avait écrit au Comité : « Kellermann est franc et loyal, mais il a de la mollesse. » Voyez le *Moniteur* du 29 août 1793.

[4] *Mémoires de Doppet*, liv. III, chap. II, p. 182.

[5] Jomini, liv. V, chap. XXIV, p. 191.
Le choix qu'on fit de lui en cette occasion n'était donc pas si ab-

tion du siége, qu'il songea à le terminer d'un seul coup.
Quelques jours auparavant, Dubois-Crancé s'était emparé de vive force de la route d'Oullins : Doppet, après
en avoir conféré avec les généraux Rivas et Valette, se
décide à attaquer les hauteurs de Sainte-Foy. Cette attaque fut fixée, en conseil de guerre, à quatre heures du
matin, le 29 septembre. Elle devait être précédée de démonstrations sur la Croix-Rousse, les Brotteaux et le pont
de la Mulatière, à la pointe de Perrache, levée qui pro-
longe d'une demi-lieue le quai Saint-Clair et va se terminer au confluent du Rhône et de la Saône. La journée fut
sanglante. Les assiégeants ayant emporté une redoute
placée entre le grand et le petit Sainte-Foy, les autres batteries qui couronnaient ou flanquaient les versants de la
colline sont abandonnées. De son côté, la division Valette force le pont de la Mulatière, et pousse vivement les
Lyonnais à la pointe de Perrache. Précy, accouru avec sa
cavalerie et une partie de sa réserve d'infanterie, parvient à arrêter le torrent ; mais ses troupes, mitraillées
par les batteries que Rivas vient de placer sur les hauteurs enlevées, reculent, rentrent dans Lyon, et laissent
le pont aux assiégeants. Pendant ce temps, Vaubois avait
poussé avec tant de vigueur sa fausse attaque sur les
Brotteaux, qu'il avait chassé les Lyonnais du faubourg ;
mais il ne put s'y maintenir, foudroyé qu'il était, à son
tour, par les batteries de gros calibre établies dans les
retranchements du Pont-Morand, sur les quais de la rive
gauche du Rhône et aux Collinettes [1].

surde ! Et pourtant, dans son *Histoire de la Convention*, t. III, p. 259,
M. de Barante s'écrie triomphalement : « C'est à de tels hommes que
les commissaires de la Convention confiaient le commandement des
armées de la République ! » Il est vrai que M. de Barante cite le jugement de Napoléon et passe sous silence celui de Jomini.

[1] Voyez les *Mémoires du général Doppet*, liv. III, chap. III, p. 179
et 180. — Jomini, liv. V, chap. XXIV, p. 191-193.

Le 2 octobre, Couthon parut. Il arrivait avec « ses rochers de l'Auvergne, » impatient de « les précipiter dans les faubourgs de Vaize ; » et, tout d'abord la flamme qui brûlait au fond de son cœur se répandit en adjurations passionnées. Est-ce que ce siége n'aurait pas de fin ? Est-ce que Lyon retiendrait longtemps encore, misérablement cloués autour de son enceinte, les soldats destinés à reprendre Toulon aux Anglais ? Perdre une minute, c'était perdre un siècle. Attendrait-on la saison des pluies ? Et les torrents qui venaient de submerger plusieurs batteries dans le camp n'avertissaient-ils pas de se hâter [1] ? On avait lancé, disait-on, trente mille boulets et quatorze mille bombes sur la ville rebelle ; l'avait-on réduite ? Que parlait-on de tactique ? La tactique était « l'opium des insurrections populaires. » Il n'y avait, pour le peuple tout-puissant que trois instruments de victoire : l'enthousiasme, la foi, la force. Voulait-on « mettre le fer au feu, » oui ou non [2] ?

Il y avait déjà presque quinze jours que le peuple de Lyon n'avait plus qu'une poignée d'avoine par tête pour toute nourriture [3] : voilà ce que Dubois-Crancé opposait aux discours emportés de Couthon. Il ne cachait pas, d'ailleurs, que cette foule de paysans mal armés n'était à ses yeux qu'un embarras. « Votre réquisition ! dit-il un jour à Couthon, cela ne vaut pas six liards [4]. » Mais Couthon savait bien le contraire, et, mieux que son collègue, il comprenait en quoi consistait le nerf de la Révolution. Dubois-Crancé se trouva tout à coup presque isolé dans le camp, et condamné à Paris.

[1] Voyez sur ce point le compte rendu de Maignet, *Bibliothèque historique de la Révolution*, 1070. 1. 2. (*British Museum*.)

[2] Voyez la lettre de Couthon au Comité de salut public, dans le *Moniteur* du 20 du premier mois.

[3] Compte rendu de Dubois-Crancé, *ubi supra*.

[4] *Moniteur* du 21 frimaire an II (11 décembre 1793. — Séance des Jacobins).

On se rappelle qu'au sein du Comité de salut public Robespierre, Saint-Just et Couthon formaient un parti auquel faisait contre-poids celui de Billaud-Varenne, Collot-d'Herbois et Barère. Ceux-ci, pour enlever à Couthon la gloire de soumettre les Lyonnais, auraient bien voulu que Dubois-Crancé, par un coup décisif, terminât l'affaire avant l'arrivée de son collègue [1]. Mais plus leur désir à cet égard était violent, plus l'obstination de Dubois-Crancé à temporiser les irrita. Pour ne pas laisser sans chef l'armée qui tenait tête aux Piémontais, Dubois-Crancé avait cru devoir suspendre l'envoi de l'arrêté qui destituait Kellermann [2]; cet acte, dont le motif était louable mais la forme arbitraire, fut l'objet d'une véhémente dénonciation de Billaud-Varenne; sur quoi, la Convention prononça le rappel de Dubois-Crancé et de Gauthier [3].

Une lettre particulière de Robespierre et de Saint-Just avait annoncé à Couthon, qui du reste ne la provoqua point [4], cette décision souveraine, et cela avant même qu'elle eût été rendue, tant elle était considérée comme inévitable [5]. Il ne crut donc pas devoir en attendre la notification officielle et définitive; et, dans la nuit du 6 au 7 octobre, il fit imprimer, au quartier général de Sainte-Foy, une proclamation destinée à apprendre aux Lyonnais, en leur adressant une sommation dernière, que c'était à lui qu'ils avaient maintenant à répondre. Il ajoutait : « Que les hommes qui n'ont pas de crimes à se reprocher soient tranquilles; leurs personnes et leurs

---

[1] C'est ce dont témoigne une lettre qu'ils lui écrivirent le 30 septembre, et où les signatures de Robespierre et de Saint-Just ne se trouvent pas.

[2] Compte rendu de Dubois-Crancé, *ubi supra*.

[3] Séance du 6 octobre 1793.

[4] Compte rendu de Maignet, *ubi supra*.

[5] La lettre qui l'annonçait à Couthon était du 2 octobre. — Voyez le rapport de ce dernier à la Convention, séance du 18 frimaire (8 décembre 1793).

propriétés seront respectées... La loi ne frappe que les coupables. Nous donnons ordre de suspendre le bombardement jusqu'à demain quatre heures du soir. Si, à cette heure, votre réponse n'est pas arrivée, le feu du peuple reprend, et ne cessera plus que la justice nationale ne soit satisfaite [1]. »

La sommation fut portée, le 7, à Lyon, par un trompette. Elle était en plusieurs paquets, à l'adresse des sections; et, comme on craignait que cet appel suprême ne fût soustrait par les meneurs à la connaissance du peuple, des personnes affidées avaient reçu mission d'en jeter des copies dans les divers quartiers de la ville [2].

La face des choses, depuis quelque temps, y était bien changée. L'aspect de tant de maisons en ruines ; les larmes de tant de mères en deuil; l'accroissement indéfini du nombre des blessés et des morts; la disette devenue telle, qu'on n'avait plus pour nourriture qu'un peu d'avoine et la chair des chevaux tués, tout tendait à décourager l'esprit de résistance [3]. Précy eut beau faire placarder sur les murs une proclamation où il disait, en style de caserne : « J'invite les bons citoyens à dénoncer les j. f. qui se cachent dans la ville [4], » cela n'empêcha pas le nombre de ceux qui manquaient à l'appel d'augmenter de jour en jour, d'heure en heure. Et puis, le cœur était revenu aux vaincus du 29 mai. Leurs émissaires parcouraient les ateliers, poussant le peuple à secouer le double joug du royalisme déguisé et de la faim. La femme d'un négociant lyonnais était sortie de Lyon, dès le 5, avec deux enfants en bas âge, pour aller faire

---

[1] Voyez Guillon de Montléon, t. II, chap. xiv, p. 192.

[2] Rapport de Couthon, dans la séance du 18 frimaire.

[3] Rapport de Binard, chirurgien de Lyon, à Dubois-Crancé et à Gauthier, extrait par Guillon de Montléon des pièces justificatives que publia Dubois-Crancé.

[4] Ibid.

part à Dubois-Crancé de son dessein de soulever la population, dût-elle y laisser la vie[1] : car il ne faut pas perdre de vue qu'une commission militaire était appelée à juger en dernier ressort, à Lyon, « les délits concernant la sûreté publique pendant le siège; » et déjà quatre personnes, par sentence de cette commission, avaient été fusillées[2]. La femme Rameau tint parole. Elle retourne à Lyon, sans y ramener ses enfants; court de quartier en quartier répandre les sentiments qui l'animent, ameute les ouvriers en soie, et rend à la République les canonniers de garde à la porte Saint-Clair[3].

Telle était la situation, lorsque le trompette envoyé par Couthon entra dans la ville. Les administrateurs n'osent convoquer les sections, prévoyant trop leur réponse. Mais le peuple se rassemble en tumulte, se présente à la Commune, et demande impérieusement communication des paquets reçus. Il fallut promettre que les sections seraient consultées; et les administrateurs, qui ne cherchaient plus qu'à gagner du temps, pour faciliter à Précy, à ses compagnons d'armes et à eux-mêmes des moyens sûrs d'évasion, renvoyèrent au lendemain, 8 octobre, la convocation voulue par le peuple[4]. Ainsi, leur unique préoccupation maintenant était... la fuite; la fuite, en abandonnant à des vengeances qu'ils prévoyaient devoir être terribles cette cité qu'eux seuls avaient mise au bord de l'abîme! Un magnanime jeune homme, Laurent Ponthus Loyer, crut pouvoir prévenir ce qu'il regardait comme un déshonneur. Il va trouver les chefs et leur dit :

---

[1] Compte rendu de Dubois-Crancé, à la suite des *Mémoires du général Doppet*; note E.

[2] Guillon de Montléon, t. II, chap. x, p. 15.

[3] Compte rendu de Dubois-Crancé; note E des éclaircissements historiques, à la suite des *Mémoires du général Doppet*.

[4] Rapport de Couthon à la Convention, séance du 18 frimaire (8 décembre 1793). — Ne se trouve pas dans le *Moniteur*.

« Au quatorzième siècle, pour détourner la vengeance
d'Édouard III, Eustache de Saint-Pierre et quelques autres habitants de Calais s'avancèrent à sa rencontre,
la corde au cou, en victimes expiatoires. Imitons-les, en
allant nous dévouer à la colère des assiégeants et nous
charger de tout l'odieux de ce qu'ils nomment la rébellion. Ce sacrifice inattendu les désarmera sans doute,
puisqu'ils sont Français; mais, s'il entrait dans leurs desseins de nous faire périr, nous aurions du moins, en
expirant, assouvi leur fureur et procuré la paix à nos
concitoyens. » Mais les administrateurs préférèrent[1] recourir à des négociations combinées de manière à assurer
la fuite ou à la couvrir.

Ils convoquèrent donc, le 8 octobre, une assemblée
générale des sections où ne se trouvèrent, ni ceux d'entre eux qui s'étaient le plus signalés dans les mesures
de résistance, ni Précy et les siens[2]. La délibération eut
le résultat prévu. Des commissaires sont nommés pour
aller traiter, avec Couthon et ses collègues, de la reddition de la ville. Les conditions imposées par ceux-ci furent que les portes, carrefours, lieux de défense intérieure et extérieure, canons et munitions de guerre
seraient livrés; qu'il y aurait désarmement général de la
population; que tout individu qui paraîtrait en armes
serait fusillé; que tous les patriotes détenus depuis le
29 mai seraient représentés aux portes de la ville, au
moment où les troupes de la Convention y feraient leur
entrée; que Précy et son état-major seraient mis en état
d'arrestation[3].

---

[1] « Peut-être plus généreusement! » dit l'abbé Guillon de Montléon,
t. II, chap. xiv, p. 205. Quelle appréciation!
[2] Guillon de Montléon, p. 205.
[3] Rapport de Couthon à la Convention. — Nous le citons tel que
l'indique Guillon de Montléon dans ses *Mémoires*, — car le *Moniteur*,
comme nous l'avons dit, ne donne pas la séance du 18 frimaire.

Le débat durait encore, lorsque le bruit se répand, au camp de Sainte-Foy, que les rebelles se préparaient, cette nuit-là même, à une sortie : d'où la conclusion que c'était dans l'unique but de la favoriser que les commissaires lyonnais avaient été envoyés au quartier général [1]. Seulement, on n'indiquait pas d'une manière précise sur quel point devait avoir lieu la tentative de fuite. Aussitôt, sans donner le signal d'une attaque générale, Doppet ordonne partout une surveillance exacte et une bonne défensive. Mais l'ardeur d'un des postes conventionnels brusqua le denoûment. Une redoute fut emportée, du côté de Saint-Just : dans la nuit du 8 au 9 octobre, la ville se trouva ouverte [2].

Pendant ce temps, Précy avait pris ses mesures, et, le 9 octobre, à six heures du matin, il débouchait sur la rive droite de la Saône, à la tête d'une troupe divisée en trois corps, dont le dernier, formant l'arrière-garde, marchait sous la conduite du comte de Virieu. Le dessein de Précy était de passer la Saône au-dessus de Trévoux, de gagner le département du Jura, de pénétrer en Suisse par les montagnes de Saint-Claude, et d'aller se ranger sous les drapeaux du prince de Condé [3]. Un instant, la fortune parut lui sourire : les deux premières divisions de sa petite armée réussirent à traverser les lignes des assiégeants; mais la dernière fut moins heureuse. Vivement attaquée, elle fut taillée en pièces, et Virieu, son chef, qui avait entendu la messe avant de partir, resta parmi les morts. Cet échec fut décisif. Les compagnons de Précy se découragent, se dispersent, et sont assommés comme des bêtes fauves partout où le paysan les rencontre. Précy lui-même n'échappa que par miracle. Après avoir erré plusieurs jours dans les bois, accompagné de deux

[1] *Mémoires du général Doppet*, liv. III, chap. III, p. 192.
[2] *Ibid.*
[3] *Biographie universelle*, au mot *Précy*.

des siens, Legoult et Madinier, il fut recueilli, au village
de Sainte-Agathe, dans les montagnes du Forez, par un
cultivateur hospitalier, chez lequel il demeura pendant
neuf mois, caché au fond d'un souterrain[1].

Dès la nuit même où ils avaient appris que Lyon devait
se soumettre, Couthon et Maignet s'étaient occupés des
subsistances avec la plus généreuse sollicitude. Douze
commissaires, envoyés par eux dans les départements
voisins, firent parvenir, le 9 octobre, jour de l'entrée des
troupes, une partie des provisions demandées; mais,
comme elles ne suffisaient pas, les assiégeants, par une
inspiration vraiment française, gardèrent pour les assiégés la moitié de leurs rations; si bien qu'on put dire
à la lettre qu'ils étaient entrés dans Lyon *le pain à la
main*[2]. Ce fut aussi d'un élan soudain qu'ils jurèrent de
protéger les propriétés, toutes devenues nationales, ou
appartenant à des patriotes, soit fugitifs, soit opprimés[3].

Couthon, de son côté, avait apporté à Lyon, avec un
désir fougueux de soumettre cette ville, le parti pris de
la pacifier. Sentant combien la destruction de ce foyer
d'industrie importait à l'Angleterre, il eût voulu pouvoir
le conserver à la République; d'autant qu'en y consacrant
ses soins, il ne faisait que se conformer à la politique
qu'avec Robespierre et Saint-Just il représentait au sein
du Comité de salut public.

Cette politique, sans avoir encore publié son pro-
gramme, se laissait déjà deviner à de clairs symptômes.
Une fermeté inébranlable, mais en même temps une
aversion décidée pour toute exagération, voilà ce qui la

[1] *Biographie universelle.* — Jomini se trompe, lorsqu'il dit, liv. V,
chap. xiv, p. 194, que Précy gagna la Suisse avec huit cents hommes.
[2] Compte rendu de Maignet. — Compte rendu de Dubois-Crancé.
[3] Compte rendu de Maignet, *Bibliothèque historique de la Révolution.* 1070. 1. 2. (*British Museum.*)

caractérisait, et ce qui venait de se révéler, à la Convention, d'une manière frappante.

Le 3 octobre, l'Assemblée ayant adopté un rapport présenté par Amar contre les Girondins inculpés, et un membre ayant demandé qu'on décrétât d'accusation, comme étant leurs complices, soixante-treize de leurs collègues, signataires d'une protestation en leur faveur, Robespierre n'avait pas hésité à combattre cette dernière mesure, en termes qui méritent d'être rappelés : « La Convention nationale ne doit pas chercher à multiplier les coupables, c'est aux chefs de la faction qu'elle doit s'attacher ; la punition des chefs épouvantera les traîtres et sauvera la patrie. S'il en est d'autres parmi ceux que vous avez mis en état d'arrestation, le Comité de sûreté générale vous en présentera la nomenclature, et vous serez toujours libres de frapper. Mais faites attention que, parmi les hommes que vous avez vus traîner le char des ambitieux, il en est beaucoup d'égarés... » Ici, des murmures l'ayant interrompu, il reprit avec force : « Je dis que vous avez ordonné un rapport sur les signataires de la protestation, et qu'il est de votre justice d'attendre ce rapport. Je dis que la dignité de la Convention lui commande de ne s'occuper que des chefs. Je dis que, parmi les hommes arrêtés, il en est beaucoup de bonne foi, mais qui ont été égarés par une faction hypocrite. Je dis que, parmi les signataires de la protestation, il s'en trouve, et j'en connais dont les signatures ont été surprises !... Qu'on me montre de nouveaux coupables, et l'on verra si je ne suis pas le premier à appeler sur leur tête la vengeance des lois [1]. »

Couthon ne négligea rien pour faire prévaloir à Lyon la politique ferme, vigilante, mais modérée que Robespierre essayait à Paris.

---

[1] Convention nationale. Séance du 3 octobre 1793.

Des malveillants excitaient les soldats à violer leur serment de respecter les propriétés; Couthon, de concert avec Laporte et Maignet, annonce que quiconque sera pris à piller sera fusillé dans les vingt-quatre heures [1].

Les vengeances privées brûlaient de s'assouvir; Couthon fait publier par Doppet, l'écho fidèle de ses pensées, une proclamation où les soldats sont adjurés de se prêter à la répression de tout acte arbitraire [2].

Le travail s'était arrêté, paralysé par la peur; Couthon, Laporte et Maignet ordonnent que les ateliers soient ouverts et que les relations commerciales reprennent leur cours [3].

L'esprit sectionnaire s'agitait; Couthon, Maignet et Châteauneuf-Randon défendent aux citoyens de s'assembler en sections, jusqu'à ce que toute fermentation dangereuse ait disparu [4].

Il eût été peu équitable de comprendre dans la même catégorie ceux des rebelles qui avaient été saisis les armes à la main, et ceux qui, moins ostensiblement, s'étaient engagés dans la révolte, nul doute ne pouvant exister à l'égard des premiers, et une erreur étant possible à l'égard des seconds; Couthon, d'accord avec ses trois collègues Châteauneuf-Randon, Maignet et Laporte, institua, pour juger les cas de flagrant délit, une commission militaire, et, pour examiner les autres cas, une commission « de justice populaire, » procédant par voie de jurés, et soumise à une stricte observation des formes [5].

---

[1] Voyez le compte rendu de Maignet, dans la *Bibliothèque historique de la Révolution*, 1070. 1, 2. (*British Museum.*) — Voyez aussi Guillon de Montléon, t. II, chap. xv, p. 257.

[2] *Ibid.*; — *ibid.*, p. 258 et 259. — *Mémoires du général Doppet*, liv. III, chap. III, p. 196 et 197.

[3] Guillon de Montléon, t. II, chap. xv, p. 259.

[4] *Ibid.*, p. 261. — Compte rendu de Maignet.

[5] *Ibid.*, p. 267 et suiv. — *Ibid.*

La condescendance fut même poussée jusque-là que le désarmement des Lyonnais, annoncé dès le 11 octobre, n'était pas encore commencé le 13 [1].

Dubois-Crancé et Gauthier, qui, quoique frappés d'un décret de rappel, avaient sollicité et obtenu d'entrer à Lyon, n'appartenaient pas, comme Couthon, au « parti des gens de la haute main; » ils relevaient du « parti des gens révolutionnaires, » ils suivaient la bannière portée dans le Comité de salut public par le sombre Billaud-Varenne, par le frénétique Collot-d'Herbois, et par ce Barère que sa pusillanimité même asservissait aux violents. La grande modération de Couthon leur déplut. Ils lui reprochaient d'ailleurs, dans le secret de leur cœur, la place qu'au dernier moment il était venu prendre dans la victoire. Ils s'étudièrent donc à le décrier, mais sourdement, et sans affronter son influence. Soutenus par Javogues, homme de la trempe de Collot-d'Herbois, ils commencèrent à insinuer que la fuite de Précy et de ses complices était due aux ménagements de Couthon; ils firent remarquer que la cohorte des rebelles était sortie par l'endroit le plus favorable à son dessein, le faubourg de Vaize; ils parurent étonnés de la lenteur mise à désarmer la population, attribuant à cette lenteur la perte de trente mille fusils pour la République; ils trouvèrent mauvais qu'en entrant à Lyon Couthon ne se fût pas entouré d'un appareil militaire et n'eût pas montré « ce visage sévère qui [2] convient au représentant d'une grande nation outragée. » Ils cherchèrent enfin à se créer un parti parmi les membres de l'ancienne municipalité, ceux de l'ancien club central et quelques chefs de l'armée.

Informé de ces manœuvres, Couthon les dénonce à la

[1] Guillon de Montléon, p. 271.

[2] La phrase est de Dubois-Crancé, et se trouve dans la justification qu'il publia plus tard, en réponse aux reproches de Couthon.

Convention. Mais, avant même que sa lettre fût parvenue à l'Assemblée, Robespierre et Saint-Just avaient arraché au Comité de salut public un arrêté qui changeait le rappel de Dubois-Crancé et de Gauthier en un ordre formel de les appréhender au corps et de les amener à Paris; ordre rigoureux à l'excès, que la Convention révoqua [1] presque aussitôt après l'avoir sanctionné [2].

Cependant, quelle conduite fallait-il que l'Assemblée tînt à l'égard de Lyon?

Que la révolte eût été dirigée par des royalistes, impossible de le nier. Leur chef était ce même Précy qui, au 10 août, avait combattu dans les rangs des Suisses, et à qui Louis XVI avait, en quittant son palais, adressé ces paroles : « Ah! fidèle Précy [3] ! » L'état-major s'était trouvé composé de marquis et de comtes; une foule d'émigrés, accourus de divers points, avaient combattu au premier rang ; et le but qu'ils se proposaient était assez nettement indiqué par le drapeau décoré de fleurs de lis que Doppet venait d'envoyer à la Convention [4]. Mais la ville de Lyon, prise dans son ensemble, pouvait-elle être avec justice accusée de royalisme? Ne contenait-elle pas un grand nombre de républicains sincères, quoique opposés à la Montagne? Le soin avec lequel les royalistes s'y étaient vus forcés de cacher leur drapeau n'avait-il rien qui parlât à des âmes républicaines? Et n'était-ce pas ici le cas d'appliquer, en faveur des hommes de bonne foi *égarés*, la politique si noblement avouée par Robespierre le 3 octobre? Il était bien évident, d'ailleurs, que ruiner Lyon, la plus riche ville de France par ses fabriques, c'était ménager à nos ennemis, à l'Angleterre surtout, un triomphe assuré sur notre industrie. Com-

---

[1] Voyez le *Moniteur* du 30 du premier mois.
[2] Voyez le *Moniteur* du 25 du premier mois.
[3] *Biographie universelle*, au mot *Précy*.
[4] *Moniteur* du 25 du premier mois.

ment oublier que, sous Louis XIV, les Anglais, en guerre avec la France, avaient offert six millions pour la destruction du commerce lyonnais?

Ainsi pensaient, dans le Comité de salut public, les *gens de la haute main*; la conduite de Couthon le prouve de reste; mais tel n'était pas le sentiment des *gens révolutionnaires*; et ceux-ci, quand il leur arrivait d'avoir l'appui des *gens d'examen*, Prieur, Carnot et Lindet, formaient une majorité contre laquelle échouait, quelque grand qu'il fût, l'ascendant moral de Saint-Just et de Robespierre.

Ajoutez à cela que l'idée de faire un exemple qui attestât au vieux monde ce que le monde nouveau portait en lui de puissance inexorable était la seule qui fût en rapport avec le tempérament de la Convention, la seule qui eût chance de convenir au génie exalté des Jacobins, la seule enfin qui pût emprunter de la force aux prodigieuses passions de cette époque prodigieuse.

Quel cruel moment pour Robespierre que celui où ses rivaux du Comité de salut public le réduisirent à l'alternative, ou de paraître faiblir, ou de condamner, en consentant à la ruine de la seconde ville de France, et la politique de Couthon et la sienne propre!

Quoi qu'il en soit, ce fut sur un rapport présenté par Barère, au nom du Comité de salut public, que la Convention rendit, le 12 octobre, le décret le plus terrible dont il soit fait mention dans l'histoire :

« Il sera nommé par la Convention nationale une commission extraordinaire de cinq membres, pour faire punir militairement et sans délai les contre-révolutionnaires de Lyon.

« Tous les habitants de Lyon seront désarmés. Leurs armes seront distribuées sur-le-champ aux défenseurs de la République. Une partie sera remise aux patriotes de

Lyon qui ont été opprimés par les riches et les contre-révolutionnaires.

« La ville de Lyon sera détruite ; tout ce qui fut habité par les riches sera démoli, il ne restera que la maison du pauvre, les habitations des patriotes égorgés ou proscrits, les édifices spécialement employés à l'industrie, et les monuments consacrés à l'humanité ou à l'instruction publique.

« Le nom de Lyon sera effacé du tableau des villes de la République.

« La réunion des maisons conservées portera désormais le nom de *Ville affranchie*.

« Il sera élevé sur les ruines de Lyon une colonne qui attestera à la postérité les crimes et la punition des royalistes de cette ville, avec cette inscription [1] : LYON FIT LA GUERRE A LA LIBERTÉ ; LYON N'EST PLUS ! »

La popularité est loin de valoir ce qu'elle coûte, lorsque, pour l'obtenir ou la conserver, il faut mentir aux autres et se mentir à soi-même. Couthon n'entendait certainement pas servir d'instrument à la ruine de Lyon ; et pourtant la crainte pusillanime de paraître manquer d'énergie le domina si bien, qu'ayant reçu le décret du 12 octobre il écrivit au Comité de salut public, dans une lettre destinée à être communiquée à la Convention : « La lecture de votre décret du 12 du premier mois nous a pénétrés d'admiration. Oui, il faut que Lyon perde son nom... De toutes les mesures grandes et vigoureuses que la Convention nationale vient de prendre, une seule nous avait échappé, celle de la destruction totale [2]. »

Rien ne répondait moins qu'un pareil langage à la secrète pensée de Couthon ; et la preuve, c'est qu'il n'y conforma nullement sa conduite. Plus d'une semaine

---

[1] *Histoire parlementaire*, t. XXIX, p. 192.
[2] *Moniteur* du 2 du deuxième mois, 1793.

s'écoula sans que rien annonçât de sa part l'intention d'exécuter les ordres de l'Assemblée. Il avait reçu, dès le 15 octobre, le décret rendu le 12, et ce fut le 26 seulement que le signal de la destruction fut donné par lui. Comme ses infirmités l'empêchaient de marcher, il se fit placer dans un fauteuil et porter devant un des édifices de la place de Bellecour, qu'il frappa d'un petit marteau d'argent, en ayant soin de dire : *La loi te frappe*[1] mot remarquable, à l'adresse des anarchistes, et qui empruntait des circonstances une signification particulière! Dans le cortége figuraient quelques hommes armés de pioches et de leviers; mais il ne leur fut pas enjoint, même alors, d'en faire usage, et la répugnance de Couthon à détruire le foyer de l'industrie française devint de jour en jour plus marquée[2].

Tant de modération n'était pas pour plaire à ceux qu'animait un impatient et brutal esprit de vengeance; mais, si Couthon n'avait point montré assez de courage dans ses lettres à la Convention, il en montra du moins, et beaucoup, dans chacun de ses actes. Informé que, non contents de déclamer contre les retards de la *commission de justice*, certains meneurs allaient jusqu'à se permettre des arrestations arbitraires, il signa et fit signer à ses collègues Maignet, Laporte et Châteauneuf-Randon, l'arrêté suivant : « Nul ne pourra être privé de sa liberté qu'en vertu d'un arrêté des représentants du peuple, ou d'un mandat d'arrêt d'une autorité constituée. — Tout individu qui en aura fait emprisonner un autre ou qui l'aura privé de la jouissance de sa propriété par la voie des scellés, ou autrement, sans un ordre légitime, sera

[1] *Biographie universelle*, au mot *Couthon*.
[2] Cette grande modération de Couthon est un fait que les écrivains contre-révolutionnaires se sont vus forcés de reconnaître, tant il fut éclatant. Qu'on lise à ce sujet, dans les *Mémoires de l'abbé Guillon de Montléon*, t. II, tout le chapitre xvi.

considéré comme ennemi du peuple et mis en état d'arrestation. — Le fonctionnaire public qui aura abusé de sa place pour opprimer des citoyens et s'emparer de leur propriété, sera dégradé publiquement et exposé pendant trois jours consécutifs sur une des places de cette ville, avec un écriteau portant son nom, sa qualité et ces mots : *Prévaricateur dans ses fonctions!* — Tous les bons citoyens sont invités, au nom de la patrie, de la justice et de l'humanité, à dénoncer avec courage aux représentants du peuple les abus, les injustices et les prévarications dont ils seraient victimes ou qui pourraient être à leur connaissance [1]. »

Ce n'est pas que Couthon prétendît glacer le moins du monde l'action révolutionnaire en tout ce qui touchait aux vrais intérêts de la République : loin de là ! Mais, à la politique sage et forte qu'il eût voulu inaugurer, il fallait des points d'appui ; et c'est ce qu'il ne trouva point à Lyon. Il s'aperçut bientôt qu'il risquait de s'aliéner les uns, à cause de la violence de leurs passions, et qu'il serait impuissant à ramener les autres, à cause de l'obstination de leurs préjugés. « L'esprit public, écrivait-il douloureusement, est perdu en cette malheureuse ville... Il nous faut une colonie de bons citoyens, qui, transportés sur une terre pour ainsi dire étrangère à la République, y transplantent les principes révolutionnaires [2]. »

Autre sujet de préoccupation : Dubois-Crancé était à Paris, où il faisait retentir le club des Jacobins de ses plaintes ; et Couthon ne tarda pas à apprendre que, dans une séance de ce club soupçonneux, Collot-d'Herbois, parlant de l'évasion de Précy, s'était écrié ironiquement : « ... Comment les Lyonnais ont-ils pu s'ouvrir un passage?... Ou les rebelles ont passé sur le corps des pa-

---

[1] Arrêté du 20 octobre 1793.
[2] *Moniteur* du 30 du premier mois, 1793.

triotes, ou ceux-ci se sont dérangés pour les laisser passer[1]. » Collot-d'Herbois ne nommait pas son collègue; mais l'attaque était suffisamment claire. Elle avertissait Couthon des accusations meurtrières qu'il allait s'attirer, pour peu qu'il hésitât à exécuter le décret du 12 octobre. Ne voulant pas se charger de cette responsabilité sanglante, il obtint qu'on la lui épargnât, et elle fut acceptée, le 30 octobre, par deux hommes bien faits pour se présenter aux Lyonnais comme les messagers de la mort : Collot-d'Herbois et Fouché.

[1] Séance des Jacobins du 17 octobre 1793.

CHAPITRE NEUVIÈME.

LA COALITION REPOUSSÉE.

Détresse inouïe. — Déplorable état des armées, et cependant force étonnante de la Révolution. — Régénération de l'art de la guerre. — Carnot. — Houchard, général en chef de l'armée du Nord; son trouble. — Siége de Dunkerque. — Marche de Houchard; ses premiers succès; son hésitation; soupçons de Levasseur. — Bataille de Hondschoote; belle conduite des représentants Levasseur et Delbrel. — Victoire. — Houchard hésite encore; reproches que lui adresse Levasseur. — Le duc d'York lève le siége de Dunkerque. — Prise de Menin. — Défaite sans combat. — Hédouville suspendu. — Houchard destitué. — Événements militaires sur le Rhin. — Politique égoïste des coalisés. — Dissidences entre le duc de Brunswick et Wurmser. — Combat de Pirmasens. — Le général Guillaume envoyé à la Force. — Guerre aux Pyrénées. — Dagobert devant Ricardos. — Orgueil sublime né des passions révolutionnaires. — Le Comité de salut public attaqué; défense victorieuse de Robespierre; modération de sa politique. — Rapport de Saint-Just; le gouvernement déclaré révolutionnaire jusqu'à la paix. — Cobourg investit Maubeuge. — Traits d'héroïsme. — Jourdan, général en chef de l'armée du Nord. — Il marche au secours de Maubeuge. — Carnot à l'armée. — Suicide du général Mérenvu. — Mot imprudent de Cobourg. — Les deux armées en présence. — Ordre de bataille. — Journée du 15 octobre. — Miracles de l'enthousiasme républicain. — Les deux frères Duquesnoy. — Journée du 16; victoire de Wattignies. — Inaction de la garnison de Maubeuge pendant la bataille. — Le général Chancel condamné à mort par le tribunal révolutionnaire. — Drouet pris par les Autrichiens; singulière destinée. — Effet produit par la victoire de Wattignies et le déblocus de Maubeuge.

Qu'une nation, livrée aux angoisses d'un vaste enfantement, tourmentée par les complots, déchirée par les factions, désolée par la famine, sans commerce, sans crédit, sans finances, sans autre monnaie que des chiffons de papier, sans autres protecteurs de son sol partout menacé que des soldats levés à la hâte et demi-nus, ait pu néanmoins, dans un court espace de temps et du même coup, jeter les bases d'un monde nouveau, déjouer d'innombrables conspirations, faire acclamer la République à des millions d'affamés, dompter dix ou douze révoltes intérieures, repousser le choc de cent mille paysans fanatiques, et, après avoir ébranlé jusqu'en ses fondements l'Europe entière, la vaincre... A quelle époque et dans quel pays vit-on jamais pareil prodige?

Qu'on se reporte au point où nous avons interrompu le récit du mouvement des armées : Condé, Valenciennes, Mayence, sont au pouvoir de l'ennemi; notre armée du Nord, successivement chassée du camp de Famars et de celui de César, a dû se retirer derrière la Scarpe; les alliés, qui, depuis Bâle jusqu'à Ostende, comptent près de trois cent mille combattants, semblent n'avoir, pour anéantir les débris de notre force militaire, qu'à s'avancer en masse de Valenciennes sur Soissons d'un côté, et de Mayence sur Châlons de l'autre; le prince de Cobourg, maître de la frontière à quarante lieues de la capitale, la menace du poids de cent quatre-vingt mille hommes; les Piémontais descendent du haut des Alpes pour donner la main aux Lyonnais soulevés; Toulon, le plus beau port de France, est occupé par les Anglais; les Espagnols ont emporté le fort de Bellegarde et tiennent la clef du Roussillon; enfin, des Pyrénées aux Alpes, du Rhin à l'Océan, du Rhône à la Loire, les bataillons républicains, accablés par la supériorité du nombre, sont refoulés vers l'intérieur, que consume le grand incendie de la Vendée.

Tel se présente l'ensemble de la situation, et, si on l'approfondit, quels détails ! Des armées en pleine désorganisation. Un encombrement de recrues. Des volontaires, braves devant l'ennemi, mais, hors de l'action, indisciplinés. Des officiers nobles qui, suspects aux soldats, se défient des soldats [1]. Pour entrepreneurs du service des armées, d'anciens procureurs juifs, des hommes de chicane, des laquais, qui, habiles à prévoir le discrédit du papier-monnaie, ont accaparé les marchandises, et, par le jeu savant de la hausse et de la baisse, font la rafle des écus. Des fournisseurs, mal ou non payés, livrant des denrées de mauvais aloi. Le soldat ayant à peine de quoi manger et portant aux pieds des souliers à semelles de carton, ou déguisées avec de la tôle. Des hôpitaux remplis de malades sans médicaments. Les chevaux, nourris avec des roseaux de marécage en guise de foin, périssant par milliers et jonchant les chemins de leurs cadavres. La disette du fourrage si excessive, qu'en certains endroits on fut réduit à chercher sous la neige, laborieusement balayée, quelques méchants brins d'herbe, et que, plus d'une fois, on vit des dragons, les larmes aux yeux, partager leur pain avec leurs chevaux [2].

D'où vient que, dans cet état de détresse inouïe, la France épouvanta ses ennemis à ce point qu'ils n'osèrent pas se résoudre à franchir la distance de douze ou quinze marches qui les séparait du berceau de la Révolution ?

---

[1] Voyez le chap. III des *Mémoires de Levasseur*, t. II.

[2] Voyez, dans le tome IV du *Nouveau Paris*, par Mercier, le chapitre intitulé : *Entrepreneurs du service des armées.*

Quelle invisible main les retint comme enchaînés sur la frontière? Ah! il n'y a pas à en douter, ce qui les arrêta, ce fut moins le bras levé de la France que le pouvoir mystérieux de ses pensées. Elle avait apporté dans le monde quelque chose de nouveau et de profond dont il leur fut impossible d'approcher sans pâlir. Ils le sentaient frémir et brûler sous leurs pieds, ce sol, sacré à jamais, qui avait enfanté tant d'hommes à la vie nouvelle. Leur hésitation fut celle de l'effroi, et, à leur insu, celle du respect.

On assure qu'après la double capitulation de Condé et de Valenciennes, plusieurs généraux allemands, Clairfayt, Beaulieu, Ferraris, furent d'avis d'aller droit à la prison où gémissait Marie-Antoinette; et que ce plan échoua devant la résistance du cabinet de Saint-James, dont la politique, peu sentimentale de sa nature, voulait une proie, Dunkerque[1]. Il est certain en effet qu'ordre fut donné au duc d'York de marcher, avant tout, sur cette ville et d'en former le siége[2]. Mais les alliés auraient-ils asservi avec autant de facilité l'intérêt commun et manifeste de la coalition aux vues personnelles de l'Angleterre, et l'Angleterre elle-même aurait-elle subordonné ses plans aux seules inspirations d'un étroit égoïsme, si affronter l'enthousiasme révolutionnaire à son foyer n'avait semblé presque chimérique? Prendre le chemin de Paris, c'était entrer dans une fournaise ardente : l'état-major du prince de Cobourg le savait bien; et il était si convaincu de la toute-puissance de la foi républicaine, que, cherchant à justifier sa circonspection aux yeux du monde, il fut le

---

[1] *Mémoires sur les opérations militaires des généraux Custine et Houchard*, par Gay de Vernon, chap. XII, p. 255.

[2] *Ibid.* — *Mémoires tirés des papiers d'un homme d'État*, t. II, p. 350.

premier à rappeler l'issue désastreuse de l'invasion de la Champagne[1].

De là l'adoption du plan timide qui bornait les opérations offensives des alliés à deux tentatives séparées, l'une du duc d'York sur Dunkerque, l'autre du prince de Cobourg sur le Quesnoy.

Or, tandis que nos ennemis s'enfonçaient de la sorte dans la vieille routine des entreprises de détail, le Comité de salut public, éclairé par Carnot, atteignait d'un bond aux plus hautes conceptions militaires. Car, il importe de le remarquer, c'est au génie fécond de la Révolution qu'appartient, même la régénératino de l'art de la guerre; et ce fut Carnot qui, systématisant les procédés de Frédéric II, créa la science dont la République d'abord et Napoléon ensuite tirèrent tant de merveilleux résultats. S'acharner à l'attaque ou à la défense d'une ligne; garder les passages; prendre soin de ne pas se découvrir; sacrifier à la crainte de laisser une place derrière soi le bénéfice d'une marche hardie et l'occasion de frapper un coup décisif, voilà en quoi la tactique avait longtemps consisté; c'était celle des alliés. Carnot persuada sans peine au Comité de salut public, et le Comité de salut public à la France, que l'art de la guerre était l'art de former une masse compacte, de lui imprimer des mouvements rapides, et de diviser les forces ennemies de manière à attaquer les corps isolés l'un après l'autre, sûr moyen de les écraser, le problème des batailles à gagner se pouvant poser en ces termes : avoir toujours à opposer, sur un point quelconque, à un nombre donné

---

[1] Dans une réponse indirecte aux partisans de la marche sur Paris, réponse qu'on répandit à la Haye et à Bruxelles par la voie des journaux. (Voyez les *Mémoires tirés des papiers d'un homme d'État*, t. II, p. 351.)

d'hommes un nombre d'hommes beaucoup plus considérable[1].

En même temps paraissait la loi qui constituait la force nationale, par la formation de l'infanterie de ligne en cent quatre-vingt-dix-huit demi-brigades, et de l'infanterie légère en trente demi-brigades. Cette loi fixait chaque demi-brigade à trois mille deux cents combattants, ce qui devait porter l'effectif à sept cent vingt-neuf mille six cents hommes; elle supprimait le mot *régiment*, vestige d'un passé qu'on aurait voulu arracher de l'Histoire; elle substituait aux dénominations vagues de maréchal de camp et de lieutenant général celles de général de brigade et de général de division, plus précises; et, détruisant les bigarrures de noms, d'uniformes, de paye, de discipline, elle faisait de l'armée un tout compacte et homogène[2].

Une réforme non moins salutaire fut introduite dans l'action des pouvoirs dirigeants. Jusqu'alors nulle idée d'ensemble n'avait présidé aux mouvements de corps lancés à de telles distances les uns des autres, que les faire manœuvrer harmonieusement semblait impossible : placé au Comité de salut public comme au sommet d'une haute montagne, Carnot parcourut de son œil perçant l'immense ligne de nos frontières, et sa voix, portée d'échos en échos jusqu'aux limites les plus reculées, détermina dans les opérations un accord qui en assura le succès. L'envoi aux armées de représentants du peuple, investis d'une autorité supérieure à celles des généraux,

---

[1] C'est de ce nouveau système adopté par le Comité de salut public que Barère entretint la Convention dans la séance du 12 août 1793.

[2] *Mémoires sur les opérations des généraux en chef Custine et Houchard*, par le baron Gay de Vernon, chap. xii, p. 232. — L'auteur auquel nous empruntons le résumé de la loi du 12 août ne parle des dispositions de cette loi qu'avec admiration, et appelle avec raison « monstrueuses » les « bigarrures » qu'elle fit disparaître.

et pleins de la pensée qu'ils avaient charge de vivifier, réalisa le phénomène d'un pouvoir central présent, à chaque heure du jour, sur chaque point de la circonférence. Les commissaires de la Convention furent comme « les nerfs qui animent le corps humain, en correspondant avec le cerveau [1]. »

Kilmaine, après sa belle retraite au camp de Gavarelle, avait été désigné pour le commandement de l'armée du Nord : sur son refus, né d'un sentiment de modestie ou de prudence, Houchard fut nommé, et dut quitter l'armée de la Moselle, qu'il commandait alors. Personne qui ne crût à l'excellence d'un pareil choix. Houchard, en effet possédait la confiance des soldats, qui aimaient tout en lui : sa bravoure impétueuse, ses habitudes d'homme des camps, sa pauvreté, sa jactance même, et jusqu'à une longue balafre qui sillonnait son visage [2]. Quant à son attachement pour la Révolution, comment le mettre en doute? La Révolution l'avait comblé de bienfaits et d'honneurs; de simple capitaine, elle l'avait fait, en deux ans, général en chef [3]. Il s'en souvenait, n'en parlait jamais qu'avec reconnaissance, et, bien différent de Custine, se montrait à l'égard de la Convention plein de dévouement et de respect. Simple officier de fortune, il n'avait pas ce puéril orgueil du sang que Custine puisa dans sa noblesse; on ne l'avait jamais entendu se vanter, lui, de « faire des papillotes avec les décrets qui ne lui plaisaient pas; » et il ne craignit pas de paraître un jour à une revue [4], la tête coiffée d'un bonnet rouge. Mais

---

[1] *Mémoires de Levasseur*, t. II, chap. IV, p. 70.

[2] *Mémoires sur les opérations militaires des généraux en chef Custine et Houchard*, par le baron Gay de Vernon, chap. XII, p. 227. — Il ne faut pas oublier que ces détails viennent du fils d'un homme qui fut l'ami de Houchard et un de ses conseillers.

[3] *Ibid.*

[4] *Ibid.*, 220.

son malheur fut dans son élévation même. Bon général d'avant-garde, et rien de plus, le commandement en chef l'accabla. Il eut le vertige. D'autant que l'heure approchait où, pour les généraux de la République, il n'y aurait à choisir qu'entre un char de triomphe et l'échafaud. Ce qui est sûr, c'est que l'arrestation de Custine avait jeté Houchard dans un trouble dont il ne put jamais se remettre. Lorsque, en quittant l'armée de la Moselle, il alla voir et embrasser sa famille à Sarrebourg, une mélancolie profonde, qu'il s'efforça vainement de dissimuler, était répandue sur son visage, et aux questions inquiètes d'un ami il répondit qu'il désespérait d'échapper au sort qui le menaçait [1].

A peine rendu à sa destination, une circonstance imprévue vint fortifier ses pressentiments. Billaud-Varenne arriva. Il venait recueillir les dénonciations; il venait faire trembler les suspects sous les armes. Pendant la nuit, vingt-deux adjudants généraux sont arrêtés; si bien qu'à son réveil, Houchard, frappé de stupeur, ne trouve, à l'état-major, ni chef ni officiers. On avait aussi enlevé les registres d'ordre et la correspondance. Houchard les envoyant redemander, Billaud-Varenne lui fait savoir qu'il les a pris dans une cuisine et les envoie à ses collègues du Comité pour leur apprendre avec quelle négligence on servait à l'armée du Nord [2]. Il partit enfin, cet homme sombre, et l'armée respira.

Cependant le duc d'York se disposait à marcher sur Dunkerque. Le 16 août, il campait à Turcoing; le 17, il y tenait conseil de guerre; et, le 18, ses troupes s'ébranlaient [3].

---

[1] *Notice historique sur la vie de Houchard*, par son fils, citée dans le livre du baron Gay de Vernon.

[2] Gay de Vernon, chap. xii, p. 230.

[3] *The new annual register for the year* 1793, p. 192.

Leur force totale, y compris un corps de douze mille Autrichiens sous les ordres du feld-maréchal Alvinzi, montait à environ trente-six mille combattants. Le maréchal Freytag, avec seize mille hommes, était à Ost-Capelle. Le prince d'Orange, à la tête de quinze mille Hollandais, occupait la position de Menin. Le gros de l'armée impériale avait été mis en mouvement pour s'emparer du Quesnoy et de la forêt de Mormale [1].

Chemin faisant, le duc d'York trouva le prince d'Orange engagé dans une vive attaque contre les avant-postes français. Les Hollandais avaient d'abord eu le dessus, ayant, dès la pointe du jour, surpris Linselles et enlevé le Blaton ; mais Jourdan, réuni à Béru, n'avait pas tardé à reprendre le premier de ces deux villages, et le chef de brigade Macdonald était rentré dans le second à la baïonnette. L'arrivée des gardes anglaises et de trois régiments hessois rétablit le combat. Les deux postes furent occupés de nouveau, succès qui était loin de valoir tout le sang qu'il avait coûté. Le duc poursuivit sa marche [2].

Le 22 août, il était à Furnes, d'où il partit, après une courte halte, pour s'établir sur le terrain qu'il devait occuper pendant le siége. C'était un grand espace sablonneux, appelé l'Estrang, resserré entre l'Océan et les marais de la grande Moër, et dont les dunes favorisaient les approches de la place. Le duc, divisant son armée en deux corps, l'un d'observation et l'autre de siége, retint le commandement du second, et confia le premier au maréchal Freytag, qui s'établit à Hondschoote, et dont les avant-postes occupèrent tous les villages jusqu'à Herzèle

<hr />

[1] *Mémoires tirés des papiers d'un homme d'État*, t. II, p. 350 et 366. — *Histoire parlementaire*, t. XXIX, p. 88.

[2] Voyez sur l'affaire de Linselles et du Blaton les *Mémoires de Levasseur*, t. II, chap. III. — Voyez aussi le *Mémoire sur les opérations de Custine et de Houchard*, par le baron Gay de Vernon, p. 258 et 259.

et Houtkercke, en deçà du ruisseau de l'Yser. Le 24, les détachements français qui couvraient la place se replièrent, à la suite d'une attaque dans laquelle périt le général autrichien d'Alton, et le même jour la tranchée fut ouverte, en dépit de la nature du terrain, sable mouvant où l'on trouvait l'eau à deux pieds de la surface. Il avait été convenu qu'un armement naval considérable viendrait, des ports de l'Angleterre, coopérer au siége ; le duc d'York l'attendit en vain, et, au lieu de l'escadre promise, vit arriver une flottille de bâtiments de guerre français, qui, embossés sur le flanc droit du camp, se mirent à le battre en écharpe avec du gros calibre. La ville, au reste, faisait bonne contenance, défendue qu'elle était par le général Souham, et par un jeune homme dont la Révolution fit un héros : l'admirable Hoche [1].

Le duc d'York étant engagé dans l'étroite langue de terre par laquelle Furnes et Dunkerque communiquent ; le corps d'observation du maréchal Freytag occupant, en avant des marais et de Dunkerque, une position qui ne protégeait pas les derrières du corps de siége ; et les Hollandais, postés à trois journées de ce point, n'y pouvant être d'aucun secours, le Comité de salut public entrevit la possibilité de dégager la place par la réunion d'une masse unique de cinquante mille ou soixante mille hommes qui, passant avec hardiesse et d'un élan rapide entre les Hollandais et Freytag, se serait portée à Furnes, derrière le duc d'York, et, supérieure en nombre à chacun de ces trois corps pris à part, les aurait successivement accablés. C'était une application du nouveau

---

[1] Voyez, sur la mise de Dunkerque en état de siége, le *New annual register for the year*, 1793, p. 192 ; — les *Mémoires tirés des papiers d'un homme d'État* t. II, p. 366 et 367 ; — l'*Histoire parlementaire* t. XXIX, p. 89 et 90.

système de guerre[1], et le fond des instructions que Carnot fit passer à Houchard[2]. Mais, comme l'accomplissement d'un tel dessein exigeait plus de forces que Houchard n'en avait à sa disposition, Carnot annonça l'envoi d'un renfort de trente-cinq mille hommes, tiré des armées de la Moselle et du Rhin, attendu que la capitulation de Mayence leur interdisait provisoirement l'offensive, et que leur défensive était assurée par les lignes de Weissembourg. Malheureusement cette partie du projet ne se put effectuer; douze mille hommes seulement furent envoyés à l'armée du Nord[3], qui, de la sorte, se trouva ne pas excéder trente mille combattants[4].

Il est probable que ce fut cette circonstance qui empêcha Houchard de suivre le plan du Comité de salut public, et lui fit prendre la résolution d'attaquer tout simplement de front le corps d'observation de Freytag, de manière à le rejeter sur les derrières du duc d'York, manœuvre moins brillante, moins décisive, mais aussi moins hasardeuse.

La vérité est que, pour s'engager et manœuvrer avec trente mille hommes entre les trois corps de Freytag, du duc d'York et du prince d'Orange, il eût fallu courir des risques que les préoccupations de Houchard ne lui permettaient guère d'affronter. Il avait l'esprit si frappé, que, le 1er septembre, apprenant par le *Moniteur* l'exécution de Custine, il s'écria : « Oh ! mon Dieu ! c'est donc un parti pris; on veut guillotiner tous les généraux ! » Levasseur était là; il répliqua rudement :

---

[1] Barère y fit allusion dans son discours du 25 septembre 1793.
[2] *Histoire parlementaire*, t. XXIX, p. 87.
[3] *Ibid.*, p. 88.
[4] Les auteurs de l'*Histoire parlementaire* disent vingt mille, mais c'est évidemment une erreur. Voyez sur ce point les *Mémoires de Levasseur*, commissaire à l'armée du Nord, chap. IV, p. 73 et 74.

« Et toi aussi, on te guillotinera, si tu nous trahis [1]. »

Le 5 septembre, l'armée du Nord commença son mouvement. Le général Hédouville formait la droite avec dix mille hommes, et le général Landrin la gauche avec cinq mille; le centre, d'environ quinze mille hommes, était commandé en personne par Houchard. Les premières attaques furent suivies d'un plein succès, et les villages de Oudezeele, Herzeele, Bambeck, enlevés dès le premier jour, au pas de charge. Là Jourdan et Vandamme se couvrirent de gloire. A Bambeck, Houchard se battit en vaillant soldat. L'armée anglaise recula sur toute la ligne. Vainement le général Falkenhausen essaya-t-il de garder Rœxpoède, où il s'était arrêté pour couvrir la retraite, il dut se replier sur Hondschoote [2].

Les Français couchèrent à Rœxpoède. Les habitants avaient fui, le village était désert. Levasseur, logé à la même auberge que Houchard, fut étonné de l'agitation que trahissait l'attitude de ce général. « Je crains, disait-il, d'être surpris cette nuit; la position est peu forte. — Il ne fallait pas alors nous y amener, » répondit Levasseur [3]. Vers huit heures du soir, le bruit du canon se fait entendre. Freytag, revenu précipitamment sur ses pas, attaquait Rœxpoède en personne. La cavalerie française culbuta les colonnes ennemies et fit prisonniers le prince Adolphe d'Angleterre et le maréchal Freytag; mais une charge heureuse du colonel hanovrien Milius dégagea le premier, et le second fut délivré, quelques heures après, par le général Sporcken, qui, dans un second effort, pénétra jusqu'au milieu du village, où il ne put, du reste, se maintenir [4]. Il était alors minuit. L'en-

---

[1] *Mémoires de Levasseur*, t. II, chap. III, p. 47.
[2] *Tableau des guerres de la Révolution*, cité dans l'*Histoire parlementaire*, t. XXIX, p. 91.
[3] *Mémoires de Levasseur*, t. II, chap. V, p. 77.
[4] *Tableau des guerres de la Révolution*, ubi supra.

nemi ayant battu en retraite, quatre heures s'écoulèrent sans que rien fît présager, de sa part, une tentative nouvelle. Tout à coup, au grand étonnement de ceux qui l'entourent, Houchard ordonne la retraite sur Bambeck. Pourquoi ce mouvement rétrograde? Interrogé par Levasseur, Houchard balbutia. Il paraissait si effrayé, lui brave entre les braves, qu'il parlait de reculer jusqu'à Herzeele [1].

Le lendemain, à Bambeck, conseil de guerre chez le général en chef. Les commissaires de la Convention y assistaient. Leur opinion, conforme à celle des officiers, fut qu'il fallait marcher en avant. Seul, Houchard se prononçait pour la défensive. Alors, saisissant une carte géographique déployée sur la table du conseil : « Voilà, s'écrie impétueusement Levasseur, voilà Dunkerque. Nous en serions bien près, si nous n'avions pas rétrogradé cette nuit. » Et il éclata en reproches [2]. De noirs soupçons avaient envahi son cœur, et, dans le secret de ses pensées, il hésitait entre l'accusation d'incapacité et celle de trahison [3].

Par une inconséquence bien extraordinaire de la part d'un homme que les escarmouches de la veille semblaient avoir terrifié, Houchard, ce jour là, eut l'idée de porter la division Landrin sur Dunkerque, c'est-à-dire d'affaiblir l'armée de secours dans des circonstances où, comme le fait remarquer Jomini, il eût fallu au contraire la renforcer de toutes les troupes inutiles à Dunkerque [4].

Enfin, Houchard se décide à l'attaque, et, le 8 septem-

---

[1] *Mémoires de Levasseur*, t. II, chap. v, p. 78.
[2] *Ibid.*, p. 79.
[3] *Ibid.*, chap. v, *passim.*
[4] *Histoire critique et militaire des guerres de la Révolution*, t. IV, chap. xx, p. 71.

bre au matin, toute l'armée s'avance vers Hondschoote, village situé sur la route de Furnes. La droite était commandée par Hédouville et Collaud, entre Bevern et Killem; le centre, par Jourdan, en avant de Killem; la gauche s'étendait entre ce village et le canal de Furnes[1]. Une redoute forte de onze pièces de canon couvrait Hondschoote, battant à la fois le chemin de Bergues et les trois chemins qui conduisent à Blankem. Une autre redoute balayait la route de Warhem. Du côté de Moër et du côté de Hondschoote, la plaine était entièrement inondée. Il fallait donc, pour aborder l'ennemi, braver le feu des deux redoutes, en parcourant un terrain d'une demi-lieue, avec de l'eau jusqu'aux genoux. Ces obstacles, qui jadis avaient arrêté pendant plusieurs mois Turenne, n'arrêtèrent pas les républicains. Vandamme, à la tête de l'avant-garde, emporte les avant-postes des Anglais. A droite, Collaud s'empare des postes de Bevern et de Killem. Bientôt le combat s'engage sur toute la ligne. Les commissaires de la Convention, Delbrel et Levasseur, étaient dans les rangs, excitant le soldat et déchirant avec lui la cartouche. Cependant l'ordre de courir sur les retranchements ennemis n'arrivait pas, et nos troupes, réduites à supporter un feu terrible, demandaient à avancer. Levasseur entendit Collaud qui, grièvement blessé, disait : « Qu'est devenu Houchard? Quoi! pas d'ordres! » Jourdan, blessé aussi et perdant beaucoup de sang, exhalait les mêmes plaintes, tandis qu'on le portait à l'ambulance. Apercevant Houchard qui, derrière une haie, se consultait avec quelques officiers et paraissait en proie à une poignante incertitude, il s'écria : « Qu'allons-nous devenir avec un pareil chef? Il y a deux fois plus de monde pour défendre Hondschoote que nous n'en avons pour l'attaquer. Nous som-

[1] Jomini, t. IV, chap. xx, p. 59.

mes perdus! » Levasseur interrompt vivement : « Ce mot
n'est pas français. Ne comptons pas, et dites ce qu'il faut
faire. — Cesser le feu et battre la charge. » Cet ordre
est aussitôt donné par Levasseur à la division Jourdan et
porté par Delbrel à la division Collaud. Puis, pour mieux
entraîner les soldats, les deux représentants du peuple
gagnent la tête des colonnes. Tel est le récit de Levasseur [1].

Le fils d'un ami et d'un compagnon d'armes de Houchard raconte, de son côté, que Houchard fit tout ce
qu'on pouvait attendre de sa vaillance; qu'il s'avança, le
sabre à la main et au grand trot, à la tête du 17e de
cavalerie, dont la fière contenance ranima les courages
ébranlés; que l'ordre d'aborder les retranchements sans
tirer, au pas de course, fut donné par lui, et que ce fut
lui qui invita les représentants du peuple à se porter à la
tête des divisions [2].

Toujours est-il que Levasseur et Delbrel s'élancèrent
au premier rang, et que leur intrépidité, leur patriotique
enthousiasme, la vue de leurs panaches tricolores flottant au plus fort du péril, eurent un effet électrique [3].
Levasseur ne cessait de crier : « En avant! en avant! »
Un boulet casse les reins à son cheval, et quelques soldats, dont il avait gourmandé d'une manière fort âpre
l'hésitation, murmurent d'un ton moqueur, en le voyant
tomber : « Va donc en avant, il y fait bon! » Lui se relève, se fait amener un autre cheval et continue. On
battait la charge sur tous les points, et au bruit du tambour se mêlait le chant sublime de la *Marseillaise*. La
division Collaud, où se trouvait Delbrel, qui avait à es-
suyer le feu le plus vif, fut d'une fermeté inébranlable.

---

[1] Jomini, t. II, chap. v, p. 81-83.
[2] Gay de Vernon, *Mémoire sur les opérations militaires de Custine et
de Houchard*, p. 268 et 269.
[3] C'est ce que reconnaît l'auteur qui vient d'être cité. Voyez p. 268.

Mais ce qui décida surtout le succès de la journée, ce fut la bravoure de cette même gendarmerie à pied, dont les généraux avaient tant dénoncé l'indiscipline. Unie à une partie des troupes de la garnison de Bergues, que conduisait le général Leclerc, elle attaqua les retranchements des coalisés avec un emportement si furieux, que rien ne put résister[1]. Les alliés perdirent, dans ces trois journées, trois mille hommes, tués ou blessés. La perte des Français était à peu près égale[2]; mais, pour avoir été sanglante, la victoire n'en était ni moins signalée, ni moins décisive. Walmoden, qui remplaçait Freytag, hors de combat, opéra sa retraite sur Furnes.

Pendant ce temps, la garnison de Dunkerque avait renouvelé ses attaques, de manière à occuper les forces du duc d'York. Ce prince n'eut pas plutôt appris le résultat de la bataille de Hondschoote, que, tremblant d'être coupé, il leva le siége, abandonnant cinquante-deux pièces de canon et ses bagages[3].

De fait, si Houchard eût poussé vivement sa pointe vers Furnes et s'en fût emparé, le prince anglais, resserré en tête par Dunkerque, à droite par l'Océan, à gauche par la grande Moër, et en queue par les vainqueurs de Hondschoote, se trouvait pris dans un défilé sans issue, et jeté à la mer, à moins qu'il ne mît bas les armes. Levasseur en était si convaincu, que, rencontrant Houchard près de la redoute, aussitôt après la bataille, il lui dit : « Il faut aller nous placer sur la chaussée de Furnes, nous prendrons le duc d'York. — Comment, à la suite d'un pareil combat, rassembler l'armée? — Je m'en charge. — Les chemins sont mauvais. — S'ils le sont pour nous, ils le sont aussi pour les

---

[1] *Tableau des guerres de la Révolution*, cité dans l'*Histoire parlementaire*, t. XXIX, p. 92 — *Mémoires de Levasseur*, t. II, chap. v, p. 85.

[2] Jomini, t. IV. liv. V, chap. xx, p. 60.

[3] *Histoire parlementaire*, t. XXIX, p. 93.

Anglais, et nous y serons les premiers. — Vous n'êtes
pas militaire, représentant. » Levasseur n'insista pas
davantage; mais il garda sa conviction, mêlée à des
conjectures sinistres [1].

Jomini, dont l'opinion fait autorité en ces matières,
prétend que « Houchard, répréhensible dans les premières journées, fut à l'abri de tout reproche relativement à la poursuite, » et la raison qu'il en donne, c'est
qu'il eût été téméraire de tenter avec des moyens insuf-
fisants l'opération indiquée par Levasseur. « Car, dit-il,
si les Hanovriens fussent revenus sur leurs pas, ainsi
qu'on doit le présumer, tandis que le duc d'York eût
assailli les Français par Adinkerque, la perte de ces
derniers eût été certaine [2]. Mais ici Jomini paraît oublier
que Dunkerque renfermait une garnison brave, nombreuse, bien commandée, qui avait su déjà par de vail-
lantes sorties retenir les renforts que le duc d'York avait
voulu envoyer à l'armée d'observation. Cette garnison
serait-elle restée tout à coup frappée de paralysie? La
preuve que le duc d'York crut l'opération possible, c'est
qu'il en redouta le succès, et à ce point qu'il précipita
sa retraite, n'ayant plus qu'une préoccupation, celle
d'éviter qu'on la lui coupât. Dans un recueil où se
trouve exprimée l'opinion des Anglais à cet égard, on
lit : « Il est généralement reçu que, si le général Houchard, en cette occasion, avait fait son devoir, il aurait
coupé la retraite du duc d'York et probablement pris
toute l'armée alliée [3]. » Au lieu de cela, nul obstacle
n'ayant été mis à la jonction des deux corps, cette ar-

[1] Voyez ses *Mémoires*, t. II, chap. v, p. 85.
[2] *Histoire critique et militaire des guerres de la Révolution*, t. IV,
liv. V, chap. xx, p. 71.
[3] «It is in general well understood that if general Houchard had
done his duty, he might have effectually cut off the retreat of the
duke of York and probably have captured the whole of the allied
army. » *New annual Register for the year*, 1793, p. 192.

mée, selon le mot caractéristique du prince de Hardenberg, campa le 9 septembre à Furnes, réunie et *sauvée*[1].

Lorsqu'il avait transmis à Houchard l'ordre d'aller
combattre le duc d'York à Dunkerque, le Comité de salut
public avait écrit : « L'honneur de la nation est là[2]. »
Aussi la victoire de Hondschoote causa-t-elle, dans Paris,
une joie qui survécut à la nouvelle de la prise du Quesnoy
par le prince de Cobourg; et, pour ce qui est de l'impression produite en Europe, elle fut immense. Les Jacobins triomphaient surtout de l'humiliation de Pitt,
l'objet de leurs plus violentes inimitiés. Seulement, l'idée
que Houchard aurait pu jeter les Anglais dans la mer et
qu'il ne l'avait pas fait les remplissait d'une colère
sourde, dont un revers inattendu et inexplicable précipita l'explosion.

N'ayant rien désormais à entreprendre contre le duc
d'York, qui, réuni à Walmoden, présentait une masse
de trente-trois mille combattants, le général français
avait résolu d'utiliser ses forces en les jetant sur le corps
hollandais isolé à Menin, « calcul d'autant mieux fondé,
écrit Jomini, que l'armée du prince d'Orange, loin
d'être rassemblée, occupait une infinité de postes[3]. »
En conséquence, le 11 septembre, Houchard quittait
Hondschoote. Au moment du départ, il dit à Levasseur :
« Ce soir, il y aura une chaude affaire à Wervick : nous
y prendrons six mille Hollandais. » Levasseur témoignant
le désir d'être de la partie, Houchard, d'un air sérieux,
l'invite à rester au quartier général. Mais le commissaire
montagnard : « Je n'ai d'ordres à recevoir de personne
ici, et je prétends accompagner l'armée sous le feu de

---

[1] *Mémoires tirés des papiers d'un homme d'État*, t. II, p. 369.
[2] *Ibid.*, p. 365.
[3] *Histoire critique et militaire des guerres de la Révolution*, t. IV,
liv. V, chap. xx, p. 71.

l'ennemi [1]. » Selon le plan adopté, une colonne, commandée par le général Dumesnil, devait attaquer Wervick de front, et une autre, commandée par le général Hédouville, tourner la ville à gauche et s'avancer, pour couper la retraite, jusqu'au chemin qui conduit à Menin. Les représentants du peuple présents à cette affaire payèrent, comme toujours, de leur personne, et très-résolûment [2]. Le montagnard Chasles y fut blessé à la jambe par un éclat d'obus. Quant à Levasseur, non content d'affronter la mort, il fit charger un bataillon qui pliait. Les Hollandais, vigoureusement attaqués de front, furent chassés de Wervick ; mais ils échappèrent, Hédouville n'ayant pas mis la célérité convenable à exécuter la partie du plan dont il était chargé [3].

Le 13 septembre, nouvelle victoire. Menin est emporté, à la manière accoutumée de nos troupes, au pas de charge ; et l'ennemi s'enfuit en désordre vers Bruges et Courtrai, laissant derrière lui quarante pièces de canon [4].

Il advint alors ce qui a eu lieu trop souvent dans le cours des guerres de la Révolution, pour ne pas attester l'existence d'un complot permanent au sein des armées. Dans tous les temps et dans tous les pays, on a vu des troupes, d'ailleurs très-vaillantes, céder à l'effet d'une panique et perdre une bataille, sans fournir à l'ennemi l'occasion de la gagner. Mais, outre que les paniques, pendant la Révolution, offrent un caractère de fréquence inconciliable avec la bravoure, quelquefois fabuleuse,

[1] *Mémoires de Levasseur*, t. II, chap. vii, p. 98.

[2] Voyez sur la bravoure déployée, à cette occasion, par Chasles et Levasseur, la lettre du général Béru à la Convention. *Moniteur* du 17 septembre 1793.

[3] *Mémoires de Levasseur*, t. II, chap. vii, p. 101.

[4] Lettre du général Béru à la Convention. *Moniteur* du 17 septembre 1793.

des républicains français, elles ont cela de particulier qu'elles se rapportent toutes à une même cause, c'est-à-dire à un cri systématique de « Nous sommes trahis! Sauve qui peut! » poussé d'une manière soudaine, sur plusieurs points à la fois, et aussitôt suivi de la fuite précipitée de misérables, évidemment chargés d'avance de répandre la contagion de la peur. Il faut remarquer aussi que les déclamations journalières des Jacobins, la sévérité de la Convention à l'égard des délits militaires et ses ombrages, la perfidie, bien constatée, de certains généraux, favorisèrent le succès de l'infernale manœuvre, en faisant flotter devant les yeux de chacun l'image de la trahison. Ainsi s'explique la défaite sans combat qu'essuyèrent, le 15 septembre, les vainqueurs de Hondschoote, sortis de Menin à la rencontre du général autrichien Beaulieu. Cette déroute fut produite, non pas, comme le raconte un historien de nos jours [1], par l'apparition subite d'un corps de cavalerie sur les ailes, mais par le cri de *Sauve qui peut!* prenant pour signal le bruit d'un mousquet qui partit au repos sur l'épaule d'un grenadier [2]. Et ce qu'il y eut de plus triste, c'est qu'à l'aspect de nos colonnes, qui avaient regagné Menin et le traversaient en désordre, les habitants se mirent à pousser un effroyable hourra et à tirer des coups de fusil à nos troupes de presque chaque fenêtre [3].

Inconsolables de cet échec, qui ramena l'armée à Lille, les commissaires montagnards, Bentabolle et Levasseur, suspendirent le général Hédouville, l'accusant d'avoir laissé les Hollandais s'échapper de Wervick, de ne s'être pas tenu à l'arrière-garde, lors de la retraite de Menin,

---

[1] M. Thiers, *Histoire de la Révolution*, t. III, chap. IV, p. 167. — Édition Méline.

[2] Voyez les *Mémoires de Levasseur*, t. II, chap. VIII, p. 106. — Levasseur était là, et raconte ce qu'il a vu.

[3] *Ibid.*

de façon à la protéger, et d'avoir été trouvé, quand on le cherchait pour qu'il donnât ses ordres, tranquillement assis au bord d'un fossé[1].

De leur côté, Hentz, Peyssard et Duquesnoy écrivaient à la Convention que Houchard et son état-major étaient coupables; qu'eux, commissaires, avaient trouvé la correspondance du général français avec les princes étrangers; et que, le soir de la victoire de Hondschoote, le duc d'York, étonné du résultat, avait prononcé ce mot étrange : *Nous sommes trahis*[2] *!*

Quand cette dénonciation arriva, Houchard était déjà destitué. Nous reviendrons sur ce fait, qui eut des suites importantes, après avoir donné un coup d'œil aux autres théâtres de la guerre.

Depuis la prise de Mayence jusque vers le milieu du mois de septembre, l'armée prussienne s'était tenue confinée dans une inaction dont l'égoïsme des puissances alliées fournit le secret. Ce n'était pas sans un violent dépit que la Prusse avait vu les Autrichiens prendre possession de Condé et de Valenciennes, *au nom de l'empereur d'Autriche*, et il lui paraissait dur de sacrifier tant d'hommes, de dépenser tant d'argent, pour aider à l'agrandissement d'un pouvoir rival. Elle-même, d'ailleurs, avait des préoccupations personnelles qui la détournaient de l'intérêt général de la coalition. Sa pensée dominante, à cette époque, était de régler définitivement avec la Russie le second partage de la Pologne; et le roi de Prusse brûlait d'aller se mettre à la tête des troupes rassemblées sur les frontières de ce dernier pays[3].

Wurmser, vieux guerrier rempli d'ardeur, n'étant retenu par aucun des motifs politiques qui enchaînaient

[1] *Moniteur* du 27 septembre 1793.
[2] Cette lettre est datée du 26 septembre 1793.
[3] *Mémoires tirés des papiers d'un homme d'État*, t. II, *passim*.

l'activité du duc de Brunswick, frémissait d'un défaut de coopération si propre à paralyser les quarante mille Autrichiens ou Bavarois rangés sous son commandement. Indigné d'avoir à garder, l'arme au bras, la ligne de la Queich jusqu'à Spire, il essaya d'abord avec ses seules troupes de déloger les Français de leurs lignes; mais ses tentatives partielles de la fin d'août et du commencement de septembre n'ayant abouti qu'à d'inutiles scènes de carnage, il redoubla d'instances auprès du duc de Brunswick, le pressant de s'avancer vers la Lorraine, tandis qu'il percerait, lui, en Alsace[1].

Au milieu de ces hésitations des alliés, nées de la divergence de leurs vues, les commissaires de la Convention aux armées de la Moselle et du Rhin se décident tout à coup à prendre e rôle devant lequel le duc de Brunswick reculait, celui de l'offensive. Ils convoquent un conseil de guerre, où une sortie générale des lignes de Weissembourg est résolue pour le 12 septembre. Un premier effort tenté contre les Autrichiens échoue. Le 14 septembre, nouvelle attaque. Tandis que le général Ferrette marche sur Bodenthal, le corps des Vosges, parti de Hornbach, pousse droit à Pirmasens, qui correspond sur l'autre versant à Bomenthal, et où le duc de Brunswick occupait une position étendue et morcelée[2].

Un rapide succès couronna l'attaque du général Ferrette, qui, culbutant les Autrichiens, resta maître du défilé de Bodenthal. Mais, sur le versant opposé, la fortune trompa cruellement l'audace de nos soldats.

Le général Moreaux, qu'il ne faut pas confondre avec le célèbre Moreau, devenu plus tard général en chef de l'armée du Rhin, commandait le corps des Vosges. Quoique jeune encore, Moreaux était depuis longtemps dans

[1] *Mémoires tirés des papiers d'un homme d'État*, p. 575.
[2] *Ibid.*, p. 571.

la carrière des armes. A dix-huit ans, il avait fait, en qualité de grenadier d'Auxerrois, les guerres d'Amérique, et avait eu la jambe droite fracassée d'un coup de feu à l'affaire de Sainte-Lucie. Nommé, à son retour d'Amérique, commandant de la garde nationale de Rocroy, puis deuxième chef au premier bataillon des Ardennes, il avait figuré parmi les héroïques défenseurs de Thionville[1]. C'était un officier plein de bravoure, de dévouement, et auquel il n'a manqué, peut-être, pour occuper une plus large place dans l'Histoire, que de n'avoir pas eu un homonyme dans la renommée duquel la sienne fut absorbée et disparut.

Moreaux avait espéré surprendre le duc de Brunswick; mais celui-ci, averti à temps, se préparait à recevoir l'attaque. Aussi l'avant-garde de Moreaux fut-elle saluée à mitraille, aux avant-postes, par le feu de deux redoutes. Se voyant découvert, Moreaux réunit ses troupes derrière un ravin qui les masque, et veut se replier. Mais, de cette voix qui résonnait alors à l'oreille des généraux comme le bruit d'un coup de hache, les commissaires de la Convention ordonnent l'attaque, et Moreaux, divisant, malgré lui, ses masses en trois colonnes, les dirige vers la hauteur sur laquelle est situé Pirmasens. Quelque aventureuse que fût la tentative, l'élan des Français les servit si bien, qu'un moment ils purent se croire vainqueurs. Déjà le 9ᵉ régiment de chasseurs à cheval et le 14ᵉ de dragons sabraient, à l'entrée de Pirmasens, trois régiments de cavalerie prussienne mis en fuite, lorsque à la colonne de droite, commandée par le général Guillaume, un mouvement inattendu, inconséquent, contraire aux principes militaires et exécuté sans ordre[2],

[1] *Notice historique sur Jean-René Moreaux*, d'après les documents existant aux archives du dépôt de la guerre, par son petit-fils, Léon Moreaux.

[2] Le général Moreaux au général Shauenburg, 17 septembre 1793. *Ar-*

changea le triomphe en déroute. Engagée dans un ravin où elle se trouve tout à coup mitraillée sur les deux flancs, la colonne est à moitié anéantie, à moitié dispersée; et les Français regagnent Hornbach en grand désordre. Heureusement, Moreaux avait pris, en vue d'une retraite possible, des précautions qui empêchèrent le duc de Brunswick de poursuivre son avantage[1]. Les pertes furent considérables de part et d'autre, et plus considérables du côté des Prussiens, en officiers généraux tués ou blessés[2]. Triste consolation! Le Comité de salut public fit mettre le général Guillaume à la Force.

Jomini, dont le livre n'a de valeur que sous le rapport stratégique et trahit, à chaque page, la révolte de l'esprit militaire contre l'ascendant du génie civil, accuse les commissaires de la Convention d'avoir rejeté sur le général Guillaume l'odieux d'un désastre dû à leur propre entêtement[3]. Mais il oublie de citer les lignes suivantes d'une communication que Moreaux adressa au commandant en chef de l'armée, Shauenburg : « Je vous fais passer une lettre du général Guillaume, qui ne m'a pas plu. Il est d'autant plus dangereux d'avoir des *conversations* avec nos ennemis, que les lois le défendent, et que l'on peut se servir de cela pour nous nuire[4]. » L'imprudence n'est pas la trahison, sans doute; mais que serait devenue la France, si, lorsqu'elle avait, pour ainsi dire, la mort sur elle, autour d'elle et en elle, le Comité de salut public eût mieux aimé rester en deçà

chives du dépôt de la guerre, citées dans la *Notice historique sur Moreaux*, p. 14.

[1] Relation officielle publiée à Berlin, d'après les bulletins du duc de Brunswick. *Archives du dépôt de la guerre* citées *ubi supra*.

[2] *Notice historique sur Moreaux*, p. 15.

[3] *Histoire critique et militaire des guerres de la Révolution*, t. IV, p. 90.

[4] *Archives du dépôt de la guerre*, citées *ubi supra*.

des limites de la vigilance que courir le risque de les dépasser?

Aux Pyrénées, la victoire balançait. Le 31 août, le général espagnol Ricardos, déjà maître de la forteresse de Villefranche, livrée lâchement par celui qui la commandait, était parvenu à tourner Perpignan. Le péril pressait. Les représentants Fabre et Cassaigne destituent Barbantane, successeur de Flers, et rappellent de la Cerdagne, où il avait obtenu des succès, le général Dagobert, guerrier de soixante-quinze ans, à l'âme jeune et brûlante, ferme républicain, quoique noble. Mais, en attendant son arrivée, on concerte un vigoureux effort. Un général espagnol occupait le Vernet; un autre, le camp de Peyrestortes, avec ses postes à Rivesaltes. Le 17 septembre, débouchant de Perpignan, Davoust marche contre le premier, à la tête d'environ sept mille hommes et le culbute. Pérignon, de son côté, dirige un corps d'élite sur la droite du camp de Peyrestortes, où sa division le suit de près. Enfin, Goguet s'avance vers Rivesaltes, à huit heures du soir, suivi de trois brigades et de gardes nationales levées à la hâte. Au signal convenu, le camp de Peyrestortes est assailli de front, pressé sur sa droite, menacé sur ses derrières. La déroute de l'ennemi fut complète. Il prit la fuite jusqu'au delà de la rivière du Tet, et perdit vingt-six pièces de canon[1].

Dagobert arriva, impatient de signaler sa présence. Les Espagnols étaient revenus à leur ancienne position du Mas-d'Eu : Dagobert résolut d'aller les y attaquer. Il part, après avoir divisé son armée en trois colonnes, destinées, l'une à tourner les Espagnols, l'autre à les heurter de front, la troisième à leur fermer la retraite. Davoust, soupçonné d'envie par quelques-uns[2], avait-il

[1] Jomini, t. IV, liv. V, chap. xxv, p. 239-244.
[2] Ibid., p. 249.

conçu le dessein de faire échouer l'entreprise? En l'absence de preuves positives, de pareils doutes sont permis à peine. Un fait seul est certain, c'est que la colonne de gauche, celle de Davoust, se hâta de lâcher pied, circonstance fatale dont Ricardos profita fort habilement pour porter le gros de ses forces sur la colonne de droite, l'accabler, et tomber ensuite, avec toutes ses troupes réunies, sur Dagobert, qui, au centre, avait emporté les retranchements ennemis et croyait déjà tenir la victoire. Ainsi obligé de battre en retraite, Dagobert fut admirable de sang-froid et d'énergie. Trois de ses bataillons ayant mis bas les armes, et l'un d'eux au cri de *Vive le roi!* l'intrépide vieillard fait sans hésitation mitrailler les traîtres, forme en carré les soldats fidèles et se retire en bon ordre devant Ricardos, qui, frappé d'étonnement, n'ose pousser à bout un tel adversaire[1].

Il est douloureux d'avoir à ajouter que la belle conduite du général français ne le sauva pas de la mauvaise humeur de Fabre, et qu'il retourna en Cerdagne, ne voulant plus d'un commandement qui l'avait exposé à d'injustes reproches[2].

Cependant, ni la Convention, ni le Comité de salut public, ni les Jacobins, n'étaient satisfaits. Que l'armée anglaise eût été défaite, le siége de Dunkerque levé, la ligne du Rhin défendue, le Midi protégé contre l'invasion des Piémontais et le Roussillon contre les progrès des Espagnols, cela paraissait tout simple à des hommes qui s'étaient pris à considérer la victoire comme un acte de leur volonté. Mais que la fortune osât quelquefois désobéir à leurs décrets, mais que le génie de la liberté eût été moins dominant à Ménin qu'à Dunkerque, et à Pirmasens qu'à Hondschoote, voilà ce qu'ils ne pouvaient

---

[1] Jomini, t. IV, liv. V, chap. xxv, p. 246-248.
[2] *Ibid.*, p. 249.

concevoir, tant leur foi était hautaine! Des succès ne leur suffisaient pas, à ces fiers esprits, il leur fallait des prodiges; et, le moindre revers leur étant un sujet, non de chagrin, mais d'offense, ils avaient l'orgueil sublime de croire qu'il n'y avait au triomphe permanent de la République qu'un obstacle, un seul : la trahison!

C'était aussi un des articles de leur *Credo* qu'en temps de crise l'inspiration est appelée à détrôner la science, et que la passion de la justice a puissance d'improviser, même de grands capitaines.

Et de là vient que le danger de bouleverser les états-majors n'arrêta jamais le Comité de salut public. Le 24 septembre, une lettre du ministre de la guerre à la Convention annonça la nomination des généraux Jourdan, Delmas et Moreaux au commandement en chef des armées du Nord, du Rhin et de la Moselle, en remplacement des généraux Houchard, Landremont et Schawenburg, destitués [1].

C'était le signal qu'attendaient, pour essayer d'abattre le Comité de Salut public, ses adversaires de toutes les nuances. Car il n'avait pu marcher à son but aussi vigoureusement qu'il l'avait fait, sans armer contre lui beaucoup de colères. Hébert, Vincent, et leurs amis des Cordeliers, ne lui pardonnaient pas d'avoir subordonné l'influence des bureaux de la guerre, où ils primaient, à celle des représentants en mission [2]. Thuriot, qui avait apporté au Comité de salut public la pensée de Danton, venait de se séparer de ses collègues, à l'occasion du siége de Lyon et du rappel de Dubois-Crancé [3]. L'ardeur

---

[1] *Hist. parlem.*, t. XXIX, p. 125.

[2] Vincent avait rédigé, contre ces derniers, une pétition, qui, présentée à la Convention le 18, fut renvoyée, couverte de murmures, au Comité de sûreté générale, puis désavouée et retirée. (Voyez l'*Histoire parlementaire*, t. XXIX; p. 123 et 124.)

[3] Voyez le chapitre précédent.

de Robespierre à défendre, au sujet des affaires de la Vendée, le plébéien Rossignol[1], avait fort irrité l'aristocratie
des camps. Enfin, l'inexorable politique du Comité
n'ayant amnistié qu'à demi la capitulation de Mayence
et celle de Valenciennes, Merlin (de Thionville) et Rewbell, Cochon de Lapparent et Briez aspiraient à se venger.

L'agression ne commença d'une manière sérieuse que
le 25 septembre; elle commença par une vive sortie de
Goupilleau contre Rossignol, la communication d'une
lettre de Bentabolle sur le mauvais état des administrations militaires, et la lecture d'un mémoire relatif à la situation précaire de l'armée du Nord. Ce mémoire, dont
Briez était l'auteur, ne prenait pas à partie directement
ou du moins très-clairement le Comité de salut public;
mais, comme conclusion, il demandait un *rapport séance
tenante*. L'impression du mémoire est aussitôt décrétée,
et Briez adjoint au Comité[2].

Ce premier succès les encourageant, Merlin (de Thionville), Goupilleau et Delaunay (d'Angers) viennent successivement, et à l'envi, accuser dans Rossignol, récemment défendu par Robespierre, l'homme qui, disent-ils,
perd la Vendée[3].

Le Comité de salut public était décidément sur la sellette. Billaud-Varenne, le seul des membres du Comité
qui fût présent, se lève, et sa voix ne laisse tomber que
peu de mots, mais des mots où vibre la menace : « Votre Comité de salut public, dit-il, frémit, depuis quarante-huit heures, de la coalition formée entre tous les
intrigants[4]. »

---

[1] Séance des Jacobins du 11 août 1793.
[2] *Hist. parlem.*, t. XXIX, p. 127.
[3] Nous verrons dans le chapitre suivant jusqu'à quel point ces accusations étaient iniques.
[4] *Hist. parlem.*, t. XXIX, p. 128.

Les collègues de Billaud entrèrent, et Barère, prenant la parole, fit résulter habilement la justification des mesures qu'on attaquait de la gravité des causes qui les avaient amenées, savoir, la trahison présumée du général Houchard, le républicanisme menteur de la plupart des officiers nobles, la mauvaise composition des états-majors. Puis, de son ton le plus insinuant, il ajouta : « Le Comité est une portion, un résumé de vous-mêmes. On ne peut l'accuser injustement sans attaquer la Convention [1]. »

Les ménagements étudiés de Barère, si voisins de l'humilité, ne pouvaient convenir, ni à la droiture de Robespierre, ni à son orgueil. Barère avait parlé en avocat du Comité sommé de rendre ses comptes ; lui parla en ministre de la Révolution insultée. Au fond, ce qu'il importait de mettre ici en lumière, c'était l'odieux ou la folie d'attaques qui, dans un moment où le salut de la Révolution et de la France dépendait de l'action d'un pouvoir énergique et obéi, visaient à paralyser le pouvoir entre les mains des seuls hommes capables de le manier avec vigueur. Quoi ! le Comité de salut public avait onze armées à diriger, une foule d'administrateurs infidèles à poursuivre, des milliers de conspirateurs à déjouer ou à punir, la diplomatie des rois à mettre en défaut, l'Europe entière à combattre ; et, pour lui faciliter l'accomplissement de sa tâche, on imaginait de l'avilir ! Nulle considération ne pouvait être plus frappante, et Robespierre la présenta en termes de nature à émouvoir les âmes sincères. Chacun comprit qu'il disait vrai, lorsqu'i s'écria : « Cette journée vaut à Pitt trois victoires. Si nous passons pour des imbéciles ou des traîtres, en respectera-t-on davantage la Convention qui nous a choisis ? » Bientôt, descendant de ces hauteurs dans l'arène

[1] *Hist. parlem.*, p. 133.

ouverte devant lui : « On a dénoncé, dit-il, ceux qui nous dénoncent; d'accusateurs, ils vont devenir accusés. La faction n'est point morte, elle conspire du fond des cachots... Les serpents du marais ne sont pas encore écrasés... » Ces paroles, d'un vague formidable, donnèrent le frisson aux consciences troubles. Il s'en aperçut, et, prompt à éloigner l'idée de nouveaux déchirements, il se hâta de restreindre à *deux ou trois* le nombre des traîtres à dévoiler. Quant à Briez, il se contenta de remarquer qu'il n'avait pas « réparé la honte dont il s'était couvert en revenant d'une place confiée à sa défense. » La conclusion fut singulièrement fière : « Je pense que la patrie est perdue si le gouvernement ne jouit pas d'une confiance illimitée, et n'est pas composé d'hommes qui la méritent. Je demande que le Comité de salut public soit renouvelé [1]. »

Ce discours produisit l'effet d'un coup de foudre. Amis de Danton, amis de Vincent, partisans masqués de la Gironde, tous se turent, comme anéantis. Merlin (de Thionville), qui était, lui aussi, « revenu d'une place confiée à sa défense; » Merlin, si brave sur le champ de bataille, n'osa relever le gant. Briez ne prit la parole que pour se laver piteusement du soupçon d'avoir inculpé le Comité de salut public, et déclina l'honneur d'y être adjoint; sur quoi l'Assemblée s'empressa de rapporter le décret qui prononçait cette adjonction. Duroy, un des promoteurs de cette levée de boucliers, vint s'excuser à son tour. Que dire encore? La clôture du débat fut sollicitée par ceux-là mêmes qui l'avaient soulevé si imprudemment [2].

Mais ainsi ne l'entendait pas Robespierre; ce qu'il voulait, c'était un vote solennel de confiance. Billaud-Va-

[1] Voyez le texte de ce discours dans l'*Histoire parlementaire*, t. XXIX, p. 135-140.

[2] Voyez le compte rendu de cette séance dans l'*Histoire parlementaire*, t. XXIX, p. 140-144.

renne, sous l'empire d'une susceptibilité excessive, avait
exprimé le désir qu'une commission spéciale fût chargée
du maniement de certains fonds confiés jusqu'alors au
Comité de salut public [1]. Robespierre, avec beaucoup de
dignité, affirma qu'il n'y avait pas lieu de s'arrêter à
une question de ce genre, que la probité du Comité de
salut public était au-dessus du soupçon, et lui donnait le
droit de mépriser les calomnies [2]. Répondant à l'apolo-
gie que Briez avait faite de sa propre conduite lors du
siége de Valenciennes, il prononça cette parole, dont
l'Assemblée applaudit à plusieurs reprises l'étrange et
sauvage grandeur : « Êtes-vous mort [3]? »

Le triomphe du Comité était désormais assuré. Bazire
le constata en s'écriant : « Où en serions-nous donc si
Robespierre avait besoin de se justifier devant la Montagne? » Et l'Assemblée entière, se levant, déclara que le
Comité de salut public avait toute sa confiance.

Loin d'abuser de la force dont cette séance mémorable
investissait le gouvernement, Robespierre ne songea qu'à
en modérer l'exercice. Ce fut, en effet, peu de jours après,
c'est-à-dire le 3 octobre, qu'il mit une véhémence si généreuse à sauver de la proscription les soixante-treize
membres qu'il s'agissait de frapper comme signataires
d'une protestation en faveur des Girondins. Nous avons
eu déjà occasion de retracer cet épisode de sa vie, et de
le rattacher à la politique de modération que, précisément à la même époque, Couthon suivait à l'égard des
Lyonnais [4]. Selon Robespierre, qui le proclama bien haut
dans la séance du 3 octobre, on ne devait pas confondre
avec des conspirateurs systématiques des citoyens égarés ;
on ne devait pas laisser la vengeance se substituer à la

[1] *Hist. parlem.*, p. 144.
[2] *Ibid.* p. 146 et 147.
[3] *Ibid.*, p. 146.
[4] Voyez le chapitre précédent.

justice. Et d'ailleurs, comme il l'avait dit [1], le 25 septembre, était-il un spectacle plus propre à réjouir le cœur de Pitt que celui de la France employant son énergie à se déchirer de ses mains [2]?

Mais, s'il fallait de la modération, il fallait aussi de la vigilance, de la fermeté, et que les ressorts du pouvoir ne fussent pas détendus, lorsque, dans la partie à jouer contre l'Europe, l'existence de la France servait d'enjeu !

C'est pourquoi, le 10 octobre, Saint-Just, portant la parole au nom du Comité de salut public, vint proposer à la Convention de déclarer le gouvernement *révolutionnaire jusqu'à la paix*, ce qui revenait à suspendre momentanément la Constitution. Jamais tableau plus grandiose et plus sinistre n'avait été tracé. L'âpre jeune homme ne taisait rien, n'épargnait personne. Le désordre des administrations, l'avidité des gens en place, la corruption des bureaucrates, la mauvaise foi des partis, tout cela était présenté dans un style bref et empreint de je ne sais quelle tristesse héroïque. Les traits caractéristiques y abondaient : « La liberté doit vaincre à quelque prix que ce soit. — Quiconque est hors le souverain est ennemi. — Il faut gouverner par le fer ceux qui ne veulent l'être par la justice ; il faut opprimer les tyrans. — Le pain que donne le riche est amer, il compromet la liberté. Le pain appartient de droit au peuple. — Diminuez le nombre des agents, afin que les chefs travaillent et pensent. — Il a péri cent mille patriotes depuis un an, plaie épouvantable pour la Liberté ! Notre ennemi n'a perdu que des esclaves. — Ceux qui font des révolutions, ceux qui veulent le bien, ne doivent dormir que dans le tombeau [3].

---

[1] Voyez son discours du 3 octobre, cité dans le chapitre précédent.
[2] Voyez l'*Hist. parlem.*, t. XXIX, p. 138.
[3] Voyez ce rapport, reproduit *in extenso* dans l'*Histoire parlementaire*, t. XXIX, p. 159-172.

Le décret passa, et le Comité de salut public promit de vaincre. Sa confiance était sans bornes, ses projets étaient gigantesques. Deux millions de combattants ne lui semblaient pas au delà de ce que pouvait fournir la France, ce prodigieux nid de guerriers; et Billaud-Varenne, le 25 septembre, n'avait pas craint d'annoncer qu'une descente en Angleterre était méditée, et que bientôt Rome serait attaquée dans Rome [1]. C'est peu, le lendemain de la présentation du rapport de Saint-Just, 11 octobre, Robespierre, répondant de la victoire, disait, en plein club des Jacobins : « Il se livre demain un grand combat sur nos frontières. Demain sera un jour fameux dans les fastes de la République [2]. » La prophétie se réalisa.

La prise de Valenciennes, de Condé et du Quesnoy avait rendu les Autrichiens maîtres de la vallée de l'Escaut; pour l'être de la vallée de la Sambre, il leur fallait prendre Landrecies et Maubeuge. Leur base d'opérations devenait alors excellente, et ils pouvaient en toute sécurité marcher sur Paris. Ce fut donc par la prise de Maubeuge que le prince de Cobourg résolut de terminer la campagne, remettant la marche sur Paris à l'année suivante.

Maubeuge étant une mauvaise place dominée, sur la rive droite de la Sambre, par des hauteurs d'où on l'eût foudroyée en quarante-huit heures, on y avait construit un camp retranché que couvraient des ruisseaux marécageux et des ravins [3]. Le général Ferrant, homonyme du

---

[1] Voyez son discours, *Histoire parlementaire*, p. 143.
[2] *Hist. parlem.*, p. 158.
[3] *Mémoires du maréchal Jourdan*, p. 20.
Le manuscrit de ces importants Mémoires, écrits par le maréchal lui-même et entièrement inédits, est entre nos mains. La copie qui nous sert est la seule qui porte sa signature et qui ait été avouée par lui.

brave défenseur de Valenciennes, commandait le camp retranché de Maubeuge, composé d'environ vingt mille hommes [1].

Le dimanche, 28 septembre, une tranquillité profonde régnait sur la rive droite de la Sambre, lorsque soudain retentirent trois coups de canon qui furent entendus dans toute la contrée. Cobourg arrivait. Nul doute qu'il n'eût pu facilement écraser les forces de Ferrant, trop disséminées, si, au lieu de faire passer la rivière sur des points séparés, à près de deux lieues au delà et en deçà de Maubeuge, il l'eût franchie vivement, le plus près possible de la ville [2].

Sa première opération fut l'incendie. Les malheureux habitants du village de Ferrière s'étaient enfuis à son approche, chassant devant eux leurs troupeaux. De Maubeuge, ils purent voir les flammes qui dévoraient leurs demeures [3].

Quoique Cobourg disposât de soixante-cinq mille hommes, son intention était non d'attaquer, mais de bloquer la place, qu'il savait dépourvue d'approvisionnements. Et en effet, l'investissement une fois achevé — résultat que retardèrent à peine quelques sorties dont le succès ne couronna pas toujours l'audace, — les habitants de Maubeuge ne tardèrent pas à se trouver en proie à une affreuse détresse. La chair de cheval devint presque une nourriture recherchée. Les hôpitaux étaient encombrés de blessés et de malades que, faute de médicaments, on était réduit à laisser mourir. Puis, comme il arrive, il y avait à côté des âmes constantes celles qui avaient besoin

---

[1] *Recherches historiques sur Maubeuge et son canton*, par Z. Piérart, à Maubeuge, 1851 ; in-4°.

C'est un excellent ouvrage, et qui contient, sur la bataille de Wattignies, des détails très-intéressants.

[2] *Ibid.*, p. 193.

[3] *Ibid.*, p. 194.

d'être à chaque instant fortifiées. A un soldat qui parlait de la difficulté de se battre à jeun, le général Chancel répliqua noblement : « Eh, quel mérite auriez-vous d'aller au feu en sortant de table? » Que faire, cependant? Attendre qu'on fût secouru, et, jusque-là, savoir souffrir? Mais au moins fallait-il faire savoir au gouvernement de la République qu'il eût à se presser, qu'on attendrait... Et comment communiquer avec le dehors? Où trouver des hommes capables de percer au travers de l'armée environnante? Ils se trouvèrent. Treize dragons s'offrent, et les voilà partis. Ils parviennent à franchir les lignes, atteignent au milieu des coups de fusil le territoire de la Belgique, passent la Sambre à la nage en face de Solre, arrivent à Philippeville à demi morts de fatigue, y font tirer trois coups de canon, signal convenu pour annoncer à ceux de Maubeuge le succès de l'entreprise, et, sans débrider, gagnent au galop Givet, où ils remettent leurs dépêches. Bientôt, apprenant qu'une armée de secours était en marche, ils s'y rendirent au plus vite, ne voulant pas manquer la bataille [1].

Ce fut à Jourdan, nommé depuis peu général en chef de l'armée du Nord, que le Comité de salut public conféra le périlleux honneur de débloquer Maubeuge.

Jourdan, dont la réputation est restée associée aux plus grands souvenirs militaires de la Révolution, était né à Limoges en 1762. Fils d'un chirurgien, la carrière des armes l'avait tenté de bonne heure, et il avait fait une partie des guerres de l'indépendance en Amérique, simple fantassin dans le régiment d'Auxerrois, où il s'était enrôlé dès l'âge de seize ans. On raconte que, rentré en France, et réformé en 1784, il se fit marchand mercier, épousa une modiste, et préluda à ses hautes destinées par des habitudes de vie si simples, que, tandis que

---

[1] Voyez le livre de M. Piérart, p. 198.

sa femme tenait un magasin de modes, lui, sa marchandise sur les épaules, allait la vendre de foire en foire[1]. Mais la Révolution l'appelait à elle. En 1791, il figurait déjà parmi les volontaires; et, lorsqu'il fut chargé de secourir Maubeuge, il y avait peu de jours que, du haut de la tribune de la Convention, Robespierre avait parlé de lui en ces termes : « C'est principalement à Jourdan qu'est dû l'étonnant succès qui, à Hondschoote, a honoré l'armée française; c'est Jourdan qui, au moment où elle était surprise par la décharge d'une artillerie effroyable, s'élança dans le camp ennemi et fit passer son courage au reste des troupes. La prise de Hondschoote fut l'effet de ses habiles dispositions et de l'ardeur qu'il sut inspirer[2]. »

L'armée que le nouveau général en chef devait rendre victorieuse comptait, à cette époque, cent quatre mille hommes de troupes disponibles, dont neuf mille de cavalerie seulement[3]. Celle des alliés, pourvue au contraire d'une cavalerie très-nombreuse et très-bien tenue, s'élevait, depuis Mons jusqu'à la mer, à cent vingt mille combattants, savoir : soixante-dix mille Autrichiens, trente-six mille Anglais, Hanovriens et Hessois, et quatorze mille Hollandais[4]. A l'infériorité du nombre, chez les Français, se joignaient beaucoup d'autres désavantages : leurs magasins d'habillements et leurs arsenaux étaient presque vides; les fourrages manquaient; les bataillons de réquisition levés précipitamment, en vertu du décret du 23 août, se composaient de jeunes gens encore

[1] Voyez l'article que Michaud jeune a consacré à Jourdan dans la *Biographie universelle*.

[2] Voyez le discours de Robespierre, séance du 25 septembre 1795. *Histoire parlementaire*, t. XXIX, p. 137 et 138.

[3] Le manuscrit du maréchal Jourdan contient à cet égard un *état de situation* très-détaillé.

[4] Manuscrit du maréchal Jourdan, p. 19 et 20.

étrangers au métier de la guerre, et sans autres armes, pour la plupart, que des piques ou des bâtons[1].

A peine Jourdan avait-il eu le temps de prendre connaissance de la situation de ses forces, qu'il fut informé de la marche de Cobourg sur Maubeuge. Il part aussitôt avec les troupes du camp de Gaverelle, appelle près de lui quelques détachements de Lille et de Cassel, et rassemble à Guise une armée d'opération d'environ quarante mille combattants, laissant, pour la garde de la frontière depuis Dunkerque jusqu'à Douai, près de soixante mille hommes, distribués dans les camps de Cassel, de Dunkerque, de la Madeleine et d'Arleux[2].

Il eût mieux fait, sans nul doute, de se borner à renforcer les garnisons des places de première ligne, de manière à pouvoir rassembler autour de lui une partie plus considérable de ses forces. Mais, abandonner la frontière aux incursions du duc d'York, c'était s'exposer, de la part des Jacobins, à des commentaires sinistres, dont Jourdan n'osa pas courir le risque[3]. Connaissant, d'ailleurs, l'extrême circonspection du prince de Cobourg, il la fit entrer dans ses calculs.

Il est bien certain que le général autrichien, qui venait de recevoir, sur la rive gauche de la Sambre, un renfort de onze mille Hollandais, aurait pu s'emparer d'Avesnes, où il n'y avait qu'une garnison imperceptible, et, laissant vingt mille hommes seulement devant Maubeuge, conduire cinquante-cinq mille hommes à Guise, y écraser les troupes qu'on y rassemblait contre lui et pousser droit à la capitale, à travers un pays découvert. Mais une pareille combinaison exigeait un mélange de célérité et de hardiesse dont Cobourg n'était point ca-

[1] Manuscrit du maréchal Jourdan, p. 20.
[2] Ibid., p. 21.
[3] C'est l'explication qu'il donne lui-même.

pable. Il préféra laisser trente-cinq mille hommes autour du camp retranché de Maubeuge, sous le commandement du général Colloredo, et se porter au-devant des Français avec une armée d'observation de trente mille hommes, qu'il partagea en trois corps, et fit bivaquer sur les hauteurs, environnées de bois, qui couronnent les plaines de Saint-Remy, de Dourlers et de Wattignies[1].

Les adieux que l'armée française fit au camp de Guise furent marqués par une tragédie qui peint l'époque. Les commissaires de la Convention ayant ordonné l'arrestation du général Mérenvu, commandant de l'artillerie, l'infortuné se donna la mort. Coupable de négligence, il avait été soupçonné de trahison[2]. Ce triste incident fit que le mouvement de départ, qui devait commencer le 10 octobre, fut retardé jusqu'au 12. Le lendemain, on campait dans les environs d'Avesnes. Carnot et son frère, officier du génie, arrivèrent[3].

Rien de plus saisissant que l'aspect des troupes républicaines. La plupart étaient sans uniforme ou vêtus d'habits disparates; beaucoup marchaient pieds nus; quelques-uns agitaient gaiement au bout leurs baïonnettes de grands pains à moitié entamés; tous rayonnaient d'enthousiasme[4]. Un bruit s'était répandu que, confiant dans la force de sa position, Cobourg avait dit « J'avoue que ces Français sont de fiers républicains; mais, s'ils me débusquent d'ici, je me fais républicain moi-même. » Les soldats jurèrent qu'ils lui feraient porter le bonnet rouge, et traversèrent Avesnes en chantant[5].

[1] *Recherches historiques sur Maubeuge et son canton*, par Piérart, p. 195.
[2] Manuscrit du maréchal Jourdan, p. 25.
[3] *Ibid.*
[4] Récit d'un témoin oculaire. Voyez le livre de M. Piérart, p. 92.
[5] Voyez le livre de M. Piérart, p. 201.

Dans la nuit du 14 au 15 octobre, la ville de Maubeuge commençait à subir les horreurs du bombardement, lorsque tout à coup, l'artillerie ennemie faisant relâche, les habitants entendirent au loin le bruit du canon. Le matin du 16, le bruit se répéta, et, vers le milieu du jour, une canonnade imposante sur une ligne très-étendue sembla annoncer qu'une bataille se livrait, à deux heures de marche, dans la direction du sud[1].

Ce jour-là, en effet, les Français se trouvaient en présence des Autrichiens, qui les attendaient de pied ferme, dans l'ordre que voici :

Leur aile droite, aux ordres du comte de Bellegarde, s'appuyait à la Sambre près Barlaimont, ayant ses avant-postes à Leval, Saint-Waast, Moncheaux et Saint-Remy;

Leur centre, sous le général Clairfayt, adossé au bois en arrière de Dourlers, défendait ce village;

Leur aile gauche, commandée par le général Terzy, occupait Wattignies, Dimont et Dimechaux[2].

Wattignies, qui allait donner son nom à cette bataille, est un village assez considérable, situé sur une hauteur. Entouré de haies et de jardins, couvert de ravins profonds où coulaient des ruisseaux, et défendu par une infanterie nombreuse que soutenait une réserve, il paraissait presque inabordable. Et cependant, comme il était la clef de la position des alliés, il importait que l'attaque portât tout entière sur ce point. Mais, dans ce cas, il fallait laisser ouverte la route qui aboutissait à Guise, lieu de réunion des dépôts, ce qui était jouer une partie bien dangereuse. Cette considération détermina Jourdan à étendre son attaque de manière à embrasser le front de l'ennemi, et il fit les dispositions suivantes, dont nous empruntons l'exposé à son propre manuscrit :

---

[1] Voyez le livre de M. Piérart, p. 199.
[2] Manuscrit du maréchal Jourdan, p. 24.

Le général Fromentin eut ordre de se diriger, avec la division de gauche, sur Moncheaux et Saint-Remy, de s'emparer de Leval et de Saint-Waast, et de pénétrer dans les bois par Saint Remy, mais sans se risquer dans la plaine, attendu que le gros de la cavalerie autrichienne était de ce côté.

Il fut enjoint au général Balland de déployer sa division au centre, en face de Dourlers, en se bornant à une forte canonnade, destinée à occuper Clairfayt.

Le général Duquesnoy eut pour instructions d'attaquer, avec la division de droite, Dimont et Dimechaux, et, s'il était possible, de chasser de Wattignies la gauche des Autrichiens.

L'intention du général en chef était de ne conduire la division Balland à l'attaque du centre que lorsqu'il aurait appris le succès des colonnes de gauche et de droite.

Pour compléter ces dispositions, il restait à empêcher que la division de droite ne fût débordée par un corps de quatre mille Autrichiens, qui avaient été détachés sur Beaumont, sous les ordres du général Benjouski, dans le but d'observer les bataillons de nouvelle levée rassemblés à Philippeville. En conséquence, il fut convenu que le général Beauregard, à la tête d'une quatrième colonne, se tiendrait à la droite de Duquesnoy, prêt, suivant les circonstances, ou à l'appuyer, ou à faire face à Benjouski [1].

L'action commença le 15 octobre, à neuf heures du matin.

Avec la rapidité de la foudre, et comme d'un bond, notre aile gauche emporta Moncheaux, Saint-Remy, Leval, Saint-Waast. Mais Fromentin, qui la commandait, était un officier dont l'extrême bravoure se plaisait trop à défier l'impossible. Enflé de son succès, et dédaigneux

---

[1] Manuscrit du maréchal Jourdan, p. 24 et 25.

de ses instructions, il débouche par Saint-Waast dans la plaine, où toute la cavalerie autrichienne manœuvre aussitôt pour l'envelopper. On eut alors un singulier exemple de cette intelligence vive et primesautière qui, dans une armée française, rend le moindre soldat capable, quand il le faut, de se passer de chef. Mieux avisées que leur général, les troupes se mettent en retraite d'elles-mêmes, regagnent le ravin qu'elles viennent de franchir, reforment leurs rangs, et arrêtent la cavalerie ennemie [1].

Pendant ce temps, l'aile droite poussait vigoureusement sa pointe. Il y a des hommes qu'on dirait nourris avec de la moelle de lion et dont la vie ne semble qu'une gageure contre la mort : tel était le général Duquesnoy, le *boucher* de la Convention, comme il s'était surnommé lui-même [2]. A ses côtés, combattait une autre nature violente, le député Duquesnoy, son frère, celui qui, plus tard, condamné pour avoir défendu la République aux abois, se donna d'un couteau dans le cœur [3]. Ils emportèrent Dimont, ils emportèrent Dimechaux, et peut-être eussent-ils emporté, dès lors, Wattignies, si le général n'eût oublié d'appeler à lui Beauregard, resté mal à propos à Eccles, où rien ne nécessitait sa présence.

Lorsque Carnot apprend que Fromentin a forcé Saint-Waast, et Duquesnoy Dimechaux, il croit tenir la victoire, et propose de marcher sur Dourlers. Jourdan fut d'un avis contraire : il jugeait prudent d'attendre, avant d'engager le centre, que la gauche eût gagné plus de terrain. Mais Carnot insiste et laisse échapper ces mots, qui sonnent si mal à l'oreille d'un soldat : « Pas trop de prudence ! » Jourdan, blessé jusqu'au fond de l'âme, se met sur-le-champ à la tête de la division Balland et court à

[1] Manuscrit du maréchal Jourdan, p. 26.
[2] *Biographie universelle.*
[3] *Ibid.*

l'ennemi. Arrivé au ravin qui est en avant de Dourlers, il essaye de le franchir, sous un feu roulant d'artillerie qui jonche le sol de cadavres. Il y eut là une lutte terrible, prodigieuse. Jamais on ne vit pareil élan. Un tambour de grenadiers, âgé à peine de quinze ans, — il se nommait Sthrau, — se glisse inaperçu le long d'un chemin creux, et, seul, va battre la charge derrière les Autrichiens, un moment déconcertés. Remis de leur surprise, ils entourent l'héroïque enfant, qui se fit hacher sur place[1]. Un volontaire avait reçu un coup de feu au bras droit : on l'ampute, et l'on veut le transporter à Avesnes, où l'on dirigeait les blessés ; lui, s'arrache du milieu des chirurgiens, crie *Vive la République!* saisit un fusil de la main qui lui reste, et va reprendre sa place dans les rangs[2]. Le château et les rues du village furent enlevés à la baïonnette. Mais, au delà, un mur de feu, des torrents de mitraille. Désespéré, Jourdan se battait en simple soldat, cherchait la mort[3]. L'apparition subite d'une colonne, qui venait attaquer en flanc nos troupes, si horriblement foudroyées, décida enfin les commissaires de la Convention à consentir à la retraite, et les Français reprirent leurs premières positions, après avoir perdu près de quinze cents hommes[4]. Mortier, depuis maréchal de France, était au nombre des blessés[5]. Les ténèbres mirent fin au combat.

Le lendemain, au point du jour, ordre de recommencer, dans le même ordre que la veille ; mais, cette fois, en faisant porter sur Wattignies le principal effort[6]. Pendant la nuit, Carnot avait reçu un avis secret. Lequel? Nos lignes de Weissembourg ayant été forcées le

[1] *Recherches historiques sur Maubeuge et son canton*, p. 204.
[2] *Ibid.*
[3] Manuscrit du maréchal Jourdan, p. 27.
[4] *Ibid.*
[5] *Recherches historiques sur Maubeuge et son canton*, p. 204.
[6] *Mémoires tirés des papiers d'un homme d'État*, t. II, p. 407.

15 octobre, il est probable que le Comité de salut public écrivait : « Vaincre à tout prix! »

Un bois, nouvellement planté, s'étend sur toute la colline méridionale de Glarges, recouvrant un vaste espace de terrain, autrefois hérissé de bruyères. Là fut remportée, le 16 octobre, la célèbre victoire de Wattignies. Une redoute, située dans le voisinage, atteste, aujourd'hui encore, le soin que les Autrichiens avaient mis à se fortifier. Les régiments de Klebeck, de Stein et de Hohenlohe, les dragons de Cobourg, et plusieurs bataillons de Croates, troupe sale et méchante, restée en exécration dans la mémoire des habitants du pays [1], défendaient la position d'où allait dépendre le sort de la journée. Le général en chef avait fait passer à Duquesnoy des renforts qui portaient l'aile droite à vingt-quatre mille combattants [2]. Le signal donné, chacun court joyeusement se ranger sous son drapeau. Peu de temps après, le soleil, perçant un épais brouillard qui avait régné jusqu'alors, découvrit et éclaira un tableau émouvant, celui de tous ces milliers d'hommes sans peur, groupés par bataillons sur les différents replis des coteaux, si accidentés, qui découpent cette contrée. D'un bout à l'autre de la ligne de nos volontaires s'élevait un cri immense : *En avant! en avant!* Bientôt, cette masse s'étant ébranlée, le chant de la *Marseillaise* et le *Ça ira!* retentirent comme l'accompagnement obligé du canon. Jourdan et Carnot d'un côté, Duquesnoy de l'autre, s'avançaient à cheval, en tête des colonnes, leurs chapeaux à la pointe de leurs épées [3]. Trop pressés de franchir le ravin, les tirailleurs sont repoussés deux fois; mais, l'attaque devenant générale, Terzy est assailli sur son front et sur ses deux flancs avec une irrésistible impétuosité. Les régiments de Kle-

---

[1] *Recherches historiques sur Maubeuge*, p. 90.
[2] Manuscrit du maréchal Jourdan, p. 28.
[3] Piérart, *Recherches historiques.* — Récit d'un témoin oculaire.

beck, Hohenlohe et Stein, furent presque entièrement détruits. Au moment où l'infanterie française débouchait du village, les escadrons ennemis se présentent pour la charger; mais ils sont mis en désordre par des batteries judicieusement placées, et la cavalerie française achève de les rompre. C'est alors que nos colonnes, se déployant au delà de Wattignies, découvrirent Maubeuge, dont la nombreuse garnison n'avait fait aucun mouvement[1].

Pendant ce temps, le général Balland, au centre, avait chassé de Dourlers les grenadiers bohémiens, et, à la gauche, le général Fromentin s'était rendu maître de Leval, de Saint-Waast et des bois entre Saint-Rémy et Saint-Aubin. Sur un seul point, les Français plièrent. A l'extrême droite, quelques bataillons de recrues sans officiers, qui s'étaient portés vers Beaumont contrairement aux ordres du général en chef, se retirèrent à l'approche de Benjouski, abandonnant onze pièces de canon[2]. Mais ce revers partiel ne changeait rien aux avantages obtenus sur les autres points. La nuit était venue. Cobourg, résigné à repasser la Sambre, donna le signal de la retraite[3].

Cette victoire était d'autant plus glorieuse, qu'elle fût disputée avec un acharnement qui honora le courage des Autrichiens. Pendant les quarante-huit heures que dura la bataille, le village de Wattignies fut pris et repris jusqu'à huit fois[4]. « Le feu des Français fut tel, écrit le prince de Hardemberg, que, de l'aveu des Autrichiens, jamais, même pendant la guerre qu'ils avaient faite récemment contre les Turcs, on n'avait entendu un si terrible tonnerre d'artillerie[5]. » Et ce qui ne frappa pas moins l'ennemi, ce fut l'enthousiasme de nos volontaires,

[1] Manuscrit du maréchal Jourdan, p. 29.

[2] Ibid., p. 50.

[3] Ibid., p. 50 et 51.

[4] Mémoires tirés des papiers d'un homme d'État, t. II, p. 409.

[5] Ibid, p. 406.

chantant leurs airs nationaux au milieu du carnage[1]. Les Autrichiens perdirent environ six mille hommes, les Français trois mille[2].

D'où vient que la garnison de Maubeuge ne joignit pas ses efforts à ceux de ses libérateurs, ce qui eût probablement amené l'extermination de l'armée de Cobourg? Plusieurs écrivains accusent Ferrant de s'y être opposé, malgré l'opinion contraire énergiquement exprimée par Chancel[3]. Voici ce que nous lisons, à cet égard, dans le manuscrit du maréchal Jourdan :

« Le 17, au matin, le général en chef, accompagné des commissaires de la Convention, entra dans Maubeuge, et témoigna son mécontentement au général Ferrant sur ce qu'il n'avait rien entrepris, lui faisant observer que, s'il eût porté brusquement dix mille hommes sur Ferrières, au moment où l'aile gauche de l'ennemi était culbutée, la victoire était complète. Ferrant donna pour excuse qu'au sein du conseil de guerre le général Chancel avait combattu tout projet de diversion; suivant lui, l'armée du Nord n'étant pas en état de livrer bataille au prince de Cobourg, il était présumable que l'ennemi seul tirait le canon qu'on entendait, afin de persuader à la garnison qu'on marchait à son secours, et de l'attirer par cette ruse dans une embuscade. Il ajouta que cette opinion avait paru vraisemblable aux membres du conseil... On aurait pu lui répondre qu'en sa qualité de commandant en chef, il était libre de rejeter l'avis de Chancel. Néanmoins les commissaires rendirent le dernier respon-

---

[1] *Mémoires tirés des papiers d'un homme d'État*, p. 406.

[2] Dans les *Mémoires d'un homme d'État*, dont l'auteur essaye d'atténuer tant qu'il peut l'avantage des Français, la perte du prince de Cobourg n'est évaluée qu'à trois ou quatre mille hommes, et la nôtre est supposée avoir été plus considérable. Mais les chiffres que nous donnons ont une autorité officielle et sont ceux qu'on trouve dans le manuscrit du maréchal Jourdan.

[3] C'est ce que rapporte aussi M. Piérart, p. 199.

sable de la faute commise, et le traduisirent au tribunal
révolutionnaire, qui le condamna à mort[1]. »

Un incident à rappeler se rattache au locus de Maubeuge : là se termina la carrière politique du fameux
Drouet. Enfermé dans la place, il crut pouvoir s'échapper, fut pris et envoyé au Spielberg, d'où il finit par
s'évader, longtemps après, en sautant d'une hauteur de
deux cents pieds à l'aide d'un parachute, mais non sans
s'être cassé la jambe. Étrange destinée que celle de cet
homme, qui, rentré en France sous le successeur du
prince qu'il avait arrêté à Varennes, répandit le bruit
de sa mort, fit célébrer ses funérailles, et, grâce à ce
stratagème, put exercer tranquillement dans son pays,
durant les dernières années de sa vie, la profession de
marchand de bœufs[2]!

La nouvelle du déblocus de Maubeuge causa partout en
France des transports de joie, que troublèrent faiblement
nos revers sur le Rhin et la perte des lignes de Weissembourg. C'était juste le moment où Couthon entrait vainqueur à Lyon, et où, comme on va le voir dans le chapitre suivant, les commissaires de la Convention, à
l'armée de l'Ouest, écrivaient : *La Vendée n'est plus!* La
guerre départementale étouffée, la guerre royaliste près
de l'être, la guerre étrangère parut un jeu. Une confiance sans bornes centupla l'énergie des cœurs militaires; nul ne mit en doute que la campagne prochaine ne
nous menât planter nos drapeaux sur le territoire ennemi.

Le 16 octobre, signalé à Wattignies par la victoire,
l'avait été aussi, hélas! à Paris par l'exécution de Marie-
Antoinette. Mais, avant de raconter ce lugubre événement, nous avons à achever le tableau des grands faits
de la Révolution, sous son double aspect de puissance
destructive et de puissance féconde.

[1] Manuscrit du maréchal Jourdan, p. 35 et 36.
[2] *Recherches historiques sur Maubeuge*, p. 195.

CHAPITRE DIXIÈME

LA VENDÉE VAINCUE.

Les Vendéens s'allient aux Anglais. — *Parti de Saumur.* — *Parti de Nantes.* — Ce que représentait Canclaux. — Ce que représentait Rossignol. — Les « fumées soporatives. » — Plan de campagne proposé à Saumur. — Plan de campagne proposé à Nantes. — Philippeaux entraîne le Comité de salut public. — Humeur violente de Philippeaux; sa querelle avec Choudieu. — Conseil de guerre tenu à Saumur, le 2 septembre. — Générosité de Rossignol. — Plan adopté. — Arrêté sur l'exécution du décret du 1er août. — Levée en masse. — Les Mayençais à Nantes. — Échec de Lecomte à Chantonnay. — Monet fusillé et calomnié par les Vendéens. — Marché et succès de l'armée de Mayence. — Merlin (de Thionville); sa bravoure; lettre de lui. — Mouvements de l'armée de Rossignol. — Victoires de Doué et de Thouars. — Héroïnes vendéennes. — Ordre de rétrograder envoyé à Chalbos et aussitôt après révoqué. — Défaite des républicains à Coron. — Combat sur les hauteurs de Beaulieu. — Échec de Kléber à Torfou. — Beysser chassé de Montaigu. — Défaite des républicains à Saint-Fulgent. — Campagne manquée. — Accusations injustes lancées par Philippeaux. — Rossignol approuvé par les jacobins. — Nouveau conseil de guerre à Saumur. — Les Mayençais vainqueurs à Saint-Symphorien. — Canclaux et Rossignol remplacés par l'Échelle. — Victoire des républicains au Moulin-aux-Chèvres. — Les Vendéens surpris à Châtillon par Westermann. — Évacuation de Mortagne. — Combat de la Tremblaye; Lescure blessé. — Les généraux de la Haute-Vendée abandonnés par Charette. — Occupation de Chollet par les républicains

— Victoire des républicains à Chollet. — Traits d'héroïsme. — Les républicains occupent Beaupréau. — Passage de la Loire. — Déplorable état de la Vendée.

Dans les premiers jours de septembre, les chefs vendéens, rassemblés aux Herbiers, s'étaient occupés de diviser le *pays conquis* en cinq portions, ayant chacune un général spécialement chargé de la défendre. Charette eut sous son commandement les environs de Nantes et la côte ; Bonchamp, les bords de la Loire, en Anjou ; la Rochejaquelein, tout le reste de l'Anjou insurgé ; Lescure, toute la partie ouest du Poitou insurgé ; Royrand, le camp de l'Oie. D'Elbée conserva son titre de généralissime. Châtillon continua d'être le siége du conseil supérieur, et la résidence de l'état-major fut fixée à Mortagne [1].

Quelques jours auparavant, au château de la Boulaye, où Lescure, la Rochejaquelein et le faux évêque d'Agra se trouvaient réunis, un homme de trente ans, petit, à la figure vive, aux allures décidées, s'était présenté avec des dépêches qu'il portait en guise de bourre dans ses pistolets. Envoyé d'Angleterre par Dundas et le gouverneur de Jersey, un bateau pêcheur l'avait jeté seul, pendant la nuit, sur la côte de Saint-Malo. Mais à l'esprit contre-révolutionnaire des paroisses situées sur sa route, il avait dû de pouvoir se procurer, de village en village, des secours et des guides ; et, après avoir fait à pied cinquante lieues en cinq nuits, il avait audacieusement traversé la Loire, à la vue des barques canonnières des républicains. Il se nommait le chevalier de Tinténiac. Quel fut l'étonnement de ses hôtes, lorsqu'ils virent que les dépêches apportées par lui étaient adressées à Gaston, le perruquier tué au début de la révolte ! L'ignorance, à Londres, était si grande en ce qui concernait l'insurrec-

[1] *Mémoires de madame de la Rochejaquelein*, p. 197.

tion de la Vendée, qu'on paraissait n'y pas bien savoir si elle avait pour objet le triomphe des idées de l'Assemblée constituante, ou la restauration de l'ancien régime, ou la résurrection du parti girondin [1]. Du reste, les dépêches contenaient des offres de secours clairement énoncées. Si les chefs vendéens hésitèrent à s'allier aux Anglais, engagés alors dans une guerre à mort contre la France, c'est ce dont on va juger par le passage suivant des Mémoires de madame de la Rochejaquelein. Il vaut qu'on le cite : « J'avais une écriture très-fine et très-lisible. Ces messieurs me prirent pour secrétaire, et j'écrivis les dépêches que M. de Tinténiac voulait rapporter dans ses pistolets... On répondit au ministère anglais... que, si l'on n'avait pas sollicité des secours, c'était à cause de l'impossibilité des communications ; que ces secours nous étaient fort nécessaires... Nous proposions un débarquement aux Sables ou à Paimbœuf, promettant d'amener cinquante mille hommes, au jour donné, sur le point qui serait choisi... Mais ce qu'on demanda spécialement et avec instance, c'est que le débarquement fût commandé par un prince de la maison de Bourbon, et composé d'émigrés en grande partie... Tous les généraux qui étaient à la Boulaye signèrent cette réponse, et l'évêque d'Agra y mit hardiment son nom [2]. »

Puisque le ministère anglais « montrait un vif désir de secourir les insurgés par toute espèce de moyens [3], » sans même savoir au juste pour quelle cause ils combattaient, les chefs vendéens ne pouvaient se faire illusion sur la nature de l'appui offert ; ils ne pouvaient ignorer qu'ils s'alliaient, non aux défenseurs du principe monarchique, mais aux ennemis de la France, agissant comme tels. Ils le signèrent, néanmoins, ce pacte sacrilége ; et

[1] *Mémoires de madame de la Rochejaquelein*, p. 187 et 188.
[2] *Ibid*, p. 189 et 190.
[3] *Ibid.*, p. 186.

la naïveté des aveux qu'on vient de lire prouve assez que ce fut en toute sécurité de conscience !

Quel était, pendant ce temps, l'état des choses parmi les républicains?

On a vu [1] que lorsque, au mois d'août, l'armée de Mayence arriva en Vendée, un débat très-animé s'engagea entre la commission centrale de Nantes et celle de Saumur, sur la direction à donner aux Mayençais. Ce débat tirait son importance d'un antagonisme, ancien déjà, mais que l'élévation de Rossignol venait de mettre vivement en lumière.

Au fond, ce que Rossignol représentait en Vendée, c'était le principe démocratique, appliqué avec tous ses avantages et tous ses inconvénients à la formation, à la direction des armées, et à la distribution des grades : système des levées en masse, appel brûlant des volontaires sous les drapeaux, puissance de l'enthousiasme substituée aux ressources de la guerre méthodique, et préférence donnée, dans le maniement des soldats, à l'énergie du patriote sur l'expérience du général, à l'inspiration sur la stratégie, en un mot à l'esprit civique sur l'esprit militaire, voilà ce que personnifiait Rossignol, et ce que patronnait en lui la commission centrale de Nantes, composée de Richard, de Choudieu, de Bourbotte. C'est ce qui constituait, en dehors des dispositions particulières des habitants de Saumur, le *parti de Saumur.*

Canclaux, qui n'était comme Rossignol ni un homme de club ni un homme du peuple, et qui à l'orgueil d'une haute naissance joignait cette passion de la force réglée qui se puise dans la vie des camps, le comte Camille de Canclaux devait naturellement représenter en Vendée un tout autre principe et un tout autre esprit que Rossignol. Philippeaux, en opposant le premier au second,

---

[1] Fin du chapitre : la *Vendée menacée.*

contribua, plus que personne, à constituer ce qui, en dehors des opinions propres aux diverses catégories de la population nantaise, put être appelé le *parti de Nantes* [1].

Que Rossignol fût doué de qualités estimables, c'est certain. Turreau, dans ses Mémoires, se fait gloire d'avoir été son ami [2]. Hentz, très-prévenu contre lui en arrivant à Saumur, fut charmé de sa franchise, de la sincérité de son patriotisme et de la simplicité de ses mœurs républicaines [3]. Le 19 août, Santerre écrivait au ministre de la guerre : « J'ai trouvé en Rossignol l'homme de la nature, brave et dont l'esprit est rare. Il craignait le fardeau de sa place. J'ai du plaisir à servir sous ses ordres [4]. » A la même époque, les commissaires Besson et Brulé mandaient au Comité de salut public que Rossignol avait la confiance de son armée, les soldats étant bien sûrs que celui-là du moins ne les trahirait pas [5]. Il est juste aussi de remarquer que, loin d'avoir ambitionné la dignité de général en chef, Rossignol la refusa d'abord, puis ne l'accepta qu'avec une louable défiance de lui-même [6]. Et jamais l'envie n'approcha de son cœur, comme le prouve de reste sa conduite envers Boulard, dont nul ne sut mieux que lui respecter les vertus, louer les talents et recommander les services [7].

[1] Ces dénominations sont exactes en ce sens seulement que Rossignol avait le siége de son commandement à Saumur et Canclaux celui du sien à Nantes.

[2] *Mémoires de Turreau*, p. 93.

[3] *Observations sur la guerre de la Vendée*, imprimées par ordre de la Convention.

[4] Lettre publiée par Savary, *Guerre des Vendéens et des Chouans*, t. II, p. 51.

[5] *Ibid*, p. 26.

[6] Dans sa réponse à la notification du ministre, il faisait observer avec modestie que « *l'administration était hors de sa portée.* »

[7] Lettre écrite par Rossignol au ministre de la guerre, pour le prier instamment d'engager Boulard à continuer ses fonctions, en date du 16 août 1793.

Malheureusement, c'était une nature confiante et faible. « Je tremble, lui avait écrit de Paris en lui annonçant sa nomination une dame P. de ses amies, je tremble que ta trop grande confiance ne te fasse tomber dans les piéges de certains hypocrites.... Tu vas avoir autour de toi des *hommes politiques*, et par cela même artificieux [1]... » Ces mots étaient sans doute à l'adresse de Ronsin, devenu meneur révolutionnaire d'auteur dramatique qu'il avait été, et dont l'ascendant sur Rossignol s'expliquait par beaucoup d'intelligence, d'audace et de courage, présents du ciel qui, chez lui, servaient de voile à une politique sans scrupule unie à des penchants sanguinaires.

L'amitié d'un tel homme ne pouvait que décrier Rossignol, et sa mauvaise santé, qui, trop souvent, le tint éloigné de la scène, ajoutait à cet inconvénient; mais l'injuste aversion dont il fut l'objet de la part d'une certaine fraction du parti républicain avait une cause plus profonde. En réalité, sa nomination n'avait été qu'un coup d'État révolutionnaire; elle avait eu pour but avoué de saper l'ancienne routine des camps, de poursuivre jusque sous la tente ce qui restait encore des vieux prestiges, d'affaiblir la dangereuse confiance des soldats pour leurs généraux titrés, et de bien faire comprendre que la Révolution n'entendait point composer avec le passé monarchique, de quelque façon que ce pût être [2]. Rossignol eut donc naturellement contre lui, même dans le parti républicain, toutes les convictions chancelantes, tous les cœurs au fond desquels la puissance des idées nouvelles luttait contre le culte des souvenirs, tous ceux enfin qui ne croyaient pas absolument nécessaire que la Révolution brûlât ses vaisseaux.

[1] Citée par Savary, *Guerre des Vendéens et des Chouans*, t. I, p. 418.
[2] Voyez ce que disent à cet égard : Beauchamp, dans son *Histoire de la Vendée*, t. I, liv. VII; et Turreau, dans ses *Mémoires*, liv. III, p. 92.

Il fallait en finir, cependant, avec « cette inexplicable Vendée, » comme l'appelait Barrère. Et par quels moyens? Les plus violents ne pouvaient guère paraître excessifs, là où les plus chimériques ne parurent pas ridicules. « Je me rappelle, raconte Savary, qu'un adepte, se prétendant *physicien et alchimiste*, présenta aux députés qui se trouvaient à Angers une boule de cuir remplie, disait-il, d'une composition dont la vapeur, dégagée par le feu, devait asphyxier tout être vivant fort loin à la ronde. On en fit l'essai dans une prairie où se trouvaient quelques moutons que la curiosité attira vers le lieu de l'expérience, et personne n'en fut incommodé[1]! » Il est probable que c'est à des procédés de ce genre que Santerre faisait allusion, lorsqu'il écrivait au ministre de la guerre : « Des mines, des mines à force! des fumées soporatives! Et puis, tomber dessus[2]! »

Hâtons-nous de dire que l'idée d'asphyxier les Vendéens, ou de les endormir pour mieux les battre, n'empêcha pas de recourir à des moyens un peu plus sûrs.

Jusqu'alors, dans la guerre de Vendée, les républicains avaient frappé au hasard, selon l'inspiration du moment ou la convenance accidentelle des lieux : on reconnut enfin qu'au système des attaques partielles et incohérentes il était temps de substituer celui des attaques combinées. Sur ce point, pas de difficulté. Mais quel plan de campagne adopterait-on? Le *parti de Nantes* et le *parti de Saumur* se disputant l'armée de Mayence, il en résulta que deux plans de campagne tout à fait opposés se produisirent. Car, bien souvent, la différence des idées ne naît que de l'antagonisme des passions.

La commission centrale de Nantes était d'avis que l'armée de Mayence se rendît à Nantes et s'y réunît aux

---

[1] *Guerres des Vendéens et des Chouans*, t. II, p. 51.
[2] Voyez sa lettre. *Ibid.*, p. 50.

troupes commandées par Canclaux. A un jour donné, elle en serait partie, pour s'emparer du Port-Saint-Père, de Machecoul, de Légé, ayant comme points de contact, à droite l'intrépide armée de Boulard, et à gauche la garnison de Nantes; puis, elle aurait percé jusqu'à Mortagne, centre de la rébellion, de manière à diviser les forces de l'ennemi, tandis que, combinant une attaque environnante, les divisions républicaines d'Angers, de Luçon, de Niort, des Sables, se seraient avancées en se donnant la main, contraignant l'ennemi à faire face sur tous les points à la fois, le resserrant de plus en plus, et le refoulant sur lui-même, jusqu'à ce qu'il pérît comme étouffé [1].

Selon la commission centrale de Nantes, ce plan valait mieux que celui qui aurait consisté à opposer aux Vendéens une grande et unique armée. Quelle était, en effet, la tactique des rebelles? Maîtres d'une vaste surface, ils se divisaient en plusieurs noyaux composés de gens audacieux, très-propres à former des têtes de colonnes, et distribués à une assez grande distance les uns des autres. Y avait-il une expédition à tenter, la division qui en était chargée faisait sonner le tocsin dans toutes les paroisses à quarante-huit lieues de marche, désignait les lieux de rassemblement où chacun devait porter ses vivres et son fusil. Ce noyau se transformait de la sorte, comme par enchantement, en une armée nombreuse, en tête de laquelle marchaient quelques centaines d'hommes aguerris, la plupart braconniers ou garde-chasses et excellents tireurs. Ils attaquaient alors en poussant de grands cris. Et quel était le résultat? Vaincus, ils perdaient quelques

[1] Lettre de Philippeaux à ses collègues de Niort, dans la collection de M. Benjamin Fillon. — Mémoire sans signature, mais évidemment composé par un des généraux républicains en Vendée. — *Observations sur la guerre de Vendée*, par Nicolas Hentz, dans la *Bibliothèque historique de la Révolution*. 1046. 7. 8 (*British Museum*.)

canons, et chacun de retourner chez soi, sauf à recommencer. Vainqueurs, ils se multipliaient en progression effrayante, et menaçaient de tout inonder. Dix mille avant un combat, ils pouvaient être cinquante mille après une victoire. N'était-il pas manifeste que des paysans, qui n'avaient ni train ni bagages, qui se dispersaient en un clin d'œil, et dont chacun portait ses vivres, auraient bon marché d'une lourde masse constamment en peine du soin de ses subsistances, et forcée, en cas d'urgence, d'aliéner par le pillage les populations laissées derrière elle? Le plan proposé avait, d'ailleurs, l'avantage de couper toute relation entre les rebelles et l'Angleterre; de tenir en respect la Bretagne, où l'insurrection fermentait, de rendre disponible l'artillerie de Nantes, qui n'aurait plus besoin de canons dès qu'en avant de la rive gauche elle aurait un redoutable corps d'armée pour la protéger [1].

A cela, ceux de la commission centrale de Saumur répondaient : que la question étant de détruire les rebelles sans retour, il convenait de leur laisser le moins d'échappées possible; qu'appeler de divers points très-éloignés l'un de l'autre les corps qui devaient former l'attaque environnante n'était pas le moyen d'empêcher les trouées; que, de Mortagne, l'ennemi pouvait se porter, à son choix, sur chacune des colonnes destinées à le cerner, et en vaincre une, deux ou même trois en un jour, précisément parce qu'il n'était embarrassé ni de vivres ni de bagages; que, dans ce cas, les opérations de l'armée de Mayence seraient irrévocablement compromises; qu'il était absurde de faire faire à cette armée une marche de quarante-sept lieues pour atteindre Mortagne, d'où, à Saumur, elle n'était éloignée que de douze

[1] *Observations sur la guerre de la Vendée*, par Nicolas Hentz, dans la *Bibliothèque historique de la Révolution*. 1046. 7. 8. (*British Museum.*)

lieues; que, le pays occupé par les rebelles présentant une espèce de carré dont deux barrières naturelles, la Loire et la mer, dessinent deux des côtés, on devait chercher à acculer l'ennemi dans l'angle formé par la Loire et la mer, c'est-à-dire l'attaquer en masse par l'angle opposé[1].

Ainsi le *parti de Nantes* proposait d'attaquer les Vendéens par l'ouest, de les diviser au moyen d'une pointe de l'armée de Mayence sur Mortagne, et de les détruire en les cernant.

Le *parti de Saumur*, au contraire, proposait de concentrer toutes les troupes en cette dernière ville, d'attaquer par l'est, et en masse.

Or, dans le premier cas, l'armée de Mayence passait sous le commandement du *comte* de Canclaux, et promettait, par les prodiges qu'on attendait d'elle, d'assurer en Vendée la prépondérance du *parti aristocratique et militaire*.

Dans le second cas, l'armée de Mayence était mise sous les ordres du *plébéien* Rossignol, et l'honneur d'avoir fini la guerre de Vendée appartenait au *parti civil et démocratique*.

Le premier plan était du général Grouchy, alors chef de l'état-major de l'armée des côtes de Brest[2]; il avait été adressé, le 14 août, au Comité du salut public par le représentant Cavaignac[3]; et Philippeaux l'avait adopté jusqu'à se l'approprier en quelque sorte. Heureux d'avoir cette flèche à lancer à travers le cœur de Ronsin, il se rendit auprès de Comité du salut public pour appuyer

---

[1] *Mémoires du général Turreau*, liv. III, p. 101. — *Observations sur la guerre de la Vendée*, par Nicolas Hentz, *ubi supra*. — Rapport présenté par Choudieu, le 6 février 1794. — Compte rendu de Rossignol au ministre de la guerre.

[2] *Guerres des Vendéens et des Chouans*, t. II, p. 45.

[3] *Ibid.*

les vues du *parti de Nantes*, et ne craignit pas de dire :
« Si l'on suit cette marche, la guerre ne durera pas un
mois, j'en réponds sur ma tête[1]. » Tant d'assurance
entraîna le Comité de salut public, qui envoya l'ordre à
l'armée de Mayence de se diriger sur Nantes.

Mais ce n'était pas assez pour Philippeaux, nature
agressive et inflammable à l'excès. Dans son opposition
à ce qu'il nommait par dérision la *cour de Saumur*, il
déploya la même passion qui, à Chartres, lui avait fait
donner aux Girondins vaincus le titre « d'alliés de l'ennemi extérieur[2], » et il employa le même langage dont
il s'était servi en dé nissant Louis XVI : « La grosse et
vilaine bête qu'on appelait roi[3]. » Non content de se
déchaîner contre Ronsin, sans avoir à articuler d'autre
fait que de l'avoir vu en compagnie de courtisanes, il
accueillit avec une légèreté déplorable, à l'égard de
Rossignol, des accusations qui se trouvèrent être des
calomnies[4]. De l'armée de Saumur, il disait, par une
irritante affectation de dédain : « Elle fera beaucoup en
ne faisant point de mal[5], » et une de ses expressions
favorites était : « Le cloaque fangeux de Saumur[6]. »

Richard et Choudieu n'étaient pas gens à dévorer patiemment de telles insultes. Il ne paraît pas, néanmoins,
qu'ils y aient d'abord répondu autrement qu'en s'effor-
çant d'entraver l'exécution du plan appuyé par Philippeaux. Ils n'eurent pas de peine à prouver au Comité de

---

[1] *Guerres des Vendéens et des Chouans*, t. II, p. 46.
[2] Compte rendu à la Convention nationale par Philippeaux, député
commissaire dans les départements du Centre et de l'Ouest. — Voyez
n° 1082 de la *Bibliothèque historique de la Révolution*. (*British Museum*.)
[3] *Ibid.*
[4] Voyez sur ce point les *Observations* de Nicolas Hentz, imprimées
par ordre de la Convention nationale.
[5] Lettre de Philippeaux à ses collègues de Niort, parmi les documents originaux et inédits rassemblés par M. Benjamin Fillon.
[6] Il employa cette expression jusque dans sa lettre du 28 août au
Comité de salut public.

salut public que la décision qu'on lui avait arrachée était hâtive, qu'il convenait d'écouter les opinions diverses et de les peser. La lettre qu'ils écrivirent à ce sujet semblait si raisonnable, qu'elle obtint la signature de Rewbell et de Merlin (de Thionville), commissaires près l'armée de Mayence. Irrité, Philippeaux appela cette démarche une intrigue, reçut un cartel de Choudieu, et refusa de se battre, déclarant que son sang appartenait à la République [1].

Ces funestes querelles avaient rempli les derniers jours du mois d'août : enfin, le 2 septembre, un grand conseil de guerre fut tenu à Saumur, où les deux partis vinrent, sur la question en suspens, se mesurer une dernière fois.

Prirent part à la délibération onze représentants du peuple, qui étaient : Richard, Choudieu, Fayau, Philippeaux, Ruelle, Meaulle, Cavaignac, Turreau, Rewbell, Merlin (de Thionville), Bourbotte ; et onze généraux, savoir : Rossignol, Canclaux, Aubert Dubayet, Menou, Santerre, Mieszkouski, Dembarrère, Salomon, Rey, Duhoux et Chalbos [2]. Le débat fut très-vif, et le résultat singulier. Bourbotte s'étant abstenu, et Chalbos ayant proposé un système mixte, il arriva que, sur les onze représentants, sept se prononcèrent pour le plan de Nantes, et trois pour le plan de Saumur, tandis que, sur les onze généraux, sept donnèrent la préférence au plan de Saumur, et trois au plan de Nantes [3] : de sorte que le parti qui représentait en Vendée l'esprit militaire se trouva avoir contre lui, en cette occasion, la majorité

---

[1] Lettre de Philippeaux au Comité de salut public, en date du 28 août 1793.

[2] Procès-verbal du conseil de guerre du 2 septembre 1793. — Il se trouve parmi les pièces justificatives de l'ouvrage de Beauchamp, et dans Savary, t. II, chap. v, p. 90-92.

[3] *Ibid.*

des généraux, et pour lui la majorité non militaire ! Les
votes se balançaient d'une manière exacte : dix d'un
côté, dix de l'autre ; ce qui fit pencher la balance, ce fut
la générosité de Rossignol. S'apercevant que la difficulté
venait uniquement de la répugnance que certains généraux nobles, tels que Aubert Dubayet, avaient à servir
sous lui, il proposa noblement à Canclaux de lui abandonner le commandement s'il voulait entrer en campagne par Saumur ; et, sur le refus de Canclaux, qui
n'eût pu accepter l'offre sans indélicatesse, il déclara
faire à son collègue le sacrifice de son opinion particulière [1]. Cette conduite pleine de grandeur termina tout,
et l'armée de Mayence prit la route de Nantes.

Cependant le décret du 1er août avait répandu l'alarme,
et le bruit courait, accrédité par quelques paroles irré-
fléchies de Rossignol, que ce décret allait avoir dans ceux
du *parti de Saumur* des exécuteurs inflexibles et aveugles : un fait éclatant démentit ces rumeurs. Santerre
s'était hâté d'écrire au ministre de la guerre sur la nécessité de prendre des mesures pour que l'exécution ne
frappât que les rebelles ; le ministre lui répondit : « Mon
opinion est conforme à la vôtre [2]. » Et les représentants
près l'armée des côtes de la Rochelle publièrent aussitôt
un arrêté portant qu'il ne fallait pas confondre avec les
véritables repaires des brigands les pays envahis par
eux, et dont les habitants étaient en majorité restés
fidèles à la patrie ; qu'il était défendu à tout officier,
sous-officier ou soldat, de mettre le feu à une ville, à un
bourg, à un village, à un hameau, même à une maison

[1] Voyez sur ce point l'*Histoire de la Vendée*, par Beauchamp, t. 1,
liv. VII, p. 501. — Les *Observations* de Hentz sur *la guerre de la Vendée*. — Les *Mémoires de Turreau*, liv. III, p. 100.
Dans ses *Mémoires*, Turreau attaque vivement le plan qui prévalut,
et cependant son nom figure, dans le procès-verbal, sur la liste de
ceux qui votèrent en faveur de ce plan.
[2] *Guerre des Vendéens et des Chouans*, t. II, p. 101.

particulière, sous prétexte que les brigands y avaient logé ; qu'un tel acte serait puni comme acte de rébellion à la loi ; que, dans les pays occupés par les brigands, les généraux seuls auraient le droit de déterminer l'exécution du décret du 1er août ; qu'en tout cas, nul ordre d'incendier ne serait donné que lorsque les commissaires attachés aux armées auraient fait retirer les bestiaux et les subsistances. Ces mesures, qui, selon l'expression de Savary [1], « semblaient réduire la guerre à ses fléaux ordinaires, » et pour lesquelles on créa des commissions spéciales, calmèrent l'effervescence [2].

Mais à la sagesse il fallait joindre l'énergie, et, comme nous l'avons déjà dit, ce qui distinguait le *parti de Saumur* du *parti de Nantes*, c'était une foi absolue dans la puissance de l'élan populaire. De là, la levée en masse ordonnée par les représentants près l'armée des côtes de la Rochelle. La réponse à cet appel du patriotisme fut prodigieuse. Le tocsin, sonné le 11 septembre, dans le district de Saint-Maixent, réunit dix mille hommes en six heures [3]. Les levées en masse encombrèrent Angers. Saumur, Thouars, Niort et Fontenay. Rien de tel ne s'était vu depuis les Croisades [4]. Il est vrai qu'on ne pouvait pas compter ces volontaires comme autant de *soldats !* N'y avait-il point à les armer, à les discipliner, à les habi-

---

[1] *Guerre des Vendéens et des Chouans*, t. II, p. 107.

[2] Quand Savary s'oublie jusqu'à rapporter un fait de nature à honorer le *parti de Saumur*, on peut l'en croire ; car il était lui-même du *parti de Nantes*, dont toutes les préventions et les jalousies se reflètent dans son récit.

[3] Rapport de l'adjudant général Desmarez au ministre de la guerre.

[4] Savary, qui, en sa qualité d'*écrivain de parti*, parle de ces levées en masse avec une mauvaise humeur mal dissimulée, prétend qu'elles produisirent 50,000 hommes. Sans aller aussi loin que Barrère, qui, dans la séance du 25 septembre, porta le nombre des volontaires à 400,000, il est permis de croire que Savary est resté au-dessous de la vérité. Beauchamp dit 500,000, dans son *Histoire de la Vendée*, t. I, liv. VIII, p. 314.

tuer au feu ? Sous ce rapport, il y eut certainement illusion de la part de ceux de Saumur ; mais l'illusion ici
n'en donna pas moins lieu à un de ces grands spectacles
qui sont la gloire d'un peuple libre.

Pendant ce temps, l'armée de Mayence arrivait à
Nantes. La renommée qui marchait devant ces valeureux
guerriers leur avait préparé dans Nantes une réception
digne de leurs hauts faits. Ils furent accueillis, ils furent
fêtés avec transport. Aussi impatiente de les montrer à
l'ennemi que fière de les posséder, la ville se plut à les
faire ranger en bataille dans la prairie de Mauves, presque sur le bord de la Loire, pour que, des postes opposés, les Vendéens pussent voir à quels rudes combattants
il leur faudrait désormais tenir tête. Là était Merlin
(de Thionville), aussi brave que le plus brave. Au moment où les troupes rentraient, il lui prend envie d'aller
reconnaître un poste ennemi aux environs de Saint-Sé-
bastien. Suivi de quelques officiers généraux, il part, est
accueilli par un beau feu de file, met pied à terre, saute
dans la canonnière établie pour défendre le passage de
la Loire et riposte par quelques coups de canon[1]. Jouer un
moment avec la mort, et, comme un banquet l'attendait
dans la ville[2], gagner appétit, c'est tout ce qu'il avait voulu.

Voici quel était l'état des forces qui composaient l'armée des côtes de Brest. Canclaux avait sous ses ordres
deux généraux de brigade, Beysser et Grouchy, le premier
occupant le camp des Naudières, à une lieue de Nantes,
avec six mille hommes, et le second formant l'avant-garde,
au camp des Sorinières, à la tête de deux mille hommes.
Quant aux Mayençais, Aubert Dubayet commandait la
division ; Kléber, l'avant-garde ; Vimeux, la 1re brigade ;
Beaupuy, la 2e brigade ; Haxo, la réserve[3].

---

[1] Savary, *Guerres des Vendéens et des Chouans*, t. II. p. 111.
[2] *Ibid.*
[3] *Ibid.*, p. 131.

Pour ce qui est de l'armée des côtes de la Rochelle, placée sous les ordres de Rossignol, elle comprenait cinq divisions : celle de Saumur, commandée par Santerre ; celle d'Angers, commandée par Duhoux ; celle de Niort, commandée par Chalbos ; celle de Luçon, commandée par Tuncq, et enfin celle des Sables, où Boulard, que l'épuisement de sa santé avait contraint de donner sa démission, venait d'être remplacé par Mieszkouski[1].

Or, d'après le plan concerté à Saumur, les opérations devaient avoir lieu de la manière suivante :

L'armée des côtes de Brest, partant de Nantes, devait descendre la rive gauche de la Loire, balayer la Vendée inférieure, remonter vers Machecoul, arriver le 11 ou le 12 devant Légé ; le 13 ou le 14, vis-à-vis d'Aigrefeuille, et le 16, devant Mortagne[2].

De son côté, l'armée des côtes de la Rochelle devait régler ses mouvements de telle sorte, que la division des Sables prenant poste à Saint-Fulgent le 13, et celle de Luçon balayant tout le pays entre Chantonnay et la Roche-sur-Yon, les trois autres divisions de Niort, de Saumur et d'Angers se trouvassent le même jour, c'est-à-dire le 14 : la première à la Châtaigneraie ; la seconde à Vihiers, et la troisième sur les hauteurs de Beaulieu[3]. C'était le 15, autour de Mortagne, que devait s'opérer la jonction de toutes les colonnes parties des divers points du théâtre de la guerre ; et, si cette jonction avait lieu suivant les dispositions convenues, la destruction de l'ennemi paraissait chose certaine.

Mais n'y avait-il rien de hasardé en un système qui faisait dépendre le succès de la campagne d'une précision mathématique dans chacun des mouvements indiqués ? Et

---

[1] Savary, *Guerres des Vendéens et des Chouans*, t. II, p. 132.
[2] *Plan d'opérations, concerté et arrêté entre les généraux Canclaux et Rossignol*, 1re partie.
[3] *Plan d'opérations*, etc., 2e partie.

pouvait-on raisonnablement espérer que les Vendéens ne mettraient obstacle à la marche d'aucun des corps dont la coopération était requise? Choudieu, dans le conseil de guerre de Saumur, avait signalé le danger avec beaucoup de force [1]; et l'événement ne lui donna que trop raison.

Avant même que la campagne fût commencée, les armes républicaines essuyèrent un revers qui menaçait de tout compromettre. Tuncq, que nous n'avons pas vu figurer au conseil de guerre, s'était rendu à la Rochelle sous prétexte de se faire guérir d'une chute de cheval [2], laissant le commandement de la division de Luçon au jeune Lecomte, récemment créé général de brigade, et qui, à la tête du fameux bataillon le *Vengeur*, s'était couvert de gloire. Lecomte était de la race des héros, et une autre nature héroïque, Marceau, le secondait en qualité d'adjudant général. Mais, soit mauvaise volonté, soit négligence, Tuncq était parti, sans laisser ni renseignements, ni ordres, ni cartes, ni registres, pas même le cachet de l'état-major et la note des espions [3]. Attaqué à Chantonnay, le 5 septembre, par trente mille Vendéens, et attaqué à l'improviste, Lecomte fut battu, après des prodiges de valeur, et à la suite d'un combat qui dura de cinq à neuf heures du soir. Le bataillon le *Vengeur* y fut admirable, et se fit exterminer presque en entier [4]. Le désastre eût été complet sans les ténèbres, qui favorisèrent la retraite. « Je me dirigeai à travers des bois qui m'étaient inconnus, » écrivit Lecomte après la bataille. Il y avait été atteint d'une blessure qu'on crut d'abord mortelle, et le premier cri qu'il

[1] C'est ce qu'il rappela plus tard dans une lettre sur laquelle nous reviendrons.

[2] *Mémoires manuscrits de Mercier du Rocher.*

[3] Rapport du général de brigade Lecomte au général de division Chalbos, en date du 8 septembre 1793.

[4] *Mémoires de madame de la Rochejaquelein,* chap. ix, p. 196.

poussa de son lit de douleur fut pour accuser Tuncq et le maudire[1].

Au nombre des prisonniers républicains était Monet, commandant du bataillon le *Vengeur*. On lui apprit que lui et ses compagnons devaient se préparer à mourir. Fils unique, Monet frémit en songeant au désespoir de sa mère, et madame de Sapinaud raconte qu'elle reçut de lui une lettre où il lui rappelait qu'elle avait des enfants[2]. Elle ajoute qu'elle envoya cette lettre, accompagnée de sa recommandation, à M. de Cumont, qui répondit : « La mort la plus affreuse serait encore trop douce pour un pareil homme[3]. » Telle était la mansuétude vendéenne ! Monet fut conduit à la mort, qu'il subit avec fermeté; et, comme si ce n'était pas assez de lui avoir ôté la vie, les Vendéens cherchèrent à déshonorer sa mémoire, en publiant un bulletin où ils lui faisaient dire : « J'ai violé, volé, assassiné, incendié, blasphémé, commis toutes sortes de crimes et de scélératesses. Le supplice que je vais subir est trop doux. Je demande publiquement pardon à Dieu. Malheur à qui m'imitera ! » Pour savoir jusqu'à quel point une relation, si peu vraisemblable en elle-même, mérite confiance, il suffit de remarquer qu'elle venait d'un conseil dirigé par ces deux grands imposteurs, l'évêque d'Agra et le curé Bernier[4] !

Tandis que ces choses se passaient du côté de Luçon, Charette, du côté de Nantes, attaquait sans succès le camp

[1] Voyez son Rapport du 8 septembre 1793. — Les *Mémoires manuscrits de Mercier du Rocher*, et Beauchamp), t. I, liv. VIII, p. 508.
[2] *Mémoires de madame de Sapinaud*, p. 27.
[3] *Ibid.*
[4] Il est juste toutefois de dire que cette relation est en harmonie avec ce que madame de Sapinaud rapporte du récit qui lui fut fait à elle-même. Mais, de son côté, Savary, qui connaissait le caractère honorable de Monet, cite sa prétendue confession comme un des plus frappants exemples des *extravagances* que le conseil supérieur de Châtillon se permettait de publier. (Voy. *Guerres des Vendéens et des Chouans*, t. II. p. 124.)

des Naudières ; et, laissant dans ce camp une forte réserve sous les ordres d'Haxo et de Grouchy, Canclaux ouvrait la campagne.

Les Mayençais, dont Kléber conduisait l'avant-garde, s'emparèrent d'abord de Port-Saint-Père, dont l'attaque fut signalée par des traits de bravoure extraordinaires. On y vit des soldats républicains, à la suite d'un lieutenant nommé Targe, se jeter à la nage, le sabre entre les dents, aller saisir, sous un feu terrible, des bateaux vendéens, et les ramener pour faire passer le détachement[1].

De là, les vainqueurs marchèrent dans la direction de Légé, chassant tout devant eux. Savary nous a conservé des notes de Kléber où on lit ces touchantes paroles : « En passant devant le beau lac de Grand-Lieu, nous avions des paysages charmants et des échappées de vue aussi agréables que multipliées. Je ne pus m'empêcher de gémir sur le sort de ces paisibles citoyens qui, égarés et fanatisés par les prêtres, couraient à une destruction certaine[2]. » D'après le plan d'opérations, les Mayençais auraient dû se trouver devant Légé le 12 septembre[3], et ce fut le 14[4] seulement que leur avant-garde se déploya dans la plaine en forme de glacis qui domine cette ville. Elle y fut rejointe par l'armée de Beysser, qui, faisant le circuit de la basse Vendée, s'était emparée successivement de Pornic, de Bourneuf et de Machecoul. Les Vendéens, qui occupaient Légé, se hâtèrent de l'évacuer, et les troupes de Beysser pillèrent la ville[5] ; après quoi, on se remit en marche.

Le conventionnel Merlin (de Thionville), devenu cher

[1] 2e partie des *Mémoires manuscrits de Mercier du Rocher*, p. 6.
[2] Savary, *Guerres des Vendéens et des Chouans*, t. II, p. 140.
[3] Voyez plus haut le plan d'opérations.
[4] *Guerres des Vendéens et des Chouans*, t. II, p. 145.
[5] *Ibid.*

aux soldats de l'armée de Mayence par une intrépidité qu'on eût admirée même chez un vieux guerrier, était de l'expédition. A Port-Saint-Père, il avait commandé l'artillerie volante et pointé lui-même plusieurs canons[1]. La lettre suivante, adressée à Goupilleau (de Montaigu), et dont l'autographe est sous nos yeux, donnera une idée de l'homme. « J'arrive de Montaigu, d'où nous venons de chasser vingt mille coquins. Entré le premier dans la ville, j'ai protégé tes propriétés et ta femme. La ville ayant été prise à la baïonnette, je crois qu'elle sera totalement pillée. L'armée des brigands est en pleine déroute. S'ils n'avaient pas jusqu'ici eu affaire à des j.... f......, ils n'auraient pas pris nos canons avec des bâtons. J'ai juré de n'écrire à la Convention qu'après que cette malheureuse guerre sera terminée. Ne soyez donc pas étonnés si vous ne voyez pas ma signature avec celle de mes collègues. Merlin (de Thionville)[2]. » .... Les mots : « J'ai protégé tes propriétés et ta femme » indiquent de reste que la ville de Montaigu fut livrée au pillage. Pour l'empêcher, le généreux Kléber avait prié Beysser de faire battre la générale : elle fut battue en effet, mais deux heures trop tard[3]...

L'armée, avançant toujours, atteignit Clisson le 17. Là il fut convenu que la colonne de droite, sous les ordres de Beysser, se porterait à Tiffanges, et que l'avant-garde, sous les ordres de Kléber, marcherait sur Torfou, d'où elle pourrait, par le pont de Tiffanges, communiquer avec la colonne de droite[4]. Ces dispositions prises, Canclaux fit halte, attendant des nouvelles de Rossignol.

Tel se présente à l'historien impartial le mouvement

---

[1] Notes de Kléber, citées par Savary, t. II, p. 136.
[2] Dans la collection des documents originaux et inédits rassemblés par M. Benjamin Fillon.
[3] Notes de Kléber. (Voy. Savary, t. II. p. 148.)
[4] Ibid., p. 152.

des Mayençais. Il ne cadrait pas, on le voit, avec les prévisions du plan de campagne; car l'armée des côtes de Brest aurait dû être devant Mortagne le 16, et elle n'était encore qu'à Clisson le 17[1].

Que faisait, pendant ce temps, l'armée des côtes de la Rochelle? La nouvelle de l'échec de la division de Luçon à Chantonnay avait avec raison alarmé Rossignol, cet échec étant de nature à laisser, par la désorganisation d'une des colonnes d'attaque, un vide dangereux entre la division des Sables et celle de Niort, ce qui suffisait pour tout remettre en question.

On était dans cette incertitude, lorsque, le 14 septembre, la division de Saumur, qui n'avait pas dépassé Doué, y fut attaquée par une masse nombreuse de Vendéens que conduisaient le prince de Talmont, d'Autichamp et Stofflet. Les républicains étaient au nombre de sept mille combattants, dont cinq cents hommes de cavalerie, plus six mille hommes de la levée en masse, qu'on avait rejetés sur les derrières, parce qu'ils n'étaient armés que de piques, et menaçaient d'être un embarras plutôt qu'une force. Ce fut le général Demberrère, officier attaché à l'arme du génie, qui fit les dispositions et forma la ligne. Les Vendéens furent repoussés, mis en déroute et poursuivis jusqu'à plus de trois lieues par la cavalerie républicaine, qui en fit un grand carnage[2].

Le même jour, Lescure courait attaquer les républicains à Thouars, et cela sans plus de succès[3].

Là périt, au plus fort de la mêlée, où elle se précipi-

---

[1] Savary, t. II, p. 152, cherche à rejeter sur le parti opposé la responsabilité de ce retard, en disant que Rossignol avait annoncé qu'il n'était pas en mesure; mais, outre qu'il ne fournit aucune preuve de cette assertion, elle n'explique rien, puisque, du propre récit de cet historien, il résulte que ce fut seulement le 17 qu'on fit halte.

[2] *Mémoires de Turreau*, liv. III, p. 104-105. — Voyez aussi les *Mémoires de madame de la Rochejaquelein*, chap. XII.

[3] *Ibid.*, p. 106.

tait en furieuse, une jeune paysanne de Courlay, nommée Jeanne Robin. Elle passait, parmi les bleus, pour une sœur de Lescure, et les Vendéens la regardaient comme leur Jeanne d'Arc. Vêtue d'une de ces vestes de siamoise, qu'on distribuait aux soldats, elle combattit à Thouars, avec une fougue qui tenait du délire. A côté de Lescure, elle lui criait : « Mon général, vous ne me passerez pas; je serai toujours plus près des bleus que vous[1]. » Et Jeanne Robin ne fut pas la seule qui représenta son sexe, dans cette guerre étrange. D'Elbée avait parmi les tambours de son armée une petite fille de treize ans, qui se fit tuer au combat de Luçon[2]. Dans la division de Joly, une belle femme de trente ans, madame de Beauglie, commandait une compagnie qui était à sa solde[3]. Quelquefois le courage des femmes vendéennes n'était pas sans un mélange de férocité : témoin cette paysanne qui, ayant rencontré son oncle à la tête d'une compagnie républicaine, se vantait « de lui avoir coupé le cou sans qu'on l'eût vu souffler. » Elle se nommait Renée Bordereau, avait reçu le surnom de l'Angevin, et, s'il en faut croire son propre témoignage, il lui était arrivé, dans un engagement aux Ponts-de-Cé, de tuer, à elle seule, vingt et un bleus à coups de sabre[4].

Les attaques de Doué et de Thouars encouragèrent Rossignol à se porter en avant. Ne pouvant juger que par conjectures de la véritable situation des colonnes qui agissaient dans l'ouest, parce que, pour connaître leurs mouvements, il fallait faire un circuit de plus de cent lieues[5], il crut que la double attaque de Doué et de

[1] *Mémoires de madame de la Rochejaquelein*, t. II, chap. XII, p. 203 et 204.
[2] *Ibid.*, p. 204.
[3] Beauchamp, *Histoire de la Vendée*, liv. VIII, p. 504.
[4] Savary, *Guerre des Vendéens et des Chouans*, t. II, p. 165.
[5] C'est ce dont se plaignirent plus tard Choudieu et Richard. Voyez l'*Histoire de la Vendée*, par Beauchamp, t. Ier, liv. X. p. 538.

Thouars n'était qu'une suite de leurs progrès, qui refoulaient vers lui l'ennemi ; et il donna l'ordre d'avancer au général Santerre, qui commandait la division de Saumur, et au général Duhoux, qui commandait celle d'Angers [1].

Mais, en même temps, et par une inconséquence trop absurde pour avoir été autre chose qu'un malentendu, l'ordre de rétrograder était envoyé à Chalbos, qui, avec la division de Niort, avait atteint déjà la Chataigneraie, prêt à appuyer le mouvement. Cet ordre, daté du 16 septembre, parvint à Chalbos le 17, fut exécuté par lui le 18, et transmis le 20 à Mieszkouski, lequel, de son côté, à la tête de la division des Sables, occupait à Saint-Fulgent, le poste indiqué dans le plan de campagne [2].

Que l'ordre du 16 ait émané de Ronsin, qui se serait indûment servi, en cette occasion, du nom du général en chef, tout contribue à rendre cette supposition probable, sans qu'il soit permis de rien affirmer à cet égard. Mais ce qui est certain, c'est que, plus tard, à la tribune de la Convention, Choudieu nia formellement que Rossignol eût donné cet ordre, qu'il qualifia de *malentendu* [3]. Il est certain, d'autre part, que dès que Rossignol eut connaissance du fait, il s'empressa de prévenir Chalbos qu'il eût à reprendre sa position en toute hâte, ce que celui-ci se trouvait avoir fait le 20 [4].

Ainsi le mal fut réparé aussi vite que signalé, et presque du jour au lendemain. Il est vrai que, du 18 au 20,

[1] *Mémoires de Turreau*, liv. III, p. 106 et 107.
[2] L'ordre en question ayant été le point de départ d'accusations qui donnèrent lieu à des débats d'une grande importance historique, nous avons dû nous étudier à décrire cette campagne avec une extrême précision de chiffres et de détails.
[3] Rapport présenté à la Convention nationale par Choudieu, le 6 février 1694.
[4] *Ibid.* — Voyez aussi l'*Histoire de la Vendée*, par Beauchamp, t. Ier, liv. VIII, p. 519.

les républicains essuyèrent trois défaites sur divers points du théâtre de la guerre; mais, comme on va le voir, aucun de ces revers ne naquit du faux mouvement ordonné à Chalbos.

Nous avons dit que Rossignol avait donné ordre à la division de Saumur de se porter en avant : arrivée à Vihiers le 17 septembre, elle passa la nuit au bivac. Les avant-postes étaient placés à une hauteur appelée la *Grille des hommes*, à un quart de lieue de Coron, bourg situé dans un fond et traversé par une longue rue fort étroite. Le 18, on annonce l'approche des Vendéens. Ils étaient au nombre d'environ douze mille [1] et conduits par Piron, les principaux généraux de la grande armée vendéenne étant alors, ou occupés ailleurs, ou blessés. Quant aux républicains, ils formaient un corps d'environ dix-sept mille hommes, dont sept mille seulement de troupes réglées; le reste, fourni par la levée en masse, se composait de volontaires mal armés, sans aucune notion de discipline, et qui allaient au feu pour la première fois [2]. On marche sur Coron, que les rebelles occupaient, et où les représentants du peuple Choudieu et Richard entrent les premiers, le sabre à la main, ayant Ronsin à leurs côtés [3]. Le gros de l'armée ennemie était en bataille sur la hauteur du bois de la Roche. L'avant-garde des républicains, chassant les rebelles devant elle, occupe Coron, envoie des tirailleurs à droite et à gauche, et fait deman-

---

[1] *Mémoires de madame de la Rochejaquelein*, chap. XII, p. 207.

[2] *Mémoires de Turreau*, liv. III, p. 108. — Turreau, qui était là, se moque avec raison de Philippeaux, qui osa prétendre qu'à Coron, où il n'était pas, 40,000 républicains avaient été battus par 3,000 rebelles. Encore sont-ce là les chiffres qu'on lit dans les *Œuvres posthumes* de Philippeaux ; car, dans son *acte d'accusation* contre Rossignol et Ronsin, il avait affirmé qu'à Coron 90,000 républicains avaient fui devant 3,000 brigands! Et voilà les assertions qui ont servi de base au récit de M. Michelet!

[3] *Rapport de Choudieu*, présenté à la Convention, le 6 février 1794.

der de l'artillerie légère à Santerre, resté à la *Grille des hommes* avec le corps d'armée. L'ordre fut mal exécuté ou mal compris, et l'artillerie tout entière s'achemina vers Coron. Déjà huit pièces de canon et autant de caissons se trouvaient enfournés dans l'étroite rue : Santerre accourt précipitamment et donne ordre de les retirer; mais Ronsin, furieux : « Comment! tu ordonnes la retraite! Mourons ici! » Pendant ce temps, les tirailleurs ennemis ont repoussé ceux des bleus, et les bataillons qui s'étaient déployés en avant de Coron, avec une seule pièce d'artillerie légère et deux obusiers, commencent à lâcher pied. Santerre fait replier l'avant-garde sur le corps d'armée, qui n'avait pas quitté les hauteurs de la *Grille*. Les Vendéens arrivaient à la course en criant : *Vive Piron!* Les avant-trains des pièces si malencontreusement engagées s'étaient brisés en tournant dans les rues du village. Le désordre se met dans la colonne; le cheval de Turreau se renverse et roule sur son cavalier; Choudieu et Richard, entrés les premiers dans Coron, n'en sortent que les derniers, mais en sortent, et Ronsin lui-même est entraîné dans le mouvement de la retraite. De son côté, le corps d'armée, composé d'hommes novices au métier de la guerre, croit à une déroute complète en voyant l'avant-garde se replier. Les rangs flottent et se rompent; la panique se répand de proche en proche... C'est vainement qu'un drapeau à la main, Ronsin cherche à rallier les troupes : tout fuit [1].

Piron, vainqueur, se hâta d'envoyer une partie de son infanterie et toute sa cavalerie au chevalier Duhoux, qui, en ce moment, tenait tête à la division républicaine d'Angers, commandée par son oncle. Nouveau combat

[1] Voyez sur cette bataille, en rapprochant les divers récits, 1° le rapport de Choudieu; 2° les *Mémoires de madame de la Rochejaquelein*; 3° les *Mémoires de Turreau*; 4° le Bulletin de l'armée catholique.

sur les hauteurs de Beaulieu, nouvelle victoire des Vendéens. Le général républicain Duhoux, injustement soupçonné d'avoir eu des intelligences avec son neveu, perdit toute son artillerie et fut poursuivi jusqu'aux Ponts-de-Cé [1].

Or, ce jour là-même, 19 septembre, l'armée de Mayence éprouvait, sur un autre point, un revers presque semblable.

Nous avons laissé les Mayençais de Kléber marchant sur Torfou, et Beysser recevant l'ordre de se diriger sur Tiffanges, de telle sorte que les deux colonnes se donnassent la main, chose d'autant plus nécessaire, que Kléber n'avait pas à sa disposition au delà de deux mille hommes [2]. Les Vendéens, renseignés par un officier et deux sous-officiers de l'armée de Mayence qui s'étaient rendus au château de la Boulaye, déguisés en paysans, rassemblent leurs forces à Chollet, d'où ils partent pour aller à la rencontre des Mayençais, sous la conduite de Charette et de Lescure. Quand Kléber arriva, l'avant-garde ennemie, composée de quinze mille hommes, occupait Torfou, poste que semblait rendre inexpugnable sa situation sur une hauteur qui barre un chemin creux, avec fossés, haies, buissons alentour, et un bois en face et sur les flancs [3]. Le poste fut emporté néanmoins, et déjà les soldats de Charette fuyaient en désordre, lorsque, mettant pied à terre, Lescure s'écrie : « Y a-t-il quatre cents braves pour venir mourir avec moi? — Oui, monsieur le marquis, » répondent les gens de la paroisse des Échaubroignes; et le combat recommence [4]. Bientôt un grand nombre d'habits gris-bleu sont aperçus mêlés aux

[1] *Mémoires de madame de la Rochejaquelein*, chap. xii, p. 209. — Voyez aussi le Bulletin de l'armée catholique.

[2] Rapport de Kléber à Aubert Dubayet.

[3] *Ibid.*

[4] *Mémoires de madame de la Rochejaquelein*, chap. xii, p. 215.

habits bruns dont les soldats de Charette étaient vêtus :
c'était la division Bonchamp qui venait prendre place
dans la bataille. Bonchamp, une carabine à la main,
charge à la tête des compagnies bretonnes[1], mais sans
pouvoir ébranler la ligne d'airain des Mayençais. Tout à
coup une vive fusillade est entendue sur les derrières de
l'armée républicaine, et un cri s'élève : « Nous sommes
coupés ! » Tous les yeux se dirigent vers le même point[2] ;
et en effet l'armée courait risque d'être enveloppée, parce
que les fuyards vendéens, que l'arrivée de Bonchamp venait de rallier, avaient pris par la gauche, se glissant
le long des buissons et favorisés par la configura-
tion de cette partie du Bocage, plus couverte et plus
inégale qu'aucune autre. Kléber avait reçu un coup de
feu au commencement de l'action[3], et n'en avait pas
moins continué d'animer les siens de ses regards intrépides. Il fallut reculer, cependant; mais c'est ce qu'ils ne
firent qu'en présentant un front terrible. Trois fois la
cavalerie vendéenne fond sur les Mayençais, et trois fois
elle est repoussée à la baïonnette par ces soldats aguerris, qui ne cèdent le terrain que pied à pied et en faisant
des feux de file semblables au roulement du tambour.
Néanmoins la masse dont ils avaient à soutenir le choc
devenait si considérable, qu'ils eussent été détruits peut-
être, sans le dévouement de Chevardin, chef de bataillon des chasseurs de Saône-et-Loire, chargé de couvrir
la retraite. Kléber lui avait dit ces simples mots : « Tu
pourras être tué, mais tu sauveras tes camarades[4]. »
Chevardin ne répondit rien, sauva ses camarades et se fit
uer[5]. En arrêtant l'ennemi, il avait donné le temps à

[1] *Mémoires de madame de Bonchamp*, p. 47.
[2] Rapport de Kléber à Aubert Dubayet.
[3] *Ibid.*
[4] Savary, *Guerres des Vendéens et des Chouans*, t. II, p. 174.
[5] *Ibid.*

Aubert Dubayet et à Vimeux d'accourir avec un renfort de troupes fraîches, qui empêcha les Vendéens d'aller plus loin [1].

Kléber, demandant ce qu'était devenu Beysser, apprit que ce général avait cru devoir attendre un second ordre pour se mettre en marche. « Ainsi, dit Kléber dans ses notes, j'ai eu à combattre seul, avec deux mille hommes, une ligne dont la gauche s'appuyait à Tiffanges et se grossissait continuellement, tandis que sa droite se prolongeait au delà de Torfou [2]. » D'où il résulte que Kléber attribuait l'échec de Torfou à la négligence de Beysser, et point du tout au mouvement de retraite exécuté par Chalbos le 18.

Le fait est que Beysser était alors fort tranquille à Montaigu, où, le surlendemain du combat de Torfou, Charette et Lescure coururent le surprendre. Il était à table quand on lui vint annoncer que l'ennemi paraissait. Il crut que c'était un renfort, et ne se mit en défense que trop tard. La ville fut prise, et les Vendéens y passèrent impitoyablement tous les prisonniers au fil de l'épée [3].

Une attaque victorieuse, dirigée, le 23, par Charette et Lescure contre la division des Sables, commandée, à Saint-Fulgent, par Mieszkouski, fut la conséquence et le complément de ses succès. A l'affaire de Saint-Fulgent, un Suisse, nommé Rynks, qui combattait dans les rangs vendéens, se fit remarquer par son sang-froid moqueur. Il avait tiré un flageolet de sa poche, et, pendant qu'on chargeait les républicains, lui, jouait l'air de *Ça ira*. Un boulet emporte la tête de son cheval, il se relève et con-

---

[1] Voyez le rapport de Kléber.
[2] Savary, t. II, p. 174.
[3] Beauchamp, *Histoire de la Vendée*, t. 1er, p. 332. — Madame de la Rochejaquelein, en parlant de la prise de Montaigu, a grand soin d'omettre cette circonstance.

tinue [1]. La division des Sables rétrograda jusqu'à Chantonnay, et sa retraite entraîna celle de la division de Luçon, qui, promptement réorganisée après l'échec de Lecomte, était venue, sous les ordres du général Beffroy, occuper le poste que lui assignait le plan d'opérations convenu [2].

Toutes les combinaisons se trouvant de la sorte déconcertées, Canclaux n'avait plus qu'à se replier sur Nantes, ce qu'il fit sans beaucoup d'obstacles, la mésintelligence s'étant mise parmi les généraux vendéens [3], et Charette, dont les chefs du haut Poitou n'avaient point assez ménagé le caractère irritable, songeant déjà à se retirer dans ses cantonnements de Légé, comme un loup dans son repaire.

Pour les républicains, la campagne était manquée. A qui la faute? Il y eut à cet égard échange amer de récriminations. Et toutefois ceux du parti de Nantes parurent d'abord disposés à accepter humblement leur part de responsabilité. Car Choudieu et Richard leur ayant écrit, au sujet des défaites de Coron et de Beaulieu : « Ce que nous avions prévu vient malheureusement d'arriver : deux de nos colonnes ont été battues; » eux répondirent : « Nous devons convenir de bonne foi qu'on nous a étrangement trompés jusqu'à présent sur le nombre, la position et les moyens des rebelles [4]. » Il est à remarquer que cette réponse était datée de Clisson, 22 septembre, après l'échec de Torfou. Donc, à ce moment, loin d'attribuer leurs revers à la mauvaise volonté ou à la trahison

---

[1] *Mémoires de madame de la Rochejaquelein*, chap. xii, p. 216.

[2] Voyez le rapport du 6 février 1794, présenté par Choudieu à la Convention.

[3] Voyez ce qu'en dit madame de la Rochejaquelein, dans le chap. xii de ses Mémoires.

[4] Ceci repose sur un témoignage, assurément peu suspect en cette occasion, celui de Savary. Voyez *Guerre des Vendéens et des Chouans*, t. II, p. 167 et 168.

du parti de Saumur, le parti de Nantes n'imputait ces revers qu'à sa trop grande confiance, qu'à ce qu'on l'avait trompé sur les forces réelles de l'ennemi. Mais ce loyal aveu ne tarda pas à faire place à un déluge d'accusations iniques, en partie provoquées par Ronsin, et dues en partie à l'humeur violente de Philippeaux.

Non content de tonner contre le vice du plan de campagne, Ronsin courut à Paris se plaindre de manœuvres qui n'avaient existé que dans le noir roman de ses colères; et cela, tandis que ses amis poursuivaient de leurs sarcasmes ce que, par un quolibet aussi grossier qu'injuste, ils appelaient l'*armée de Faïence* [1].

De son côté, Philippeaux écumait. Il avait affirmé très-imprudemment que, si l'on adoptait son projet, la guerre ne durerait pas un mois [2]; et, furieux du démenti que venait de lui donner l'événement, il était poussé par son intérêt non moins que par ses passions à rejeter tout le mal sur ses adversaires de Saumur. Une lettre véhémente, dans laquelle il accusait de « perfidie caractérisée, » sinon Rossignol, au moins Ronsin [3], servit de prélude à ses attaques. De la même plume qui avait tracé les paisibles lignes d'un *catéchisme* à l'usage des cœurs à la fois religieux et républicains, il laissa tomber, contre Rossignol et Ronsin, un *acte d'accusation* [4] plein de haine, de légèreté, d'injustice et d'emportement.

Il affirma que, depuis la nomination de Rossignol, son armée avait toujours été battue, ce qui était faux, puisqu'elle avait été victorieuse à Doué et à Thouars [5].

---

[1] *Observations de Nicolas Hentz sur la guerre de la Vendée.*

[2] Voyez ci-dessus.

[3] Elle se trouve dans Savary, t. II, p. 193.

[4] Cet *acte d'accusation* fait partie de la brochure intitulée : *Réponse de Philippeaux à tous les défenseurs officieux des bourreaux de nos frères.*

[5] Dans son chapitre v, liv. XIII, où il ne fait que suivre Philippeaux les yeux fermés, M. Michelet ne dit pas un mot de ces deux

Il prétendit que, les munitions destinées à l'armée de Nantes ayant été arrêtées à Tours et à Saumur, elle *s'était trouvée sans un seul habit ;* et lui-même, le 30 août, avait été témoin, à Tours, de la distribution de plus de douze mille habits, délivrés aux Mayençais [1].

Il donna à entendre que, le 15 septembre, l'armée de Canclaux était à la hauteur où la jonction devait s'opérer ; et, loin d'être arrivée, le 15, devant Mortagne, cette armée, le 17, n'était encore qu'à Clisson [2].

Il dénonça comme une trahison l'ordre de rétrograder envoyé à Chalbos, sans dire que cet ordre avait été précédé et probablement déterminé par l'alarmante nouvelle de l'échec de Lecomte à Chantonnay, et sans ajouter qu'il y avait eu contre-ordre presque immédiat : circonstance impossible à concilier avec l'idée d'un calcul perfide [3].

Il attribua au mouvement de retraite de Chalbos la défaite de Torfou, qui, d'après Kléber lui-même, ne fut due qu'à la mauvaise volonté de Beysser.

Il alla jusqu'à faire résulter en partie de ce mouvement, qui eut lieu le 18, la défaite de Coron, essuyée dans la matinée du 18, à quarante lieues de distance [4] !

Il signala comme monstrueux le fait qu'à Coron quatre-vingt-dix mille soldats républicains avaient été mis en déroute par trois mille brigands ; et, suivant le bulletin même des rebelles, si fort intéressés à enfler leurs succès, l'armée républicaine, en cette occasion, avait eu à opposer à cinq mille Vendéens huit mille

victoires, admirable moyen de donner raison à l'un des deux partis contre l'autre ! — M. Thiers, plus impartial cependant, parle de l'affaire de Doué comme d'une *escarmouche* et passe sous silence celle de Thouars.

[1] En rappelant ce fait, dans son Rapport du 6 février 1794, Choudieu invoque le témoignage de Merlin (de Thionville), Rewbell et Richard, présents, comme Philippeaux, à cette distribution.

[2] Voyez ci-dessus.

[3] Voyez ci-dessus.

[4] Voyez le Rapport de Choudieu, du 6 février 1794.

hommes de troupes réglées seulement et vingt mille hommes de la levée en masse [1], foule confuse, mal armée ou sans armes.

Il assura, sur ouï-dire, qu'à Coron l'on avait trouvé Ronsin « caché, comme un lâche coquin, dans une étable; » tandis que, au contraire, Ronsin avait déployé une bravoure extraordinaire, selon le témoignage de ceux qui, ainsi que Choudieu, avaient combattu à ses côtés [2].

Ainsi du reste [3].

Malheureusement pour Philippeaux, Rossignol avait dans les Jacobins des juges auxquels il pouvait avec confiance soumettre sa cause; et déjà, dans leur séance du 11 septembre, ils s'étaient si vivement prononcés en sa faveur, que Bourdon (de l'Oise), son ennemi, eût été, ce jour-là, rayé de la liste des membres, sans l'intervention à la fois protectrice et dédaigneuse de Robespierre [4].

Au surplus, en attendant que la lumière jaillît du choc des affirmations contraires, une chose ressortait

[1] *Bulletin des amis de la monarchie et de la religion,* imprimé à Châtillon, le 20 septembre 1793, l'an 1er du règne de Louis XVII.

[2] Rapport de Choudieu, du 6 février 1794. Il est vrai que, dans une lettre qu'il écrivit à Paris, Santerre, que les reproches publics de Ronsin avaient humilié, lui reproche niaisement de n'être pas mort, après lui avoir dit sans pouvoir empêcher la retraite : « Mourons ici ! »

[3] On ne saurait trop regretter que M. Michelet, qui embrasse la cause de Philippeaux avec presque plus de passion que n'en montra Philippeaux lui-même, ait donné pour base exclusive à son récit des accusations dont la fausseté fut mathématiquement démontrée. Il est probable qu'il n'a pas eu sous les yeux les diverses pièces du dossier de ce grand procès. S'il eût rapproché de l'*acte d'accusation* de Philippeaux le Rapport foudroyant de Choudieu, auquel Philippeaux fit une réplique si faible, M. Michelet n'aurait pas intitulé son chapitre : *Toute-puissance des Hébertistes dans la Vendée;* LEUR TRAHISON. Les Hébertistes ont eu assez de torts réels, sans qu'on leur en impute d'imaginaires.

[4] Voyez cette séance dans l'*Hist. parlem.,* t. XXIX, p. 99-106.

clairement de ces querelles : la nécessité d'introduire enfin l'unité dans le commandement. C'est ce que le Comité de salut public comprit, et il résolut, très-sagement, de remplacer par un seul chef et Rossignol et Canclaux.

Ce dernier, à peine de retour à Nantes, avait songé à reprendre l'offensive : il communiqua son plan à Rossignol, qui, prêt à le seconder, convoqua un conseil de guerre à Saumur le 2 octobre. Là il fut arrêté que, tandis que l'armée de Mayence reprendrait la route de Mortagne, les divisions commandées par Chalbos, Santerre et Rey partiraient, l'une de la Châtaigneraie, l'autre de Doué, et la troisième de Thouars, pour marcher sur Bressuire, de manière à y opérer leur jonction le 7, et pousser de là droit à Châtillon. Quant aux divisions de Luçon et des Sables, on décida qu'elles continueraient jusqu'à nouvel ordre de couvrir ces deux villes [1].

Le mouvement prescrit s'exécuta sans difficulté jusqu'à Bressuire, où Santerre et Rey quittèrent l'armée, le premier ayant été appelé à Orléans, et le second suspendu [2].

De son côté, l'armée de Mayence, partie de Nantes, se dirigeait sur Tiffanges. Arrivée, le 6 octobre, à la hauteur du village des Treize-Septiers, près de Saint-Symphorien, l'avant-garde, conduite par Kléber et composée de quatre mille hommes, y rencontre l'armée de d'Elbée et de Bonchamp, au nombre d'environ trente-cinq mille hommes. Kléber, impatient de venger l'échec de Torfou, avait pris son parti de rester sur le champ de bataille, vainqueur ou mort. Entendant ses soldats dire qu'ils n'avaient pas de canons : « Eh bien, s'écrie-t-il, allons chercher ensemble ceux que nous avons perdus à Tor-

[1] Arrêté du conseil de guerre du 2 octobre 1793, cité textuellement dans le Rapport de Choudieu, du 6 février 1794.
[2] Savary, t. II, p. 207.

fou! » Les soldats répondent : Bravo! et courent sur
l'ennemi, qu'ils mettent en déroute[1].

L'armée était encore dans toute la joie de sa victoire,
lorsque arrivèrent les dépêches qui notifiaient le rappel
de Canclaux, Grouchy et Dubayet. Une grande tristesse
se répandit dans le camp. Kléber fut particulièrement
affecté de ce rappel, qui, dans Dubayet, frappait un de
ses amis les plus chers. Philippeaux était hors de lui.
Pour ce qui est des généraux que la mesure atteignait,
ils obéirent sans murmure. Rien de plus noble et de plus
touchant que le langage de Canclaux en cette occasion :
« Je me retire, écrivit-il aux représentants du peuple,
avec la soumission d'un républicain qui ne sert sa patrie
que quand et comme elle veut être servie[2]. »

Rossignol ne montra pas moins de résignation[3] : seulement elle était moins méritoire de sa part, puisqu'on ne
faisait que le déplacer.

Le nouveau général sous lequel les deux armées rivales allaient se trouver réunies désormais avec le nom
d'armée de l'Ouest était un ancien maître d'armes de
Saintes[4], nommé l'Échelle. Son aversion trop peu dissimulée pour les Mayençais[5] et l'humiliation que des
guerriers tels que Kléber durent éprouver en se voyant
préférer un inconnu dont l'élévation n'était due qu'à un
jacobinisme exalté rendent suspect d'exagération le
jugement que, dans une note de ses Mémoires, Kléber
porte de l'Échelle. Qu'il ait été « le plus lâche des soldats, le plus mauvais des officiers et le plus ignorant des
chefs, » c'est ce qu'il est difficile de concilier avec le
témoignage qui lui fut publiquement rendu, après sa

---

[1] Rapport de Kléber, cité par Savary, t. II, p. 216-217.
[2] Lettre citée par Savary, t. II, p. 214.
[3] *Observations de Nicolas Hentz sur la guerre de la Vendée.*
[4] *Biographie universelle.*
[5] Savary, t. II, p. 222.

mort par des hommes placés à côté de lui pour le surveiller[1]. En tout cas, il eut le mérite de ne pas déranger les plans d'esprits qui lui étaient supérieurs, et de laisser la direction des opérations à Kléber, qui avait été appelé par Merlin (de Thionville) et Turreau à prendre le commandement provisoire de l'armée de Mayence[2].

Pendant ce temps, Chalbos était sur la route de Bressuire à Châtillon. Lescure, la Rochejaquelein et Stofflet s'étant avancés à sa rencontre, le combat s'engagea le 9 octobre, au Moulin-aux-Chèvres, et la victoire resta aux bleus. Stofflet et le chevalier de Beauvolliers furent au moment d'être faits prisonniers. Enveloppés dans un chemin creux, ils n'échappèrent qu'en se mettant debout sur la selle de leurs chevaux et en sautant par-dessus la haie[3]. Deux autres chefs vendéens, Beaurepaire et Théronneau, eurent recours à un expédient bien plus singulier encore. Se trouvant engagés au milieu des hussards républicains, ils se joignent à eux, dans la confusion du combat, chargent leurs propres troupes, et s'enfuient en ayant l'air de poursuivre[4].

Chalbos continua sa route vers Châtillon, où les Vendéens n'osèrent pas l'attendre et où il prit poste le len-

[1] Voyez le Rapport de Choudieu, et les *Observations* de Nicolas Hentz.

Un fait donnera la mesure du degré de confiance que méritent les assertions dictées par l'esprit de parti. On lit dans Savary que l'Échelle savait à peine signer son nom. Eh bien, nous avons sous les yeux (collection de M. Benjamin Fillon) plusieurs autographes de l'Échelle, dont non-seulement le style est très-correct, mais dont l'orthographe est irréprochable, ce que, par parenthèse, on ne peut pas dire du style et de l'orthographe de Kléber, et ce qui n'empêche pas Kléber d'avoir été un héros.

[2] Il avait été offert à Vimeux, plus ancien que Kléber; mais Vimeux refusa, prétextant ses infirmités et son âge. (Voy. Savary, t. II, p. 221.)

[3] *Mémoires de madame de la Rochejaquelein*, p. 225.

[4] *Mémoires manuscrits de Mercier du Rocher*, 2ᵉ partie.

demain du combat du Moulin-aux-Chèvres. Il avait parmi
ses généraux de brigade Westermann, qui, après avoir
comparu successivement devant le Comité militaire, devant le Comité de salut public, et à la barre de la Convention, avait été renvoyé devant le tribunal de Niort,
jugé, acquitté, et enfin rendu à ses fonctions militaires[1].
Or Westermann brûlait de relever sa réputation par quelque coup d'éclat. Le 11, du consentement de Chalbos, il
prend cinq cents hommes d'infanterie, cinquante chevaux, deux pièces de canon, et s'avance hardiment sur
la route de Mortagne. Deux heures s'étaient à peine écou-
lées depuis son départ, que le bruit du canon retentit
dans le lointain. Bientôt le bruit se rapproche, et la terre
frémit sous le galop précipité des chevaux. C'était l'ennemi qui arrivait à toute vitesse par la route de Mortagne,
chassant devant lui le téméraire Westermann. Les Vendéens étaient en grand nombre, et conduits par Bonchamp, la Rochejaquelein, Lescure, Duchaffault. La
frayeur s'empare des républicains, qui, tranquilles à Châtillon, ne s'étaient point attendus à une aussi forte attaque. Ils fuient en désordre, et ce n'est qu'à moitié chemin
de Châtillon à Bressuire que Chalbos parvient à les rallier. Westermann, dans l'égarement de son désespoir,
s'était dépouillé de son uniforme, et s'en allait criant :
« Abandonnerez-vous votre général sur le champ d'honneur? » En ce moment Chalbos faisait arrêter un homme
qui ajoutait au désordre en criant, de son côté, que « tout
était perdu. » Survient Westermann à pied, en chemise,
tendant son sabre et disant : « Puisque vous faites arrêter mon adjudant, je me constitue aussi prisonnier. —
Prisonnier! répond Chalbos... Montez à cheval, et char-
geons ensemble l'ennemi. » Les républicains étaient re-

[1] Lettre du général de brigade Westermann au général de division
Chalbos, en date du 24 septembre 1793. — Parmi les documents originaux et inédits, rassemblés par M. Benjamin Fillon.

venus de leur surprise : on combattit de pied ferme.
César Faucher reçoit dix coups de sabre sur la tête et un
coup de feu dans la poitrine. Lecomte est blessé mortellement. Mais, à son tour, l'ennemi recule et rentre dans
la ville. La nuit approchait. Westermann forme l'audacieux projet de rentrer dans Châtillon par surprise. A la
tête d'un petit nombre de hussards, dont chacun avait
un grenadier en croupe, il arrive aux portes, favorisé par
les ténèbres. Les Vendéens, et surtout les Allemands qui
étaient parmi eux, s'étaient jetés sur des chariots chargés
d'eau-de-vie, et les rues regorgeaient de paysans tout à
fait ivres. Westermann et ses hussards égorgent le poste,
s'élancent en furieux sur cette multitude, et remplissent
la ville de confusion. La foudroyante soudaineté de l'attaque, l'obscurité qui déguisait le nombre des agresseurs,
la frayeur ou l'hébétement de tant de milliers d'hommes
tombant les uns sur les autres, les cris des enfants et des
femmes foulés aux pieds des chevaux, tout ajoutait à
l'horreur de cette scène. Le carnage fut effroyable. Sur ces
entrefaites, Chalbos arrive avec le reste des troupes. Les
Vendéens avaient abandonné la ville, mais on s'attendait
à chaque instant à les voir reparaître. Chalbos établit des
postes, fit allumer de grands feux; les patrouilles à pied
et à cheval se succédèrent jusqu'au jour, et personne ne
dormit. Attiré par des cris qui partaient d'une maison,
Chalbos s'y était rendu : il y fut introduit dans une chambre qui avait été occupée par l'état-major royaliste et qui
était parsemée d'assignats. Ils furent ramassés par les
grenadiers de la Convention et remis au payeur de l'armée. Le lendemain, 12, Chalbos, voulant réorganiser ses
troupes, revint à Bressuire, d'où il se proposait de repar-
tir, le 14, pour aller se réunir aux Mayençais. Quant à
Westermann, qui était allé prendre poste au delà de Châtillon, recevant ordre de rejoindre son général, et voyant
qu'on abandonnait la ville conquise, il y mit le feu, de ma-

nière à ne laisser à l'ennemi qu'un monceau de morts,
de blessés et de ruines[1].

Lorsque Châtillon fut réduit en cendres, les Vendéens
occupaient encore Mortagne ; mais, à l'approche des Mayençais, qui avaient poursuivi leur marche, ils firent filer
du côté de Beaupréau leurs munitions, les prisonniers,
les malades, et concentrèrent leurs forces autour de Chollet ; de sorte que, le 15, Kléber trouva Mortagne évacuée. Il
y entra avec quelques officiers, mais sans permettre à son
armée de l'y suivre ; et, après une halte de deux heures,
il prit la route de Chollet. En même temps arrivait la
colonne de Luçon, dont la destination avait été changée[2],
et qui s'avançait, forte d'environ quatre mille hommes,
sous la conduite du général Bard, donné pour successeur
à Beffroy. Cette colonne marchait à la droite de l'armée
de Mayence, Beaupuy étant au centre de la ligne, et Kléber à la gauche avec le corps de bataille[3]. Déjà l'on avait
parcouru la moitié de la distance qui sépare Mortagne
de Chollet, et la colonne de Luçon touchait aux avenues
du château de la Tremblaye, quand parut Lescure, à la
tête de l'avant-garde vendéenne. Bard s'attendait à rencontrer sur sa route un bataillon de direction que l'Échelle
lui avait fait annoncer[4], et, au lieu de cela, c'était l'ennemi qu'il rencontrait. Ses troupes, attaquées à l'improviste, semblent d'abord fléchir. Lui-même reçoit deux

---

[1] Cet événement a donné lieu à divers récits qui se contredisent
singulièrement, soit en ce qui touche la succession des circonstances
de détail, soit en ce qui concerne le mouvement des troupes. Westermann lui-même, ayant présenté les faits d'une façon peu exacte, son
Rapport dut être rectifié par Chalbos. C'est en rapprochant des autres
relations le Mémoire particulier adressé par ce général au ministre
qu'on peut arriver à une notion précise de la manière dont les choses
se sont passées.

[2] On se rappelle que, d'après l'arrêté du conseil de guerre du 2 octobre, elle devait rester pour couvrir Luçon. (Voyez plus haut.)

[3] Savary, t. II, p. 254.

[4] Ibid., p. 253.

blessures et se voit forcé de remettre le commandement à Marceau. Mais, en cet instant, Lescure est atteint d'une balle qui, le frappant auprès du sourcil gauche, va sortir derrière l'oreille[1]. Il tombe sans connaissance, et, tandis que les siens l'emportent en pleurant, un renfort envoyé à Marceau par Beaupuy décide du sort de la journée[2].

La position de Chollet était bonne, et l'on aurait pu s'y défendre : telle fut l'opinion émise par plusieurs chefs vendéens, et par la Rochejaquelein, entre autres; mais les soldats refusèrent de rester, et il fallut se replier sur Beaupréau[3].

Les républicains entrèrent donc à Chollet sans obstacle, le 16 octobre. C'est là que, pendant la nuit, l'armée de Mayence et la colonne de Luçon furent rejointes par le corps de Chalbos, ce qui portait l'ensemble des forces républicaines à environ vingt-deux mille hommes[4].

Quoique chassée de poste en poste, l'armée de l'Anjou et du Haut-Poitou eût peut-être été difficilement domptée, si Charette ne lui eût retiré son appui. Mais ce dernier était rentré dans ses cantonnements de Légé, où il n'avait pas même daigné répondre aux lettres par lesquelles ceux de l'armée du Haut-Poitou l'appelaient à leur secours[5]. Le sans-façon avec lequel on l'avait frustré de sa part du butin fait à Saint-Fulgent[6] avait éveillé sa mauvaise humeur, ou, plutôt, servi à la couvrir. « J'ai vu, raconte Turreau, j'ai vu d'Elbée convaincu que Charette désirait que les chefs de la grande armée passassent sur la rive droite, pour rester maître de toute la Vendée et en diriger

---

[1] *Mémoires de madame de la Rochejaquelein*, chap. xiii, p. 230.
[2] Savary, t. II, p. 254.
[3] *Mémoires de madame de la Rochejaquelein*, chap. xiii, p. 254.
[4] Savary, t. II, p. 260. — Madame de la Rochejaquelein dit 45,000; mais son assertion ici ne saurait contre-balancer celle de Savary, qui était dans l'armée dont il donne le dénombrement.
[5] *Mémoires de madame de la Rochejaquelein*, chap. xiii, p. 226.
[6] *Ibid.*, chap. xii, p. 221.

les forces[1]. » Du moins si les généraux que Charette abandonnait eussent su se garder les uns à l'égard des autres de l'esprit de jalousie et de rivalité! Mais non. D'Elbée, à la veille de mourir, se plaignait avec amertume des épines dont on avait entouré son commandement[2]. Ainsi que dans le camp républicain, il y avait dans le camp royaliste des partis, des intrigues et des cabales. Les vues, d'ailleurs, étaient loin de s'accorder, et les dissidences se trouvèrent porter sur un point d'une importance capitale.

Bonchamp, qui avait des intelligences en Bretagne et qui espérait soulever cette province, avait depuis longtemps exprimé son opinion sur l'avantage qu'il y aurait à transporter de l'autre côté de la Loire le théâtre de la guerre[3]. Cette opinion fut embrassée par d'Autichamp, par le prince de Talmont[4], et soutenue par eux avec un redoublement d'ardeur après la publication du sinistre décret du 1er août. Comment croire que les paysans résistassent au découragement, lorsqu'il leur faudrait se battre à la lueur de leurs chaumières incendiées? lorsque, vainqueurs ou vaincus, ils n'auraient à offrir à leurs femmes et à leurs enfants que les misères d'une vie errante, troublée sans cesse et sans cesse menacée? N'était-il pas évident que la guerre de partisans était devenue pour eux impossible, le jour où la première torche avait été mise à un village vendéen? Une seule ressource restait, une seule : faire des paysans une véritable armée permanente, en les transportant dans un pays qui ne fût pas le leur, et lier de la sorte leur destinée à celle de leurs chefs d'une manière indissoluble. Tel ne fut pas

[1] *Mémoires du général Turreau*, p. 116.
[2] *Ibid.*, p. 114. — Le témoignage de Turreau a ici beaucoup d'autorité, parce qu'il parle d'après les confidences qu'il reçut de d'Elbée lui-même.
[3] *Mémoires de madame de Bonchamps*, p. 37.
[4] *Mémoires du général Turreau*, p. 114.

l'avis de d'Elbée[1], convaincu qu'on ne se défend jamais mieux que chez soi; que traîner au loin une confuse et gémissante masse de femmes et d'enfants était le plus douloureux des embarras, le pire des maux, et que c'en était fait des Vendéens dès qu'ils cesseraient d'être eux-mêmes.

La prise de Chollet rendait une résolution définitive indispensable. Après un vif débat, il fut décidé qu'on livrerait une dernière bataille sur la rive gauche de la Loire; qu'on passerait le fleuve en cas de défaite, et que, pour se ménager d'avance une retraite, on enverrait immédiatement un petit nombre d'hommes surprendre Varades sur la rive droite[2].

En conséquence, le 17 octobre, d'Elbée, Bonchamp, la Rochejaquelein, Royrand, s'avancèrent vers Chollet, à la tête de quarante mille combattants[3], tous pleins d'une violente émotion.

Les républicains les attendirent de pied ferme. Ils étaient rangés en bataille devant Chollet, dans l'ordre que voici : Beaupuy, avec l'avant-garde des Mayençais, que soutenait leur réserve sous les ordres de Haxo, formait, en avant du bois de Chollet, la gauche de l'armée; Vimeux, avec le reste des Mayençais, s'étendait, à la droite, sur les hauteurs; au centre était la division de Luçon, commandée par Marceau[4].

Pour la première fois, les Vendéens marchaient en colonne serrée comme la troupe de ligne. Ils commencent l'attaque en tombant sur l'aile gauche des républicains, et cela d'un élan si furieux, qu'ils la font plier.

---

[1] *Mémoires du général Turreau*, p. 114.

[2] *Mémoires de madame de la Rochejaquelein*, chap. XIII, p. 235. — Madame de Bonchamp, dans ses *Mémoires*, p. 49, dit que, sur ce point, son mari donna de sages avis qu'on ne suivit point, mais elle n'explique pas en quoi ils consistaient.

[3] Récit de Kléber, cité par Savary, t. II, p. 263. — *Mémoires de madame de la Rochejaquelein*, chap. XIII, p. 236.

[4] *Ibid.*

Beaupuy a deux chevaux tués sous lui. Mais Kléber survient, Haxo fait avancer la réserve, et les Vendéens sont repoussés. Au centre, la victoire semblait compromise. Muller, un des généraux de brigade de Chalbos, avait reçu l'ordre de sortir de Chollet avec un corps de quatre mille hommes, pour appuyer le centre : ils sont saisis d'un mouvement de panique et se rejettent en désordre dans la ville[1]. Marceau tient bon, néanmoins. Il laisse l'ennemi s'avancer à une demi-portée de fusil, et, démasquant tout à coup son artillerie, fait un feu de mitraille qui emporte des files entières[2]. A la droite, les Vendéens n'avaient pu entamer Vimeux. Après une lutte désespérée, la victoire penche du côté de la discipline, et l'on voit les royalistes fléchir sur toute la ligne. Combattaient au premier rang des républicains, donnant l'exemple du courage, les représentants du peuple Bourbotte, Choudieu, Fayau, Bellegarde, Turreau, Merlin (de Thionville). Carrier, de sinistre mémoire, était là, lui aussi, et eut un cheval tué sous lui[3]. Merlin, toujours en avant, avait l'œil sur les canons; et, dès qu'on avait pris une pièce à l'ennemi, sautant à bas de son cheval, il la dirigeait .contre les rebelles[4]. Ils résistaient encore, lorsque deux de leurs chefs, d'Elbée et Bonchamp, furent atteints de blessures mortelles. Leurs rangs se rompirent alors et la déroute devint complète. L'exaltation patriotique et guerrière des républicains était au comble. Un brave officier, nommé Vernange, se sentant près d'expirer, se fait porter à Kléber pour lui faire ses adieux, et, en l'apercevant, crie : *Vive la République*[5]*!* Targe, qui depuis l'ou-

---

[1] Récit de Kléber, *ubi supra.*
[2] *Ibid.*
[3] *Mémoires de madame de Bonchamp*, p. 49.
[4] Récit de Kléber.
[5] *Ibid.*

verture de la campagne avait déployé le caractère et la bravoure d'un chevalier des anciens temps, va droit au général, et, sans lui parler d'autre chose, lui annonce que la bataille est gagnée. La pâleur de son visage disait le reste : il venait de recevoir une balle qui lui avait traversé le corps [1] !

A dix heures du soir, Beaupuy se trouvait sur la hauteur du moulin à vent au-dessus de Pigon, à égale distance de Chollet et de Beaupréau. Fallait-il retourner sur ses pas ou avancer? Beaupuy consulte les officiers qui étaient autour de lui, Savary, Haxo, Bloss, Westermann. et, d'après leur avis, donne l'ordre aux soldats d'aller à Beaupréau, où l'on espérait trouver plus de pain qu'à Chollet. « Mais nous n'avons plus de cartouches, » font observer quelques-uns. « N'avez-vous pas des baïonnettes? » répond Beaupuy. *Vive la République!* crient les soldats, et ils partent [2]. Beaupréau était facile à défendre. Mais les Vendéens, découragés, ne songeaient déjà plus qu'à passer la Loire, et ils avaient fui en foule jusqu'à Saint-Florent.

C'est là que Bonchamp avait été transporté et qu'il mourut, après avoir illustré à jamais son agonie en sauvant la vie à quatre mille prisonniers républicains que les Vendéens traînaient à leur suite, et que, dans leur fureur, ils avaient résolu d'égorger [3].

Cependant, dès le matin du 18 octobre, une foule éplorée, immense, couvrait la plage qui, de l'enceinte demi-circulaire formée par les hauteurs de Saint-Florent, s'étend jusqu'à la Loire. Là étaient venus s'entasser, au nombre de quatre-vingt mille, là se pressaient dans un état inexprimable d'angoisse et de confusion, soldats, bles-

---

[1] Récit de Kléber.
[2] Savary, *Guerres des Vendéens et des Chouans*, t. II, p. 271.
[3] Voyez les détails dans les *Mémoires de madame de Bonchamp*, p. 50-53.

sés, prêtres, femmes, enfants, vieillards. Jamais spectacle
plus imposant et plus sombre ne fut donné aux hommes.
Sur la rive droite du fleuve, des groupes de Bretons hos-
pitaliers appelant de la voix et du geste les fugitifs; sur
la rive gauche, au milieu des cris, des lamentations et
des sanglots, les mères cherchant leurs fils, les épouses
redemandant leurs maris; derrière, dans le lointain, des
villages en feu; puis, au moment du passage, tandis que,
les bras étendus vers l'autre bord, ces malheureux traversaient le fleuve, les uns amoncelés dans quelques mauvaises barques, les autres montés sur des chevaux, la
Rochejaquelein hésitant à les suivre, pleurant de rage,
voulant mourir, et, sur un fauteuil de paille confié à un
frêle bateau, Lescure mourant, tout cela formait une
scène d'une grandeur si terrible, que ceux qui en furent
témoins crurent voir se dresser devant eux « les images
du jugement dernier[1]. »

Et de quelle tragédie, juste ciel! était-ce là le dénoûment! Nous avons sous les yeux une masse de documents
manuscrits et de lettres particulières où se trouve décrit
l'état dans lequel les fugitifs laissaient la Vendée. Ou-
vrons au hasard ce dossier lugubre. Voici une lettre où
le maire des Roches raconte ce que lui et ses compagnons ont souffert, étant au pouvoir des royalistes...
« Par un prodigieux raffinement de barbarie, on nous
menaçait de nous faire mourir de la main même de nos
plus proches parents. Moi, je devais être assassiné par le
plus jeune des garçons de ma famille. Ce jeune homme,
âgé de dix-sept ans, a fait savoir qu'il portait toujours sur
lui un pistolet, et qu'il s'était promis d'étendre à ses pieds
quiconque se chargerait de l'abominable sommation[2]... »

---

[1] Ce sont les propres expressions qu'emploie madame de la Rochejaquelein, p. 240.
[2] Lettre de Süe, maire des Roches, à Goupilleau (de Montaigu), dans
la collection de M. Benjamin Fillon.

Autre lettre de Goupilleau (de Montaigu) à sa femme :
« Je suis fort aise que tu te sois sauvée à Nantes avec
mes enfants. Mais, dis-moi, est-ce que tu as laissé
la maison à l'abandon et exposée au pillage? Est-ce que
tu n'as pas sauvé ce que j'y avais de plus précieux, mes
papiers qui étaient dans mon secrétaire, mes livres [1]?... »
Extrait du registre des délibérations du conseil général
de la commune de Fontenay : « Désormais les passe-
ports seront exigés, non-seulement des personnes qui
sortent de la ville, mais de celles qui y entrent, la pratique contraire facilitant l'introduction de l'ennemi [2]... »
Demande adressée par le maire de Fontenay aux administrateurs du district : « Il ne reste pas pour deux jours
de blé ou de farine chez les boulangers. La famine est
là. Nous vous supplions de nous prêter quelques ton-
neaux de blé, que nous vous rendrons sur le produit des
premières rentrées [3]... » etc., etc. Voilà pour la situation des villes.

Et quel aspect que celui des campagnes! A la traînée
des cadavres épars le long des routes, on y pouvait suivre
l'itinéraire de la guerre civile. Il y avait des villages où
on ne rencontrait pas un seul être vivant et où il semblait
que la peste eût passé. Il y avait des champs dont les
exhalaisons d'un sang infect interdisaient l'approche.
Seuls les animaux carnassiers y accouraient, et l'on entendait de loin leurs hurlements se mêler au beuglement
des troupeaux égarés. La fumée qui, en maint endroit,
obscurcissait le ciel, annonçait au voyageur le voisinage
des vengeances républicaines, et, souvent, pour éclairer
sa marche pendant la nuit, il avait le reflet des incendies [4].

---

[1] Collection des documents inédits rassemblés par M. Benjamin Fillon.
[2] Ibid.
[3] Ibid.
[4] Mémoires d'un ancien administrateur militaire des armées républicaines, chap. v, p. 98.

Encore si le passage de la Loire eût marqué le terme de tant de maux! Les représentants du peuple en mission le crurent et écrivirent : *La Vendée n'est plus*. Mais, hélas! ce n'était là qu'un déplacement du génie de l'extermination. Et d'ailleurs, Charette, qui venait précisément de s'emparer de l'île de Noirmoutiers, le sauvage Charette restait, prêt à continuer la guerre dans le Marais et à la ressusciter dans le Bocage. La Vendée n'était donc pas entièrement domptée; mais, du moins, on pouvait la dire vaincue.

CHAPITRE ONZIÈME

MORT DE MARIE-ANTOINETTE.

Chroniques du Temple; ce qu'il en faut penser. — La Commune trahie
par plusieurs de ses agents. — Tentative d'évasion; le général Jarjayes et Toulan. — Visite d'Hébert au Temple; chapeau d'homme
découvert. — Nouvelle tentative; le baron de Batz. — Le jeune
prince traité en roi par sa famille. — *Madame première*. — Motifs
qui décident le Comité de salut public à éloigner le fils de Marie-
Antoinette de sa mère. — Scène de la séparation; versions contradictoires. — Visite de Drouet, Maure et Chabot au Temple; rapport
de Drouet. — Le cordonnier Simon. — Un mensonge royaliste. —
Mission de Maret et de Sémonville relative à la mise en liberté de la
famille royale. — Machiavélisme inhumain de la maison d'Autriche;
elle ne veut pas sauver Marie-Antoinette; arrestation de Maret et de
Sémonville; politique égoïste de Thugut. — La reine transportée
à la Conciergerie. — Émissaire dépêché à Danton par le comte Mercy-
Argenteau. — Complot de Rougeville pour sauver la reine. — La
reine à la Conciergerie. — Odieux interrogatoire. — Procès de Marie-Antoinette. — Sa mort.

L'avant-veille du jour où les républicains rejetaient les
Vendéens au delà de la Loire, et le jour même où ils re-
poussaient la coalition à Wattignies, la destinée de Marie-Antoinette s'accomplissait...

Après l'exécution de Louis XVI, la surveillance, au
Temple, avait paru se relâcher à ce point que les gardes
se crurent à la veille de voir les portes de la prison s'ou-

vrir[1]; mais la trahison de Dumouriez était venu tout changer. La proclamation dans laquelle il déclarait Louis XVII seul souverain légitime de la France ramena fatalement les pensées vers le Temple comme vers le centre où s'attachait l'espoir des conspirateurs; on redoubla de précautions; un mur s'éleva qui séparait le jardin, et l'on mit des jalousies au haut de la tour[2].

L'histoire du Temple repose exclusivement, il est juste de s'en souvenir, sur le témoignage de personnes disposées et intéressées à représenter les choses sous un jour odieux. La fille de Louis XVI; Cléry et Huë, valets de chambre de Louis XVI; Turgy, garçon servant de la bouche de Louis XVI; Lepitre, royaliste exalté, employé par la Commune, qu'il trahissait: tels sont les auteurs des récits qui forment l'unique base de tout ce qui a été écrit relativement au Temple. Et quels moyens de vérification? Aucuns, si ce n'est quelques documents officiels épars çà et là, lesquels, précisément, contredisent les récits en question. Quoi qu'il en soit, des faits mêmes relatés dans les chroniques ultra-royalistes du Temple, il résulte que les rigueurs déployées à l'égard de la famille royale, prisonnière, n'eurent point ce caractère de cruauté *gratuite* qui a donné lieu à tant d'anathèmes, et que la surveillance ne fut si stricte que parce qu'elle eut à lutter contre une succession non interrompue de complots.

Et ce n'était pas autour de la prison seulement que se nouaient les intrigues, c'était dans l'intérieur. La trahison siégeait au Temple d'une manière permanente en la personne des officiers municipaux Toulan, Lepitre, Brunot, Moelle, Vincent, Michonis, cœurs dévoués et *fidèles* selon les chroniques royalistes, mais dont la fidélité con-

---

[1] *Récit des événements arrivés au Temple*, par madame Royale, p. 206 du *Journal de Cléry.*
[2] *Ibid.*, p. 207 et 208.

sistait à mentir à leurs fonctions, librement acceptées, et à protéger les tentatives d'évasion qu'ils s'étaient engagés à prévenir. Lepitre a raconté, depuis, comment, de service au Temple, il y composa, en l'honneur de Louis XVI, une romance funèbre, qu'on fit chanter au jeune prince, sa sœur l'accompagnant sur le clavecin[1]!

Le premier effort tenté pour la délivrance de la famille royale remonte au commencement de février 1793. Le 2 février, le général Jarjayes, dont la femme avait sollicité la faveur d'être enfermée au Temple avec la reine, reçoit la visite d'un inconnu, porteur d'un billet où il lit : « Vous pouvez prendre confiance en l'homme qui vous parlera de ma part en vous remettant ce billet. Ses sentiments me sont connus; depuis cinq mois, il n'a pas varié... » Ces lignes étaient de l'écriture de la reine, et l'inconnu était Toulan. Il s'agissait d'un plan d'évasion. On devait cacher dans la tour des habits d'officiers municipaux, que la reine et madame Élisabeth auraient revêtus, et à la faveur desquels il leur eût été possible de sortir, un jour où Toulan et son collègue se seraient trouvés de garde. Quant à l'évasion des enfants, voici ce qui fut projeté. Il y avait un homme du nom de Jacques qui venait chaque matin nettoyer les réverbères et chaque soir les allumer. Il était d'ordinaire accompagné et aidé dans son travail par deux enfants à peu près de l'âge et de la taille du jeune prince et de sa sœur. Or c'était entre cinq et six heures qu'il allumait son dernier réverbère; et, à sept heures sonnantes, on relevait les sentinelles. On convint qu'après le départ de Jacques et le renouvellement des factionnaires, un homme accoutré comme le lampiste et muni d'une carte d'entrée se rendrait à l'appartement de la reine, une boîte de fer-blanc sous le bras. Là, Toulan, après lui avoir reproché d'avoir envoyé

[1] *Quelques souvenirs ou notes fidèles sur mon service au Temple*, par Lepitre.

les enfants faire son ouvrage, lui aurait remis le fils et la
fille de Louis XVI, deguisés en conséquence. L'exécution
de ce plan sembla d'abord couronnée d'un plein succès.
Toulan trouva moyen d'introduire le général Jarjayes
auprès de la reine; on gagna, au moyen d'une somme
d'argent que le général s'empressa d'avancer, le commissaire dont la complicité était requise ; le faux lampiste
fut trouvé; on se procura des passe-ports en bonne
forme ; et trois cabriolets furent apostés qui devaient
conduire les fugitifs, non en Vendée, mais en Normandie, et de là en Angleterre. Déjà, le jour avait été pris,
l'on y touchait, lorsque soudain éclate dans Paris un de
ces mouvements tumultueux dont le Temple ressentait
toujours le contre-coup. La surveillance y devenant plus
soupçonneuse, le projet d'évasion parut trop compliqué
si on l'étendait au delà de la délivrance de Marie-Antoinette et de madame Élisabeth. Mais la reine pouvait-elle
abandonner ses enfants, prisonniers? Madame Élisabeth
la pressa de fuir seule, s'offrant de rester pour tenir sa
place, et, un moment, Marie-Antoinette eut l'air d'être
persuadée. Ce moment fut court; elle refusa de laisser
derrière elle ses enfants. Il y a tant de tendresse et de dévouement dans le cœur d'une mère [1]!

Sur ces entrefaites, la Commune fut informée que Lepitre, Toulan, Brunot, Moëlle, Vincent et le médecin de
la prison entretenaient avec la famille royale des intelligences secrètes; qu'ils lui fournissaient de la cire, des
pains à cacheter, du papier, des crayons, et que la reine
avait des correspondants au dehors [2]. La dénonciation
partait d'un nommé Tison et de sa femme, envoyés au

---

[1] Voyez pour tout ce qui se rapporte à ce projet d'évasion, les *Mémoires du baron de Goguelat*, p. 72-79, et le livre publié par M. de
Beauchesne, sous ce titre : *Louis XVII, sa vie, son agonie et sa mort*,
t. II, liv. XI, p. 21 et suiv.

[2] Commune. Séance du 20 avril 1793.

Temple, dans l'origine, pour y faire les gros ouvrages, et dont le caractère s'était aigri par suite de l'interdiction de voir leur fille [1]. La Commune ordonna aussitôt la vérification des faits relatifs aux personnes désignées, et envoya Hébert au Temple avec mission d'y procéder aux recherches qu'il jugerait nécessaires [2].

La fille de Louis XVI raconte, — et il n'y a rien dans le caractère d'Hébert qui démente ce récit, — qu'une extrême brutalité présida aux perquisitions du substitut du procureur général de la commune ; qu'on fouilla jusque sous les matelas ; que le fils de Marie-Antoinette, qui dormait, fut durement arraché de son lit, et remis à sa mère tout transi de froid [3]. La visite ne finit qu'à quatre heures du matin et aboutit à la saisie d'une adresse de marchand, d'un bâton de cire à cacheter, d'un sacré cœur de Jésus et d'une prière [4]. Mais, le 23 avril, une nouvelle perquisition amena la découverte d'un chapeau d'homme que madame Élisabeth déclara avoir conservé comme un souvenir parce qu'il avait appartenu à son frère [5]. Les registres d'achat, consultés, fournirent la preuve que Louis XVI, au Temple, n'avait eu qu'un chapeau, lequel l'avait suivi au lieu du supplice, et avait été mis en pièces, après l'exécution, pour être partagé entre les spectateurs [6].

Les projets d'évasion se renouèrent.

Cette fois, les acteurs principaux du drame étaient le

---

[1] *Récits des événements arrivés au Temple,* par madame Royale, p. 209 et 210 du *Journal de Cléry.*

[2] Commune. Séance du 20 avril 1793.

[3] Récit des événements, etc., p. 212, *ubi suprà.*

[4] *Ibid.*

[5] *Ibid.,* p. 214.

[6] Extrait du *Procès-verbal dressé le 23 avril par les commissaires nommés à l'effet de faire une perquisition exacte chez les prisonniers détenus à la tour du Temple,* et *Rapport de l'administration de police au conseil général de la commune dans sa séance du 29 avril* 1793.

commissaire Michonis et le baron de Batz : ce dernier, conspirateur infatigable, rompu à la science des embûches, âme d'un espionnage actif qu'il payait bien, et habile à se ménager dans Paris une foule d'asiles impénétrables [1]. Un épicier nommé Cortey, auquel une hypocrite affectation de civisme avait valu le grade de capitaine dans la garde nationale, fut l'agent que le baron de Batz employa et qui l'introduisit au Temple sous le nom de Forget. On imagina de gagner le chef de poste ainsi que vingt-huit gardes nationaux appelés à être de patrouille pendant la nuit aux mêmes heures où Michonis serait de garde dans l'appartement de la reine. Les hommes de faction dans l'escalier de la tour auraient endossé par dessus leur habit des redingotes d'uniforme, dont Michonis, à un signal convenu, les aurait dépouillés, pour en revêtir les princesses, qui, sous ce déguisement et l'arme au bras, auraient été incorporées dans la patrouille, au centre de laquelle le jeune prince devait disparaître enveloppé. Une circonstance impossible à prévoir fit échouer ce projet. Un gendarme trouva sur le pavé, devant la grande porte, un papier sans adresse qui portait : « Michonis vous trahira cette nuit. Veillez [2] ! »

Chaque jour, nouveaux sujets d'alarmes. Il n'était bruit que d'entreprises sur le Temple. De l'aveu des écrivains royalistes, le « jeune roi » était l'objet de toutes les espérances contre-révolutionnaires, et sa légitimité comme maître de la France fournissait un prétexte à tous les complots [3]. Reprenant l'ancienne étiquette de la Cour, sa mère affectait de le traiter, au Temple, avec le respect dû

[1] Ce portrait du baron de Batz, c'est un écrivain ultra-royaliste qui le trace. Voyez *Louis XVII, sa vie, son agonie et sa mort*, par M. de Beauchesne, t. II, liv. XII, p. 59.

[2] Voyez, pour plus amples détails, l'ouvrage de M. de Beauchesne, t. II, liv. VI, p. 59 et suiv.

[3] *Ibid.*, p. 66.

à un monarque[1]. Lorsqu'il se mettait à table, on lui donnait un siége plus élevé que les autres et garni d'un coussin[2]. Cette obstination à faire d'un grand peuple la la propriété d'un enfant sous les verroux ne pouvait qu'irriter profondément des républicains. Une dame Laurent, s'intitulant nourrice de *Madame Première* (titre de cour qui servait à distinguer la fille de Louis XVI de la princesse Élisabeth), avait sollicité la permission de voir « son enfant : » la Commune passa rudement à l'ordre du jour, par la raison qu'elle ne connaissait personne du nom de *Madame Première*[3]. Quelque insultante que fût pour le régime révolutionnaire la prétention de ressusciter l'ancien régime dans ce qu'il avait de plus puérilement orgueilleux, on s'en serait moins préoccupé, sans doute, si à cette prétention ne s'étaient pas liées les fureurs croissantes de la guerre civile. Mais le principe en vertu duquel un enfant de huit ans était appelé à s'asseoir sur un coussin, à côté de sa mère qui n'en avait pas, c'était le même qui faisait couler des flots de sang en Vendée ; le même que les Lescure, les la Rochejaquelein, les Bonchamps, les Charette, proclamaient l'épée à la main le long des rives de la Loire ; le même qui avait présidé aux égorgements de Machecoul, et enfanté un 2 septembre royaliste bien plus hideux encore que le 2 septembre révolutionnaire. N'était-ce pas au nom de « Louis XVII » que les prêtres s'agitaient, que les généraux trahissaient, que les émigrés intriguaient, que l'Ouest se révoltait, que les étrangers combattaient ? Et, dès lors, n'y avait-il aucun inconvénient à permettre, d'une part, que Marie-Antoinette enseignât à son fils le

---

[1] Mercier, le *Nouveau Paris*, t. III, chap. LXXXII. — Voyez aussi le procès de Marie-Antoinette.

[2] *Hist. parlem.*, t. XXIX, p. 357 et 374. — Récit de Turgy, cité par M. de Beauchesne, t, II, liv. XI, p. 48.

[3] Commune de Paris. Séance du 25 janvier 1795.

métier de roi; d'autre part, qu'elle l'employât, l'ayant auprès d'elle, à enflammer, du fond de sa prison, des préjugés et un zèle si funestes à la France? Tels furent les motifs qui décidèrent le Comité de salut public à prendre une mesure, très-rigoureuse assurément, mais dont ceux-là ont calomnié l'intention, qui l'ont présentée comme un pur raffinement de cruauté : au commencement du mois de juillet, le général Arthur Dillon ayant été accusé d'un complot pour l'enlèvement du jeune prince[1], le Comité de salut public ordonna au maire de Paris d'éloigner le fils de sa mère : décision que, le 11 juillet, l'Assemblée ratifia[2]. Cambon avait présenté le rapport; et, à cette époque, Robespierre n'était pas membre de Comité du salut public[3].

Ainsi qu'on devait s'y attendre, la séparation n'eut pas lieu sans déchirement; mais, sur la conduite tenue par les commissaires de la Commune, il existe deux versions contradictoires.

Selon le récit de la fille de Louis XVI, Marie-Antoinette défendit contre les municipaux le lit où le jeune prince était placé, déclarant qu'on la tuerait avant de lui arracher son enfant, menace à laquelle les municipaux auraient répondu en déclarant, à leur tour, qu'ils la tueraient en effet, elle et sa fille, si elle ne cédait pas : « Il fallut qu'elle cédât encore par amour pour nous. Nous levâmes mon frère, ma tante et moi, car ma pauvre mère n'avait plus de force; et, après qu'il fut habillé, elle le prit et le remit entre les mains des municipaux, en le baignant de pleurs...[4] »

D'un autre côté, voici ce qu'on lit dans les registres du

---

[1] Nous avons déjà parlé de cette dénonciation dans le chapitre intitulé : *Marat assassiné*.

[2] Voyez l'*Histoire parlementaire*, t XXVIII, p. 275.

[3] Il n'y entra, on l'a vu, que le 27 juillet.

[4] Récit de la fille de Louis XVI, p. 220 et 221 du *Journal de Cléry*.

Conseil du Temple : « La séparation s'est faite avec toute la sensibilité que l'on devait attendre dans cette circonstance, où les magistrats du peuple *ont eu tous les égards* compatibles avec la sévérité de leurs fonctions.

« EUDES, GAGNANT, ARNAUD, VÉRON, CELLIE, et DEVEZE[1]. »

Le cœur de Marie-Antoinette n'était point préparé à ce dernier coup : elle en fut accablée; et quel surcroît de douleur quand elle sut que le cordonnier Simon, homme violent et grossier, était « l'instituteur » donné à son fils! Comme le jeune prince montait souvent sur la tour, elle passait des heures entières le visage collé contre une petite fente par où elle espérait le voir passer[2].

De son côté, le malheureux enfant se désolait. Pendant deux jours, il ne cessa de pleurer, redemandant sa mère[3].

Le bruit courut, très-peu de temps après, qu'il avait été vu sur le boulevard, et Drouet, chargé avec Maure, Dumont et Chabot, de constater la présence des détenus au Temple, fit à la Convention un rapport où il disait : « Nous sommes montés à l'appartement des femmes, et nous y avons trouvé Marie-Antoinette, sa fille et sa sœur jouissant d'une parfaite santé. On se plaît à répandre chez les nations étrangères qu'elles sont maltraitées; et, de leur aveu, fait en présence des commissaires de la Commune, rien ne manque à leur commodité. » Drouet, Maure, Dumont et Chabot avaient d'abord visité le fils de Louis XVI. Au moment où ils entrèrent, « il jouait tranquillement aux dames avec son mentor[4]. »

[1] M. de Beauchesne dit, au sujet de ce document officiel, t. II, liv. XI, p. 71 : « C'est au lecteur à juger ce qu'il y a d'ironie dans l'expression de cette sensibilité. » Nous dirons, nous : « C'est au lecteur à juger ce qu'il y a d'équité dans cette remarque.

[2] Récit des événements, etc., p. 221 du *Journal de Cléry*.

[3] *Ibid.*

[4] Rapport de Drouet, *Moniteur* du 9 juillet 1793.

Pour être tout à fait exact, le rapport aurait dû ajouter que Marie-Antoinette avait porté plainte de la séparation qu'on la condamnait à subir[1].

Il est des écrivains royalistes qui ont raconté heure par heure, presque minute par minute, la vie intérieure du cordonnier Simon, de sa femme et de l'enfant royal[2]. Pas un détail qu'ils aient ignoré, pas une parole qui ne leur soit parvenue, pas un geste qui ait été perdu pour eux, pas une intonation de voix qu'ils n'aient recueillie : chose merveilleuse assurément, quand on songe que personne n'a reçu les confidences des acteurs mis en scène, que le drame s'est développé entre quatre épaisses murailles, et que Marie-Antoinette elle-même, qui vivait à quelques pas de son fils, avait à gémir, en ce qui le concernait, d'une ignorance qui ajoutait aux tourments de sa tendresse maternelle ! « Ma mère ne savait que *rarement* des nouvelles de mon frère, soit par les municipaux, soit par Tison, qui voyait Simon *quelquefois*[3]. » Un peu de défiance est donc ici de rigueur. Que Simon, être sans éducation et naturellement brutal, ait abusé de son pouvoir, et que, selon l'expression de Mercier, tout son soin ait été de « désapprendre à son élève à être roi[4], » en l'habituant à chanter la carmagnole et à crier *Vive les Sans-Culottes !* c'est certain ; et il ne l'est pas moins que, victime d'une politique à laquelle ne descendirent ni la Convention ni le Comité de salut public, le pauvre enfant fut amené à déposer contre sa mère[5]. Mais qu'il y ait eu parti pris de le torturer, de le faire mourir à petit feu, et que des hommes dont la forte main ébranlait la

---

[1] Voyez le récit de la fille de Louis XVI, p. 223 du *Journal de Cléry.*

[2] M. de Beauchesne, par exemple, dans *Louis XVII, sa vie, son agonie et sa mort.*

[3] Récit de la fille de Louis XVI, p. 222 du *Journal de Cléry.*

[4] *Le nouveau Paris,* t. III, chap. LXXXII.

[5] Voyez plus loin.

terre jusqu'en ses fondements aient été les auteurs d'une lâche et infernale conspiration contre la vie d'une faible créature sans défense, c'est là une de ces fables atroces dont ceux qui l'inventèrent auraient dû s'étudier au moins à mieux couvrir l'invraisemblance. Citons un exemple entre mille. On a raconté, à propos de la visite de Drouet au Temple, qu'entre Simon et les commissaires de l'Assemblée le dialogue suivant s'engagea : « Citoyens, que décidez-vous à l'égard du louveteau? Veut-on le dé- porter? — Non. — Le tuer? — Non. — L'empoisonner? — Non. — Mais quoi donc? — S'en défaire. » Or, sur quelle autorité repose cette accusation monstrueuse? Sur l'autorité d'un témoignage qui, vérification faite, se trouve... ne pas exister !

La vérité est qu'à l'époque de l'installation de Simon au Temple, c'est-à-dire au mois de juillet 1793, le gouver- nement républicain, loin de suivre les inspirations d'une politique aveugle et farouche, se montrait disposé à ga- rantir la sûreté de la famille royale, moyennant certaines conditions que Sémonville et Maret furent chargés de né- gocier : le premier avec le grand duc de Toscane; le second, avec Naples. Les seules puissances qui fussent encore en alliance avec la République étant Venise, Naples et Florence, ce qu'on leur demandait, c'était de continuer de se tenir à l'écart de la coalition; moyennant quoi, la délivrance de la famille royale. Mais il y avait à cela un grand obstacle : le machiavélisme de la maison d'Autri- che. Oui, l'égoïsme barbare des propres parents de Marie- Antoinette, voilà ce qui devait lui être plus fatal que la haine de ces conventionnels à qui, si elle eût triomphé, on eût certainement coupé la tête[1]! Qu'arriva-t-il en effet? Les deux plénipotentiaires partent vers la fin de juillet, se

[1] Un écrivain royaliste n'a pu s'empêcher d'en faire amèrement la remarque. Voyez, dans la *Biographie universelle,* l'article Maret, par Durozoir.

rencontrent à Genève, et s'acheminent ensemble dans la direction de Venise. Ils atteignaient Novale, sur le territoire neutre des Grisons, lorsque tout à coup ils sont brusquement enlevés, par ordre du gouverneur de Milan. On les transféra à Gravedone, et de là dans la forteresse de Mantoue. Maret avait sauvé ses instructions, mais, celles de son collègue étant tombées aux mains de l'Autriche, il ne doutait pas que le baron de Thugut, instruit de l'objet de leur mission, ne leur donnât le moyen de la remplir[1]. Il n'en fut rien. Qu'importait à la maison d'Autriche la vie de Marie-Antoinette? Thugut n'avait-il pas déjà fait annuler les engagements de Cobourg avec Dumouriez pour le rétablissement de la monarchie? Le congrès diplomatique d'Anvers n'avait-il pas décidé que les alliés devaient trouver dans les suites de la guerre des *indemnités pour le passé et des garanties pour l'avenir?* C'est cette idée du démembrement de la France qui poussa l'Europe, et particulièrement la maison d'Autriche, à abandonner Marie-Antoinette. Maret et Sémonville restèrent donc prisonniers. Il fallait un prétexte : on imagina, quoiqu'on eût la preuve du contraire sous les yeux, que la mission des deux négociateurs était d'étendre en Autriche le réseau des affiliations jacobines. Cette violation du droit des gens, ce mélange d'audace et d'hypocrisie, révoltèrent la Convention. Dans la séance du 12 août, Deforgues, successeur de Lebrun au ministère des affaires étrangères, s'écria : « La maison d'Autriche vient d'offrir à la République française un nouvel outrage à venger, et à tous les peuples de l'Europe un nouveau crime à punir[2]. »

---

[1] Relation de Maret, reproduite textuellement dans sa biographie par Durozoir.

[2] Il importe de remarquer que tous ces faits sont établis par des témoignages royalistes, et conséquemment peu suspects, en cette occasion. Voyez la relation de Maret lui-même; l'article Sémonville, par Boulée,

ciergerie et à donner à Marie-Antoinette un œillet dans le calice duquel avait été caché adroitement un papier roulé, portant ces mots : « J'ai à votre disposition des hommes et de l'argent. » La reine, avertie par un signe expressif, se retire dans un coin de la chambre, ouvre l'œillet, y trouve le papier et le lit. Déjà elle traçait sa réponse avec la pointe d'une épingle, lorsqu'un gendarme en faction, venant à entrer soudain, découvrit et révéla tout. La femme du concierge et son fils furent aussitôt arrêtés, enfermés au couvent des Madelonnettes, mis au secret, et ne recouvrèrent leur liberté qu'au bout de quelques jours. Rougeville avait réussi à s'évader [1]. Quant au concierge, contre lequel on n'avait que des soupçons, il fut destitué et remplacé par un nommé Bault, royaliste déguisé, qui avait sollicité ce poste, dans l'intention, non de garder la prisonnière, mais de la servir [2].

Un fait prouve que, quelque rigoureuse qu'on se soit plu à représenter la surveillance révolutionnaire, elle n'était pas tellement stricte qu'elle ne rendît possibles de nombreuses intelligences avec le dehors. La première fois que Marie-Antoinette aperçut le nouveau concierge, elle lui dit : « Ah ! vous voilà, monsieur Bault ! Je suis charmée que ce soit vous qui veniez ici. » Et la femme de Bault, après avoir rappelé cette circonstance, ajoute : « Mon mari n'avait jamais eu l'honneur d'approcher de Sa Majesté. Il ne concevait pas par quel miracle elle avait pu être instruite d'une négociation qui avait été si prompte et si secrète [3]. »

[1] Récit de M. Huë, à la suite du *Journal de Cléry*, *Éclaircissements historiques*, note (5). — Voyez aussi, dans le Procès de Marie-Antoinette, *Hist. parlem.*, t. XXIX, p. 369, les dépositions du gendarme François Dufresne et de la femme Richard.

[2] Voyez le récit de madame Bault, à la suite du *Journal de Cléry*. — *Éclaircissements historiques*, p. 521.

[3] *Ibid.*, p. 521.

L'installation de Bault contribua beaucoup à adoucir la captivité de la reine. Il veilla à ce que la nourriture fût convenable et saine; il sut détourner par d'ingénieux commentaires les défiances de nature à dégénérer en persécutions; il fit son étude de deviner les moindres désirs de la captive et de les prévenir; il lui facilita les moyens de recevoir les melons ou les pêches que lui apportaient les femmes de la halle. Elle lui avait confié le soin de ses cheveux, et il s'en acquittait chaque matin avec un zèle si respectueux, qu'elle lui dit un jour, par allusion à son nom : « Je veux vous appeler *bon*, parce que vous l'êtes, et que cela vaut encore mieux que d'être *beau*[1]. » Mais il ne pouvait être donné au dévouement d'un fonctionnaire subalterne, très-surveillé lui-même, d'écarter de la grandeur déchue les humiliations qui en sont l'inséparable cortége. On vit la fille, jadis si brillante, de Marie-Thérèse vêtue d'une robe qui tombait en lambeaux. Elle avait des chemises assez fines, dont une garnie d'une fort belle dentelle de Malines; mais elle n'en avait que trois, et on les lui donnait alternativement tous les dix jours. Une pointe d'épingle lui servait à tracer l'état de son linge sur la muraille. Un jour, voulant tresser une jarretière, elle dut arracher les fils de la tapisserie attachée à son lit, et employer, en guise d'aiguilles à tricoter, deux cure-dents! Elle désirait une couverture de coton anglaise : Bault se chargea de présenter la demande à Fouquier-Tinville, qui, pour toute réponse, s'écria : « Qu'oses-tu demander? Tu mériterais d'être envoyé à la guillotine[2]. »

Le 3 octobre, Billaud-Varenne fit décréter l'ordre au tribunal révolutionnaire de prononcer sans plus de délai sur le sort de Marie-Antoinette; et l'accusateur pu-

---

[1] Voyez le récit de madame Bault, p. 522, 525.
[2] Ibid., *passim*.

blic, Fouquier-Tinville, reçut du Comité de salut public les pièces relatives au procès.

Le 8, les principaux membres de la Commune arrivaient au Temple. « Nous étions occupés à faire nos chambres et à nous habiller, raconte la fille de Louis XVI. Ma tante n'ouvrit que quand elle fut habillée. Pache me pria de descendre... J'embrassai ma tante, qui était toute tremblante, et je descendis. C'était la première fois que je me trouvais avec des hommes; j'ignorais ce qu'ils me voulaient; mais je recommandai mon âme à Dieu. Chaumette, dans l'escalier, voulut me faire des politesses; je ne lui répondis pas. Arrivée chez mon frère, je l'embrassai tendrement; mais on l'arracha de mes bras, en me disant de passer dans l'autre chambre. Chaumette me fit asseoir; il se plaça en face de moi. Un municipal prit la plume... Chaumette m'interrogea sur mille vilaines choses dont on accusait ma mère et ma tante... Il y a des choses que je n'ai pas comprises, mais ce que je comprenais était si horrible, que je pleurais d'indignation [1]. » Laissons un voile sur cette violence odieuse faite à la piété filiale d'une jeune fille et à sa pudeur étonnée : le cynique Hébert n'expliquera que trop tôt ce qu'un tel récit a d'obscur !

Ce fut le 14 octobre 1793 que Marie-Antoinette comparut devant le tribunal révolutionnaire. Il était composé comme il suit : Herman, président; Foucault, Douzé-Verneuil et Lane, juges; Fouquier-Tinville, accusateur public; Fabricius, greffier. Siégeaient en qualité de jurés : Gannay, perruquier; Grenier-Trey, tailleur; Antonelle, ex-marquis; Châtelet, peintre; Souberbielle, chirurgien; Picard, profession non désignée; Trinchard, menuisier; Jourdeuil, ex-huissier; Devèze, charpentier; Deydier, serrurier; Gimond, tailleur. Jeux étranges de

[1] Voyez p. 253 et 254 du *Journal de Cléry*.

la destinée! Il fallut que devant cette réunion d'hommes obscurs la fille altière de Marie-Thérèse vînt rendre compte de sa vie. Elle s'assit d'un air calme dans le fauteuil qui lui était destiné. Quoique le chagrin eût prématurément blanchi ses cheveux, elle était encore belle. La foule qui remplissait le prétoire la contemplait en silence. « Votre nom? » demanda le président. Elle répondit : « Marie-Antoinette de Lorraine d'Autriche. — Votre état? — Je suis veuve de Louis Capet, ci-devant roi des Français. — Votre âge? — Trente-huit ans. » Ainsi, elle semblait l'accepter, ce nom de Capet dont plus profondément que personne elle comprenait l'injure, tant il est difficile, même aux natures hautaines, de ne pas se courber sous la dure loi des événements !

Fouquier-Tinville prononça son réquisitoire contre l'accusée, qu'il comparait à Messaline, à Brunehaut, à Frédégonde, à Marie de Médicis. Là revivaient sous une forme solennelle toutes les rumeurs impudiques que la méchanceté de la Cour avait fait passer du fond des boudoirs dans les carrefours et les tavernes ; là les attachements d'une femme jeune et inexpérimentée, son goût pour les plaisirs, ses imprudences, ses prodigalités, mille torts qui étaient moins ceux de sa conduite que ceux de son éducation et de son rang, se trouvaient haineusement transformés en crimes. Mais que de choses vraies, hélas ! Lorsque l'accusateur public montrait Marie-Antoinette rompant avec la vie facile de ses premières années pour être l'âme d'une guerre à mort contre la Révolution, prenant possession de son époux, le troublant, l'irritant, l'enivrant du regret d'un pouvoir perdu, lui soufflant le mépris de la foi jurée, mettant la main au fond de tous les complots, devenant le « roi » des nobles et la déesse des prêtres, s'alliant en secret aux ennemis extérieurs de la République, et, pour reprendre un sceptre que l'an-

cien régime avait fait d'airain, prête à courir la sanglante aventure d'une guerre étrangère compliquée d'une
guerre civile, quel homme d'alors, l'histoire du temps
sous les yeux, eût osé se lever et dire à l'accusateur
public : Vous mentez ! Où il mentit, et d'une manière
déshonorante à jamais, ce fut quand il s'arma de certaines révélations immondes et fausses, arrachées à
la peur d'un enfant prisonnier, après lui avoir été évidemment suggérées ; ce fut quand il ne rougit pas
d'imputer à une mère d'avoir elle-même corrompu son
fils [1] !

Les témoins furent appelés. C'était Bailly, c'était le
comte d'Estaing, c'était Valazé, c'était Manuel ; des hommes d'un autre siècle déjà, des habitants d'un autre
monde, des figures historiques, des ombres ! Et Fouquier-Tinville, et le triomphant Hébert, qui allaient si
vite disparaître, n'étaient-ils pas aussi des ombres ? Le
bourreau ne se tenait-il point à la porte, attendant, pour
les saisir un à un, et indistinctement, l'accusateur,
l'accusé, les témoins, les juges ? On frissonne à de tels
souvenirs, et l'on croit voir devant soi les pâles royaumes
de Pluton !

Le comte d'Estaing, quoique ennemi de la reine, ne
dit rien de nature à aggraver son sort, et même il rappela qu'à Versailles, avertie de l'approche du peuple de
Paris et pressée de fuir, elle avait répondu noblement :
« Si les Parisiens viennent ici pour m'assassiner, c'est aux
pieds de mon mari que je serai assassinée, mais je ne
fuirai pas [2]. » Bailly, lorsqu'on lui demanda s'il connaissait l'accusée, s'inclina et répondit avec un respect courageux : « Ah! oui, je la connais [3]. » Son témoignage, non
plus que celui de Manuel, ne fournit aucun fait dont se

[1] Voyez l'*Histoire parlementaire*, t. XXIX, p. 344.
[2] *Ibid.*
[3] Notice biographique de Bailly, par François Arago.

pussent prévaloir soit l'accusation, soit la défense[1]. Il n'en fut pas ainsi de la déposition de Valazé. L'ancien secrétaire de la commission des vingt-quatre, et un ex-employé du comité de surveillance ayant affirmé avoir vu, parmi les papiers de Septeuil, des bons signés de Marie-Antoinette et payables chez le trésorier de la liste civile[2], Valazé, interrogé à cet égard, déclara que les papiers de Septeuil contenaient, non-seulement une quittance de la reine pour une somme de quinze ou vingt mille livres, mais encore une lettre par laquelle le ministre priait Louis XVI de communiquer à Marie-Antoinette un plan de campagne[3]. Cette déposition était grave, surtout rapprochée de celle de la Tour du Pin, lequel avoua qu'à l'époque de son ministère il avait dû, sur la demande de la reine, lui remettre l'état exact de l'armée française[4]. À quoi bon cette demande, si étrange de la part d'une jeune femme qui prétendait ne s'être pas mêlée des affaires publiques? Était-ce pure fantaisie de curiosité, ou impatience coupable de communiquer le secret des plans et des forces militaires de la France au roi de Bohême et de Hongrie? Cela ne fit pas un instant question dans l'esprit des juges.

On apporta un paquet, on l'ouvrit, et le greffier en fit l'inventaire. Singulières pièces de conviction produites contre une reine! Des cheveux, des aiguilles, de la soie, un petit miroir, un portrait de femme, un morceau de toile sur lequel un cœur enflammé traversé d'une flèche[5]!

Pendant qu'on pesait ainsi devant elle sa destinée,

---

[1] On les interrogea, du reste, sur des circonstances relatives à eux-mêmes. Voy. l'*Hist. parlem.*, t. XXIX, p. 360-367.

[2] Dépositions de Garnerin et de Tisset, dans le *Procès de Marie-Antoinette, ubi suprà*, p. 386 et 375.

[3] *Ibid.*, p. 388.

[4] *Ibid.*, 383.

[5] *Ibid.*, p. 378.

Marie-Antoinette promenait ses doigts sur la barre de son fauteuil avec l'apparence de la distraction et comme si elle eût joué du piano[1]. Aux questions qu'on lui adressa, elle répondit, tantôt qu'elle ne se souvenait pas, tantôt que les imputations étaient fausses, ou bien encore, en ce qui concernait les actes politiques, qu'elle n'était pas responsable[2], n'étant que la femme de Louis XVI, et conséquemment soumise à ses volontés[3]. Elle ne cacha point que son mari n'eût eu beaucoup de confiance en elle[4]; mais, l'accusateur public rappelant combien Louis XVI était faible : « Je ne lui ai jamais connu, dit-elle, le caractère dont vous parlez[5]. » Sur certains points, une faiblesse pardonnable et un vague espoir de sauver ses jours ; sur d'autres points, la crainte généreuse de compromettre des amis, firent qu'elle trahit la vérité. Elle nia qu'elle eût jamais écrit à d'Affry : « Peut-on compter sur vos Suisses ? Feront-ils bonne contenance ? » Et cette lettre, écrite de sa main, avait figuré dans le procès de d'Affry et Cazotte comme document judiciaire[6]. Elle nia qu'elle eût jamais signé aucun bon payable chez le trésorier de la liste civile ; et l'affirmation de Valazé, à cet égard, vint corroborer d'une manière accablante celle de l'ancien secrétaire de la commission des vingt-quatre. Elle nia qu'elle eût jamais fait cadeau d'une boîte d'or à Toulan ; et nous lisons dans les Mémoires du baron de Goguelat : « Aussi désintéressé qu'il se montrait sensible et dévoué, Toulan ne voulut rien accccpter de la reine qu'une boîte en or dont elle faisait quelquefois usage ; et cette boîte même fut plus tard la cause de sa perte. Sa femme ne

---

[1] *Procès de Marie-Antoinette, Hist. parl.*, t. XXIX, p. 409.

[2] *Ibid., passim.*

[3] *Ibid.*, p. 402.

[4] *Ibid.*, p. 349.

[5] *Ibid.*, p. 402.

[6] La déclaration de l'accusateur public à cet égard ne fit que confirmer la déposition de l'huissier Jourdeuil, qui avait saisi chez d'Af-

put, dit-on, résister au désir de parler du cadeau qu'il avait reçu[1].

Il était réservé à Hébert de grandir Marie-Antoinette en essayant de l'avilir. Il eut l'infamie d'accuser une mère d'avoir dépravé son fils, pour énerver son corps, éteindre son intelligence, et se ménager de la sorte le moyen de régner, plus tard, à sa place[2]. Marie-Antoinette gardait le silence du mépris et de l'horreur. Un juré insistant : « Si je n'ai pas répondu, dit-elle avec une émotion profonde, c'est que la nature se refuse à répondre à une pareille inculpation faite à une mère. J'en appelle à toutes celles qui peuvent se trouver ici[3]. » Il y eut un frémissement d'approbation dans l'auditoire. Hébert demeura muet, atterré. Robespierre, apprenant ce détail du procès, éclata en ces termes : « Ce n'était donc pas assez pour ce scélérat d'en avoir fait une Messaline, il fallait qu'il en fît encore une Agrippine[4] ! »

Les débats terminés, Fouquier-Tinville reprit son réquisitoire ; Chauveau et Tronçon-Ducoudray, nommés d'office, présentèrent la défense, et, l'accusée ayant été conduite hors de l'enceinte, Herman résuma l'accusation.

Les questions soumises aux jurés furent :

« Est-il constant qu'il ait existé des manœuvres tendant

fry lui-même la lettre dont il s'agit. — Voyez le *Procès de Marie-Antoinette*, t. XXIX, p. 398, de l'*Hist. parlementaire*.

[1] *Mémoires du baron de Goguelat*, p. 77.

[2] Voyez, dans l'*Hist. parlem.*, t. XXIX, p. 355, cette déposition infâme, dont nous épargnons à la pudeur du lecteur la reproduction textuelle.

[3] *Ibid.*, p. 358.

[4] Telle est la version de Beaulieu, dans la biographie d'Hébert ; et Beaulieu, écrivain royaliste d'ailleurs très-grave, n'est certes pas suspect de partialité à l'égard de Robespierre.

Vilate, qui écrivit son livre immédiatement après la chute de Robespierre, étant en prison, et dans le but manifeste d'obtenir son pardon des vainqueurs en attaquant le vaincu, Vilate, dans les *Causes secrètes de la Révolution du 9 au 10 thermidor*, donne la version que

à fournir aux ennemis extérieurs de la République des secours en argent, à leur ouvrir l'entrée du territoire et à y faciliter le progrès de leurs armes?

« Marie-Antoinette d'Autriche est-elle convaincue d'avoir coopéré à ces manœuvres?

« Est-il constant qu'il existe un complot tendant à allumer la guerre civile?

« Marie-Antoinette d'Autriche a-t-elle participé à ce complot? »

Le verdict des jurés fut affirmatif; et, après une courte allocution, où le président rappelait qu'une fois atteints par la loi, les coupables n'appartiennent plus qu'au malheur et à l'humanité [1], la reine fut ramenée à l'audience, pour entendre prononcer son arrêt de mort. Elle ne changea point de visage, et sortit sans proférer une seule parole. Il était quatre heures et demie du matin. Les flambeaux étaient presque entièrement consumés [2].

Reconduite à la Conciergerie, l'infortunée écrivit à sa sœur une lettre qu'on a publiée depuis, et qui est aussi noble que touchante. « .....Je viens d'être condamnée. non pas à une mort honteuse, elle ne l'est que pour les criminels, mais à aller rejoindre votre frère... J'ai un profond regret d'abandonner mes pauvres enfants. Dans quelle position je vous laisse!... Que mon fils n'oublie

voici : « Cet *imbécile* d'Hébert! ce n'est pas assez *qu'elle soit réellement* une Messaline, il faut qu'il en fasse encore une Agrippine, et *qu'il lui fournisse, à son dernier moment, un triomphe d'intérêt public.* » Et l'abbé de Montgaillard de renchérir : « Cet imbécile! *je lui ai dit* d'en faire une Messaline; il faut qu'il en fasse une Agrippine, et qu'il lui fournisse, à son dernier moment, un triomphe d'intérêt public. » Voilà comment, d'altération en altération, l'esprit de parti peut arriver à rendre odieuses des paroles inspirées par l'indignation d'une âme honnête!

[1] *Hist parlem.*, t. XXIX, p. 408.
[2] L'audience, commencée le 14, se termina le 16; le tribunal était resté en permanence.

jamais les derniers mots de son père, que je lui répète expressément : « qu'il ne cherche jamais à venger notre
« mort... » J'avais des amis ; l'idée d'en être séparée pour
jamais et leurs peines sont un des plus grands regrets
que j'emporte en mourant ; qu'ils sachent du moins que
jusqu'à mon dernier moment j'ai pensé à eux. Adieu,
ma bonne et tendre sœur ! Puisse cette lettre vous arriver !
Je vous embrasse de tout mon cœur ainsi que ces pauvres
et chers enfants... Mon Dieu ! qu'il est déchirant de les
quitter pour toujours ! Adieu ! adieu[1] !... »

Une crainte la tourmentait, celle de ne pouvoir se con-
fesser à un prêtre non assermenté ; mais la consolation
qu'elle désirait si ardemment ne lui manqua point, l'abbé
Magnin étant parvenu à s'introduire auprès d'elle sous le
nom de Charles[2]. Aussi, lorsqu'on vint lui annoncer qu'un
curé de Paris était là, demandant si elle voulait se con-
fesser : « Un curé de Paris! dit-elle à voix basse, il n'y en
a guère[3]. » Elle consentit à ce que le prêtre constitutionnel l'accompagnât, mais ce fut tout. Mercier assure qu'en
ces terribles instants elle ne perdit point la passion et
l'instinct d'une femme ; qu'elle repassa soigneusement
son bonnet, et fit sa toilette avec le même goût qu'à l'ordinaire[4]. Sur son lit de sangle, elle demandait aux gendarmes, qui n'étaient séparés d'elle que par un paravent :
« Croyez-vous que le peuple me laissera aller à l'échafaud, sans me mettre en pièces ? » Un d'eux répondit :
« Il ne vous sera fait aucun mal, madame[5]. »

[1] Le fac-simile de cette lettre se trouve dans l'ouvrage de M. de
Beauchesne, intitulé : Louis XVII, sa vie, son agonie et sa mort, t. II,
liv. XII, p. 158.
[2] Cela résulte d'une attestation signée de cet ecclésiastique, et qui
a été entre les mains de M. Yde de Neuville, d'après une lettre de ce
dernier, citée par M. de Beauchesne.
[3] Révolutions de Paris, n° 212.
[4] Le Nouveau Paris. t. III, chap. LXXXII.
[5] Ibid.

A cinq heures du matin, le rappel avait été battu dans toutes les sections ; à sept, la force armée était sur pied ; à dix, de nombreuses patrouilles sillonnaient les rues ; à onze, le bourreau parut.

Marie-Antoinette espérait qu'on la conduirait au supplice en voiture, comme on avait fait pour Louis XVI : elle tressaillit, à la vue de la charrette qui l'attendait. Sur cette charrette, ni foin ni paille ; en guise de banquette, une planche ; derrière, un marchepied ; devant, à la tête d'un cheval vigoureux, un homme au front sinistre ; le long de la route à parcourir, des soldats. La grille s'ouvrit : la reine s'avança pâle, mais fière. Samson la suivait, tenant les bouts d'une grosse ficelle qui retirait en arrière les bras de la royale condamnée. Il mettait un soin visible à laisser flotter les cordes. Son aide se plaça au fond ; lui, plus près de la reine, mais debout, et le chapeau à trois cornes à la main [1].

Le jour où Marie-Antoinette (qui venait alors d'épouser le Dauphin) fit son entrée publique dans la capitale, avait été pour la jeune princesse un triomphe de toutes les minutes. « Elle était ravissante de beauté et de grâces. Le char brillant qui la portait avait peine à fendre les flots du peuple, qui ne pouvait se rassasier de la voir, de l'admirer et de la bénir... Le maréchal de Brissac, gouverneur de Paris, vint à sa rencontre et lui dit : « Ma-« dame, vous avez là sous vos yeux deux cent mille amou-« reux de votre personne [2]. » Cela s'était passé en 1770.

La charrette se mit en mouvement, sans qu'un cri, sans qu'un murmure se fît entendre. Un jupon blanc dessus,

[1] Nous empruntons ces circonstances caractéristiques à une relation du vicomte Charles Desfossez, lequel faisait partie d'un détachement de la section des Gravilliers, rangé près de la charrette. M. de Beauchesne a reproduit textuellement cette relation dans son *Histoire de Louis XVII*, t. II, liv. XII, p. 87.

[2] Weber, t. I, p. 29 et 30.

un noir dessous, une espèce de camisole de nuit blanche, un ruban de faveur noire aux poignets, un fichu de mousseline unie blanc, un bonnet avec un bout de ruban noir, tel était le costume de la reine. Elle avait les cheveux coupés ras autour du bonnet, les pommettes rouges, les yeux injectés de sang, les cils immobiles et roides[1]. Sa contenance ne trahissait ni abattement ni frayeur. Elle parla peu au prêtre constitutionnel qui l'accompagnait et qui était vêtu en laïque. Elle promenait un regard d'indifférence sur les longues lignes de soldats qui bordaient la route : mais, dans les rues du Roule et de Saint-Honoré, elle parut considérer d'un air attentif les drapeaux tricolores qui flottaient au haut des maisons. Quoique le comédien Grammont, brandissant son sabre et se dressant sur ses étriers, prît à tâche de la désigner à la haine de la foule par de basses invectives, le peuple demeura silencieux, soit insouciance, soit pitié, soit pudeur. Seulement, des cris de : *Vive la République!* s'élevaient çà et là; et il y eut des battements de mains, lorsque la charrette fatale arriva devant Saint-Roch, dont les marches étaient couvertes de spectateurs. En passant près du Palais-Royal, Marie-Antoinette avait lancé sur cette demeure d'un ennemi un regard fort animé : la vue du jardin des Tuileries lui causa une émotion différente, mais non moins vive. Au moment où elle montait les degrés de l'échafaud, son pied s'étant posé par mégarde sur celui du bourreau, elle lui dit : « Pardon, monsieur, je ne l'ai pas fait exprès. » A midi un quart, sa tête tomba et fut montrée à la foule, au cri de : *Vive la République*[2]!

[1] Relation de Charles Desfossez. « Je traçai ce portrait, dit-il, en rentrant chez moi. » — Voyez M. de Beauchesne, liv. XII, p. 160.

[2] Voyez, en les rapprochant, les récits de Mercier, dans le *Nouveau Paris*, t. III, chap. LXXII et XCVII; de Prudhomme, dans les *Révolutions de Paris*, n° 212; des *Deux Amis*, t. XXI, p. 301, de Michaud jeune; *Biographie* de Marie-Antoinette; du vicomte Charles Desfossez, etc.

Ce jour-là même, les Français remportaient, aux frontières, la grande victoire de Wattignies.

S'il faut en croire Vilate, le lendemain du jugement
de Marie-Antoinette, Barère, Robespierre et Saint-Just
se trouvant à dîner chez Venua, Saint-Just dit, en parlant
de la mort de la reine : « Les mœurs gagneront à cet
acte de justice nationale; » et Barère ajouta : « La guillotine a coupé là un puissant nœud de la diplomatie des
Cours de l'Europe[1]. » Ah! combien plus vraies ces paroles de madame de Staël : « En immolant Marie-Antoinette, vous la consacrez. Vos ennemis vous ont fait plus
de mal par leur mort que par leur vie[2]! »

---

[1] *Causes secrètes de la Révolution du 9 au 10 thermidor.* — Voyez,
dans la collection des *Mémoires relatifs à la Révolution française*, le
volume intitulé : *Camille Desmoulins, Vilate et Méda*, p. 180.

[2] *Réflexions sur le procès de la Reine*, par une femme, p. 29 et 30.
Londres, 1793.

CHAPITRE DOUZIÈME

TRAVAUX, AU BRUIT DES COMBATS.

Créations révolutionnaires. — Rapport de Lakanal sur l'instruction publique. — Manuscrit de Lepeletier Saint-Fargeau, lu à la Convention par Robespierre. — Admirable plan d'éducation nationale; discussion; la Convention adopte le principe de l'éducation commune et gratuite. — La propagation des lumières devenue l'objet d'une préoccupation générale et passionnée. — La Convention décrète qu'il y aura trois degrés d'instruction publique. — Les presbytères consacrés à l'instruction. — Recueil des actions héroïques et civiques. — Décret relatif à la confection d'une nouvelle grammaire et d'un vocabulaire nouveau. — Concours pour la confection de livres élémentaires. — Efforts pour universaliser en France l'usage de la langue française. — École polytechnique. — École normale. — Encouragements donnés aux arts. — Décret qui ordonne et règle l'application du télégraphe. — Projet d'établissement d'un conservatoire des arts et métiers. — Inventaire des collections précieuses. — Ouverture du Musée, les arts logés dans le palais des rois. — Défense de mutiler les monuments. — Projet d'achèvement du Louvre. — Merveilleuse coïncidence de ces travaux avec les luttes à soutenir.   L'idée d'un *Code civil* appartient à la Révolution, à elle seule. — Rapport de Cambacérès sur le *Code civil*, articles adoptés. — Institution du Grand-Livre. — Uniformité des poids et mesures. — Réforme du calendrier.

Reposons un instant nos regards sur des tableaux moins sombres. Aussi bien, nous avons à venger la Révolution d'une foule d'omissions iniques où s'est compluc la haine de ses détracteurs. Oui, que la postérité le sache et ne l'oublie jamais : la Révolution eut cela de caractéristique qu'au déchaînement des passions elle associa l'exercice des vertus les plus sereines, ensemençant d'une main, tandis qu'elle frappait de l'autre.

A quoi, par exemple, la vit-on employer les courts moments de repos que lui laissa l'orageuse histoire des mois d'août, septembre et octobre 1793?

Elle pose le principe que toute société doit à ses membres le pain de l'âme comme celui du corps et jette les bases d'un magnifique système d'éducation nationale.

Elle prépare l'établissement de l'École polytechnique et de l'École normale.

Elle s'occupe du développement des sciences et des arts.

Elle s'étudie à universaliser en France l'usage de la langue française.

Elle travaille à l'établissement des télégraphes sur les grandes lignes de communication.

Elle décrète la rédaction du Code civil, en commence la discussion et en assoit les fondements.

Elle institue le Grand-Livre.

Elle inaugure le système décimal.

Elle établit l'uniformité des poids et mesures.

Elle réforme le calendrier.

Nobles choses, que les tragédies de la Révolution nous ont trop fait perdre de vue, et qui valent bien qu'on s'y arrête.

Dès le 26 juin 1793, Lakanal, au nom du comité d'instruction publique, était venu soumettre à la Convention un plan d'éducation nationale[1]; mais ce n'était encore qu'une ébauche informe. Établissement d'une école primaire par mille habitants[2]; intervention financière de

---

[1] Voyez le *Moniteur*, 1793, n° 187.
[2] Art. 2 du Projet.

l'État en faveur des enfants peu fortunés qui auraient prouvé, dans les écoles primaires, leur aptitude à acquérir des connaissances supérieures [1]; droit reconnu à chaque citoyen d'ouvrir une école et de la diriger à son gré [2]: telle était l'économie du projet. Il était loin de suffire aux aspirations de l'époque et se ressentait à peine de l'influence des idées alors dominantes. Toutefois il renfermait quelques dispositions fort belles, celle-ci entre autres : « L'instituteur portera, dans l'exercice de ses fonctions, et aux fêtes nationales, une médaille avec cette inscription : *Celui qui instruit est un second père.* »

Le 13 juillet, au moment même où Charlotte Corday assassinait Marat, Robespierre parut à la tribune de la Convention, tenant un manuscrit à la main, et prononça ces touchantes paroles : « Michel Lepeletier a légué à son pays un plan d'éducation que le génie de l'humanité semble avoir tracé. Celui qui disait : « Je meurs content; *ma mort servira la Liberté,* » avait raison de se réjouir : il ne quittait pas la terre sans avoir préparé le bonheur des hommes [3]. Et il lut :

« Former des hommes, propager les connaissances humaines, voilà les deux parties du problème à résoudre.

« La première constitue l'ÉDUCATION, la seconde l'INSTRUCTION.

« Celle-ci, quoique offerte à tous, devient, par la nature même des choses, la propriété exclusive d'un petit nombre de membres de la société, à raison de la différence des professions et des talents.

« Celle-là doit être commune à tous et universellement bienfaisante...

« Je vous demande de décréter que, depuis l'âge de

---

[1] Art. 59.
[2] Art. 41.
[3] *Moniteur*, 1793, n° 198.

cinq ans jusqu'à douze pour les garçons, et jusqu'à onze pour les filles, tous les enfants, sans exception, seront élevés en commun, aux dépens de la République, et que tous, sous la sainte loi de l'égalité, recevront mêmes vêtements, même nourriture, même instruction, mêmes soins.

« La portion de la vie qui s'écoule depuis cinq ans jusqu'à douze est vraiment décisive pour la formation de l'être physique et moral de l'homme : il faut la dévouer à une surveillance de chaque instant.

« Jusqu'à cinq ans, on ne peut qu'abandonner l'enfance aux soins des mères; c'est le vœu, c'est le besoin de la nature.

« A cinq ans donc, la patrie recevra l'enfant des mains de la nature.

« A douze, elle le rendra à la société, parce que c'est alors l'âge où les enfants sont en état de gagner leur subsistance, l'âge où leur corps, déjà robuste, peut commencer à se plier aux travaux de l'agriculture, et où leur esprit, déjà formé, peut se livrer avec fruit à l'étude des lettres, des sciences ou des arts.

« L'éducation commune est bonne, tant qu'il s'agit de former, non des laboureurs, non des artisans, non des savants, mais des hommes.

« L'âge des professions arrivé, l'éducation commune doit cesser, parce que l'instruction doit être différente.

« Je propose que, pour les filles, le terme de l'institution publique soit fixé à onze ans, leur développement étant plus précoce, et les métiers auxquels elles sont propres exigeant moins de force.

« L'institution publique des enfants sera-t-elle obligatoire? En principe, oui; car il y a ici intérêt public du premier ordre, et, de la part des parents, devoir civique.

« ... La mesure la plus douce comme la plus efficace de corriger la bizarre disparité que le hasard de la pro-

priété jette entre les citoyens, se trouve dans le mode de
répartir les charges publiques. La théorie est simple :
elle consiste à épargner le pauvre et à faire contribuer
le riche. Eh bien, que dans chaque canton l'entretien des enfants soit payé par les habitants du canton,
au prorata de la contribution directe de chacun d'eux, de
telle sorte que l'homme aux trois journées de travail paye
une livre dix sous; le citoyen à mille livres de revenu,
cent livres, et celui qui est riche de cent mille livres de
revenu, dix mille livres. Ce sera un dépôt commun
formé de la réunion de plusieurs mises inégales; le
pauvre mettra très-peu, le riche beaucoup; et, le dépôt
une fois formé, chacun en retirera même avantage, l'éducation de ses enfants [1]. »

Ainsi, selon Michel Lepeletier, il fallait que l'éducation
fût *commune, obligatoire, gratuite*. Il fallait, suivant ses
propres expressions, que « l'enfant du pauvre fût élevé
aux dépens du riche, » proposition magnanime, venant
d'un riche! Ah, quelle ne dut pas être l'émotion de
l'Assemblée, — tout entière en ce moment au souvenir
de ce grand homme assassiné, — lorsque Robespierre
en vint au passage suivant du manuscrit :

« Jetez les yeux sur les campagnes; portez vos regards
dans l'intérieur des chaumières; pénétrez dans les profondeurs des villes, où une immense population four-
mille, couverte à peine de haillons... Là le travail appor-
terait l'aisance, mais la fécondité y ramène le besoin...
La naissance d'un enfant y est un accident. Les soins que
la mère lui prodigue sont mêlés de regrets et d'inquiétude. L'enfant est mal nourri, mal soigné; il ne se développe point, ou se développe mal, et, faute de culture,
cette jeune plante est avortée. Quelquefois même, le
dirai-je, un spectacle plus déchirant m'a navré; je vois

[1] *Moniteur*, 1793, n° 198.

une famille affligée, j'approche : un enfant venait d'expirer, il était là... La nature arrachait, d'abord, au
couple infortuné quelques pleurs; mais bientôt l'affreuse
indigence lui présentait cette consolation, plus amère
encore que ses larmes : c'est une charge de moins ! Utiles
et malheureux citoyens, cette charge cessera d'être pour
vous un fardeau; la République bienfaisante viendra
l'alléger un jour; peut-être, rendus bientôt à l'aisance
et aux douces impulsions de la nature, vous pourrez
donner sans regrets des enfants à la patrie. Elle les recevra tous également, les élèvera tous également sur les
fonds du superflu de la richesse, les nourrira et les vê-
tira tous également; et, lorsque vous les reprendrez, tous
formés, de ses mains, ils feront rentrer dans vos familles
une nouvelle source d'abondance, puisqu'ils y apporte-
ront la force, la santé, l'amour et l'habitude du travail[1]. »

Nous voudrions que le cadre de cet ouvrage nous per-
mît de reproduire, sans en rien retrancher, l'admirable
texte qui est sous nos yeux : forcé d'abréger, léguons du
moins au souvenir reconnaissant des générations futures
les dispositions principales d'un projet qu'elles auront à
reprendre en le complétant :

« Tous les enfants seront élevés aux dépens de la République, depuis l'âge de cinq ans jusqu'à douze pour les
garçons, et jusqu'à onze pour les filles.

« L'éducation nationale sera la même pour tous. Dette
de la patrie envers tous, tous y ont droit, et nul n'en
peut refuser la jouissance à ses enfants.

« L'objet de l'éducation nationale sera de fortifier le
corps des enfants, de le développer par des exercices
de gymnastique, de les accoutumer au travail des mains,
de les endurcir à la fatigue, de leur élever le cœur, et

---

[1] *Moniteur*, 1793, n° 198.

d'orner leur esprit des connaissances nécessaires à tout citoyen, quelle que soit sa profession.

« Lorsque les enfants seront parvenus au terme de l'éducation nationale, ils seront remis entre les mains de leurs parents ou tuteurs, et rendus aux divers travaux de l'agriculture et de l'industrie.

« Les connaissances humaines et les beaux-arts seront enseignés publiquement et gratuitement par des maîtres qui recevront de la nation leur salaire. Les cours, où les enfants ne seront admis qu'après avoir reçu l'éducation nationale, seront partagés en trois degrés d'instruction : les Écoles publiques, les Instituts, les Lycées.

« Pour l'étude des belles-lettres, des sciences et des arts, il sera choisi un enfant sur cinquante, parmi ceux qui auront annoncé des aptitudes particulières ou des talents supérieurs. Les enfants choisis seront entretenus aux frais de la République, auprès des Écoles publiques, pendant le cours d'études qui sera de quatre ans.

« Parmi ces derniers, ceux dont les talents se seront développés davantage, seront également entretenus, aux frais de la République, auprès des Instituts, pendant les cinq ans que durera ce second cours d'études.

« Enfin, moitié des pensionnaires qui auront parcouru avec le plus de distinction la carrière des Instituts, seront choisis pour être entretenus auprès du Lycée et y suivre le cours d'études pendant quatre années.

« Lorsqu'une femme conduira un enfant âgé de cinq ans à l'établissement de l'éducation nationale, elle recevra de la République, pour chacun des quatre premiers enfants qu'elle aura élevés jusqu'à cet âge, la somme de 100 livres ; le double, pour chaque enfant qui excédera le nombre de quatre jusqu'à huit, et pour chaque enfant au delà, 300 livres. Aucune mère ne pourra refuser l'honneur de cette récompense ; elle n'y aura droit qu'autant qu'elle justifiera par une attestation de la municipalité qu'elle a allaité son enfant.

« Durant le cours de l'éducation nationale, le temps des enfants sera partagé entre l'étude, la gymnastique et le travail des mains. Le dixième du produit de leur travail leur sera remis; les neuf dixièmes seront appliqués aux dépenses de la maison.

« Aucun domestique ne sera employé dans les maisons d'éducation nationale. Les enfants les plus âgés, chacun à son tour, rempliront les diverses fonctions du service journalier de la maison.

« Les enfants recevront une nourriture saine mais frugale, un habillement commode mais grossier; ils seront couchés sans mollesse; de telle sorte que, quelque profession qu'ils embrassent et dans quelques circonstances qu'ils se trouvent plus tard, ils puissent se passer des superfluités et mépriser les besoins factices.

« La surveillance de chaque établissement d'éducation nationale sera confiée à un conseil de pères de famille [1]. »

Telles étaient les lignes principales du plan que Michel Lepeletier avait tracé, et que Robespierre lut dans la séance du 13 juillet 1793, en déclarant qu'il l'adoptait [2].

Le 30, la discussion s'étant ouverte, l'abbé Grégoire, après avoir rendu hommage à l'élévation des vues de Michel Lepeletier, combattit le projet, en se fondant :

Sur l'énormité de la dépense, qu'il évaluait à 300 millions au moins ;

Sur le besoin qu'ont les pauvres habitants des campagnes du travail de leurs enfants ;

Sur l'inconvénient de porter atteinte aux douceurs de la vie de famille ;

---

[1] *Moniteur*, 1793, n° 198.
[2] Le 25 juillet, il le présenta au vote de l'Assemblée, avec quelques légères modifications qui ne portaient que sur des détails. — Voyez le n° 225 du *Moniteur*, 1795.

Et enfin, sur ce que c'étaient là des inconvénients certains, tandis que le danger de livrer les enfants en proie aux préjugés et au fanatisme des parents n'était que problématique [1].

Ces objections n'avaient rien de décisif.

Et d'abord, quant à la dépense, Lakanal prouva plus tard que, si l'on avait soin de grouper les communes de manière à former, dans le plus petit espace possible, des ensembles de population approchant de deux mille personnes, le budget de vingt-six mille écoles primaires, c'est-à-dire d'une école primaire par mille habitants, n'excéderait pas 54 millions, ou le sixième des contributions de ce temps-là [2].

A l'objection tirée de la misère du paysan, qui lui rendait précieuse la ressource du travail de ses enfants même en bas âge, Michel Lepeletier avait répondu d'avance : « L'homme aux trois journées de travail, moyennant une surtaxe de trente sols, se verrait affranchi, suivant mon projet, du poids d'une famille souvent nombreuse. Avec ce faible sacrifice de trente sous, il pourrait avoir jusqu'à sept enfants à la fois, élevés aux frais de la République. » C'est ce que fit avec raison remarquer Robespierre, lorsque, le 3 août, la discussion fut reprise. « On objecte, dit-il, que le père indigent ne voudra point se priver des services de ses enfants ; mais comment regretterait-il ces services, nuls en bien dès cas, lorsque par l'instruction de son fils il en recevra dont l'importance est incomparable [3] ? »

A l'égard du dernier motif exposé par l'abbé Grégoire, il ajouta : « Il n'est point vrai que, dans le plan de Michel Lepeletier, l'enfant soit éloigné de sa famille. Il y reste

---

[1] *Moniteur*, 1793, n° 225.

[2] Rapport de Lakanal sur les écoles centrales, séance du 26 frimaire, an III.

[3] *Moniteur*, 1793, n° 227.

pendant les cinq premières années de sa vie, et, pendant les sept années qui suivent, il vit près d'eux, sinon avec eux. N'oubliez pas, d'ailleurs, cette idée sublime par où Lepeletier reconnaît et consacre les droits de la nature : la création du conseil des pères de famille pour juger et surveiller les instituteurs[1]. »

Il conclut par ces paroles péremptoires : « Je vois d'un côté la classe des riches, qui repousse cette loi ; de l'autre, le peuple qui la demande. Je n'hésite plus : elle doit être adoptée[2]. »

L'Assemblée se montra moins convaincue ou moins hardie que Robespierre. Non que le principe de l'éducation commune et gratuite la fît reculer; au contraire, elle couvrit Danton d'applaudissements, lorsque celui-ci s'écria : « Quand vous semez dans le champ de la patrie, ne comptez pas le prix de la semence. Après le pain, l'éducation est le premier besoin du peuple[3]. » Mais irait-on jusqu'à la rendre obligatoire, au risque de troubler les joies du foyer et d'offenser l'amour maternel ? Danton, qui sous des airs impétueux cachait beaucoup de finesse, s'aperçut qu'à cet égard la Convention flottait incertaine, et soit qu'il partageât cette incertitude, soit qu'il craignît de ne pas obtenir assez en demandant trop, il proposa de tolérer, à côté des établissements nationaux où les enfants seraient nourris, instruits et logés gratuitement, des classes où les citoyens qui désireraient garder leurs enfants chez eux seraient libres de les envoyer s'instruire. Ce système fut celui qui prévalut[4].

C'était s'arrêter aux deux tiers du chemin ; c'était permettre que la lutte des intérêts individuels contre l'unité sociale continuât autour du berceau des générations fu-

[1] *Moniteur*, 1793, n° 227.
[2] *Ibid.*
[3] *Ibid.*
[4] *Ibid.*

tures. Et, toutefois, quel pas immense en avant! Que de grandeur dans cette déclaration que la France faisait au monde armé contre elle : « Une société DOIT à chacun de ses membres du pain et l'éducation ! »

Un fait digne de remarque, c'est qu'à aucune époque de l'Histoire, la propagation des lumières ne fut l'objet d'une préoccupation plus générale et plus passionnée. Émanciper l'intelligence humaine, voilà ce que voulaient d'une égale ardeur, et à quelque prix que ce fût, les Jacobins, les Cordeliers, la Commune, la Convention.

Et à ce désir répondait, chez le peuple, une envie de s'instruire qu'il regardait comme le complément de son amour pour la liberté. « J'ai vu dernièrement aux Champs-Élysées, écrivait Anacharsis Clootz, deux jeunes *sans-culottes* couchés sur l'herbe avec un livre à la main, et se servant mutuellement de répétiteurs. Je m'approche, en louant leur zèle. « Citoyen, me répondirent ces enfants, « on n'est pas libre sans cela. » Nous criâmes tous trois à tue-tête : Vive la République[1] ! »

De cette disposition générale on eut une preuve bien frappante, lorsque, le 13 septembre, Dufourny vint, à la tête d'une députation des sociétés populaires, presser la Convention d'instituer trois degrés d'instruction publique : requête que Lakanal convertit aussitôt en motion, et dont l'Assemblée fit un décret, ainsi conçu : « Indépendamment des écoles primaires, dont la Convention s'occupe, il sera établi dans la République trois degrés progressifs d'instruction : le premier, pour les connaissances indispensables aux artistes et aux ouvriers; le second, pour les connaissances nécessaires à ceux qui se destinent aux autres professions de la société; le troi-

---

[1] *Opinion d'Anacharsis Clootz sur l'Instruction publique et les spectacles,* dans la *Bibliothèque historique de la Révolution,* p. 775-6-7. (*British Museum.*)

sième, pour les objets dont l'étude difficile n'est pas à la portée de tous les hommes[1]. »

Le Comité d'instruction publique conçut, dès lors, le projet d'une École polytechnique. Mais comment former de bons élèves, sans avoir formé d'abord de bons professeurs? De là l'idée d'une École normale, heureuse et féconde idée qui, comme la première, ne tarda pas à être réalisée[2].

Que de combats livrés à l'ignorance, et dans l'espace de quelques mois! Tantôt, c'est la Convention qui consacre les presbytères à l'instruction[3]; tantôt c'est le Comité des Jacobins qui invite tous les Français à recueillir les traits dignes de mémoire[4]; tantôt c'est le Comité de salut public qui fait tirer à cinquante mille exemplaires et envoie aux municipalités, aux armées, aux sociétés populaires, aux écoles, le récit des actions héroïques et civiques[5]. Un décret charge le Comité d'instruction publique de faire une nouvelle grammaire et un vocabulaire nouveau[6]. On met au concours la confection de livres élémentaires[7]. Un jury spécial a mission de prononcer sur les ouvrages qui traitent de l'éducation physique et morale des enfants[8]. Non, jamais tant d'ardeur n'avait été mise à dissiper les ténèbres. Ils savaient, ces hardis lutteurs, qu'aux républicains encore plus qu'aux aigles il convient de regarder le soleil en face,

[1] *Moniteur*, 1793, n° 262.
[2] La première organisation de l'École polytechnique fut décrétée sous le titre d'*École centrale des travaux publics*, le 26 novembre 1794. — L'établissement complet d'une École normale à Paris avec écoles partielles correspondantes dans les départements fut décrété le 9 brumaire an III.
[3] *Moniteur*, 1793, n° 56.
[4] *Ibid.*, n° 51.
[5] *Bibliothèque historique de la Révolution*, p. 501-2. (*British Museum.*)
[6] *Moniteur*, 1793, n° 258.
[7] *Ibid.*, n° 126.
[8] *Ibid.*, n° 289.

et que le culte de la nuit n'est bon que pour les hiboux
et les tyrans!

Mais la chose pressante, c'était d'universaliser en
France l'usage de la langue française. Quel espoir de
faire accepter la Révolution là où elle ne pouvait se faire
comprendre? N'était-ce pas au moyen du bas-breton,
parlé presque exclusivement dans le Morbihan, le Fi-
nistère, les Côtes-du-Nord, une partie d'Ille-et-Vilaine et
de la Loire-Inférieure, que les prêtres retenaient sous
leur empire le peuple de ces contrées? N'était-ce pas en
se servant de la langue italienne que Paoli avait réussi à
détacher les Corses d'une révolution dont ils ne pouvaient
ni saisir la propagande ni connaître les lois? En Alsace,
la retraite des Allemands n'avait-elle pas entraîné l'émigration de près de vingt mille villageois [1], tant avait de
puissance l'identité du langage entre les habitants des
deux rives du Rhin? Et le peuple des Pyrénées occidentales, quelle langue parlait-il? Celle de l'inquisition! « La
superstition et le fanatisme, disait Barère, parlent bas-
breton; l'émigration et la haine de la République parlent
allemand; la contre-révolution parle italien, et le fanatisme parle basque... Brisons ces instruments d'erreur. »
C'est ce que la Convention essaya, et un instituteur de
langue française fut donné à chaque commune étrangère
à l'idiome national [2].

La Révolution n'eut garde de négliger les arts. La
peinture, la sculpture et l'architecture reçurent des prix
d'encouragement [3]. Le soin d'inventorier les collections
précieuses fut confié à une commission spéciale [4]. Un

---

[1] Rapport de Barère sur l'enseignement de la langue française,
8 pluviôse an II, dans la *Bibliothèque historique de la Révolution*,
p. 501-2. (*British Museum*.)

[2] *Ibid.*

[3] *Moniteur*, 1795, n° 185.

[4] *Ibid.*, n° 145.

Quelques jours auparavant, le 2 août, la reine avait été transportée à la Conciergerie. Elle entendit sans s'émouvoir la lecture d'un décret qui la rapprochait de l'échafaud, et quitta le Temple sans jeter les yeux sur sa belle-sœur et sur sa fille, de peur que sa fermeté ne l'abandonnât. Prévoyant qu'elle pourrait s'évanouir, les municipaux qui la fouillèrent au moment du départ lui avaient laissé un flacon. Mais, après tant d'épreuves, quelle infortune eût pu l'étonner? En sortant, elle se heurta la tête contre le guichet; et, comme on lui demandait si elle s'était fait mal : « Oh! non, répondit-elle, rien ne peut me faire de mal à présent [1]. »

Un homme qui avait eu toute sa confiance, le même que madame Élisabeth, écrivant à madame de Raigecourt, qualifiait de *vieux renard*, le comte Mercy-Argenteau, était alors à Bruxelles. Vivement alarmé, il dépêcha un émissaire à Danton, lui promettant une somme d'argent considérable s'il consentait à s'employer en faveur de Marie-Antoinette; et l'on assure que Danton promit son concours, sans en accepter le prix [2]. Il se serait fait, dans ce cas, une bien étrange illusion sur l'étendue de son pouvoir. Protéger la reine! ah! c'était lui-même qui allait avoir besoin qu'on le protégeât; car, au souffle des révolutions, pas de popularité qui ne s'effeuille....

Ce fut sur ces entrefaites qu'un chevalier de Saint-Louis, nommé Rougeville, entreprit de sauver la reine. Ayant mis dans sa confidence et gagné à son projet la maîtresse d'un municipal, il parvint à s'introduire à la Con-

---

dans la *Biographie universelle*; l'article Kilmaine, par Michaud jeune, *ibid*; les *Mémoires d'un homme d'État*, t. II, p. 595-398.

[1] Récit de la fille de Louis XVI, p. 224 du *Journal de Cléry*.

[2] Voyez l'article Mercy-Argenteau, par René-Alby, dans la *Biographie universelle*, et les *Mémoires d'un homme d'État*, tome II, page 399.

décret ordonna et régla l'application du télégraphe[1]. Enfin, l'attention des Comités où s'élaboraient les diverses questions à résoudre se porta sur ces deux belles créations de la période révolutionnaire : le Conservatoire des arts et métiers et l'Institut[2].

Puis, que d'étonnants synchronismes !

C'est au plus fort de l'émotion produite par le crime et l'exécution de Charlotte Corday que, le 27 juillet, la Convention ordonne l'ouverture du Muséum, affecte une somme annuelle à l'achat de tableaux et statues dans les ventes particulières, et loge les arts dans le palais des rois[3] !

C'est au moment du procès des Girondins qu'elle publie défense expresse de mutiler ou d'altérer, non-seulement les monuments publics, mais les collections, cabinets, musées, soit publics, soit particuliers, sous prétexte d'en faire disparaître les signes de féodalité ou de royauté[4].

C'est dans la séance même où elle envoie Collot-d'Herbois et Fouché exterminer les Lyonnais qu'on la trouve occupée à organiser un jury pour les prix de peinture, de sculpture et d'architecture[5].

Souvent la sollicitude de l'Assemblée éclatait en scènes d'enthousiasme, comme le jour où la Commission des arts vint demander à la Convention l'achèvement du Louvre et qu'on ouvrit un concours aux artistes qui voudraient y célébrer les traits d'héroïsme et de vertu nés du génie de la Liberté. David présidait. Il répondit : « Les arts vont reprendre leur dignité, ils ne se prosti-

[1] *Moniteur*, 1793, n° 94.

[2] L'établissement du Conservatoire des arts et métiers date de l'an III, et celui de l'Institut national de l'an IV ; mais les travaux y relatifs remontent à 1793.

[3] *Moniteur*, 1793, n° 211.

[4] *Ibid.*, an II, 1793, n° 56.

[5] *Ibid.*, n° 42.

tueront plus à illustrer les tyrans. » Et les pétitionnaires, admis dans la salle, la traversèrent au milieu d'applaudissements enflammés[1].

La Constitution avait fixé les droits politiques des Français : restait à déterminer leurs droits civils, tâche dont la difficulté pouvait seule égaler l'importance! Beaucoup de lois font une mauvaise république; leur multiplicité est un fardeau, et le peuple qui en est accablé souffre presque autant de ses lois que de ses vices. *Plurimæ leges, corruptissima Republica, ut olim vitiis ita nunc legibus laboramus*[2]. Et, d'un autre côté, comment resserrer en un petit nombre de règles cette foule de cas auxquels donne lieu le développement d'une civilisation compliquée? Comment prévenir les innombrables procès qu'enfante l'obscurité ou le caractère contradictoire des textes, et introduire dans la direction du corps social quelque chose de cette unité simple et forte qui préside à l'harmonie de l'univers? Le Comité de législation pensa que le mieux serait de poser une série de principes formulés très-succinctement, avec clarté, et de manière à écarter d'avance beaucoup de doutes, en laissant subsister peu de questions. Réduire le vaste ensemble des lois à un petit volume que chacun pût non-seulement comprendre mais retenir par cœur, et qui devînt comme le manuel du peuple : voilà le problème que la Révolution se proposa de résoudre... et résolut.

Dès 1791, il avait été décidé qu'il y aurait un CODE CIVIL[3] : le 22 août 1793, Cambacérès fit lecture à la Convention d'un imposant travail qui embrassait toutes les dispositions relatives aux naissances, aux mariages, aux divorces, aux adoptions, aux décès, aux donations entre

[1] *Moniteur*, an II, 1794, n° 119.
[2] Ces mots de Tacite furent cités par Cambacérès dans son rapport sur le Code civil.
[3] *Moniteur*, 1791 n° 247.

vifs ou héréditaires, aux contrats, aux successions, aux hypothèques[1]. Une discussion savante s'ouvrit, et le mois d'août n'était pas achevé, que déjà les titres suivants étaient votés : — *État des personnes.* — *Mariage.* — *Droits des époux.* — *Rapports entre les pères et mères et les enfants.* — *Divorce.* — *Mode du divorce*[2]. — Le débat, plusieurs fois interrompu et repris, occupa soixante séances[3]. Mais la Convention avait un idéal si élevé, qu'un travail tant admiré depuis lui parut encore au-dessous de ce que le peuple était en droit d'attendre; et le projet de Cambacérès, attaqué comme *sentant trop l'homme du palais*, fut renvoyé à un *Comité de philosophes*[4].

Quoi qu'il en soit, l'Empire trouva, tout préparés et et déjà mis en ordre, les matériaux d'une œuvre que son rôle se borna à compléter, et dont il gâta les parties principales en les modifiant au point de vue du despotisme. Quant à l'idée primordiale, on voit à quelle époque elle se rapporte. C'est donc à la Révolution que revient l'honneur d'avoir doté la France d'un « Code civil. »

Et c'est aussi la Révolution qui a fondé le GRAND-LIVRE.

Jusqu'au mois d'août 1793, la dette publique avait été un véritable chaos, composée qu'elle était d'une foule d'obligations de nature, d'origine et de date différentes. Il y avait les anciens contrats souscrits au nom des rois. Il y avait les dettes des anciens pays d'État; les dettes des communautés d'arts et métiers; les rentes dues par les corps particuliers du clergé; toutes obligations que la nation avait prises à sa charge, en retirant l'actif de ces diverses corporations. Il y avait les titres provenant des divers emprunts remboursables, contractés sous le

[1] *Moniteur*, 1793, n°⁵ 255, 236 et 258.
[2] *Ibid.*
[3] Durozoir, *Biographie de Cambacérès*, dans la *Biographie universelle.*
[4] *Ibid.*

gouvernement de Louis XVI. Il y avait les titres résultant des priviléges achetés à prix d'argent sous l'ancien régime et que la Révolution n'avait abolis qu'en s'engageant à indemniser les possesseurs. Il y avait enfin les dettes dont l'origine se liait aux créations successives d'assignats [1].

De là des inconvénients énormes et des abus sans nombre, l'extrême diversité des titres ayant pour effets de compliquer la comptabilité d'une manière effroyable, de favoriser le manque de foi par l'excès de la confusion, d'alimenter l'agiotage, de multiplier outre mesure les parties prenantes, de discréditer les contrats nationaux, et d'introduire dans les payements un désordre ruineux. Telle était, souvent, la division d'une même créance, qu'un créancier de deux mille livres de rente ne pouvait recevoir son payement qu'après s'être adressé à quarante payeurs différents et s'être procuré quarante fois les pièces nécessaires [2].

Cet état de choses n'était pas moins funeste sous le rapport politique que sous le rapport financier. La dette contractée sous le despotisme restant distincte de celle qui datait de la Révolution, les capitalistes qui avaient un roi pour débiteur désiraient son rétablissement, de peur de perdre leur créance. Il importait donc de couper court à ces regrets et à ces espérances de l'égoïsme alarmé, en substituant à tant de titres divers un titre unique et fondamental, ou, comme on disait alors, il fallait *républicaniser la dette* [3].

En conséquence, il fut décidé, sur la proposition de Cambon, dont cela seul suffit pour illustrer à jamais la mémoire, que tous les contrats des créanciers de l'État,

[1] Voyez le rapport de Cambon sur la formation du Grand-Livre, dans le tome XXXI de l'*Hist. parlement*, p. 446-500.
[2] *Ibid.*
[3] *Ibid.*

quels qu'ils fussent, seraient convertis en une inscription uniforme conservée dans un registre appelé le « Grand-Livre de la dette publique, » et que le capital de chaque créance se transformerait en une rente perpétuelle, au taux de cinq pour cent.

Ainsi le créancier de 2,000 fr. le devint d'une rente de 100 fr., avec faculté de la vendre sur la place pour la valeur du capital qu'elle représentait, mais sans pouvoir exiger le remboursement de ce capital de l'État lui-même, lequel se réservait, de son côté, le droit de racheter les rentes au cours du marché, de façon à profiter de la baisse. Les créanciers furent avertis d'avoir à remettre leurs titres, en échange de l'inscription, dans un délai donné, sous peine de perdre les intérêts s'ils laissaient s'écouler six mois sans se présenter, et le capital s'ils laissaient s'écouler un an. La dette publique avait été chargée jusqu'alors de plusieurs genres d'impôts : on les remplaça par une imposition foncière d'un cinquième, ce qui réduisit de 200 millions à 160 millions le service annuel des intérêts[1].

Le résultat de cette belle et vigoureuse opération fut de ramener l'ordre dans une branche importante des finances, de préparer le règne du crédit public, d'intéresser au maintien du gouvernement révolutionnaire une classe nombreuse de capitalistes, de tarir mille sources obscures d'agiotage, de mettre au néant les parchemins et paperasses de l'ancien régime, et de simplifier la comptabilité à ce point; que Cambon put dire : « Désormais toute la science des financiers, en fait de dette publique, consistera dans une addition du Grand-Livre[2]. » Mais ce qui valait mieux encore, c'était l'éclatante preuve que la République donnait de sa loyauté, en déclarant

---

[1] Voyez le rapport de Cambon, etc.
[2] *Ibid.*

siennes les dettes provenant des abus qu'elle avait détruits, du despotisme qu'elle avait vaincu.

A quoi n'osa point s'attaquer l'impétueux génie de nos pères? Ils cherchèrent la loi de la pesanteur, celle de l'espace, celle du temps; et ils les trouvèrent.

Jusqu'alors l'absence d'uniformité dans les poids et mesures avait livré les transactions industrielles à l'empire de la fraude et du hasard : où était le chaos, parut l'harmonie. Une quantité déterminée d'eau distillée fut prise pour unité de poids, une fraction donnée du méridien pour unité de mesure; et, en multipliant ou divisant par dix, à l'infini, ces quantités, qui ne présentaient aucun caractère arbitraire et local, mais qu'avait fournies la mère commune des hommes, la nature, on eut le système décimal, système conçu de manière à être adopté par tous les peuples de la terre, et l'un des plus splendides hommages qui aient jamais été rendus à l'unité du genre humain!

Mais ce n'était pas encore assez d'avoir découvert la vraie mesure de la pesanteur et de l'espace : ils voulurent avoir la vraie mesure du temps, et Romme fut chargé de la réforme du calendrier, conjointement avec Lagrange, Monge, Pingré, Dupuis, Féri, et Guyton-Morveau.

Laissons-le expliquer lui-même les motifs qui décidèrent la Convention à abolir l'ère vulgaire. Aussi bien le langage de la science ne pouvait revêtir, sur les lèvres d'un mathématicien, plus de poësie et de grandeur :

« ... Le Temps ouvre un nouveau livre à l'Histoire, et dans sa marche nouvelle, majestueuse et simple comme l'égalité, il doit graver d'un burin neuf et pur les annales de la France régénérée...

« Les Tyriens dataient du recouvrement de leur liberté.

« Les Romains dataient de la fondation de Rome.

« Les Français datent de la fondation de la liberté et de l'égalité.

« Jusqu'en 1564 la France a commencé l'année à Pâques. Un roi imbécile et féroce, ce Charles IX qui ordonna le massacre de la Saint-Barthélemy, fixa le commencement de l'année au 1er janvier, sans autres motifs que de suivre l'exemple qui lui était donné. Cette époque ne s'accorde ni avec les saisons, ni avec les signes, ni avec l'histoire du Temps.

« Le cours des événements nombreux de la Révolution française présente une époque frappante, peut-être unique, par son accord parfait avec les mouvements célestes, les saisons et les traditions anciennes.

« Le 21 septembre 1792, les représentants du peuple, réunis en Convention nationale, ont prononcé l'abolition de la royauté : ce jour fut le dernier de la monarchie, il doit l'être de l'ère vulgaire et de l'année.

« Le 22 septembre fut décrété le premier jour de la République, et, ce même jour, à néuf heures dix-huit minutes trente secondes du matin, le soleil arrivait à l'équinoxe vrai d'automne en entrant dans le signe de la Balance.

« Ainsi l'égalité des jours et des nuits était marquée dans le ciel, au moment même où l'égalité civile et morale était proclamée sur la terre par les représentants du peuple français.

« Ainsi le soleil a éclairé à la fois les deux pôles et successivement le globe entier, le jour même où, pour la première fois, a brillé sur la nation française le flambeau qui doit un jour éclairer le monde.

« Ainsi le soleil a passé d'un hémisphère à l'autre, le même jour où le peuple, triomphant de l'oppression des rois, a passé du gouvernement monarchique au gouvernement républicain.

« C'est après quatre ans d'efforts que la Révolution est arrivée à sa maturité en nous conduisant à la République, précisément dans la saison de la maturité des fruits...

« Les traditions sacrées de l'Égypte, qui devinrent celles de tout l'Orient, faisaient sortir la terre du chaos sous le même signe que notre République, et y fixaient l'origine des choses et du Temps.

« Ce concours de tant de circonstances imprime un caractère religieux à l'époque du 22 septembre, qui doit être une des plus célébrées dans les fêtes des générations futures. »

En conséquence, la commission dont Romme fut l'organe proposait de décréter : *L'ère des Français compte de la fondation de la République, qui a eu lieu le 22 septembre 1792* [1].

Après avoir fixé le commencement de l'année, il y avait à en déterminer la longueur. Devait-on continuer de la faire de douze mois lunaires, c'est-à-dire de trois cent cinquante-quatre jours, bien que la révolution de la terre autour du soleil, qui seule règle les saisons et le rapport des jours aux nuits, soit de trois cent soixante-cinq jours cinq heures quarante-huit minutes quarante-neuf secondes? Les Égyptiens, les plus éclairés des peuples de la haute antiquité, faisaient l'année de trois cent soixante-cinq jours, suivant de la sorte autant que possible le cours naturel des choses, et cherchant un point fixe dans les mouvements célestes : cette base, vraiment astronomique, fut celle que la commission adopta.

Restait à diviser et à subdiviser l'année. La commission rejeta l'idée de prendre pour divisions les quatre saisons : d'abord à cause de l'inégalité de leur durée, puisqu'on compte quatre-vingt-dix jours de l'équinoxe d'automne au solstice d'hiver; quatre-vingt-neuf, du solstice d'hiver à l'équinoxe du printemps; quatre-vingt-treize, de l'équinoxe du printemps au solstice d'été; quatre-vingt-treize, du solstice d'été à l'équinoxe d'au-

[1] Voyez le travail de Romme, reproduit *in extenso* dans l'*Hist. parlement.*, t. XXXI, p. 430 et suiv.

tomne; et ensuite, « parce que l'esprit ne saurait s'élever facilement de la petite unité du jour à la grande unité de l'année qu'à l'aide de plusieurs unités intermédiaires et croissantes, propres à lui servir à la fois d'échelle et de repos[1]. » On pensa donc que, comme divisions de l'année, il valait mieux adopter les phases de la lune, dont chacune se répète douze fois dans l'année, à des intervalles égaux de vingt-neuf jours deuze heures et demie, ou, en compte rond, trente jours. La lune, d'ailleurs, est si utile au marin, au voyageur, à l'homme des champs, à l'habitant du Nord, surtout, pour qui elle supplée au jour dans les longues nuits d'hiver ! Ces considérations amenèrent à conserver les mois, qu'on fit tous égaux et de trente jours chacun. Mais, attendu que douze mois de trente jours chacun ne donnent que trois cent soixante jours, on compléta l'année en la terminant, comme chez les Égyptiens, par cinq jours épagomènes ou *surajoutés*.

La semaine ne mesurant exactement ni les lunaisons, ni les mois, ni les saisons, ni l'année, et ne rappelant d'autre souvenir historique que celui des combinaisons cabalistiques qu'y avaient attachées les astrologues et les mages, on la supprima, et l'on substitua aux quatre semaines dont le mois se composait trois *décades* ou fractions de dix jours, ce qui avait l'avantage d'appliquer à la mesure du temps la numération décimale, adoptée déjà pour les poids et mesures, ainsi que pour les monnaies de la République[2].

Enfin, la division du jour en dix parties, et de chaque partie en dix autres, jusqu'à la plus petite portion commensurable de la durée, compléta la réforme que, dans la séance du 20 septembre, Romme, au nom du Comité d'instruction publique, soumit à la Convention[3].

[1] *Hist. parlem.*, t. XXXI, p. 430 et suiv.
[2] *Ibid.*
[3] *Ibid.*, t. XXIX, p 8.

Outre les dispositions qui viennent d'être analysées, le projet contenait une nomenclature des mois et des jours, en vertu de laquelle chaque mois aurait porté un nom particulier ; l'un se serait appelé *Régénération ;* un autre, *Réunion ;* un troisième, *Jeu de Paume ;* un quatrième, *Bastille...* Et de même qu'on aurait donné aux mois certains noms commémoratifs des diverses époques de la Révolution, de même on aurait donné aux différents jours de la décade des noms symboliques se rapportant, soit aux idées révolutionnaires, soit aux instruments de leur triomphe, par exemple : le *Niveau,* le *Bonnet,* le *Compas,* la *Pique,* le *Canon,* la *Charrue...* L'Assemblée ne rejeta, du projet, que la nomenclature, et préféra la dénomination ordinale [1], si bien que, le 6 octobre, elle datait son procès-verbal du *quinzième jour du premier mois de l'an II de la République.* Mais cette manière d'indiquer une date était trop vicieuse pour ne pas provoquer un nouvel examen. On se remit à l'étude, et, le 24 octobre, Fabre d'Églantine vint proposer à l'Assemblée l'adoption de ce calendrier charmant où l'histoire de l'année est comme racontée par les grains, les pâturages, les plantes, les fruits et les fleurs.

Il commença en ces termes :

« La régénération du peuple français et l'établissement de la République ont entraîné la réforme de l'ère vulgaire. Nous ne pouvions plus compter les années où les rois nous opprimèrent comme un temps où nous avons vécu... Vous avez réformé le calendrier, vous lui en avez substitué un autre où le temps est mesuré par des calculs plus exacts et plus symétriques : ce n'est pas assez. Une longue habitude du calendrier grégorien a rempli la mémoire du peuple d'un nombre considérable d'images qu'il a longtemps révérées et qui sont encore

---

[1] Séance du 5 octobre 1793.

aujourd'hui la source de ses erreurs religieuses; il est nécessaire de substituer à ces visions de l'ignorance les réalités de la raison, et au prestige sacerdotal la vérité de la nature... Et ce n'est pas seulement à ce but que vous devez tendre ; en matière d'institutions, il ne faut rien laisser pénétrer dans l'entendement du peuple qui ne porte un grand caractère d'utilité publique. Ce vous doit être une heureuse occasion à saisir que de ramener par le calendrier, le livre le plus usuel de tous, le peuple français à l'agriculture [1]. »

La puissance des images ! ah ! rien ne la constatait mieux que les succès du catholicisme ; et c'est ce que Fabre d'Églantine n'eut garde d'oublier, enfant de Voltaire qu'il était. Il fit remarquer avec quel art les prêtres avaient choisi, pour les fêtes lugubres de la commémoration des morts, le moment de la fuite des heures riantes et de la chute des feuilles. Il rappela que c'était dans les jours les plus longs et les plus effervescents de l'année qu'avaient lieu ces triomphales cérémonies de la *Fête-Dieu*, piége dévôt tendu à la frivolité ou à la coquetterie des femmes, et à l'indocilité domestique des jeunes amants. Il montra les hommes de Dieu, quand vient le joli mois de mai, quand le soleil naissant n'a pas encore absorbé la rosée et la fraîcheur de l'aurore, appelant à eux les peuplades crédules, les promenant à travers les campagnes, au bruit des *Rogations*, et semblant leur dire : « C'est nous qui avons reverdi ces campagnes ; c'est par nous que vos greniers se rempliront [2]. »

De ces exemples Fabre d'Églantine concluait à la nécessité d'agir vivement sur l'imagination du peuple, si on voulait l'arracher à cet empire des prêtres, auquel le pouvoir des images l'avait livré. Et quelles plus gracieu-

---

[1] Rapport de Fabre d'Églantine sur la confection du calendrier. Voyez le tome XXXI de l'*Hist. parlement.*, p. 415 et suiv.
[2] *Ibid.*

ses, quelles plus instructives images que celles qui se
rapportent à l'économie rurale !

Fabre d'Églantine proposa donc de nommer :

Vendémiaire, Brumaire, Frimaire, le mois des ven-
danges, qui ont lieu de septembre en octobre ; celui des
brouillards et des brumes basses, qui sont, d'octobre en
novembre, une sorte de transsudation de la nature, et celui du froid, qui se fait sentir de novembre en décembre ;

Nivôse, Pluviôse, Ventôse, le mois de la neige, qui
blanchit la terre de décembre en janvier ; celui des pluies,
qui tombent généralement avec plus d'abondance de
janvier en février, et celui du vent, qui vient sécher la
terre de février en mars ;

Germinal, Floréal, Prairial, le mois de la fermentation et du développement de la séve, de mars en avril ;
celui de l'épanouissement des fleurs, d'avril en mai, et
celui de la récolte des prairies, de mai en juin ;

Messidor, Thermidor, Fructidor, le mois des ondoyan-
tes moissons, qui dorent les champs, de juin en juillet ;
celui de la chaleur à la fois solaire et terrestre, qui embrase l'air, de juillet en août, et enfin celui des fruits, que
le soleil mûrit, d'août en septembre [1].

Chaque dénomination devenait de la sorte un moyen
de préciser et de décrire l'époque correspondante de l'année. Et quelle harmonie imitative dans la prosodie des
mots adoptés, dans le mécanisme de leurs désinences !
Pour l'automne, un son grave et une mesure moyenne ;
pour l'hiver, un son lourd et une mesure longue ; pour
le printemps, un son gai et une mesure brève ; pour
l'été, un son sonore et une mesure large. Que l'on compare ces noms si admirablement appropriés aux choses
qu'ils expriment, à ces mots inintelligibles et barbares :
janvier, février, mars, avril, etc., ou à ceux-ci, plus ri-

[1] *Hist. parlement.,* t. XXXI, p. 445 et suiv.

dicules encore : *septembre, octobre, novembre, décembre,*
c'est-à-dire le septième mois quand il s'agit de désigner
le neuvième, le huitième mois quand il s'agit de désigner
le dixième, et ainsi de suite !

Les mots *lundi, mardi, mercredi,* etc., qui, dans le
calendrier grégorien, servent à indiquer les divers jours
de la semaine, ne méritaient pas davantage d'être conservés, n'ayant d'autre mérite que de rappeler les sotti-
ses de l'astrologie judiciaire. Fabre d'Églantine demanda
qu'ils fussent supprimés, et qu'on baptisât les dix jours
de la *décade,* qui remplaçait la semaine : *primidi, duodi,*
tridi, quartidi, quintidi, sextidi, septidi, octidi, nonidi,
décadi. Le motif qui, à l'égard des dix noms de la décade, fit rejeter l'emploi des expressions figuratives, fut
que les images, locales par essence, ne sauraient demeurer en rapport constant avec des appellations dont
chacune revient trente-six fois l'an [1].

Les prêtres avaient assigné à chaque jour de l'année
la commémoration d'un saint : Fabre d'Églantine proposa de mettre dans le calendrier républicain, à la place
de cette foule de canonisés, les objets qui composent la
vraie richesse nationale, les fleurs, les fruits, les raci-
nes, les plantes, les arbres, les grains, les minéraux ; et
cela, en les disposant de manière à leur faire indiquer,
rien que par la place et le quantième, l'époque précise
où la nature nous les donne. A chaque *quintidi* devait
être inscrit le nom d'un animal domestique, et à chaque
décadi, le nom d'un instrument aratoire, avec rapport
précis entre la date de l'inscription et l'utilité, à cette
date, de l'animal ou de l'instrument. « Au moyen de
cette méthode, disait l'ingénieux Fabre d'Églantine, il
n'y aura pas de citoyen en France qui, dès sa plus tendre jeunesse, n'ait fait insensiblement une étude élémen-

---

[1] *Hist. parlement.,* t. XXXI, p. 415 et suiv.

taire de l'économie rurale. Aujourd'hui, pas de citadin
qui ne puisse en peu de jours apprendre dans ce calendrier ce qu'à la honte de nos mœurs, il a ignoré jusqu'à
cette heure, apprendre en quel temps la terre nous
donne telle production, et en quel temps telle autre. J'ose
dire ici que c'est ce que n'ont jamais su bien des gens
très-instruits dans plus d'une science urbaine, fastueuse
et frivole [1]. »

On a vu que, pour compléter l'année, telle que Romme
en avait déterminé la longueur, il restait cinq jours *épagomènes* ou *complémentaires;* on eut l'heureuse idée de
les consacrer, comme fêtes nationales : le premier, au
Génie; le second, au *Travail;* le troisième, aux *Actions;*
le quatrième, aux *Récompenses;* le cinquième, à l'*Opinion.* La fête de l'Opinion était destinée à châtier mora-
lement les dépositaires fautifs de la loi et de la confiance
publique, en les abandonnant aux traits de la gaieté française. Chansons, allusions, caricatures, pasquinades,
tout, ce jour-là, devait être permis à ceux qui auraient
souffert des abus du pouvoir contre ceux qui en auraient
bassement profité.

Mais ces cinq fêtes, comment les nommer? Sans-Cu-
lottides? Et pourquoi non? Est-ce qu'anciennement la
Gaule lyonnaise n'était point appelée la Gaule culottée,
Gallia braccata? Le reste des Gaules, jusqu'aux bords du
Rhin, était donc la Gaule non-culottée ! « Et puis, ajoutait Fabre d'Églantine, que cette dénomination soit antique ou moderne, qu'importe? Elle a été illustrée par la
liberté, elle nous doit être chère ; cela suffit [2]. »

Tel fut ce projet, chef-d'œuvre de grâce, de poésie et
de raison. Converti aussitôt en décret, il figurait dans le
procès-verbal du lendemain, 25 octobre 1793, sous la

[1] Rapport de Fabre d'Églantine, etc.
[2] *Ibid.*

date nouvelle, *4 Frimaire, an II de la République française;* et c'est de ce décret, fondu avec celui du 5 octobre, que résulta l'établissement du calendrier républicain.

Pauvre Fabre d'Églantine! Hélas! il ne lui fut pas
donné de le voir finir, ce mois de l'épanouissement des
fleurs pour lequel il avait trouvé un nom si doux... Mais
combien furent-ils qui survécurent! Et, du reste, lorsque, la tête penchée et l'oreille ouverte au bruit des combats, ils méditaient le grand problème du monde à régé-
nérer, ils savaient bien quel serait le prix de leurs travaux, et que la passion qui consumait leur âme était de
celles dont on meurt. Mais ils savaient aussi que leur
œuvre était d'essence immortelle; que la terre où ils seraient ensevelis était féconde, et que leurs enfants mois-
sonneraient sur leurs tombeaux.

CHAPITRE TREIZIÈME.

NÉCROLOGE.

Procès et mort des Girondins. — Mort d'Olympe de Gouges, — d'Adam Lux. — Procès et mort du duc d'Orléans. — Mort de madame Roland. — Procès et mort de Bailly. — Critique historique.

D'une sphère toute radieuse, il nous faut passer à la région des ténèbres : nous voici comme à l'entrée des catacombes. Dieu! quelle foule confuse et mêlée de fantômes livides! Vergniaud et ses amis, Adam Lux, le duc d'Orléans, le général Coustard, madame Roland, Bailly! Quelle succession rapide de funérailles! Que de partis divers dévorés à la fois! Et quel spectacle que celui de Philippe-Égalité allant presque se rencontrer face à face avec Marie-Antoinette sur la planche de l'échafaud!

Dans cette séance du 5 septembre, dont nous avons déjà rendu compte et où furent prises des mesures si terribles, l'orateur de la députation des Jacobins avait dit : « Il est temps que l'égalité promène la faux sur toutes les têtes; il est temps d'épouvanter tous les conspirateurs[1]. » Ces mots désignaient les Girondins prisonniers.

[1] *Hist. parlem.*, t. XXIX, p. 41.

On se rappelle avec quels égards ils furent traités immédiatement après le 31 mai : loin de songer alors à les
immoler, leurs ennemis leur firent un genre de captivité qui ressemblait à une invitation de fuir. Non-seulement on leur permit de circuler dans Paris, accompagnés
d'un seul gendarme, mais l'indemnité de dix-huit francs
par jour dont jouissaient les membres de la Convention
leur fut continuée[1]. Les invectives, naturelles si l'on
veut, mais incessantes et furieuses, dont ils poursuivirent
leurs vainqueurs; les lettres où ils traitaient publiquement
les membres du Comité de salut public d'imposteurs et
d'assassins[2]; l'idée qu'ils donnèrent à la Montagne de la
profondeur et du caractère inapaisable de leurs ressentiments[3]; la guerre civile que leurs amis fugitifs coururent déchaîner d'un bout de la France à l'autre, et les
preuves acquises de leur participation au projet de soulever les provinces contre la capitale[4] : voilà ce qui les
perdit.

Douter que les Girondins, s'ils eussent triomphé, eussent été aussi implacables envers le parti adverse que
celui-ci le fut envers eux, ce serait bien peu connaître
le cœur humain et bien mal comprendre les orages de
la Révolution française. Longtemps avant que les choses
en fussent venues au point de rendre une guerre à mort
entre les deux partis tout à fait inévitable, longtemps
avant le 31 mai, Louvet demandait ardemment qu'on ne
laissât pas jouir Robespierre de « l'impunité physique[5]. »
Guadet, nous l'avons vu, avait été le premier à invoquer
contre ses adversaires l'appui de l'échafaud. Qu'on mé-
dite ces paroles de Louvet dans ses Mémoires : « ...J'af-

[1] Voyez le tome VIII de cet ouvrage, p. 472.
[2] *Ibid.*, p. 501 et 502.
[3] Voyez ce que dit à ce sujet Levasseur, dans ses *Mémoires*.
[4] Voyez plus bas dans le compte rendu de leur procès.
[5] De son propre aveu. (Voyez ses *Mémoires*, p. 54.)

firme que Charlotte Corday ne dit à aucun de nous un
mot de son dessein. Et si de pareilles actions se con-
seillaient, et qu'elle nous eût consultés, *est-ce donc sur
Marat que nous eussions voulu diriger ses coups?*... Hu-
milions-nous devant les desseins de la Providence; c'est
elle qui a voulu que Robespierre et ses complices vécus-
sent assez longtemps pour s'entre-détruire [1]. » Plus loin,
Louvet emploie cinq pages à développer cette prodigieuse
calomnie que c'est par les Montagnards que Toulon a été
livré aux Anglais [2]. Et il faut voir avec quelle légèreté
triomphante, avec quel barbare enjouement il parle de
la mort du montagnard Beauvais, victime des mauvais
traitements que lui infligèrent dans sa prison les royalistes : « Cent voix se sont élevées pour l'accuser de trahison... Pour être à jamais dispensé de répondre, il
prend le parti de mourir [3]. »

Dans le récit d'une entrevue qu'il eut avec Robespierre au sujet des Girondins prisonniers, Garat raconte
qu'ayant exprimé le désir d'être un de leurs défenseurs
officieux, il aperçut un sourire amer sur les lèvres de
Robespierre, qui lui dit : « Ils riraient bien eux-mêmes
s'ils pouvaient vous entendre Eux vous auraient fait
guillotiner très-officieusement. — Cela se peut, répondit
Garat; mais, pour juger de ce que je dois aux autres, je
n'attends pas que je puisse savoir ce qu'ils jugent me
devoir. En tout, je crois qu'ils auraient peu guillotiné. »
Robespierre reprit : « *Peu* est bon [4]! »

Est-ce à dire que Girondins et Montagnards fussent
tous des hommes altérés de sang? Loin de là. Mais que
de fois n'a-t-on pas vu des guerriers, humains d'ailleurs,
pousser la victoire jusqu'à l'extermination de l'ennemi?

[1] *Mémoires de Louvet*, p. 115.
[2] *Ibid.*, p. 176-180.
[3] *Ibid.*, p. 179
[4] *Mémoires de Garat*. (Voyez t. XVIII de l'*Hist. parlem.*, p. 141.)

Et quelle bataille que la Révolution française! Rien ne montre mieux à quelle sombre fatalité obéissaient alors les événements, que l'inaction de ceux qui, comme Danton, auraient voulu sauver les Girondins. Lorsque Garat alla solliciter en leur faveur l'intervention de ce dernier : « Je ne pourrai pas les sauver, » s'écria l'homme qui avait mis l'audace à l'ordre du jour ; et de grosses larmes roulèrent « le long de ce visage dont les formes auraient pu servir à représenter celui d'un Tartare [1]. »

« Le premier Girondin qu'on exécuta fut Gorsas, un des instigateurs de la révolte départementale. Revenu secrètement à Paris, il s'y était caché chez une femme nommée Brigitte, qui tenait un cabinet de lecture, au Palais-Royal. Ses relations avec cette femme étant connues, l'imprudence était grave : il y mit le comble, en paraissant au cabinet de lecture, sans autre précaution que d'avoir son chapeau rabattu sur ses yeux. Découvert, il fut conduit à l'échafaud le 7 octobre [2].

Dès le 5, Amar s'était présenté à la tribune de la Convention, et, après avoir demandé que les portes de la salle fussent gardées, il avait lu un acte d'accusation qui concluait : 1° à maintenir le décret qui avait déjà déclaré traîtres à la patrie vingt et un représentants ; 2° à en traduire trente-neuf autres devant le tribunal révolutionnaire ; 3° à envoyer en détention dans une maison d'arrêt soixante-quatorze de leurs collègues, signataires d'une protestation contre le 31 mai et le 2 juin. Ces propositions furent adoptées. Selon Billaud-Varenne, on eût dû voter par appel nominal, afin que chacun se prononçât et se montrât « armé du poignard qui devait percer le sein des traîtres. » Robespierre fit observer très sagement qu'on ne devait pas supposer la Convention divisée en deux classes, l'une composée des amis du peuple,

---

[1] Mémoires de Garat, p. 446.
[2] Ibid.

l'autre ne renfermant que des conspirateurs et des traîtres. La modération de sa politique éclata d'une manière
plus frappante encore dans l'ardeur qu'il mit à empêcher
qu'on n'étendît aux signataires de la protestation contre
le 31 mai le formidable préliminaire de la mise en accusation. Pourquoi s'étudier à multiplier les coupables?
Était-il juste de confondre avec les meneurs systématiques d'une faction qui avait mis la France en feu, de
faibles esprits qui s'étaient laissé séduire? Fallait-il transformer en crimes des signatures surprises? Nous avons
déjà eu occasion de rappeler que cette noble résistance
à des colères iniques ne fut pas sans provoquer des murmures; et la manière dont Robespierre les affronta compte
au nombre des faits par où a éclaté ce grand courage
civil, sa vertu la plus remarquable, et jusqu'ici la moins
remarquée[1].

Il aurait dû aller plus loin; il aurait dû, étouffant la

[1] Voyez la séance du 5 octobre 1795, dans l'*Hist. parlem.*, t. XXIX,
p. 175-182.

C'est une chose bien curieuse et bien triste que l'art avec lequel
l'esprit de parti, quand on lui donne à tenir la plume de l'histoire,
sait empoisonner par ses commentaires ce qu'il n'espère pas pouvoir
condamner à l'oubli par ses omissions. Dans son *Histoire de la Convention* (t. III, p. 296, éd. Méline), M. de Barante dénature en ces termes
le caractère de la protection si noblement et si courageusement accordée par Robespierre, en cette occasion, à des hommes qui étaient
ses ennemis. « Comprenant combien il pourrait avoir besoin des
votes de la Plaine, il se proposait de ménager ce reste du parti modéré, et surtout de s'assurer de ses votes. » Étrange anachronisme !
Est-ce qu'on était alors à la veille du 9 thermidor? Est-ce que Robespierre avait besoin ou pouvait prévoir qu'il aurait besoin de la
Plaine? Est-ce qu'il est supposable qu'il songeât à faire publiquement
sa cour au parti *modéré*, lui qui, si peu de temps après, signalait
l'*exagération* et le *modérantisme* comme les deux écueils où risquait
de se briser la République ; lui qui s'arma contre Hébert, pour détourner le premier de ces deux périls, et poussa la crainte du second
jusqu'à laisser frapper Danton et Camille? Pourquoi chercher à une
action bonne en elle-même des motifs invraisemblables et impossibles, quand les motifs qui purent l'inspirer se présentent si na

haine dans son cœur, courir une aventure qui eût à
jamais honoré sa mémoire, en essayant d'arracher à l'é-
chafaud, non pas les soldats du parti contraire seulement,
mais les chefs; et lui seul peut-être en avait le pouvoir.
La République eût-elle été compromise pour avoir épargné les restes d'un parti presque entièrement ruiné alors,
et qui, avant de la troubler, l'avait si vaillamment servie?
Mais telle n'est pas la logique des passions arrivées à
leur paroxysme. Robespierre n'eut ni la force d'âme ni la
force d'intelligence nécessaires pour démêler ce qui,
dans son appréciation des événements, ne venait que de
ses rancunes personnelles. Il y a un mot de lui qui en
laisse entrevoir la profondeur, précisément parce que la
forme est celle du dédain. Garat s'étant écrié en sa présence : « Est-ce que la Convention souffrira qu'ils soient
jugés par un tribunal érigé contre toutes leurs réclamations? » il répondit : « Ce tribunal est assez bon pour
eux [1]! »

turellement? Est-il dans l'histoire un seul acte honorable ou glo-
rieux qu'il ne fût aisé de rendre vil, au moyen d'interprétations
pareilles?

Autre exemple — et tiré de la même page — des altérations historiques dont l'esprit de parti est capable: M. de Barante écrit, à propos d'un des députés qu'on arrêta dans cette séance du 3 octobre :
« L'un d'eux fut dénoncé pour le fait grave d'avoir remis la clef de
sa chambre à un de ses amis. » Qui ne croirait, à lire cette phrase,
que, pendant la Révolution, remettre la clef de sa chambre à un de
ses amis était réputé crime? Or, la vérité toute nue, la voici : au moment de sortir de la salle, un des membres, mis en état d'arrestation,
remit à un député du côté droit deux clefs, ce.qu'il était assez naturel
d'attribuer au désir de dérober aux investigations de la justice des
papiers importants. Ce qui fut dénoncé à l'Assemblée, ce fut la circonstance, et non le député. Il prétendit que la clef remise était celle
de sa chambre, et personne au monde ne songea à lui en faire un
crime. Seulement, par mesure de précaution et pour la raison que
nous avons dite, Billaud-Varenne obtint qu'on envoyât la clef au
Comité de sûreté générale. (Voy. sur ce point l'*Hist. parlem*, t. XXIX,
p. 181.)

[1] *Mémoires de Garat*, dans l'*Hist. parlem.*, t. XVIII, p. 445.

Ce fut le 24 octobre que les Girondins détenus furent amenés à l'audience. Ils étaient vingt et un, savoir : Brissot, Vergniaud, Gensonné, Duperret, Carra, Gardien, Valazé, Jean Duprat, Sillery, Fauchet, Ducos, Fonfrède, Lasource, Beauvais, Duchatel, Mainvielle, Lacaze, Lehardy, Boileau, Antiboul, Vigée.

Comme on vivait vite en ce temps-là ! Les accusés semblaient avoir occupé pendant un siècle la scène du monde, et la plupart d'entre eux avaient à peine atteint cet âge dont parle Dante :

> Nel mezzo camino del nostra vita.

Ducos et Mainvielle n'avaient pas vingt-huit ans ; Fonfrède et Duchatel n'en avaient que vingt-sept ; Vergniaud, déjà si célèbre, était dans sa trente-cinquième année, et Brissot ne touchait pas encore à la quarantaine [1] !

Le greffier fit lecture de l'acte d'accusation. Et à quoi bon s'arrêter ici à en développer la trame? Les fautes des Girondins, leurs oscillations, leur soif de domination, leurs injustes mépris à l'égard de la Montagne si vite changés en accès de rage, leur déchaînement contre Paris, leurs efforts pour décentraliser la Révolution, et, quand le salut de la République était au prix de l'unité, leur recours à la guerre civile, tout cela n'est que trop connu du lecteur ! Qu'il rassemble les faits qui sont restés dans sa mémoire après avoir attristé son âme ; qu'il y ajoute les plus venimeux commentaires dont il puisse supposer le génie de la haine capable ; qu'il se figure les mots hypocrisie, complot, trahison, substitués à chaque instant aux mots faiblesse, esprit de parti, passions aveugles... et il aura le réquisitoire que les infortunés Girondins eurent à subir comme un avant-goût du sup-

[1] Voyez le procès des Girondins, t. XXIX de l'*Hist. parlem.*, p. 440 et suiv.

plice ! Détestable mensonge, fureur indigne : Amar osait accuser Brissot d'avoir médité la ruine de nos colonies, parce qu'il avait généreusement travaillé à l'émancipation des noirs ; d'avoir poussé à l'assassinat des patriotes au Champ-de-Mars, parce qu'il avait fait entendre le premier cri de républicain dont se fût ému Paris ; d'avoir voulu étouffer la liberté naissante sous le poids de l'univers conjuré, parce qu'il avait fait déclarer la guerre aux rois [1] ! C'était prendre, pour le flétrir, ce qui sera, dans l'Histoire, l'éternel honneur de son nom.

Mais, hélas ! ni lui ni ses amis ne comprirent qu'à de semblables imputations il n'y avait à répondre que par le silence. Quand on comparaît devant la victoire, eût-elle le masque de la justice sur le visage, on ne se défend pas ; on remet sa cause à Dieu, à la postérité ; on s'enveloppe dans son manteau, et l'on meurt.

Or, non-seulement les accusés se défendirent, mais ils se défendirent mal, les uns désavouant pour leur compte personnel des actes accomplis en commun, les autres s'excusant de ce qui leur était un titre de gloire, d'autres rejetant les fautes les plus graves sur des absents, sur Guadet, sur Barbaroux [2]. Ils donnèrent à leurs ennemis l'orgueilleux plaisir de les entendre déclarer :

Vigée, que si l'établissement du Comité des Douze avait été une intrigue, il y était étranger [3] ;

Boyer, que son opinion avait été contraire, et aux arrestations ordonnées par les Douze, et à la formation d'une garde départementale [4] ;

Fonfrède, qu'il n'avait voté pour aucun mandat d'arrêt [5] ;

[1] Voyez le procès des Girondins, t. XXIX de l'*Hist. parlem*, p. 413 et 414.
[2] *Ibid.*, p. 452.
[3] *Ibid.*, p. 453.
[4] *Ibid.*, p. 454.
[5] *Ibid.*, p 455.

Gensonné, qu'il blâmait les emportements de Guadet à l'égard du maire de Paris [1];

Jean Duprat, qu'il avait d'abord désapprouvé la journée du 31 mai, mais que, la France ayant parlé, il approuvait maintenant cette journée [2].

Gardien chercha à se sauver en inculpant ses collègues, et Vigée le lui reprocha en pleine audience [3].

Brissot eut la faiblesse de dire qu'afin de ménager le gouvernement anglais, il s'était étudié à faire rapporter le décret d'amitié et de protection aux peuples qui voudraient reconquérir leur liberté [4].

Vergniaud affirma n'avoir dîné que quatre ou cinq fois chez Roland, et eut l'air de se défendre d'avoir été dans l'intimité de Brissot et de Gensonné [5].

Mais où la situation des prévenus devint véritablement lamentable, ce fut lorsque Boileau prononça ces paroles, qui, du reste, ne le dérobèrent pas au bourreau : « Si l'établissement de la Commission des Douze est la suite d'un complot, il paraît que les meneurs ne m'en ont nommé membre que pour inspirer de la confiance ; car j'avais, ainsi que la Montagne, voté la mort du tyran, et si j'ai été quelquefois opposé aux patriotes qui la composent, je suis à présent désabusé, et franc Montagnard [6]. » Il avait écrit, de sa prison, à Léonard Bourdon une lettre qu'on lut à l'audience, et qui contenait cette phrase meurtrière : « Il est clair à mes yeux qu'il a existé une conspiration contre l'unité de la République, comme il est clair que les Jacobins ont toujours servi la

---

[1] Voyez le procès des Girondins, t. XXIX de l'*Histoire parlement.*, p. 457.

[2] *Ibid.*, t. XXX, p. 111.

[3] *Ibid.*, t. XXIX, p. 477.

[4] *Ibid.*, t. XXX, p. 11.

[5] *Ibid.*, p. 13.

[6] *Ibid.*, p. 455.

République [1]. » Un des accusés prenant tout à coup la place de l'accusateur! Quoi de plus fatal?

Les témoins appelés furent Pache, Chaumette, Hébert, Destournelles, Chabot, Léonard Bourdon, Deffieux ; et, comme on devait s'y attendre, leurs dépositions furent marquées au coin des passions du moment, celle de Chabot surtout.

Garat, parlant d'une conversation qu'il avait eue, quelque temps auparavant, avec Chabot et Robespierre, raconte ce qui suit : « Chabot, je dois cette justice à sa mémoire, Chabot qui, durant toute la conversation, se promenait souriant toujours à Robespierre, et souriant quelquefois à moi à la dérobée, osa dire et soutenir qu'il fallait (pour juger les Girondins) un autre tribunal que le Tribunal révolutionnaire. Je proposai de le former de jurés élus dans les départements et de le faire siéger à Paris. Chabot trouvait cela *grand et beau* [2]. » Par quel soudain revirement l'ex-capucin fut-il amené à composer, pour en accabler les Girondins, le long récit, moitié histoire, moitié roman, dont l'artificieux tissu les enveloppa? Il venait d'épouser la sœur d'un riche banquier, et il avait mis la main au fond de certaines intrigues d'argent, dont la découverte probable lui donnait le frisson [3]; affecta-t-il de demander la tête des Girondins dans le lâche espoir de racheter la sienne? Et sa déposition lui fut-elle inspirée par la plus cruelle de toutes les passions humaines, la peur?

Une circonstance de ce triste procès mérite d'être rapportée, parce qu'elle est caractéristique, à cause de sa puérilité même. Lorsque Destournelles, ministre des contributions publiques, fut interrogé sur ses noms, il hésita. « Est-il indispensable, dit-il, que je déclare le pré-

---

[1] Voyez le procès des Girondins, t. XXX de l'*Hist. parlem.*, p. 98.
[2] *Mémoires de Garat*, t. XVIII de l'*Hist. parlem.*, p. 445.
[3] Voyez le chapitre suivant.

nom qui me fut donné à ma naissance? — Oui. — Je le profère à regret, ce prénom : c'est *Louis*[1]! »

Il n'est pas inutile non plus de rappeler que, Vergniaud ayant exprimé son étonnement de voir des membres de la municipalité et de la Convention, ennemis et accusateurs connus de la Gironde, déposer contre elle, Chaumette répondit : « Ce n'est ni comme membres de la Convention ni comme magistrats que nous sommes appelés ici, c'est comme témoins... Les accusés n'ont pas élevé cette difficulté, lorsqu'après avoir voté l'acte d'accusation contre Marat, quelques-uns d'entre eux ont déposé contre lui[2]! » Les prévenus gardèrent le silence.

Il n'est pas vrai, comme on l'a tant dit et répété, que les Girondins n'aient été jugés que sur les opinions précédemment émises par eux : dans le cours du procès, le président et l'accusateur public furent amenés à déclarer le contraire d'une manière expresse et à diverses reprises[3]. Les opinions des accusés ne furent traduites que comme servant à éclairer ou à corroborer les faits d'où résultait la preuve de leur participation à des tentatives de guerre civile. Une lettre saisie chez Lacaze, et que son cousin lui avait écrite en réponse à une autre de lui, portait : « Votre dernière lettre, mon cher cousin, m'avait fait naître quelque espoir de salut, mais celle que je reçois aujourd'hui me l'ôte... Il faut une insurrection générale contre cette ville abominable (Paris); il faut l'*écraser*. Cette insurrection se *prépare*, soyez-en sûr, mon cher Lacaze, et vous la verrez bientôt éclater[4]. » Vergniaud avait écrit dans le même sens à ceux de Bordeaux : « Il est encore temps de vous montrer, *hommes*

[1] Procès des Girondins, *ubi suprà*, t. XXIX, p. 170.
[2] *Ibid.*, p. 466.
[3] *Ibid.*, t. XXX, p. 15 et 20.
[4] *Ibid.*, p. 20 et 21.

de la Gironde [1] *!* » Bien qu'on ne reproduisît pas les originaux des lettres dont on s'armait contre lui, il s'en reconnut l'auteur dans un langage à la fois touchant et noble, rejetant sur un accès de douleur et de désespoir ces inspirations déplorables. « Si je vous rappelais mes motifs, peut-être vous paraîtrais-je plus à plaindre qu'à blâmer [2]. »

Ce qui est vrai, c'est que, parmi des accusations malheureusement trop méritées, il s'en produisit dont l'iniquité était révoltante, et, par exemple, celle qui tendait à rendre la Gironde complice des avilissants désordres du 10 mars. Fabre d'Églantine alla jusqu'à dire : « J'appelle sur le vol du garde-meuble la responsabilité de Roland et de la coalition dont il faisait partie [3]. » A quoi Vergniaud répliqua, avec l'indignation méprisante d'une grande âme blessée : « Je ne me crois pas réduit à l'humiliation de me justifier d'un vol [4]. »

Les débats se prolongeaient ; et, quoique l'attitude des accusés n'eût pas été sans témoigner de quelque faiblesse, leur caractère ineffaçable de républicains, le souvenir de leurs anciens services, leur jeunesse, l'éloquence de Vergniaud, l'amitié de Ducos et de Fonfrède, leur présence même sur ces bancs où ils n'étaient venus s'asseoir que par dévouement à un parti dont la plupart des fautes leur étaient étrangères, tout semblait de nature à réveiller l'intérêt public. Une vile inquiétude s'empare du cœur d'Hébert ; il court aux Jacobins, et y éclate en plaintes homicides sur ce qu'il existe un projet d'arracher des scélérats au glaive des lois ; sur ce que les accusés sont les plus astucieux des hommes ; sur ce que des journalistes menteurs s'étudient à altérer la physionomie

[1] Procès des Girondins, *ubi suprà*, p. 20.
[2] *Ibid.*, p. 23.
[3] *Ibid.*, p. 88.
[4] *Ibid.*

des audiences, pour intéresser l'opinion au sort des coupables. Chaumette voue à l'exécration quiconque ose défendre un assassin du peuple. Arrivent des émissaires de sociétés populaires, demandant que le jugement soit hâté, et une députation envoyée, dans ce but, à l'Assemblée nationale. « A quoi bon des témoins et des formes pour juger des hommes qu'il eût fallu condamner tout de suite [1] ! »

Cet indigne vœu fut exaucé dès le lendemain, par l'envoi d'une députation jacobine à la Convention. Requise d'affranchir le tribunal révolutionnaire de ces formes qui sont saintes précisément parce qu'elles sont quelquefois gênantes, l'Assemblée n'osa pas voiler à ce point la statue de la Justice, mais elle n'osa pas davantage refuser une loi qui permettait aux jurés de fixer le terme des procès criminels au moment précis où ils se considéreraient comme suffisamment éclairés. Robespierre proposa de décréter que le jury ne serait interrogé à cet égard par le président qu'après trois jours de débats, ce qui fut adopté [2].

En fixant de la sorte une limite au droit monstrueux d'étrangler les causes judiciaires, Robespierre eut-il en vue d'adoucir ce que la mesure avait de violent? Ah, un plus impérieux devoir lui était imposé : celui de la combattre ! Il y a d'ailleurs ici une chose qui le condamne : le procès des Girondins durait depuis quatre jours, et la disposition leur devenait conséquemment applicable.

C'est à cette occasion que, sur la remarque de Billaud-Varenne, on donna officiellement au *Tribunal criminel extraordinaire* le nom de *Tribunal révolutionnaire* [3], qui jusqu'alors n'avait été employé que parmi le peuple.

---

[1] Séance des Jacobins du 7 brumaire (28 octobre).
[2] Séance de la Convention du 8 brumaire (29 octobre).
[3] *Ibid*.

Triste, triste baptême, quand on songe qu'il fut marqué par la mort des premiers fondateurs de la République!

Eux, cependant, avec cette légèreté qui tenait à leur nature d'artistes, mais que l'exaltation de leur foi politique ennoblissait, ils employaient, dans leur prison, l'intervalle des audiences à jouer la comédie de leur fin prochaine. C'était ordinairement à minuit que cela commençait, au milieu de ténèbres contre lesquelles luttait faiblement la funéraire lueur d'une seule bougie. Montés sur des lits que de hautes planches séparaient, ils y figuraient le jury, tandis que, placé devant eux sur une table, un de leurs compagnons jouait le rôle d'accusé. Accusateur public, juges, greffier, rien ne manquait à la composition de cette parodie lugubre. L'accusé était invariablement condamné; après quoi, et sans retard, l'horrible appareil se développait. Alors, on saisissait le patient, on lui liait les mains, et on l'exécutait fictivement sur la barre d'un lit. Quelquefois, l'accusateur public devenant accusé à son tour, c'est-à-dire étant condamné, puis exécuté, on le faisait revenir des enfers, couvert d'un drap blanc, pour qu'il racontât les tortures qu'il endurait dans l'autre monde et prédît aux jurés qu'ils auraient leur tour[1].

Le plus gai de ce groupe illustre était le jeune Ducos. A l'occasion de l'arrestation du député Bailleul à Provins, il composa un pot-pourri dont les premiers vers étaient :

> Air : *Un jour de cet automne.*
>
> Un jour de cet automne,
> De Provins revenant...
> Quoi! sur l'air de la *Nonne*,
> Chanter mon accident?
> Non, mon honneur m'ordonne
> D'être grave et touchant, etc.[2].

[1] Riouffe, *Mémoires d'un détenu*, dans les *Mémoires sur les prisons*, t. 1. — Éclaircissements historiques, note *a*.
[2] *Ibid.*, note *c*.

Du reste, l'humeur satirique de Ducos, ses saillies, sa gaieté inaltérable, n'ôtaient rien à l'élévation de son âme. Tendrement attaché à Fonfrède, auquel il avait voulu rester uni jusque dans la mort, il lui était une consolation suprême et un appui. Lorsqu'il arrivait à Fonfrède de s'attendrir en pensant à sa femme, à ses enfants, il se cachait de Ducos pour pleurer...[1].

Quant aux autres Girondins, Riouffe, parlant de leur attitude, dit que Brissot, grave et réfléchi, avait le maintien du sage luttant avec l'infortune ; que Gensonné, recueilli en lui-même, se montrait uniquement préoccupé du bonheur du peuple ; que Vergniaud était tour à tour enjoué, sérieux, éloquent ; que Valazé laissait deviner dans l'éclat de son regard inspiré quelque résolution magnanime. Le jour où, pour la dernière fois, il se rendirent à l'audience, Valazé remit à Riouffe une paire de ciseaux qu'il avait sur lui, en lui disant avec un sourire de triomphante ironie : « Ceci est une arme dangereuse, on craint que nous n'attentions sur nous-mêmes. » Vergniaud avait du poison, mais en trop petite quantité pour que chacun en eût sa part : il le jeta[2].

Le 30 octobre, Fouquier-Tinville requit la lecture de la loi sur l'accélération des jugements criminels. Ainsi que le tribunal l'avait mandé au Comité de salut public, les débats duraient depuis cinq jours, et cependant on n'avait encore entendu que neuf témoins, la nature particulière de la cause transformant chaque déposition en un long historique des événements. Que la défense de chacun des accusés eût le caractère général qu'avaient présenté les divers témoignages, il n'y avait pas à en douter. Le procès menaçait donc de durer longtemps. Qu'importe ? Était-ce une raison pour que l'arrêt prévînt la

---

[1] Voyez à ce sujet une scène que Riouffe raconte dans ses *Mémoires*, comme en ayant été témoin, p. 52.

[2] *Ibid.*, p. 50 et 51.

défense? Et quelle considération, dans ce monde, est supérieure à la justice? Soit conscience, soit pudeur, le jury déclara que sa religion n'était pas suffisamment éclairée, et les interrogatoires continuèrent. Mais, à six heures du soir, Antonelle, organe du jury, ayant déclaré la cause entendue, les jurés se retirèrent dans la chambre du conseil, pendant que les accusés étaient emmenés par les gendarmes. Le verdict du jury fut affirmatif, il fut unanime; et les accusés, ramenés à l'audience, entendirent prononcer leur arrêt : c'était la mort !...

Ce qui se passa dans ce moment redoutable, quel autre qu'un témoin oculaire pourrait le raconter dignement? « J'étais assis, avec Camille Desmoulins, sur le banc placé devant la table des jurés... Entendant la déclaration du jury, il se jette tout à coup dans mes bras... « Ah! mon Dieu, mon Dieu! c'est moi qui les tue! Mon « Brissot dévoilé! Ah, mon Dieu, c'est ce qui les tue! » A mesure que les députés rentrent, les regards se tournent vers eux. Le silence le plus profond régnait dans la salle. L'accusateur public conclut à la peine de mort. L'infortuné Camille, défait, perdant l'usage de ses sens, laissait échapper ces mots : « Je m'en vais, je m'en vais, je veux « m'en aller. » Il ne pouvait sortir. A peine le mot fatal *mort* est-il prononcé, Brissot laisse tomber ses bras, sa tête se penche subitement sur sa poitrine. Gensonné, pâle et tremblant, demande la parole sur l'application de la loi. Boileau, étonné, élevant son chapeau en l'air, s'écrie : *Je suis innocent;* et, se tournant vers le peuple, il l'invoque avec véhémence. Les accusés se lèvent spontanément : « Nous sommes innocents, peuple; on vous « trompe. » Le peuple reste immobile. Les gendarmes les serrent et les font asseoir. Valazé tire de sa poitrine un stylet et se l'enfonce dans le cœur : il expire. Sillery laisse tomber ses deux béquilles; et, le visage plein

de joie, se frottant les mains : « Ce jour est le plus
« beau de ma vie. » L'heure avancée, les flambeaux allu-
més, les juges et le public fatigués d'une longue séance
(il était minuit), tout donnait à cette scène un caractère
sombre, imposant et terrible... Boyer-Fonfrède, entrela-
çant Ducos dans ses bras : « Mon ami, c'est moi qui te
« donne la mort. » Son visage était baigné de larmes.
Ducos le presse contre son cœur : « Mon ami, console-
« toi, nous mourrons ensemble. » L'abbé Fauchet, abattu,
semblait demander pardon à Dieu. Lasource contrastait
avec Duprat, qui respirait le courage et l'énergie. Carra
conservait son air de dureté. Vergniaud paraissait ennuyé
de la longueur d'un spectacle si déchirant[1]. » Quand ils
furent pour sortir, quelques-uns d'entre eux eurent la
déplorable idée de jeter des assignats au peuple :
« A nous, amis! » Le peuple, pour toute réponse, foula
aux pieds les assignats[2]. En même temps, le tribunal
décidait que la charrette qui devait conduire les condamnés à l'échafaud y conduirait aussi le cadavre de
Valazé. La foule s'écoula, au cri de : *Vive la République!*
Périssent tous les traîtres[3]*!*

Ceux des prisonniers de la Conciergerie qui s'intéres-
saient au sort des Girondins attendaient l'issue du procès
avec angoisse. Tout à coup, un chœur de voix éclate dans
l'escalier de la prison. C'étaient les condamnés qui chantaient :

> Allons, enfants de la patrie,
> Le jour de gloire est arrivé :
> Contre nous de la tyrannie
> Le *couteau* sanglant est levé!

[1] Vilate, *Mystères de la Mère de Dieu dévoilés*, chap. XIII.
[2] Procès des Girondins, *Hist. parlem.*, t. XXX, p. 125. — Voyez
aussi à ce sujet les *Révolutions de Paris*, de Prudhomme, n° 215
[3] Procès des Girondins, *ubi supra*.

Les chants durèrent toute la nuit, interrompus quelquefois par une saillie de Ducos, et, plus souvent, par
des entretiens dont le sujet était... la France[1]!

Le lendemain, ils furent conduits au supplice, dans cinq
charrettes, ayant avec eux un compagnon muet et livide,
Valazé. Rien ne leur restait plus de cette humaine infir-
mité qui, devant le tribunal, avait trahi chez quelques-
uns d'entre eux un reste d'attachement à la vie. La tête
nue, les mains liées derrière le dos, leur habit jeté
négligemment autour de leur cou, et les bras en manches de chemises, tels les représente une méchante gravure du temps qu'on ne saurait regarder sans que les
larmes viennent aux yeux[2]; mais cette humiliation in-
fligée au corps disparaissait dans le rayonnement de
l'âme, et c'était le front haut, c'était d'un air vainqueur
qu'ils s'acheminaient vers les demeures éternelles. Au
cri de: *Vive la République!* poussé autour d'eux, quelques-
uns répondaient par le même cri. D'autres, comme
Brissot, semblaient plongés dans une méditation profonde et gardaient le silence, pensant peut-être à certaines paroles de Vergniaud, bien cruellement réalisées;
car la Révolution, semblable à Saturne, dévorait ses
enfants. Le temps était pluvieux, le ciel était sombre.
Au pied de la guillotine, ils s'embrassèrent les uns les
autres et se mirent à entonner d'une voix forte ce refrain
des hommes libres : Plutôt la mort que l'esclavage[3].

Le chœur allait s'affaiblissant de plus en plus : bientôt,
une seule voix se fit entendre; puis... « les chants avaient
cessé. »

---

[1] Riouffe, p. 54 et 55.
[2] Voyez le numéro des *Révolutions de Paris*, qui concerne la mort
des Girondins.
[3] *Ibid.*

O deuil qui ne finira pas! O Révolution! O République[1]!

La première condamnation qui suivit celle des Girondins fut la condamnation d'Olympe de Gouges, pauvre femme dont tout le crime était d'avoir, par enthousiasme irréfléchi, par horreur du sang versé, par vanité littéraire, par fol amour du bruit, combattu aveuglément la Révolution, que, non moins aveuglément, elle avait d'abord servie. Devant le tribunal, elle se déclara enceinte; et cette déclaration, si elle n'eût été reconnue inexacte, l'eût sauvée. Le 2 novembre, elle fut conduite à l'échafaud, où Adam Lux monta le surlendemain[2], et qui attendait de plus fameuses victimes, le duc d'Orléans d'abord.

Nous avons fouillé avec le plus grand soin les documents historiques, pour y découvrir en quoi ce prince avait pu mériter que la Révolution le frappât, et toutes nos recherches ont été vaines. Pas un acte, pas une parole de lui, qu'il soit possible de citer comme preuve, ou qu'il trahissait la Révolution, ou qu'il aspirait secrètement à la couronne. Mais, par la fatalité d'une situation sans exemple, la calomnie le vint assaillir de tous les côtés à la fois, et il se trouva mettre contre lui tous les partis l'un après l'autre : les Constitutionnels, parce qu'il figura parmi les ennemis du trône; les Girondins, parce qu'ils le virent assis sur les bancs de la Montagne ; les Montagnards, parce que sa présence dans leurs rangs les désigna au soupçon d'être bien moins ses alliés que ses complices. De la dissolution de ses mœurs et des désordres de sa vie privée, il n'existe que de trop nombreux témoignages ; mais que son dévouement aux prin-

---

[1] Voyez, sur les inexactitudes nombreuses et graves auxquelles a donné lieu le récit de la mort des Girondins, la note critique placée à la suite de ce chapitre.

[2] Nᵒˢ 66 et 67 du *Bulletin du Tribunal révolutionnaire*, 2ᵉ partie.

cipes révolutionnaires ait manqué de sincérité, voilà ce que rien ne démontre, et son procès moins que toute autre chose.

La trahison de Dumouriez et les rapports de ce général avec le duc de Chartres ayant amené la Convention à croire à l'existence d'un parti orléaniste dans l'armée, elle avait décrété, le 4 avril, que les citoyens Sillery et Égalité père ne pourraient sortir de Paris sous aucun prétexte, et, le 6 avril, le décret suivant avait été rendu : « Tous les membres de la famille des Bourbons seront mis en état d'arrestation, pour servir d'otages à la République. » Pendant cette dernière séance, Philippe-Égalité était au Palais-Royal, où il dînait en tête-à-tête avec M. de Monville, un de ses intimes. Tout à coup, Merlin de Douai entre, annonçant que l'arrestation du prince vient d'être ordonnée. A cette nouvelle, le prince se frappe le front, et s'écrie : « Est-il possible? Après tant de marques de patriotisme! Après tant de sacrifices! Quelle ingratitude! Qu'en dites-vous, Monville? » Celui-ci assaisonnait une sole, et se trouvait avoir exprimé, en ce moment même, le jus d'un citron; il répondit, sans se déranger : « Ils font de Votre Altesse ce que je fais de ce citron, » et il en jeta les deux moitiés dans la cheminée [1].

Conduit à Marseille, Philippe-Égalité eut à y subir, le 7 mai, un interrogatoire qu'il soutint avec le plus remarquable sang-froid. On produisit contre lui des lettres qu'on prétendait lui avoir été adressées par Mirabeau; mais Voidel, qu'il avait choisi pour défenseur, démontra jusqu'à l'évidence que ces lettres étaient fabriquées [2].

Au bout de six mois, il était transféré des prisons de Marseille dans celle de la Conciergerie, à Paris; et, le

---

[1] Montgaillard, t. IV, p. 145, après avoir raconté ce fait caractéristique, ajoute : « Nous en garantissons l'exactitude. »

[2] Dulaure, *Esquisses historiques*, t. II, chap. x, p. 475.

6 novembre, il comparaissait devant le Tribunal révolutionnaire. Rien de plus misérable, de plus dérisoire, que les griefs dont l'accusation s'arma contre lui : Il avait confié sa fille aux soins de madame Sillery-Genlis, qui, depuis, avait émigré ; il avait été en relation avec Brissot ; il avait un jour dîné chez Ducos ; sa fille avait fait en Angleterre un voyage suspect ; il avait été lié, pendant son séjour à Londres, avec des créatures de Pitt : Sillery, son ami, avait voté contre la mort de Louis XVI, tandis que lui votait pour, etc[1]... Les réponses de Philippe-Égalité témoignèrent d'une fermeté et d'une présence d'esprit peu communes. La seule charge sérieuse consistait dans un propos qu'on lui attribuait et qu'il nia ; il aurait, dans une certaine occasion, dit à Poultier : « Que me demanderas-tu quand je serai roi ? » Et celui-ci aurait répondu : « Un pistolet pour te brûler la cervelle[2]. » Un pareil fait méritait qu'ont en fît la *preuve ;* et de la preuve, nulle trace n'existe. « Pourquoi, lui fut-il demandé, souffriez-vous qu'on vous appelât *prince ?* » Il répondit : « J'ai fait ce qui dépendait de moi pour l'empêcher. J'avais même fait afficher à la porte de ma chambre que ceux qui me traiteraient ainsi seraient condamnés à l'amende en faveur des pauvres[3]. » Tout fut inutile. Son crime, aux yeux de ses juges, était, non d'avoir été appelé prince, mais de l'être. On le condamna comme complice de la conspiration contre l'unité et l'indivisibilité de la République[4].

Il entendit son arrêt sans changer de visage. Reconduit dans sa chambre, qui faisait partie de l'appartement du concierge, il déjeuna gaîment, mangea des huîtres, et

---

[1] Voyez l'interrogatoire, nᵒˢ 73 et 74 de la 2ᵉ partie du *Bulletin du Tribunal révolutionnaire.*

[2] *Ibid.*

[3] *Ibid.*

[4] *Ibid.*

but les deux tiers d'une bouteille de vin de Bordeaux[1]. Il déclara n'éprouver aucun sentiment amer à l'égard des républicains de la Convention, des Jacobins, des véritables patriotes, ajoutant : « Ma condamnation vient de plus haut et de plus loin[2]. »

Le général Coustard avait été condamné en même temps que lui : ils furent placés, l'un et l'autre, sur la charrette fatale, avec trois individus obscurs, dont l'un, royaliste ardent, se plaignait d'aller au supplice en si mauvaise compagnie. Le duc d'Orléans était vêtu d'un frac vert, gilet de piquet blanc, culotte de peau, bottes parfaitement cirées; il était coiffé et poudré avec recherche. Une fierté, mêlée de mépris, animait son visage, couvert de boutons d'un rouge très-vif. Son indifférence hautaine ne fit place à l'émotion qu'un instant, à la vue de l'inscription *Propriété nationale*, mise en gros caractères sur la façade de son palais. Madame de Buffon, sa maîtresse, était dans le pavillon formant le coin de la rue des Bons-Enfants, penchée à une des croisées du palais. Il aborda la guillotine sans le moindre trouble; et aux valets de bourreau qui se mettaient en devoir de lui ôter ses bottes, il dit : « C'est du temps perdu ; vous me débotterez bien plus aisément mort ; dépêchons-nous[3]. »

La Gironde ayant péri, le couteau s'abaisserait-il, insatiable, sur la tête de celle qui avait été l'âme de la Gironde, son orgueil, sa gloire, sa poésie? La République aurait-elle la force d'immoler cette illustre républicaine, madame Roland? Des hommes se rencontreraient-ils,

---

[1] Montgaillard, t. IV, p. 150.
[2] *Ibid*, p. 151.
[3] Nous empruntons ce tableau à l'abbé Montgaillard, peu suspect de partialité bienveillante à l'égard de Philippe-Égalité, et qui dit : « Nous garantissons ces détails aussi positivement que si nous avions été témoin auriculaire et oculaire.» Au reste, tous les récits s'accordent sur le courage extraordinaire que ce prince déploya à ses derniers moments.

capables de tuer froidement une femme, et une femme qui était un grand homme? La Révolution n'avait-elle pas assez du sang d'une reine, et peut-on concevoir aujourd'hui qu'elle n'ait pas hésité à écraser sous le même niveau... quel niveau, grand Dieu! madame Roland et Marie-Antoinette! Ah! il n'est fibre du cœur qui ne tressaille à ces souvenirs. Son procès... Mais on le connaît déjà, c'était celui de la Gironde. Elle mourut, comme l'aurait pu faire la mère, ou, plutôt, une sœur des Gracques. Habillée de blanc et ses longs cheveux noirs épars jusqu'à sa ceinture, elle descendit d'un air héroïque la rude pente au bas de laquelle on remonte vers l'immortalité. Arrivée sur la place de l'exécution, elle dit, suivant Toulongeon, à son compagnon Lamarche : « Passez le premier, vous n'auriez pas le courage de me voir mourir[1]; » et, suivant Riouffe, elle s'écria : « O liberté! que de crimes on commet en ton nom[2]! » Était-ce un anathème? Non, puisqu'en apostrophant ainsi la statue de la liberté, elle s'inclina en signe de respect devant l'austère déesse qui la tuait et la fera vivre à jamais!

Roland, réfugié aux environs de Rouen, apprit la mort de sa femme, et vint se tuer sur la grande route. Un poteau sur sa fosse, et une inscription qui transmît à la postérité le souvenir de la fin tragique de « ce ministre pervers, » voilà ce que demanda, pour cet infortuné, la haine inexorable de l'esprit de parti[3]!

Parmi les victimes de ce cruel mois de novembre 1795, il en est une dont la mort mérite d'autant mieux d'arrêter notre attention, qu'elle a donné lieu à une foule de récits infidèles dont c'est notre devoir de relever les exagérations et de condamner les mensonges à l'oubli.

---

[1] Toulongeon, cité dans l'*Hist. parlem.*, t. XXXI, p. 98.
[2] *Mémoires de Riouffe*, p. 57.
[3] Lettre des représentants du peuple envoyés dans le département de la Seine-Inférieure, *Hist. parlem.*, t. XXXI, p. 143.

Nous avons raconté dans les plus grands détails le massacre du Champ de Mars en 1791, et l'on a pu voir combien notre récit différait de ceux de tous nos prédécesseurs. Qui oserait, après avoir lu ce livre, mettre en doute le caractère criminel des fureurs qui assignent au 17 juillet 1791 une place parmi les dates sanglantes? Le lecteur ne doit pas oublier, s'il veut être juste :

Que, le 17 juillet 1791, les pétitionnaires du Champ de Mars avaient, avant de se réunir, fait les déclarations et rempli les formalités requises;

Que l'inviolabilité de la loi les couvrait;

Qu'ils en avaient reçu l'assurance solennelle du procureur-syndic de la Commune lui-même;

Que l'aspect du peuple rassemblé, le 17 juillet, au Champ de Mars, était celui d'une fête paisible, les maris ayant amené leurs femmes, les mères leurs enfants, et les vendeuses de pain d'épices, ainsi que les marchands de gâteaux de Nanterre, parcourant d'un air joyeux les groupes de cette foule, aux mains de laquelle pas une arme ne brillait;

Que trois officiers municipaux, envoyés pour constater l'état des choses, furent enchantés de ce qu'ils virent et entendirent, prirent connaissance de la pétition déposée sur l'autel de la patrie, la trouvèrent parfaitement légale, l'approuvèrent, et retournèrent présenter à l'Hôtel de Ville un rapport non-seulement favorable, mais presque admiratif;

Que, malgré cela, et pour frapper un grand coup qui délivrât les constitutionnels de la peur des républicains et la bourgeoisie de la peur du peuple, l'ordre de charger les armes sur la place de Grève même fut donné à la garde nationale par les magistrats de l'Hôtel de Ville, Bailly en tête;

Qu'aucun faux bruit, aucune rumeur mensongère, ne

furent épargnés pour enivrer de fureur les bourgeois en uniforme;

Que le Champ de Mars fut assailli soudainement, et par toutes les issues, de manière à fermer à ceux qu'il renfermait toute voie de salut;

Que le drapeau rouge, très-petit d'ailleurs et presque invisible, ne fut pas déployé à la tête des troupes, comme la loi l'exigeait;

Qu'aucune des trois sommations légales prescrites pour l'exécution de la loi martiale ne fut faite;

Que la garde nationale répondit par une décharge en l'air à quelques pierres lancées des glacis, où se tenaient des provocateurs, séparés de la foule, et qu'au contraire elle fit une décharge meurtrière sur la multitude pressée autour de l'autel de la Patrie, multitude inoffensive, désarmée, qui n'avait provoqué personne, et qui se composait en partie de femmes, d'enfants, de vieillards;

Que la cavalerie fut poussée aussitôt après contre cette masse éperdue, et le champ de la Fédération fraternelle inondé de sang[1]!

Si de telles abominations avaient pu aisément sortir de la mémoire du peuple, il y aurait certes à s'en étonner, et quel nom, dans son esprit, résumait toute cette lamentable histoire? Un seul, hélas! le nom de Bailly.

Bailly était un philosophe égaré dans l'arène des passions politiques, et voué à un rôle qui ne convenait ni à ses habitudes, ni à ses penchants, ni à son caractère. Très-ferme devant le péril, il était sans force contre les obsessions d'un entourage ami. L'horreur du mensonge allant chez lui jusque-là qu'il refusait de le supposer possible dans les autres, l'excès même de son honnêteté ne l'exposait que trop à devenir, en certains cas

---

[1] Nous renvoyons le lecteur, pour la *preuve* de ces faits, au cinquième volume de cet ouvrage, au chapitre intitulé *Massacre du Champs de Mars.*

donnés, l'instrument et le jouet des pervers [1]. Aussi, qu'il
n'ait encouru la responsabilité sinistre du 17 juillet 1791
que par faiblesse, par entraînement, faute d'avoir connu
la vérité, qu'on mit un art perfide à lui dérober jusqu'au
dernier moment, c'est ce que tout autorise à affirmer.
Mais la politique est moins facile à fléchir que l'Histoire.

Bailly comparut devant le Tribunal révolutionnaire, le
10 novembre. Quelque temps auparavant, il avait adressé
à ses concitoyens une lettre que terminaient ces paroles
touchantes : « Je n'ai gagné à la Révolution que ce que
mes concitoyens y ont gagné, la liberté et l'égalité. J'y
ai perdu des places utiles, et ma fortune est presque détruite. Mais, pour être heureux dans le repos de ma retraite, j'ai besoin, mes chers concitoyens, de votre estime. Je sais bien que tôt ou tard vous me rendrez
justice, mais j'en ai besoin pendant que je vis et que je
suis auprès de vous [2]. »

L'accusation porta sur deux points : la fuite de Varennes, qu'on reprochait à l'ancien maire de Paris d'avoir
favorisée, et la fusillade du Champ de Mars. De ces deux
chefs d'accusation, le premier était absurde ; le second
provoqua, il faut bien le dire, des dépositions accablan-
tes, appuyées de documents officiels que l'Histoire ne
saurait taire sans manquer à sa mission. Un limonadier,
nommé Nicolas Chrétien, déclara avoir vu dix-neuf personnes tuées sous ses yeux, au Champ de Mars, tandis
que beaucoup d'autres, fuyant les charges furieuses de
la cavalerie, couraient se précipiter dans la rivière [3].
Robert Patris, imprimeur, vint affirmer, comme s'étant
trouvé sur les lieux au moment du massacre, que les gar-

---

[1] C'est ainsi que l'illustre François Arago apprécie Bailly dans la
belle Notice biographique qu'il lui a consacrée. (Voyez les *Œuvres
complètes de François Arago*, t. II.)

[2] *Ibid.*, p. 405.

[3] Voyez le procès de Bailly, dans l'*Hist. parlem.*, t. XXXI, p. 121.

des nationaux avaient tiré, — circonstance grave, — non du côté d'où quelques pierres étaient parties, mais du côté opposé[1]. Durand, ex-officier municipal, rendit compte des efforts inutiles qu'il avait faits, le 17, à l'Hôtel de Ville, pour empêcher la proclamation de la loi martiale[2]. Coffinhal fit une peinture effroyable des scènes de carnage auxquelles il avait assisté, et cita ce mot d'un des égorgeurs : « La Fayette est tué, mais nous ferons tomber autant de têtes qu'il avait de cheveux[3]. » On produisit un certificat signé de Desmousseaux, procureur-syndic de la Commune, et constatant qu'elle avait reçu, le 16, notification légale de la réunion projetée pour le lendemain[4]. On lut le procès-verbal des commissaires de la municipalité, Leroux, Hardy et Regnault, témoignant de l'ordre qui régnait au Champ de Mars et du bon esprit qui animait les pétitionnaires.

A tout cela que pouvait opposer l'infortuné Bailly? Il déclara qu'il avait ignoré ce qui se passait; qu'il avait cru à ce qu'on lui disait d'un rassemblement d'hommes soldés par les cours étrangères; qu'il ne se rappelait pas si Desmousseaux lui avait parlé le 17 ou le lendemain de la notification qu'on lui présentait; que, quant au rapport des trois commissaires, il pensait n'en avoir eu connaissance que le lendemain[5]. Comme il se rejetait sur la nécessité d'obéir à l'Assemblée nationale, l'accusateur public donna lecture d'une lettre de Treilhard, président de l'Assemblée à cette époque; or cette lettre ne contenait pas l'ordre de déployer le drapeau rouge, elle se bornait à recommander au maire de Paris « les mesures les plus sûres et les plus vigoureuses pour arrêter *ces dés-*

---

[1] Voyez le procès de Bailly, p. 122.
[2] *Ibid.*
[3] *Ibid.*, p. 119.
[4] Voyez le texte de ce certificat. (*Hist. parlem.*, t. XXXI, p. 110.)
[5] *Ibid.*, p. 107.

ordres et en connaître les auteurs [1]. » Une des charges les plus terribles produites contre l'accusé était de n'avoir pas proclamé la loi martiale avant d'ouvrir le feu, conformément aux prescriptions formelles de la loi; sa défense à cet égard se réduisit à dire que son intention était de faire les sommations préliminaires voulues, mais que l'impatience des gardes nationaux ne lui en avait pas laissé le temps [2]. En somme, les réponses de Bailly prouvaient de reste que, le 17 juillet, il n'avait vu, entendu, agi, que par les yeux, les oreilles et les mains d'autrui. « Vous étiez donc un être nul dans le conseil? » lui demanda l'accusateur public [3]; et un des jurés fit cette remarque ironique : « Il paraît, que le 17 juillet, le maire de Paris n'était qu'un être de représentation [4]. » Eh! sans doute, Bailly n'avait été que cela! C'est ce qui absout sa mémoire, et c'est ce qui lui eût sauvé la vie, s'il eût été jugé par de calmes philosophes, dans un temps de repos, au lieu de l'être par des esprits implacables, dans un temps d'orage. Il fut condamné à l'unanimité des voix [5]!

Interpellé de dire s'il n'avait aucune réclamation à élever contre l'application de la peine, il prononça ces paroles remarquables : « J'ai toujours fait exécuter la loi, je saurai m'y soumettre, puisque vous en êtes l'organe [6]. »

Une autre de ses réponses doit être rappelée, parce qu'elle prouve à la fois, et combien l'âme de Bailly était honnête, et combien furent coupables les violences qu'il eut à expier, non pour les avoir voulues, mais pour ne les avoir pas assez vite comprises. Le président du tribunal

[1] Voyez la lettre de Treilhard. (*Hist. parlem.*, t. XXXI, p. 109 et 110.)
[2] *Ibid.*, p. 120.
[3] *Ibid*, p. 117.
[4] *Ibid.*, p. 116.
[5] *Ibid.*, p. 128.
[6] *Ibid.*, p. 129.

lui ayant demandé s'il avait eu connaissance qu'au 17 juillet il existât un complot tendant au massacre des patriotes, il répondit : « Je n'ai pas eu connaissance de ce complot ; mais l'expérience m'a donné lieu de penser, depuis, qu'il en existait un à cette époque [1] ! »

Ramené à la Conciergerie, Bailly se montra plein de cette gaieté française dont lui-même avait dit qu'elle équivaut au stoïcisme. Il invita son neveu Bathéda à une partie de piquet ; et, s'arrêtant au milieu de la partie, il lui dit, avec un sourire : « Mon ami, reposons-nous un instant, et prenons une prise de tabac ; demain je serai privé de ce plaisir, puisque j'aurai les mains liées derrière le dos [2]. » Un de ses compagnons de captivité lui reprochait tendrement, le 11 novembre au soir, de les avoir trompés en leur laissant entrevoir la possibilité d'un acquittement : « Je vous apprenais, répondit-il, à ne jamais désespérer des lois de votre pays [3]. »

La sentence devait être exécutée le 12. Il se leva de bonne heure après avoir joui d'un sommeil tranquille, prit du chocolat, et s'entretint longtemps avec son neveu. Il était très-calme. Toutefois, comme il avait remarqué, la veille, qu'on avait fortement excité les spectateurs contre lui, cette impression lui revenant, il prit deux tasses de café à l'eau, disant à ceux qui l'entouraient et qu'il voyait tout en larmes, qu'il avait un voyage difficile à faire, et qu'il se défiait de son tempérament [4]. Midi venait de sonner. Il adresse un dernier adieu à ses compagnons ; et, avec la gravité d'un philosophe, avec la sérénité d'un homme de bien, il monte sur la charrette fatale, les mains liées derrière le dos.

[1] *Hist. parlem.*, t. XXXI, p. 108.
[2] *Notice biographique de Bailly*, par François Arago, t. II des *OEuvres complètes* de ce dernier, p. 406.
[3] *Ibid.*
[4] Souvenirs de M. Beugnot, cités par M. François Arago, dans la *Notice biographique de Bailly*, ubi suprà, p. 411.

Est-il vrai qu'il eut à subir la fatigue d'une marche
de deux heures, aggravée par de continuels outrages ;
qu'on le conduisit d'abord à la place de la Révolution,
puis au Champ de Mars ; que l'instrument de mort fut
placé au bord de la Seine, sur un tas d'ordures, à un endroit choisi de telle sorte que Bailly pût apercevoir, au
moment suprême, la maison de Chaillot, où il avait composé ses ouvrages ; que, pendant cette opération, qui
dura très-longtemps, on le traîna plusieurs fois autour
du Champ de Mars ; qu'on lui fit porter, sur ce nouveau
calvaire, les pièces de l'instrument du supplice ; qu'on
agita tout près de sa figure le drapeau rouge enflammé ;
et qu'à un misérable qui lui reprochait de trembler il
fit cette réponse théâtrale : « Oui, je tremble, mais c'est
de froid ! » Voilà ce que les historiens de la Révolution
ont mis une complaisance particulière à raconter, chacun
d'eux renchérissant sur son prédécesseur et ajoutant un
horrible détail de plus à cet horrible tableau. Eh bien,
rien de tout cela n'est vrai [1] ; la vérité, la voici :

L'arrêt portant que l'exécution aurait lieu sur l'espla-
nade entre le Champ de Mars et la Seine [2], ce fut là que
l'on conduisit directement le condamné. Il était une
heure un quart, lorsqu'on atteignit la place où, aux termes du jugement, l'échafaud avait été dressé. A l'aspect
de la charrette, des hommes qui l'attendaient crièrent
que la terre sacrée du champ de la Fédération ne devait
pas être souillée du sang de celui qu'ils appelaient un
grand criminel. On démonta donc l'instrument du supplice, on le transporta pièce à pièce dans un des fossés,
et on le remonta de nouveau. Bailly, durant ces affreux
préparatifs, demeurait impassible. La pluie tombait, une
pluie froide et pénétrante ; elle inondait le corps et la tête

[1] Voyez la note critique placée à la suite de ce chapitre.
[2] Voyez le texte du jugement, dans l'*Hist. parlem.*, t. XXXI, p. 129.

nue du vieillard. Le voyant frissonner, un des spectateurs
lui crie : « Tu trembles, Bailly? » Lui, avec une simplicité
et une douceur sublimes : « Mon ami, j'ai froid [1]. » Ce
furent ses dernières paroles. Il descendit dans le fossé ;
le bourreau brûla le drapeau rouge, comme le jugement
le prescrivait ; la sentence funèbre s'exécuta, des clameurs sanguinaires retentirent, et tout fut dit [2].

Qui les poussa, ces clameurs? Et à qui revient la responsabilité historique de l'opération inutile et barbare
qui prolongea l'agonie de l'infortuné Bailly? Son biographe, l'illustre et savant François Arago, répond à la question en ces termes : « Il n'y eut autour de l'échafaud de
Bailly que des misérables, rebut de la population, accom-
plissant à prix d'argent le rôle à eux assigné par trois ou
quatre riches cannibales [3]. » Ce qui est certain, c'est que
Mérard Saint-Just, l'ami intime de l'ancien maire de Paris, cite par initiales le nom d'un homme qui, le jour
même du supplice, se vantait publiquement d'avoir élec-
trisé les quelques acolytes qui, avec lui, exigèrent le déplacement de l'échafaud [4]. Ce qui est encore certain, c'est
que les guichetiers de la Conciergerie, — sans qu'on
puisse s'expliquer le fait autrement que par l'hypothèse
d'un salaire donné et reçu, — s'emportèrent contre
Bailly à des violences auxquelles nul autre accusé ne fut
soumis, pas même l'Admiral, après sa tentative manquée d'assassinat sur la personne de Collot-d'Herbois.
Un compagnon de captivité du vénérable magistrat raconte qu'avant de le remettre aux gendarmes qui devaient le conduire au tribunal, les guichetiers se le ren-
voyaient, comme un homme ivre, de l'un à l'autre, en

[1] Voyez, sur ce point, la *Notice biographique de Bailly*, par François Arago, p. 415.
[2] Voyez la note critique placée à la suite de ce chapitre.
[3] *Notice biographique de Bailly*, ubi suprà, p. 411.
[4] *Ibid.*, p. 418.

criant : « Tiens, voilà Bailly! A toi Bailly! Prends donc
Bailly! » Et ils riaient aux éclats, les infâmes, de l'air
grave que conservait le philosophe[1]!

Que le souvenir des cruelles scènes du Champ de Mars,
souvenir éloigné déjà, mais toujours vivant, disposât le
peuple à recevoir les impulsions de la haine, cela n'est
pas douteux ; et c'est ce que ne comprirent que trop bien
les ennemis de l'homme qui, dans le premier acte de la
Révolution, avait si courageusement et si efficacement
joué le principal rôle. Il y a un mot de Bailly, dont l'importance historique est capitale. Après sa condamnation,
il dit : « Je meurs pour la séance du Jeu de Paume, et
non pour la funeste journée du Champ de Mars[2]! »

[1] Beugnot, cité par M. François Arago, *ubi suprà*, p. 417.
[2] *Notice biographique de Bailly*, p. 417.

Relativement à la mort de Bailly, le narrateur qui a servi de guide
à tous ceux qui ont suivi, c'est Riouffe. Or qu'était Riouffe? Un jeune
homme passionné à l'excès, d'une violence que chaque ligne de son
livre atteste, et qu'une incarcération injuste avait exaspéré. Ses *Mémoires* sont pleins d'erreurs matérielles, que nous aurons occasion de
relever. Bornons-nous, en ce moment, à celles dont son ouvrage a
été la source. Et d'abord, comment Riouffe, qui était alors en prison,
a-t-il pu savoir, seconde par seconde, ce qui se passait au dehors?
Écoutons-le parler : « Si on demande d'où nous sommes si bien instruit, qu'on sache que c'était par le moyen du bourreau, qui, pendant une année entière, n'a cessé un seul jour d'être appelé dans
cette horrible demeure, et qui racontait aux geôliers ces abominables
et admirables circonstances. » Ainsi, des propos de bourreau, passant
par la bouche de geôliers, et rédigés de mémoire, longtemps après,
par un homme naturellement disposé à présenter les choses sous un
jour aussi odieux que possible, voilà où les historiens ont puisé. — Je
ne parle pas ici de M. Michelet, qui, j'ignore pourquoi, n'a raconté ni
la mort de Bailly ni celle du duc d'Orléans. Mais, quelque sombre que
soit le tableau tracé par Riouffe, — on a vu d'après quelles autorités
les écrivains qui l'ont pris pour guide ont mis la plus étrange ému-
lation à renchérir l'un sur l'autre. M. de Barante, dans son *Histoire
de la Convention*, t. III, p. 312, édition Méline, assure que le trajet
dura deux heures; que le condamné fut accablé d'injures; que parfois
on lui jetait de la boue; qu'on dressa l'échafaud parmi des ordures, etc... Sur quelles autorités s'appuie l'auteur? Il n'en cite aucune, et il est bien manifeste qu'il a pris tout cela des *Mémoires de*

Riouffe. Or pas une de ces circonstances qui soit mentionnée dans le récit officiel de l'exécution, tel que le donne le *Bulletin du Tribunal révolutionnaire*, cité dans l'*Histoire parlementaire*, t. XXXI, p. 129. Ce que Riouffe ne dit pas, et ce que M. de Barante ajoute de son autorité privée, c'est que les insulteurs étaient « les misérables stipendiés de la Commune. » Mais M. de Barante donne-t-il à cet égard une seule preuve? Non. Invoque-t-il un seul témoignage? Non. Fournit-il un seul indice? Non.

Dans son *Histoire de la Révolution*, t. III, p. 267, édition Méline, M. Thiers va plus loin que M. de Barante. Suivant lui, on aurait élevé la guillotine sur le bord de la Seine, vis-à-vis le quartier de Chaillot, où Bailly avait passé sa vie et composé ses ouvrages; on lui aurait fait faire plusieurs fois le tour du Champ de Mars; et, ne trouvant pas probablement que ce fût assez de lui jeter de la boue, M. Thiers imagine des coups de pied et des coups de bâton. Inutile de demander à M. Thiers ses autorités; son livre, sur ce point, est toujours muet; et Riouffe lui-même n'a pas cru devoir parler de coups de pied et de coups de bâton. Il est absurde de supposer que ceux qui, à l'arrivée de Bailly, vociférèrent que sa présence souillait le champ de la Fédération, l'y aient introduit, un moment après, pour lui en faire parcourir l'enceinte. Cette remarque, qui appartient à M. François Arago, est décisive. Et, quant à l'idée si savamment cruelle d'élever la guillotine sur un tas d'ordures, au bord de la rivière, pour que l'infortuné pût apercevoir de là la maison où il avait composé ses ouvrages, cette idée, remarque encore M. François Arago, se présenta si peu à l'esprit de la multitude, que la sentence s'exécuta dans le fossé, entre deux murs! Et c'est en effet ce que constate le compte rendu officiel de l'exécution par le *Bulletin du Tribunal révolutionnaire*. (Voyez l'*Hist. parlem.*, t. XXXI, n° 129.)

Si M. Thiers est allé plus loin que M. de Barante, combien M. de Lamartine est allé plus loin que M. Thiers! Le trajet de *deux* heures, constaté par M. de Barante, devient, dans M. de Lamartine, et grâce à un progrès naturel, un trajet de *trois* heures. (Voyez l'*Histoire des Girondins*, t. VII, p. 273.) M. Thiers s'était borné aux coups de pied et aux coups de bâton, M. de Lamartine veut qu'on ait contraint le condamné à *lé cher de sa langue* le sol où avait coulé le sang du peuple! Il fait porter à Bailly « les lourds madriers qui supportent le plancher de la Guillotine, » par une poétique réminiscence de la scène du Calvaire, sans se souvenir que Bailly avait les mains liées derrière le dos! Il affirme (p. 272) que ce fut la *populace*, la *horde*, qui exigea l'érection de la guillotine au Champ de Mars; et il ignore que le choix de l'emplacement fait partie de l'arrêt même rendu par le Tribunal révolutionnaire! Il représente des hommes qui se disaient amis ou parents des victimes du Champ de Mars portant un drapeau rouge en dérision, à côté de la charrette, au bout d'une perche; et il n'a pas lu dans le texte de l'arrêt : « Le drapeau rouge sera attaché derrière la voiture et traîné jusqu'au lieu de l'exécution, où il sera brûlé par l'exécuteur des jugements! » Ainsi du reste!

Mais les récits que j'examine ne pèchent point seulement par *addition*; ils pèchent par *omission*, d'une manière non moins frappante et non moins significative. Ni M. de Barante, ni M. Thiers, ni M. de Lamartine ne parlent de ce remarquable aveu de Bailly : « L'expérience m'a donné lieu de penser, depuis, qu'il existait un complot à cette époque. » Ni M. de Barante, ni M. Thiers, ni M. de Larmartine ne citent ces paroles, plus remarquables encore, du condamné : « Je meurs pour la séance du Jeu de Paume, et non pour la funeste journée du Champ de Mars. » Ni M. de Barante, ni M. Thiers, ni M. de Lamartine ne font précéder le compte rendu de l'exécution de celui du procès. Il est vrai que, dans ce cas, ils n'auraient pu dire : le premier, que Bailly « se défendit patiemment contre des dépositions *mensongères;* » le second, que, depuis Tacite, « la vile populace n'a pas changé; » le troisième, que « Bailly avait parlé en sage et agi en magistrat, quand les agitations sanglantes commencèrent à souiller les victoires du peuple. » Voilà donc ce qu'on fait de l'histoire, grand Dieu!

En ce qui touche le procès et la mort des Girondins, que de choses à dire, si l'espace le permettait! Nous ne nous arrêterons pas au récit mélodramatique qu'en a présenté M. de Lamartine. Ce qui appartient à l'imagination et au rêve s'y trouve tellement mêlé à ce qui appartient à l'histoire, que le seul travail du triage exigerait un ouvrage spécial.

M. Michelet, sacrifiant à des sympathies généreuses les austères devoirs de l'historien, a mis un soin particulier à taire *toutes* les circonstances défavorables au parti que la tendresse de son âme avait adopté dès l'abord.

M. de Barante, tout en avouant que chacun des accusés chercha à se justifier personnellement, et que les contumaces furent chargés par leurs amis présents au procès, trouve moyen de conclure que « leur attitude au procès était noble, » et leur fait honneur de la supériorité que leur langage, leurs manières et leur physionomie leur donnaient sur leurs « vils ennemis. »

Les détails nous entraîneraient trop loin. Contentons-nous d'appeler l'attention du lecteur sur une circonstance qui n'est malheureusement pas sans gravité. S'il est un fait historiquement démontré, c'est celui qui nous montre quelques-uns des condamnés criant au peuple : *A nous, amis!* lui jetant des assignats, et le peuple, pour toute réponse, foulant les assignats aux pieds. Le compte rendu officiel du procès, les *Révolutions de Paris*, le récit de Vilate lui-même, ne laissent aucun doute, soit sur la réalité de cette triste aberration, soit sur son caractère, soit sur l'impression produite. Eh bien, voici comment la scène est racontée par M. de Barante, t. III, p. 305 : « Ils jetèrent des assignats à la foule, sans doute par mépris, sachant bien que ceux des spectateurs qui applaudissaient à leur condamnation étaient payés pour ce rôle. » Mais comment concilier cette explication, et avec le cri : *A nous, amis!* et avec le mouvement de violente indignation dont la foule fut saisie? M. de Barante, pour se tirer d'embarras, a eu recours à un moyen bien simple : il a passé sous silence l'une et l'autre circonstance. Mais c'est la version de M. de Lamartine qui est curieuse. Je cite textuellement : « Quelques-uns jettent au même instant des poignées d'assignats, non, comme on l'a cru, pour faire appel à la corruption et à l'émeute, mais pour léguer au peuple, comme les Romains, une monnaie désormais inutile à leur propre vie. La foule se précipite sur ce legs des mourants et paraît s'attendrir!!... » (*Histoire des Girondins*, t. VII, p. 43.) M. Michelet, lui, ne dit pas un mot de tout cela, et, franchement, le silence vaut encore mieux que certaines explications. Quant à M. Thiers (t. III, p. 263, édit. Méline), il écrit : « Quelques-uns d'entre eux ont le tort de jeter quelques assignats, comme pour engager la multitude à voler à leur secours; mais elle reste immobile. » Ceci est beaucoup plus exact; seulement, il ne l'est pas que la multitude soit « restée immobile. » Le compte rendu officiel de la séance porte que « le peuple foula aux pieds les assignats, les mit en pièces, au milieu des cris de *Vive la République!* » Vilate se contente de dire que le peuple « murmura. » (Voyez les *Mystères de la Mère de Dieu dévoilés*, chap. XIII.) Au reste, à part ce que M. Thiers raconte de la dernière nuit des Girondins, son récit de leur procès et de leur mort est, sans comparaison, le plus sérieux et le plus véridique de tous ceux qui avaient été faits jusqu'à présent. Je l'ai dit plusieurs fois déjà, et je ne saurais me lasser de le répéter : il y aurait un livre spécial à écrire sur les fausses histoires de la Révolution française.

CHAPITRE QUATORZIÈME

L'HÉBERTISME.

Lutte des deux écoles philosophiques du dix-huitième siècle. — Les Encyclopédistes continués par les Girondins, les Girondins continués et
exagérés par les Hébertistes. — Pourquoi Hébert donna son nom à
ce parti. — Combien Chaumette différait d'Hébert. — Dévotion de
Chaumette à l'athéisme. — Actes qui honorent sa mémoire. — Clootz
n'était pas du parti des Hébertistes. — Sa doctrine. — Il était opposé au principe de l'individualisme et panthéiste. — Son grand
amour pour la France, considérée comme exerçant les pouvoirs du
genre humain. — Clootz n'avait de commun avec les Hébertistes
qu'une haine violente contre les prêtres. — Guerre aux églises. —
Clootz précipite la crise. — Abdication des fonctions épiscopales par
Gobel ; démissions et abjurations de prêtres. — Entrevue de Clootz
et de Robespierre. — Inauguration du culte de la Raison par Chaumette. — Mascarades indécentes. — Vues particulières d'Hébert ; il
cherche à s'appuyer sur la Terreur ; il fait chasser Thuriot du club
des Jacobins. — Chabot compromis dans une affaire de faux ; Fazire
victime de l'amitié. — Beau rapport de Robespierre sur la situation
des puissances étrangères ; but de ce rapport. — Progrès de l'Hébertisme ; entraînement général ; actes de délire. — Hommes en
habits sacerdotaux allant danser au milieu de la Convention. —
Courage civil de Robespierre ; il se déclare contre le mouvement
hébertiste. — De quelle manière et pourquoi. — Son opinion sur les
dogmes métaphysiques à adopter au point de vue social, conforme
à celle de Caton combattant César et à celle de Jean-Jacques. — Ce
qui le conduisit à dire : « L'athéisme est aristocratique. » — Pourquoi
la Révolution n'alla pas jusqu'au Panthéisme. — Chaumette semble
d'abord accepter la lutte. — Les Hébertistes demandent la tête de

Madame Élisabeth; Robespierre veut la sauver: son manque de
courage en cette occasion. — Danton à la suite de Robespierre; il
se prononce comme lui contre les mascarades antireligieuses et
proclame l'existence de l'Être suprême. — Rétractation de Chaumette. — Rétractation d'Hébert. — Le mouvement hébertiste dans
ses rapports avec la faction de l'étranger; le Comité de salut public
s'en inquiète. — Manifeste à l'Europe. — Décret spécial de la Convention en faveur de la liberté des cultes. — Fin du mouvement
hébertiste; victoire de Robespierre. — Elle irrite à jamais contre
lui les prêtres. — Comment Robespierre a mérité d'être l'homme de
la Révolution le plus calomnié et le plus haï par les ennemis de la
Révolution.

Au milieu de ces exécutions sanglantes, la Révolution
parcourait ses phases inévitables; sortie des flancs du dix-
huitième siècle, elle en traduisait en actes les pensées,
et mettait aux prises les deux grandes écoles dont nous
avons décrit, dans le premier volume de cet ouvrage, la
lutte intellectuelle.

On a vu comment le désir de briser la chaîne des
croyances traditionnelles et imposées avait conduit les
encyclopédistes à n'admettre d'autre culte que celui de la
raison. Nous les avons montrés se réunissant, les di-
manches et les jeudis, autour de la table du baron d'Holbach, pour y fêter, verre en main, leur chère déesse; et
à l'extrême divergence de leurs idées, au perpétuel conflit de leurs paroles, à leurs disputes sur Dieu, sur la
morale, sur le libre arbitre, sur l'âme, sur l'origine du
monde, sur sa marche, sur son aboutissement, sur toute
chose enfin, l'on a pu juger combien la raison, quand
chacun la cherche de son côté, est une divinité difficile
à reconnaître. De la table du baron d'Holbach, nous les
avons suivis à celle du financier-philosophe que Voltaire
surnomme en souriant Atticus, et nous avons raconté
comment de leurs conversations recueillies avec soin et
en quelque sorte tamisées, Helvétius tira ce fameux livre
de l'*Esprit,* qui fait de l'intérêt personnel l'unique mo-

bile de toutes nos actions, rapporte à des mouvements
de sensibilité physique toutes nos passions et toutes nos
idées, attribue un mérite purement accidentel ou relatif
à la vérité, à la vertu, au dévouement, à l'héroïsme, au
génie, et installe l'anarchie au sein des sociétés humaines, sous ce nom décevant : souveraineté du *moi*[1].

Ceux qui, les premiers, représentèrent cette école
philosophique pendant la Révolution, furent les Girondins. Eux morts, le drapeau qu'ils avaient porté fut re-
levé, mais par quels hommes! La philosophie de l'individualisme, contenue, chez les Girondins, dans les bornes
du bon goût, et associée à beaucoup de grâce, ne se produisit, chez leurs successeurs, que sous les dehors de la
grossièreté et de l'emportement. Car, il faut bien le dire :
dans la sphère des idées, Hébert ne fut que le continua-
teur et l'exagérateur de Guadet.

Seulement, la doctrine que Guadet avait professée au
point de vue des instincts et des intérêts bourgeois, Hébert essaya de la faire prévaloir au moyen d'une mise
en scène ultra-démocratique. Il l'affubla de haillons; il
lui donna à parler le langage des halles; il parvint à la
populariser presque, en la combinant avec un système
suivi d'attaques furieuses contre ce que le peuple avait
raison de haïr; et, comme il avait pour organe un journal
très-répandu, l'on baptisa de son nom, sans trop regarder ni à ses antécédents ni à son caractère, le parti de
ceux qui poussaient, en invoquant la raison, à l'anarchie
intellectuelle, et, en invoquant la souveraineté de l'individu, à l'anarchie sociale.

Au mois de novembre 1793, ce parti se trouvait déjà
très-fort, représenté qu'il était : dans la presse, par Hé-

---

[1] Voyez, dans le premier volume, sur les *Origines et les causes de la
Révolution*, le chapitre intitulé *Triomphe de l'individualisme en philosophie, ou rationalisme* p. 384-396.

bert; dans les bureaux de la guerre, par Vincent; au premier rang des députés en mission, par Fouché et Carrier; à la tête de l'armée révolutionnaire, par Ronsin; au Comité de salut public, par Collot-d'Herbois; à la Commune, par Chaumette.

Ranger ce dernier parmi les Hébertistes, le peut-on sans injustice? Oui, puisque lui-même confondit toujours sa cause avec la leur; mais ce que la justice demande, c'est qu'on ne passe sous silence aucun des faits qui assignent au procureur général de la Commune une place à part dans l'histoire de son parti.

Fils d'un cordonnier de Nevers, qui lui fit faire quelques études, Chaumette avait commencé par servir en qualité de mousse. Mais il aimait les livres, il aimait les plantes, et, la marine ne tardant pas à le dégoûter, il la quitta pour se livrer à l'étude de la botanique[1]. Il avait vingt-six ans et était clerc-copiste chez un procureur quand la Révolution éclata[2]. Il en embrassa les principes, travailla au journal de Prudhomme, rédigé alors par Loustalot, et déploya un enthousiasme révolutionnaire qui lui gagna la faveur du peuple; d'autant qu'il avait une figure assez attirante, une voix sonore, un geste aisé, et une facilité d'improvisation qui, sous l'influence du vin d'Aï, pour lequel il ressentait une prédilection particulière[3], toucha quelquefois à l'éloquence. Malheureusement, ses cheveux plats et luisants[4] et l'espèce d'onction qu'il mettait à ses prédications civiques le faisant quelque peu ressembler à un prêtre, ses ennemis répandirent qu'il avait été moine[5]. Avoir été moine! L'accusa-

---

[1] Adresse de Chaumette à ses concitoyens. Voyez le *Moniteur*, an Ier, 1793, n° 147.

[2] Beaulieu, *Biographie universelle*.

[3] *Ibid.*

[4] *Mémoires sur les prisons*, t. II, p. 147.

[5] On trouve cette erreur dans le *Nouveau Paris* de Mercier, voyez le t. V, chap. ccxi. — HÉBERTISTES.

tion était grave, en ce temps-là ; si grave, que Chaumette
lui-même nous apprend qu'elle faillit un jour lui coûter
la vie [1]. Mais il réussit à détromper sur ce point les faubourgs ; et le peuple, en l'élevant à la dignité de procureur général de la Commune, lui fournit les moyens
d'étendre son influence. Hébert avait une âme vile et
sèche, un esprit calculateur et froid ; pour le peindre, il
suffit de rappeler que l'auteur ordurier du *Père Duchesne*, dès qu'il n'était plus au milieu de ce qu'il appelait ses *fourneaux*, se piquait de bel esprit et tranchait
du petit-maître. Bien différent de son substitut, Chaumette avait un cœur ardent et sincère. Capable d'élans
poétiques et sujet à des attendrissements où se mêlait
une sorte de mysticisme, on peut dire qu'il fut athée
avec l'entraînement d'une nature croyante et la ferveur
d'un dévot.

Un rapide énoncé de ses actes le fera mieux connaître.

Il réclama et obtint l'abolition de la peine du fouet,
dans les maisons d'éducation [2].

Il poursuivit jusqu'en ses derniers repaires la prosti-
tution, dénoncée par lui comme une peste publique qui
n'avait droit qu'à la tolérance des pays soumis à des
prêtres non mariés et à des rois [3].

Il prit des mesures d'une sévérité extrême contre les
vendeurs de livres impudiques et de gravures corruptrices [4].

Il proposa de substituer à la Morgue un établissement
qui sauvât du scandale d'une exposition indécente « les
victimes du crime ou du sort [5]. »

[1] Adresse de Chaumette à ses concitoyens, *ubi supra*.
[2] *Moniteur*, an Ier, 1793, n° 273.
[3] *Ibid.*, an II, n°s 63 et 111.
[4] *Ibid.*, n° 27.
[5] *Ibid.*, an Ier, 1793, n° 280.

Dans un discours à l'adresse de certaines « viragos » qui avaient couru les halles et voulu forcer les femmes à abandonner pour le bonnet rouge la coiffure modeste de leur sexe, il disait : « Eh, depuis quand est-il permis d'abjurer son sexe? Depuis quand est-il décent de voir des mères abandonner le soin pieux de leur ménage et le berceau de leurs enfants pour courir les places publiques?... Est-ce aux hommes que la nature a confié la garde du foyer? Nous a-t-elle donné des mamelles pour allaiter nos enfants?... Femmes impudentes, qui voulez devenir hommes, n'êtes-vous pas assez bien partagées? Votre despotisme est le seul que nos forces ne puissent abattre, parce qu'il est celui de l'amour[1]. »

Fouché, envoyé en mission à Nevers, y avait pris un arrêté ainsi conçu : « Désormais, le lieu destiné à recevoir la cendre des morts sera isolé de toute habitation et planté d'arbres au milieu desquels s'élèvera une statue du Sommeil. On lira sur la porte du champ du repos : *La mort est un sommeil éternel*[2]. » Cet arrêté, communiqué à la Commune, amena Chaumette à expliquer comment il entendait les hommages à rendre à ceux qui ne sont plus. Pourquoi des cyprès? Pourquoi des cérémonies lugubres? « Je crois, a écrit Montaigne, que ce sont ces mines et appareils effroyables, de quoy nous entournons la mort, qui nous font plus de peur qu'elle : les cris des mères, des femmes et des enfans; la visitation de personnes estonnées et transies, l'assistance d'un nombre de valets pasles et esplorez; une chambre sans jour; des cierges allumez; nostre chevet assiégé de médecins et de prêcheurs; tout horreur et effroy autour de nous : nous voylà desia ensepvelis et enterrez. Les enfans ont peur de leurs amis mesmes, quand ils les

---

[1] *Moniteur*, an II, 1793, n° 59.
[2] *Moniteur*, an II, 1793, n° 50.

veoyent masquez : aussi avons-nous. Il fault oster le masque aussi bien des choses que des personnes : osté qu'il sera, nous ne trousverons au-dessouls que cette mesme mort, qu'un valet ou une simple chambrière passèrent dernièrement sans peur [1]. » Chaumette, à cet égard, pensait absolument comme Montaigne. La mort, selon lui, était une amie qu'il fallait accueillir en habits de fête et la tête couronnée de fleurs. Il prononça cette parole exaltée, et, sur les lèvres d'un associé d'Hébert, si étrange : « Je voudrais pouvoir respirer l'âme de mon père. » Il fit décider que les honneurs de la sépulture seraient rendus aux pauvres aussi bien qu'aux riches [2] ; qu'on donnerait aux morts le drapeau tricolore pour linceul, et qu'aux inhumations l'on porterait une espèce de jalon avec ces mots : « L'homme juste ne meurt jamais ; il vit dans la mémoire de ses concitoyens [3]. »

Chaumette allait trop loin peut-être, lorsque, ému des progrès de la disette, il voulait qu'on plantât tous les jardins en pommes de terre ; lorsqu'il demandait la suppression des pâtés, parce que Paris manquait de pain ; lorsque, à la nouvelle que nos soldats marchaient nu-pieds, et dans l'espoir de faire baisser le cuir, il adjurait les bons patriotes de ne plus acheter que des sabots [4]... Mais des exagérations de ce genre sont-elles des crimes ?

Il faut tout dire : ce fut lui qui réclama, au nom des sections, la formation de cette terrible armée révolutionnaire que devait suivre un tribunal ambulant [5] ; et l'on ne saurait oublier que, le 10 octobre, il dressa une liste

---

[1] *Essais* de Montaigne, liv. Ier, chap. XIX.
[2] *Moniteur*, an II, 1793, n° 50.
[3] *Ibid.*, n° 63.
[4] Voyez le procès de Chaumette dans l'*Hist. parlement.*, t. XXXII, p. 277 et 278. — Voyez aussi le t. XXX de la même histoire, p. 139.
[5] *Moniteur*, an Ier, 1793, n° 50.

de suspects qui s'étendait, chose presque incroyable, à
ceux « qui auraient reçu avec indifférence la constitution
républicaine; » à ceux « qui, n'ayant rien fait contre la
liberté, n'auraient rien fait pour elle; » à ceux « qui ne
fréquenteraient pas leurs sections; » aux « partisans de la
Fayette[1], » etc..., etc... Mais assez d'autres traits d'un
caractère opposé témoignent en faveur de Chaumette,
pour qu'il soit permis de n'attribuer ni à un bas calcul
de popularité ni à des penchants cruels ces égarements
d'un zèle que tant de circonstances concouraient à sur-
exciter. Une lettre de lui au président du Directoire de
Paris mérite d'être rapportée :

« Affaire pressée.

« Il m'a été dénoncé, citoyens administrateurs, un
abus contre lequel j'invoque à la fois votre surveillance
et votre humanité. Après les exécutions publiques des
jugements criminels, le sang des suppliciés demeure
sur la place où il a coulé. Des chiens viennent s'en
abreuver. Une foule d'hommes repaissent leurs regards
de ce spectacle qui porte les âmes à la férocité. Des hommes d'un naturel plus doux, mais dont la vue est faible,
se plaignent d'être exposés à marcher sans le vouloir dans
le sang humain. Vous sentez combien un pareil abus
doit être promptement réprimé... Je m'en repose à
cet égard sur votre amour pour l'ordre et les bonnes
mœurs.

                              « CHAUMETTE[2]. »

A qui faire croire que l'auteur de cette lettre ait été
capable, ainsi que l'en accuse sans preuve un écrivain
royaliste[3], de mettre parmi les joujoux qu'il envoyait un

[1] *Hist. parlement.*, t. XXXI, p. 20 et 21.
[2] Voyez *Louis XVII, sa vie, son agonie et sa mort*, par de Beauchesne.
[3] *Ibid.*, liv. XII, p. 112 et 113.

jour au fils de Louis XVI... une petite guillotine? Ce qui
est vrai, et ce qui restera à jamais comme une tache sur
la mémoire de Chaumette, c'est sa participation à l'interrogatoire odieux qu'on fit subir à la fille de Marie-
Antoinette, quelques jours avant le jugement de sa mère [1].
Encore est-il juste de se reporter à cette époque. Il y a
de Chaumette un mot touchant et profond : « Ma justification et ma condamnation sont dans le temps [2] ! » dit-il
au tribunal révolutionnaire, quand, plus tard, il y fut
traîné à son tour. Et, du reste, son attitude calme et fière
devant ses juges, la dignité sans emphase de son langage, le refus dédaigneux qu'il fit de défendre sa vie,
ne s'inquiétant que de son honneur [3], furent d'un homme
qui n'attend que de sa conscience l'absolution de ses
fautes.

Pas d'historien de la Révolution qui, en parlant des
Hébertistes, n'ait nommé Clootz; pas d'historien de la
Révolution qui, à cet égard, ne se soit trompé. Laissons
Clootz se définir lui-même :

« Un jour que, dans une conférence secrète entre quelques membres de la Convention, les calomniateurs et les
calomniés faisaient l'énumération des chefs de parti, Camille Desmoulins me dit : « Toi qui fais secte, ils ne te
« nomment pas. » C'est que ma secte n'est autre chose que
le genre humain [4]. — J'ai le malheur de n'être pas de mon
siècle; je suis un fou à côté de nos prétendus sages. Mais
il ne faut que douze apôtres pour aller fort loin dans ce
monde [5]. — Tout ce que la nature renferme est éternel,

[1] Voyez, plus haut, le chapitre intitulé *Mort de Marie-Antoinette*.
[2] Procès de Chaumette, voyez l'*Hist. parlement.*, t. XXXII, p. 500.
[3] On en verra plus loin la preuve dans le compte rendu de son procès.
[4] *Un mot d'Anacharsis Clootz sur les conférences secrètes entre quelques membres de la Convention*, dans la *Bibliothèque historique de la
Révolution*, 775-6-7. (British Museum.)
[5] *Bases constitutionnelles de la République du genre humain*, par
Clootz, *ubi suprà*.

impérissable comme elle. Le grand *tout* est parfait, malgré les défauts apparents ou relatifs de ses modifications. Nous ne mourrons jamais ; nous transmigrerons éternellement dans la reproduction infinie des êtres que la nature réchauffe en son sein et nourrit du lait de ses innombrables mamelles. Cette doctrine est un peu plus gaie que celle du père de Satan, et les dames s'en accommoderont comme nous. Il ne nous faut que ce mot, *cosmos* (*univers*), pour pulvériser l'aristocratie, et le moindre villageois réfutera cent volumes aristocratiques, avec une salière sur sa table et une tabatière dans sa poche[1]. — Il n'y a pas d'autre Éternel que le monde. En ajoutant un incompréhensible *Théos* (Dieu) à un incompréhensible *cosmos* (monde), vous doublez la difficulté sans la résoudre. Ils disent : « Tout ouvrage annonce un ouvrier. » Oui, mais je nie que l'univers soit un *ouvrage*, et je prétends que c'est un être éternel. Mais l'univers est si merveilleux ! Eh, votre Créateur l'est bien davantage ! On n'explique pas une moindre merveille par une plus grande[2]... — Le peuple est le souverain du monde, il est Dieu, et la France est le point de ralliement du *Peuple-Dieu*. — Un corps ne se fait pas la guerre à lui-même ; le genre humain vivra en paix, lorsqu'il ne formera plus QU'UNE NATION. Les hommes isolés sont tout simplement des animaux. « Je « vois, disait Voltaire, qu'on a très-bien fait de supposer « que la Trinité se compose d'un seul Dieu ; s'ils avaient « été trois, ils se seraient coupé la gorge[3]. » — On assure que je suis un Allemand, un ci-devant noble : je ne m'en souvenais plus. J'étais noble, comme on est prêtre quand on ne dit pas la messe, et catholique quand on re-

---

[1] *Chapitre dernier*, par Clootz, *ubi suprà*.

[2] La *République universelle*, par l'orateur du genre humain, *ubi suprà*.

[3] *Bases constitutionnelles de la République du genre humain*, par Anacharsis Clootz, *ubi suprà*.

fuse de faire sa première communion. Au reste, Lepeletier fut *marquis*, Ankastroëm fut *comte*, et, qui pis est,
étranger, comme Brutus. Sa Majesté le genre humain,
dont le peuple français exerce les pouvoirs, est ma première pratique... J'ai placé en France ce que je possé-
dais ailleurs, et mes biens et ma personne. Je partage
avec tous les patriotes belges, bataves, liégeois et clévois,
la fureur civique de chasser les Allemands au delà du
grand fleuve[1]. — La langue française doit être la langue
universelle. Pour moi, je me flatte de n'avoir jamais bien
su ma langue natale, et je me souviens que Frédéric le
Grand nous mettait en pénitence, à l'École militaire de
Berlin, lorsque nous parlions l'idiome du pays[2]. — Le
point d'appui qu'Archimède chercha vainement pour enlever la terre, et que le clergé, selon Hume, trouva dans
le ciel, vous, mes frères, vous le trouverez en France
pour renverser les trônes. Que n'ai-je les cent mille voix
de la renommée pour faire entendre à toute la terre l'é-
loge du nom français[3]? — Paris est une assemblée nationale, par la force même des choses. C'est le Vatican
de la raison[4]. — Lisez ce que disait Sterne du physique
et du moral des Parisiens, et voyez la génération actuelle!
Jamais Paris n'a été peuplé d'autant de beaux hommes
et de belles femmes. Il semble vraiment que la philosophie embellit[5]. »

Voilà Clootz tout entier. Mercier raconte qu'à propos
de la République universelle de Clootz un plaisant disait :
« Le mont Athos, en ce cas, servira de tribune, et les
représentants de l'univers seront assis sur les Cordi-
lières[6]. » Le fait est que ses doctrines « firent sourire dans

[1] *Appel au genre humain*, par Anacharsis Clootz, *ubi suprà*.
[2] La *République universelle*, *ubi suprà*.
[3] *Adresse de Clootz à ses commettants*, *ubi suprà*.
[4] La *République universelle*.
[5] *Anacharsis Clootz à son oncle Corneille Pauw*, *ubi suprà*.
[6] Le *Nouveau Paris*, t. III, chap. LXXXIX, p. 75.

un temps où l'on était fort peu disposé à rire[1]. » Il le
savait, et répondait aux faiseurs d'épigrammes : « Je me
moque des moqueurs[2]. » Esprit enthousiaste et subtil,
naïf et pénétrant, moitié Allemand et moitié Gaulois, il
n'adorait Dieu que dans l'universalité des êtres, croyait
à la solidarité des peuples jusqu'à les vouloir confondus
en un seul, aimait passionnément la France comme le
nécessaire instrument de l'unité du genre humain, aimait
passionnément Paris comme l'âme de la France et la
capitale prédestinée du monde.

Clootz ne saurait donc être rangé parmi les Hébertistes. Aussi résolûment qu'eux, il repoussait l'idée d'un
Dieu personnel. Mais ils étaient athées; lui, était panthéiste. Ils procédaient par négation; lui, affirmait. Ils
étaient incrédules; lui, avait une foi. Politiquement, ils
réduisaient tout à la souveraineté isolée de l'individu, au
risque de faire tomber la société en poussière; lui, au
contraire, absorbant l'individu dans la masse, combattait
jusqu'à l'existence de ces grandes individualités qu'on
appelle nations, et n'admettait d'autre société véritable
que celle qui aurait Paris pour capitale, et pour territoire
le globe.

Quant à l'intimité de ses relations avec le parti dont la
ruine entraîna la sienne, on en peut juger par ce fait qu'il
n'était point personnellement connu de Chaumette[3]. Au
fond, l'unique lien entre Clootz et les Hébertistes était
la haine qui les animait contre les prêtres. Elle était si

---

[1] Le *Nouveau Paris*, etc., p. 75.

[2] *Bases constitutionnelles de la République du genre humain*, ubi
suprà.

[3] C'est ce que Chaumette déclara formellement devant le tribunal
révolutionnaire. Relativement au caractère de cette déclaration et à
l'attitude de l'accusé devant ses juges, nous aurons occasion de relever une bien étrange erreur commise par M. Michelet, qui,
du reste, n'a manqué de justice envers Chaumette que dans cette
occasion.

violente chez l'*orateur du genre humain*, que, lorsqu'il parlait d'un prêtre, il entrait aussitôt en fureur. Quelles paroles que celles-ci, et quel étonnement elles inspirent, venant d'un homme si plein de bienveillance et de douceur : « Plût à Dieu que la journée du 2 septembre se fût étendue sur tous les chefs-lieux de la France ! nous ne verrions pas aujourd'hui les Anglais appelés en Bretagne par des prêtres, qu'il fallait, non déporter, mais septembriser. On va chercher niaisement un comité d'insurrection : il existe dans le cœur de tous les amis de l'humanité. Je suis, moi, du comité d'indignation[1]. » Il poursuivait le fanatisme avec fanatisme ! Inutile, après cela, d'ajouter que le mouvement contre le culte catholique n'eut pas de plus ardent promoteur que lui.

Ce mouvement prit naissance dans les premiers jours du mois d'octobre. Le peuple y avait été depuis longtemps préparé par le libertinage de certains prêtres, les apostasies cyniques de certains autres, et l'intolérance factieuse de la plupart[2]. Le refus du serment civique était une vraie déclaration de guerre à la Révolution, et le peuple ne pouvait s'y tromper. « Madame *** ayant fait publier que chaque jour il y aurait chez elle, à son dîner, deux couverts pour deux prêtres qui n'auraient pas prêté le serment civique, son cuisinier dit : « Les mauvais prêtres n'ont qu'à venir. J'écrirai le serment civique dans de petits billets, qui seront enfermés dans des pâtés. S'ils ne veulent pas prononcer le serment, ils l'avaleront, du moins[3]. » Il ne fut pas difficile de persuader au peuple, ainsi disposé, qu'il serait « utile de transformer les tem-

---

[1] Un mot d'*Anacharsis Clootz* sur les conférences secrètes entre quelques membres de la Convention, ubi suprà.

[2] Les très-catholiques compilateurs de l'*Hist. parlement.* en conviennent. Voyez le t. XXX de cette histoire, p. 179-181.

[3] Mercier, le *Nouveau Paris*, t. II, chap. LXXX. — PRÊTRE CONSTITUTIONNEL.

ples en magasins, les calices et les croix de vermeil en
monnaie, les grilles en boulets, les chérubins de cuivre en
canons[1]. » Contre les puissances fondées sur le prestige,
il n'est pas de médiocre rébellion. Malheur à elles, quand
elles tombent ! C'est en les foulant aux pieds que le peuple
se venge de les avoir trop adorées. La Révolution — et ici
c'était la patrie vivante — une fois amenée à envahir l'É-
glise un marteau à la main, l'élan devint irrésistible. « On
suspendit de périlleux échafauds, pour aller gratter sur
des voûtes à perte de vue des figures de pape que ca-
chaient, depuis cent ans, des toiles d'araignées[2]. » Les
saints furent descendus de leurs niches, les vierges dé-
logées, les balustrades jetées bas, au milieu de rires
bruyants. La lampe du commissaire se promena irres-
pectueusement au fond des caveaux, sur le visage pâle
des morts, et les débris des autels allèrent s'amonceler
dans un dépôt « comme des moellons informes dans une
carrière[3]. » Les armoires des sacristies ayant été vidées
et ce qu'elles contenaient vendu à l'enchère, on vit des
revendeuses à la toilette trafiquer des ornements sacerdotaux, on vit des chasubles pendre à côté de pantalons
dans les boutiques de fripiers; et tandis que des prêtres
en habit séculier célébraient la messe avec des coquetiers
d'étain, « des présidents de comités révolutionnaires purent se faire tailler des culottes de velours à pleines chappes, ou porter des chemises faites avec des aubes d'enfants de chœur[4]. »

Plus d'une fois, dans le courant du mois d'octobre, des
pétitionnaires s'étaient présentés à la barre de la Convention, vêtus de chasubles. Le 1er novembre, une dépu-

[1] Le *Nouveau Paris*, t. IV, chap. CLXV. — *Renversement du culte catholique.*
[2] *Ibid.*
[3] *Ibid.*
[4] *Ibid.*

tation parut, apportant des croix d'or, des crosses, des
mitres, dix-sept malles remplies de vaisselle, une cuvette
pleine de doubles louis. Il y avait parmi ces dépouilles
une couronne ducale : un huissier la prit et la brisa[1].
La députation venait de Nevers, où Fouché, pour mieux
détruire le pouvoir des prêtres, avait imaginé de se substituer à eux dans la célébration des mariages[2].

Ces circonstances semblèrent favorables à Clootz, et il
résolut de précipiter la crise. Il va trouver Gobel, évêque
constitutionnel de Paris, le presse, dans un entretien
nocturne, de renoncer à ses fonctions de ministre du
culte, le décide. Puis, ils se rendent à l'Hôtel de Ville et
demandent à entretenir secrètement Chaumette. « J'a-
vais, raconte ce dernier, beaucoup entendu parler de
Clootz, sans jamais avoir eu rien de commun avec lui. Je
n'étais pas fâché de connaître ses principes révolutionnaires, et mon intérêt pour lui augmenta lorsqu'il m'apprit qu'il avait décidé l'évêque Gobel à abdiquer ses fonctions épiscopales et à ne reconnaître d'autre culte que
celui de la Raison[3]. » Une démarche publique fut conve-
nue ; Pache consentit à l'appuyer en sa qualité de maire,
et Lhuillier en sa qualité de procureur général du département de Paris[4].

Le 7 novembre, la Convention venait d'ouvrir sa
séance, lorsqu'une lettre est remise au président. Il l'ouvre et lit : « Citoyens représentants, je suis *prêtre*, je
suis *curé*, c'est-à-dire *charlatan*. Jusqu'ici charlatan de
bonne foi, je n'ai trompé que parce que j'ai été trompé... »
Le signataire se disait incapable de gagner sa vie, ne sachant que ce qu'on lui avait enseigné : des *oremus* ; il dé-

[1] *Hist. parlement.*, t. XXX, p. 178.
[2] Montgaillard, *Histoire de France*, t. IV, p. 115.
[3] Procès de Chaumette, voyez l'*Hist. parlement.*, t. XXXII, p. 284.
[4] Voyez la séance du 7 novembre 1793. Voyez le *Moniteur* ou bien
l'*Hist. parlement.*, t. XXX, p. 185-195.

sirait qu'on l'affranchît de la nécessité de débiter des
contes de Barbe Bleue, en lui accordant une pension [1].
Sergent, indigné, s'écria : « Un prêtre qui dit qu'il était
la veille un charlatan et qu'il ne l'est plus le lendemain
l'est encore [2]. »

Gobel et ses vicaires, Pache, Chaumette, Lhuillier, parurent à la barre. Momoro présidait la députation ; il annonce en peu de mots l'objet de la démarche. Alors,
d'un air solennel, mais dans un style décent et grave
qui contrastait avec l'impudence de la lettre lue précédemment, Gobel déclare abdiquer ses fonctions de ministre du culte. Il remet ensuite sa croix et son anneau.
Ses vicaires l'imitent. Le curé de Vaugirard va jusqu'à
déposer ses lettres de prêtrise. Profitant de l'impulsion
donnée, Chaumette demande que dans le calendrier républicain une place soit assignée au « jour de la Raison. »
Le président de la Convention, à cette époque, était La-
loy. Sa réponse aux pétitionnaires eut cela de remarquable qu'elle associait le culte de la Raison à la reconnaissance formelle de l'Être suprême. Il embrassa Gobel,
ainsi que plusieurs membres de l'Assemblée en avaient
exprimé le désir ; et les prêtres démissionnaires traversèrent la salle, au bruit des applaudissements, le bonnet
rouge sur la tête. Coupé, curé de Sermaires ; Thomas
Lindet, évêque d'Évreux ; Julien (de Toulouse), ministre
protestant, vinrent tour à tour abdiquer leurs fonctions ;
le second, en invitant l'Assemblée à se préoccuper du
vide immense qu'allait occasionner l'abolition des solen-
nités religieuses ; le dernier, en promettant de déposer
ses titres, pour que la Convention en fît un auto-da-fé [3].

Parmi les prêtres républicains, il y en avait un qui
n'avait jamais fléchi en rien. Rude janséniste, cœur in-

---

[1] Voyez la séance du 7 novembre 1793.
[2] *Ibid.*
[3] *Ibid.*

domptable, il avait présidé la Convention en habits vio-
lets, et, au camp de Brau, parcouru en soutane les rangs
de l'armée [1]. C'était l'évêque de Blois, l'abbé Grégoire.
Il n'assistait pas au commencement de la séance; il entre, et, invité à imiter l'exemple de Gobel, il dit : « Je
n'ai que des notions très-vagues sur ce qui s'est passé ici
avant mon arrivée. On me parle de sacrifices... J'y suis
habitué. S'agit-il d'attachement à la cause de la liberté?
Mes preuves sont faites. S'agit-il du revenu attaché aux
fonctions d'évêque? Je l'abandonne sans regret. S'agit-il
de religion? Cet article n'est point de votre domaine...
J'ai tâché de faire du bien dans mon diocèse; je reste évê-
quepour en faire encore. J'invoque la liberté des cultes. »
Plusieurs voix crièrent : « On ne veut forcer personne [2]. »

Clootz triomphait. Dans l'honnête naïveté de sa joie,
il alla se vanter de son initiative au Comité de salut public. Mais Robespierre, d'un ton sévère : « Vous nous
avez dit dernièrement qu'il fallait entrer dans les Pays-
Bas, leur rendre l'indépendance, et traiter les habitants
comme des frères... Pourquoi donc cherchez-vous à nous
aliéner les Belges, en heurtant des préjugés auxquels

[1] *Histoire des Montagnards*, par Esquiros, t. II, p. 404.
[2] *Hist. parlement.*, t. XXX, p. 193 et 194.
M. Michelet, dans son *Histoire de la Révolution*, liv. XIV, chap. III,
présente de cette séance fameuse un compte rendu vraiment extraordinaire. Il *suppose* d'abord que la lettre lue au commencement de la
séance n'était qu'un artifice du Comité de salut public pour avilir
d'avance la démission de Gobel; comme s'il était impossible que l'auteur de l'impudente missive eût pris conseil seulement de lui-même,
dans un temps où l'on vit tant de prêtres se parer de leur apostasie,
témoin celui qui, le 9 novembre, alla demander à la Commune l'autorisation de substituer au nom d'*Érasme* celui d'*Apostat!* (Voyez l'*Hist.
parlement.*, t. XXX, p. 181.)
M. Michelet *suppose*, en outre, qu'en venant donner à l'Assemblée,
après avoir demandé qu'on fermât les portes, la nouvelle, contenue
dans une lettre anonyme, que Rouen marchait au secours de la Vendée, Amar, agent secret des comités en ceci, voulait terroriser l'Assemblée; comme si le meilleur moyen d'entraver le mouvement contre

vous les savez attachés? — Oh! oh! répondit Clootz, le mal était accompli déjà; on nous a mille fois traités d'impies. — Oui, mais il n'y avait pas de *faits*. » Clootz pâlit et se retira en silence [1].

Ainsi c'était au point de vue politique seulement que Robespierre désapprouvait l'éclat donné aux démissions et aux abjurations de tant de prêtres. En réalité, nul n'était plus ennemi que lui de tout ce qui était superstition populaire ou jonglerie sacerdotale. Selon ses propres expressions, « un mouvement contre le culte pouvait devenir excellent, pourvu qu'il fût mûri par le temps et la raison [2]. » Mais que l'on compromît ce mouvement même, en le faisant dégénérer en une longue série de scandales; que l'on remplaçât le fanatisme ancien par un fanatisme d'un nouveau genre; qu'on fît revivre des cérémonies païennes pour les substituer à celles du mystique moyen âge, et qu'à la faveur de saturnales où la folie représenterait la raison, l'intolérance gardât, sous le nom d'athéisme, son trône usurpé : voilà ce que Robespierre condamnait comme homme d'État, comme révolutionnaire et comme libre penseur. Or ce fut justement dans ces voies dangereuses que les Hébertistes s'élancèrent.

le culte catholique était de rappeler à la Convention ce que le maintien de ce culte en Vendée faisait couler de sang et de pleurs!

Enfin, M. Michelet *suppose* que l'abbé Grégoire, cet homme si honorable, si droit, si courageux, si sincère, ne fut, dans sa résistance, que l'instrument des comités et de Robespierre, c'est-à-dire l'acteur d'une pitoyable comédie.

Quelle preuve de tout cela M. Michelet donne-t-il? Aucune. Quel témoignage invoque-t-il à l'appui de son opinion? Aucun. Il se borne à dire : « Je n'en fais aucun doute. » Franchement, c'est trop peu; surtout quand il s'agit d'attribuer une manœuvre basse et ridicule à des hommes tels que Grégoire, Robespierre, et les membres du Comité de salut public.

[1] C'est en ces propres termes que Robespierre raconta la scène, en présence de Clootz, dans la séance des Jacobins du 12 décembre 1793.

[2] Discours de Robespierre dans la séance du 12 décembre 1793, aux Jacobins.

Dès le lendemain de la démission de Gobel, Hébert courut dénoncer aux Jacobins Laveaux, rédacteur du *Journal de la Montagne*, qu'il accusa d'avoir écrit contre la Suisse, ce qui était faux; le vrai crime de Laveaux, aux yeux d'Hébert, c'était d'avoir essayé une réfutation de l'athéisme [1].

De son côté, Chaumette poussait au mouvement de toutes ses forces. Il fit décréter par la Commune que, le 10 novembre, l'inauguration du « culte de la Raison » aurait lieu dans l'église métropolitaine. On y éleva un temple, sur la façade duquel on lisait ces mots : *A la philosophie*, et dont des bustes de philosophes ornaient l'entrée. Le temple de la Raison s'élevait sur la cime d'une montagne qu'éclairait le « flambeau de la Vérité. » Là se rendirent processionnellement les autorités constituées. A leur arrivée, la Liberté, sous les traits d'une belle femme, sortit du temple de la Philosophie, pour recevoir, assise sur un siége de verdure, les hommages des assistants, qui, les bras tendus vers elle, se mirent à chanter en son honneur un hymne que Marie-Joseph Chénier avait composé et Gossec mis en musique. Et, pendant ce temps, deux rangées de jeunes filles, vêtues de blanc, couronnées de chêne, traversaient la Montagne, un flambeau à la main [2].

La cérémonie terminée, on prend le chemin de la Convention. Un groupe de jeunes musiciens ouvrait la marche, puis venaient des enfants orphelins, puis des clubistes en bonnets rouges, criant : « *Vive la République!* » S'avançait ensuite, portée dans un palanquin orné de guirlandes de chêne, une actrice de l'Opéra, mademoiselle Maillard. C'était la déesse de la Raison. Ses beaux cheveux s'échappaient de dessous un bonnet rouge; un

[1] Voyez, sur la séance des Jacobins du 8 novembre 1792, l'*Hist. parlement.*, p. XXX, t. 206 et 207.

[2] *Hist. parlement.*, t. XXX. p. 196 et 197.

manteau bleu céleste flottait sur ses épaules, et elle s'appuyait sur une pique [1]. Le cortége arrive à l'Assemblée, et Chaumette, se présentant à la barre : « Législateurs, dit-il, le fanatisme a lâché prise. Ses yeux louches n'ont pu soutenir l'éclat de la lumière... Aujourd'hui, un peuple immense s'est porté sous les voûtes gothiques qui, pour la première fois, ont servi d'écho à la vérité... Là, nous avons abandonné des idoles inanimées, pour la *Raison*, pour cette image animée, chef-d'œuvre de la nature. » En disant ces mots, Chaumette avait les yeux fixés sur la déesse et invitait l'Assemblée à la contempler [2]. Après quelques instants de silence, la charmante actrice descend de son trône et va prendre place auprès du président, qui l'embrasse. Chaumette demande que l'église de Notre-Dame soit désormais consacrée au culte de la Raison. Ce vœu, Chabot le convertit en motion, la Convention en décret. Des bravos répétés retentissent. Le temps était magnifique. On venait de recevoir la nouvelle d'une défaite de Charette à Noirmoutiers, et les cœurs étaient à la joie. Le cortége retournant au temple de la Raison, l'Assemblée l'y suivit [3]. Une fête allégorique de cette espèce avait l'inconvénient d'être très-froide, de parler à l'esprit beaucoup moins qu'aux yeux, et de ne rien dire à l'âme. Encore si tout s'était borné là ! Mais les promoteurs se trouvaient avoir ouvert aux natures grossières un champ dont eux-mêmes n'avaient pas mesuré l'étendue. Créer un culte en haine des cultes ne pouvait être une inconséquence sans portée; et, lorsque dans une société remuée de fond en comble on appelait imprudemment toutes les passions antireligieuses à venir bouillonner à la surface, que ne devait-on pas craindre ?

Le mouvement dégénéra donc en une véritable orgie.

[1] Beaulieu, vie de Chaumette, dans la *Biographie universelle.*
[2] *Ibid.*
[3] *Hist. parlement.*, t. XXX, p. 199.

La Raison, représentée d'abord par une artiste aimée du public, chercha bientôt ses personnifications dans d'impures courtisanes. Elle trôna sur les tabernacles, entourée de canonniers qui, la pipe à la bouche, lui servaient de grands prêtres. Elle eut des cortéges de bacchantes qui suivaient d'un pas aviné, à travers les rues, son char, rempli de musiciens aveugles, et, roulant à côté, un autre char où figurait, au sommet d'un rocher tremblant, un Hercule d'opéra armé d'une massue de carton. Il y eut un moment où Paris devint la ville aux mascarades, et cela tout en criant : *A bas les momeries !* Des représentants du peuple ne rougirent pas de quitter leurs chaises curules pour danser la carmagnole avec des filles revêtues d'habits sacerdotaux. Les reliques de sainte Geneviève furent brûlées en place de Grève, parce qu'elles avaient contribué à « faire bouillir la marmite des rois fainéants ; » et l'on dressa, au milieu des éclats de rire, un procès-verbal que le député Fayau fit envoyer au pape. On jetait saints de bois, missels, bréviaires, heures de sainte Brigitte, Ancien et Nouveau Testament, dans des bûchers dont la flamme montait jusqu'au deuxième étage des maisons. La proscription du catholicisme s'étendant à l'art catholique, un arrêté ordonna la démolition des sculptures de Notre-Dame. Mercier assure que le tableau de la Cène forma longtemps l'auvent de la boutique d'un savetier. « On doute presque, ajoute-t-il, de ce qu'on a vu et entendu. » Ici, des mulets chargés de croix, de chandeliers, de bénitiers, d'encensoirs, de goupillons, et rappelant les montures des prêtres de Cybèle ; là, les sectateurs du nouveau culte assis à califourchon sur des ânes en chasubles, les guidant avec des étoles, et s'arrêtant à la porte des cabaretiers, qui leur versaient à boire dans les vases enlevés aux autels. Les églises fournirent un théâtre à des spectacles dont le scandale ne fut même pas épargné à la pudeur de l'enfance. On s'y enivra, on y fit l'amour ; les harengères y vinrent vendre leur poisson ; les marchands de tisane y apportèrent le tintement de leurs gobelets ; souvent, des hommes à la poitrine nue et aux manches retroussées coururent s'y livrer à des danses tourbillonnantes qu'animaient jusqu'à la fureur une tempête de clameurs confuses, le son des trompettes, le bruit du tambour et le tonnerre de l'orgue.

L'église de Saint-Eustache fut transformée en un grand cabaret. L'intérieur du chœur représentait un paysage décoré de chaumières et de bouquets d'arbres. Le long de petits sentiers pratiqués à travers des escarpements de sapin et des masses de rochers fictifs, des bandes de jeunes filles couraient effrontément après les hommes, faisant craquer les planches sous leurs pas précipités. Autour du chœur, des tables chargées de bouteilles, de saucissons, de pâtés. Les convives affluaient par toutes les portes ; et l'on vit des enfants de sept à huit ans mettre la main au plat en signe d'égalité, saisir les bouteilles, boire à même, et aller tomber ivres sur les marches des chapelles latérales [1].

De leur côté, beaucoup de prêtres, même parmi ceux qui, quoique réfractaires, étaient parvenus à demeurer en France, ne rougissaient pas de paraître s'associer à ces saturnales. Disant la messe dans les caves pendant la nuit, et, pendant le jour, fréquentant les clubs ou portant l'habit militaire, ils encourageaient aux excès sous toutes sortes de déguisements. « Nous pouvons citer, écrit l'abbé de Montgaillard, plusieurs ecclésiastiques (et dans ce nombre il en est qui ont occupé depuis des siéges épiscopaux et ont été élevés au cardinalat) qui poussaient le civisme jusqu'à se servir des vases sacrés pour satisfaire des besoins profanes [2]. » Quant aux

---

[1] Pas un de ces faits qui ne repose sur le témoignage d'un témoin oculaire, de ce Mercier, dont le génie et la profession furent D'OBSERVER. Voyez le *Nouveau Paris*, t. IV, chap. CXLVI et CLXV.

[2] *Histoire de France*, t. IV, p. 89.

prêtres assermentés, ils affectaient d'aller adminis-
trer les sacrements aux morts en uniforme de gardes
nationaux, et se vantaient d'avoir Dieu dans leurs gi-
bernes [1].

La contagion gagnant les provinces, on écrivit de Lyon,
où Collot-d'Herbois, Fouché et Ronsin représentaient
alors l'Hébertisme, que le fanatisme venait d'y être écrasé
dans une fête dont le héros était un âne portant la mitre
sur la tête [2].

Clootz éprouvait de ce dévergondage une satisfaction
parfaitement désintéressée et candide. Chaumette se con-
solait des excès commis par l'idée qu'ils scellaient la
ruine des prêtres. Mais Hébert avait d'autres vues, et songeait à faire tourner au profit de son ambition un mouvement qui ne pouvait servir, ni le Comité de salut public puisqu'il ne s'y était point associé, ni la Convention
puisqu'elle l'avait subi. Abattre une à une les influences
reconnues, anéantir les noms populaires, ne laisser de
pouvoir qu'à la Commune, et régner par elle : tel fut le
plan d'Hébert. Malheureusement, l'entreprise avait ses
périls, et il le sentait bien. Qu'adviendrait-il en effet, si
l'on s'avisait de trouver contre-révolutionnaire un système d'anarchie dont les résultats ne tendaient que trop
à désarmer la Révolution française et à l'avilir? Il fallait
donc parer à cet inconvénient, en essayant d'attirer à soi
toutes les passions extrêmes, et en exagérant l'ardeur du
patriotisme comme on exagérait le zèle philosophique. Partant de là, et prenant pour point d'appui la guillotine,
Hébert n'eut plus qu'un but : accaparer les sanglants bé-
néfices de la Terreur. Il mit une obstination froidement
barbare à vouer au bourreau une pauvre et douce créature, madame Élisabeth, dont tout le crime était d'avoir
aimé son frère et sa belle-sœur ; il insista pour qu'on fît

[1] *Révolutions de Paris*, n° 212.
[2] Lettre de Baigne, séance des Jacobins du 18 novembre 1793.

couler sur l'échafaud « le reste impur du sang des rois; »
et, le 13 novembre, il arracha aux Jacobins, que lui livrait l'absence momentanée de Robespierre, la résolution
de n'admettre aucun récipiendaire jusqu'à ce qu'on en
eût fini avec les complices de Brissot [1]. S'attaquer à Robespierre, il ne l'osait pas encore, et même il enveloppa
de basses flatteries la haine qu'il lui portait; mais il essaya dès lors sur Lacroix la force des coups qu'il réservait
à Danton, et fit chasser du club un autre ami de Danton,
Thuriot [2]. Or, quel forfait valait à Thuriot un outrage qui
touchait à un arrêt de mort? Indigné de ce que, le 9
novembre, le conventionnel Osselin avait été décrété
d'accusation pour avoir caché une émigrée, *sans qu'on
lui eût permis de se défendre*, Thuriot s'était empressé,
le lendemain, d'appuyer une proposition de Chabot portant que désormais on n'arrêterait pas les représentants
du peuple *avant de les avoir entendus*. Voilà ce qu'Hébert
jugeait impardonnable. Vainement Thuriot s'abaissa-t-il
auprès de lui à une démarche humiliante [3]; vainement
essaya-t-il de le fléchir en se parant des couleurs de l'a-
théisme. « Thuriot, dit sèchement l'auteur du *Père Duchesne*, a prêché dans sa section le culte éternel de la
nature, mais dans la Convention nationale il n'a pas prêché celui de la Révolution [4]. »

Les projets d'Hébert se révèlent ici d'une façon assez
claire. Mercier, qui se trouva dans les prisons de la Force
avec Gusman, a écrit : « Le but des chefs de la Commune était d'anéantir la totalité de la Convention, pour

---

[1] Voyez l'*Hist. parlement.*, t. XXX, p. 217.

[2] Séance du 15 novembre 1793, aux Jacobins. C'est dans cette séance
qu'Hébert disait en parlant de Robespierre et de Lacroix : « Depuis
quand affecte-t-on d'accoler l'homme à qui nous devons la Révolution
à celui qui en est la honte? l'homme à qui le peuple a donné l'épi-
thète d'incorruptible à l'homme le plus corrompu? »

[3] *Hist. parlem.*, t. XXX, p. 218.

[4] *Ibid.*

usurper tous les pouvoirs ; j'en ai tiré l'aveu de l'Espagnol Gusman, que nous appelions *Tocsinos*, par allusion au tocsin du 31 mai, qu'il avait fait sonner[1]. » On conçoit d'après cela combien il importait à Hébert et à ses complices que les membres de la Convention pussent être décrétés d'accusation *avant d'avoir été entendus*. C'était installer la Terreur au sein de l'Assemblée et lui faciliter son suicide. Donc, pas de pitié pour ceux qui avaient tenté de soustraire l'Assemblée à l'asservissement de la peur. Thuriot avait été frappé le 13 novembre, aux Jacobins : le 16, ce fut le tour de Chabot.

Mais, cette fois, Hébert avait abandonné à un de ses lieutenants le soin de la dénonciation. Dufourny exposa que Chabot avait contracté un mariage intéressé avec la sœur des deux Autrichiens Emmanuel et Junius Frey ; que cette union, à laquelle l'ex-capucin gagnait une dot de deux cent mille francs, avait eu lieu au moment où Marie-Antoinette comparaissait devant le tribunal révolutionnaire, c'est-à-dire au moment où, à l'égard des étrangers, le peuple était à son *maximum d'exécration;* « que la femme était un vêtement, et que, si ce vêtement était nécessaire à Chabot, il devait se rappeler que la Nation avait proscrit les étoffes étrangères[2]. » A ces étranges et absurdes reproches, Dufourny en ajoutait un plus sérieux. « Avant ton mariage, s'écria-t-il en interpellant le moine défroqué, tu avais une compagne, et elle était devenue mère... Qu'as-tu fait pour elle? Pourquoi l'as-tu abandonnée?... » Puis, il aborda le vrai délit de Chabot, aux yeux des Hébertistes : sa dernière motion dans l'Assemblée; et il regagna sa place, au milieu d'un conflit tumultueux d'applaudissements et de dénégations. Chabot tremblait de tous ses membres; il avait la figure pâle et consternée d'un criminel dont l'arrêt a été déjà porté. Il

[1] Le *Nouveau Paris*, t, V, chap. ccxi, p. 180.
[2] Séance des Jacobins du 16 novembre 1793.

nia, parla de se constituer prisonnier du club, cria au
secours. Il était si troublé, qu'il se rappela lui-même à
l'ordre[1].

Il faut dire, pour expliquer cette lamentable attitude,
que la motion reprochée à Chabot avait été, de sa part,
beaucoup moins un acte de modération politique qu'un
acte de sauve-garde personnelle. La vérité est qu'il se sentait un poids énorme sur la conscience, ayant falsifié, de
concert avec Delaunay (d'Angers) et Julien (de Toulouse),
un décret rendu contre la Compagnie des Indes, faux dont
cent mille francs furent le prix. Que la prévarication vînt
à se découvrir, c'en était fait de lui; et son âme était loin
d'avoir l'audace du crime. D'ailleurs, Bazire, qu'il avait
inutilement tenté de corrompre et que tourmentait la
possession d'un aussi terrible secret, Bazire ne s'abstenait
de tout révéler que par un sentiment de compassion généreuse qu'exaltait la crainte de trahir, même envers un
indigne ami, la confiance de l'amitié[2]. En de telles circonstances, le réquisitoire de Dufourny fut, pour Chabot,
comme l'éclair qui annonce la foudre; et, le club ayant
chargé une commission d'examiner sa conduite, il se crut
un homme mort. Une ressource lui restait, si l'on peut
appeler ressource une lâcheté et un mensonge : c'était
d'aller révéler le faux au Comité de sûreté générale, en
déclarant n'y avoir concouru que dans l'intention de le
dévoiler et d'en mieux connaître les auteurs. C'est ce qu'il
fit le 17 novembre[3], en compagnie du malheureux Bazire,
qui, victime d'une inconcevable fatalité, courait par là au-
devant du bourreau !

[1] *Hist. parlement.*, t. XXX, p. 222.
[2] Nous reviendrons en détail sur cette affaire, qui a donné lieu à des
jugements historiques d'une légèreté déplorable, et dont les suites
furent si fatales, et au pauvre Bazire, et à Fabre d'Églantine, non moins
innocent que lui !
[3] *Hist. parlement.*, t. XXX, p. 251.

Cependant Robespierre suivait de l'œil les progrès de
la faction d'Hébert, bien résolu à opposer une digue à ce
torrent fangeux, dût-il périr submergé. Mais, avant de
risquer sa popularité et de jouer sa tête dans les hasards
d'une lutte où il était menacé d'avoir contre lui la coalition de tous les genres d'excès, il voulut détruire aux yeux
du monde l'effet des parades hébertistes, par un rapport
de nature à faire ressortir le grand caractère de la Révolution française.

Ce rapport, qui fut présenté à la Convention le 17 novembre, était fortement pensé, d'une éloquence grave et
fière, et il annonçait une connaissance approfondie de la
situation, de la politique particulière, des mobiles et des
desseins secrets de chaque Cabinet européen.

Après y avoir développé le système de la Cour de Londres, système égoïste qui, sous prétexte de combattre des
principes désorganisateurs, n'avait en vue que la conquête de Dunkerque, de Toulon et de nos colonies, Robespierre appelait Pitt au tribunal des vrais hommes
d'État, et il le jugeait avec le dédain d'un esprit supérieur.
Il lui reprochait de s'être trompé grossièrement, et sur le
génie de la Révolution française, et sur les causes de sa
puissance; de n'avoir été ni assez moral pour croire à
l'énergie des vertus républicaines, ni assez philosophe
pour comprendre son siècle; il lui reprochait de s'être
imaginé, dans l'excès d'un orgueil puéril, que la petite
science qui consiste à guider un parlement ou à le corrompre suffit quand il s'agit d'apprécier la portée de l'enthousiasme chez un peuple libre; il comparait enfin le
fils de Chatham à un enfant qui joue avec une arme
à feu.

Arrivant au phénomène politique d'une alliance entre
le roi de Prusse et le chef de la maison d'Autriche, Robespierre indiquait d'une manière très-précise ce qu'une
pareille alliance avait de factice et de mensonger. Que

pouvait gagner l'Autriche à abandonner la politique de
Charles-Quint, de Philippe II et des vieux ministres de
Marie-Thérèse? Tandis qu'elle s'épuisait d'hommes et
d'argent, sans autre motif que l'espoir chimérique de
posséder l'Alsace ou la Lorraine, dont des fleuves de sang
la séparaient, la Prusse, elle, n'attendait pas ; elle pro-
fitait de l'embrasement du monde pour prendre sa part
de la Pologne, et se gardait bien d'appeler au partage des
dépouilles ses fidèles alliés de Vienne! Il est vrai que la
Prusse avait à payer cher ses frauduleux succès, obligée
qu'elle était d'envoyer ses armées à la boucherie et de
vider son trésor.

En réalité, une seule puissance, selon Robespierre,
tirait parti de la Coalition : c'était la Russie, parce qu'elle
augmentait ses moyens et ménageait ses forces, laissant
des nations qu'elle nommait ses alliées, mais qu'au fond
elle considérait comme ses rivales, se briser sans elle contre le rocher de la République.

Ainsi Robespierre ne se bornait pas à dévoiler tout ce
que la Coalition, sous d'hypocrites dehors, cachait d'intérêts opposés, de sourdes jalousies et de piéges mutuels;
par la manière même dont il dénonçait ces discordes intestines, il en attisait la flamme.

Et, avec une habileté non moins remarquable, il montrait la France représentant, dans ce prodigieux conflit,
une cause qui, étant celle d'idées applicables à tous les
peuples, intéressait la terre entière. Car, enfin, était-ce
pour la déclaration des droits du peuple français que la
France s'ouvrait les veines? Non, c'était pour la déclaration des droits de l'HOMME. On avait vu des marins anglais,
à la faveur d'un odieux stratagème et en violation des
règles les plus sacrées du droit des gens, se glisser dans
le port *neutre* de Gênes, y surprendre l'équipage d'une
frégate française, au moment du repas, égorger les convives, et pousser la barbarie jusqu'à fusiller quelques

malheureux mousses qui se sauvaient à la nage[1] ; on avait
vu la Russie et la Prusse jouer à l'égard de la Pologne le
rôle de deux brigands qui se partagent les dépouilles d'un
voyageur assassiné... Mais la France révolutionnaire, de
quelle nation neutre avait-elle ensanglanté le territoire?
A quelle nation, incapable de se défendre, avait-elle mis
le poignard sur la gorge? « La France! s'écriait Robespierre, l'univers est intéressé à sa conservation. Supposons
la France anéantie ou démembrée, le monde politique
s'écroule. Otez à l'indépendance des médiocres États cet
allié puissant et nécessaire, l'Europe entière est asservie;
les petits princes germaniques et les villes réputées libres de l'Allemagne sont engloutis par les maisons ambitieuses d'Autriche et de Brandebourg; la Suède et le Da-
nemark deviennent tôt ou tard la proie de la Russie;
le Turc est repoussé au delà du Bosphore; Venise perd
son commerce et sa considération, la Toscane son existence; Gênes est effacée; l'Italie n'est plus que le jouet
des despotes qui l'entourent; la Suisse est perdue. Et
vous, braves Américains, dont la liberté, cimentée par
notre sang, fut encore garantie par notre alliance, quelle
serait votre destinée si nous n'existions plus?... Que
dis-je? L'Angleterre elle-même, que deviendrait-elle?
Conserverait-elle longtemps sa liberté quand la France
pleurerait la sienne?... Que la liberté périsse en France,
la nature se couvre d'un voile funèbre, et la raison humaine recule jusqu'aux abîmes de l'ignorance et de la
barbarie... Le despotisme, comme une mer sans rivages,
se déborderait sur le globe... Oh! qui de nous ne sent
pas agrandir ses facultés, en songeant que ce n'est pas
pour un peuple que nous combattons, mais pour l'univers! pour les hommes qui vivent aujourd'hui, et pour
tous ceux qui existeront! »

[1] Voyez les détails de cet abominable guet-apens dans l'*Hist. parlement.*, t. XXX, p. 258.

L'objet primitif et spécial du magnifique rapport qui vient d'être analysé[1] était de parer à certaines manœuvres perfides des Puissances, tendant à fortifier la ligue des rois par l'accession des cantons suisses et des États-Unis d'Amérique. Aussi la conclusion fut-elle que le Comité de salut public devait être chargé de resserrer les liens d'amitié qui unissaient la France à la patrie de Guillaume Tell et à celle de Washington. Mais, en traitant la question étrangère, Robespierre n'avait pas oublié la question intérieure : il trouva occasion de flétrir ceux dont les fureurs anarchiques étaient si propres à déconsidérer, au dehors, la Révolution française; ceux qui, la poussant d'une main violente, risquaient de la briser contre son but; ceux qui, dénonciateurs fougueux du fanatisme, ne savaient employer que le fanatisme, et se vantaient d'extirper la superstition lorsqu'ils ne faisaient qu'en varier les formes. « La force, ajoutait-il, peut renverser un trône; la sagesse seule peut fonder une République. Démêlez les piéges continuels de nos ennemis; soyez révolutionnaires et politiques; soyez terribles aux méchants et secourables aux malheureux; fuyez à la fois le cruel modérantisme et l'exagération systématique des faux patriotes... Le peuple hait tous les excès; il ne veut être ni trompé ni protégé, il veut qu'on le défende en l'honorant[2]. »

Dans ce passage, Robespierre désignait clairement les deux factions qu'il se préparait à combattre, savoir : les Hébertistes d'une part, et d'autre part ces hypocrites de modération dont la sensibilité envers les oppresseurs n'est qu'indifférence barbare envers les opprimés. Les

---

[1] On le trouve in extenso dans l'Hist. parlement., t. XXX, p. 224-249.

M. Michelet, dans son récit de la lutte de Robespierre contre les Hébertistes, ne mentionne même pas ce discours.

[2] Ibid., p. 244 et 245.

partis menacés se reconnurent et frémirent de rage, mais le rapport excita une telle admiration, qu'ils n'osèrent éclater.

Au dehors, l'effet fut considérable : le prince de Hardenberg l'avoue dans ses Mémoires[1]. La Révolution n'était jamais apparue aux rois sous un aspect aussi imposant : admirable résultat, et qui suffirait pour attester le génie de Robespierre, quand on songe combien la République risquait de paraître avilie, vue à travers les scènes ignobles dont Paris, grâce à l'Hébertisme, était alors le théâtre !

Au reste, Robespierre était décidé, nous l'avons dit, à engager le combat sans retard. Et, certes, il y fallait du courage. La France est le pays des commotions électriques. L'humeur des Français est si expansive et leur imagination si vive, que l'entraînement de l'exemple, très-puissant chez quelque peuple que ce soit, se trouve avoir chez eux une force absolument irrésistible. Réussissez, en France, à ébranler la foule, tout se précipitera, tout sera emporté. De là les succès croissants de l'Hébertisme : vers le milieu de novembre, c'était un débordement véritable. Aux Cordeliers, à la Commune, dans les sections, dans les rues, sur les places publiques, l'empire du nouveau culte se manifestait par des actes de délire. Les Jacobins eux-mêmes, en forme de demi-adhésion, élevèrent Anacharsis Clootz à la présidence du club. Mais la Convention? Entraînée comme le reste; et l'on en put juger, lorsque, le 20 novembre, la section de l'Unité lui vint faire hommage d'une masse énorme de calices, ciboires, soleils, chandeliers, plats d'or et d'argent. Les membres de la députation entrèrent, couverts de chappes, de chasubles, de dalmatiques. Ils portaient un drap noir, figurant la destruction du fanatisme, et

---

[1] *Mémoires tirés des papiers d'un homme d'État*, t. II, p. 454.

chantaient l'air : *Marlborough est mort et enterré.* Arrivés
au milieu de la salle, ils se mirent à danser. Et la Convention d'applaudir[1] à cette indécente mascarade, qui
lui était une insulte!

Seul, le Comité de salut public n'avait pas encore
parlé. Hébert sentant avec effroi que Robespierre avait
l'œil sur lui, prit le parti de provoquer une explication.
Le 21 novembre, au club des Jacobins, il se plaignit
timidement de certains faux bruits qu'on faisait courir,
disait-il, pour diviser les patriotes. N'était-on pas allé
jusqu'à prétendre que Robespierre voulait le dénoncer,
lui Hébert, et, chose plus invraisemblable encore, dénoncer Pache? Puis, ardent à mendier la faveur des Ter-
roristes, il reprit ses déclamations meurtrières contre
« les complices de Brissot, » ajoutant : « Quand on a jugé
Capet, il fallait juger sa race. Je demande qu'on en pour-
suive partout l'extinction[2]. »

Robespierre se leva, et, s'emparant d'une phrase dont
Hébert s'était servi : « Est-il vrai, dit-il, que nos plus dangereux ennemis soient « les restes impurs de la race de
« nos tyrans? » Début terrible! Et la suite y répondit. Hébert dut comprendre dès lors qu'il ne lui servirait de
rien de s'abriter dans la Terreur, de se blottir derrière
la guillotine. Robespierre continua : « Est-il vrai encore
que la principale cause de nos maux soit le fanatisme?
Le fanatisme! Il expire. En dirigeant toute notre attention contre lui, ne la détourne-t-on pas de nos véritables
dangers? Vous craignez les prêtres! Et ils abdiquent...
Ah! craignez, non leur fanatisme, mais leur ambition;
non l'habit qu'ils portaient, mais la peau nouvelle dont
ils se sont revêtus... Le fanatisme est un animal féroce
et capricieux; il fuyait devant la raison : poursuivez-le

---

[1] Voyez le *Moniteur* du 22 novembre 1793.
[2] Voyez la séance des Jacobins du 21 novembre 1793, dans l'*Hist.
parlement.*, t. XXX, p. 273.

à grands cris, il retournera sur ses pas... Que des citoyens, animés d'un zèle pur, viennent déposer sur l'autel de la Patrie les monuments inutiles et pompeux de la
superstition, la patrie et la raison sourient à ces offrandes.
Que d'autres renoncent à telle ou telle cérémonie et
adoptent l'opinion qui leur semble la plus conforme à
la vérité, la raison et la philosophie peuvent applaudir à
leur conduite. Mais de quel droit l'aristocratie et l'hypocrisie viendraient-elles mêler leur influence à celle du
civisme et de la vertu? De quel droit des hommes inconnus jusqu'ici dans la carrière de la Révolution vien-
draient-ils chercher au milieu de ces événements les
moyens d'usurper une popularité fausse, jetant la discorde parmi nous, troublant la liberté des cultes au nom
de la liberté, attaquant le fanatisme par un fanatisme
nouveau, et faisant dégénérer les hommages rendus à la
vérité pure en farces ridicules? Pourquoi leur permet-
trait-on de se jouer ainsi de la dignité du peuple, et
d'attacher les grelots de la folie au sceptre même de la
raison? On a supposé qu'en accueillant les offrandes civiques, la Convention avait proscrit le culte catholique.
Non, la Convention n'a pas fait cette démarche téméraire, elle ne la fera jamais. Son intention est de maintenir la liberté des cultes qu'elle a proclamée, et en
même temps de réprimer quiconque en abuserait pour
troubler l'ordre public. On a dénoncé des prêtres pour
avoir dit la messe; ils la diront plus longtemps, si on les
empêche de la dire. Celui qui veut empêcher de dire la
messe est plus fanatique que celui qui la dit. Il est des
hommes qui prétendent faire une religion de l'athéisme.
Tout philosophe, tout individu, peut adopter à cet égard
l'opinion qu'il lui plaira : celui qui lui en ferait un crime
serait un insensé; mais il serait cent fois plus insensé
encore, le législateur qui adopterait un pareil système.
La Convention nationale l'abhorre. Elle n'est point un

faiseur de livres, un auteur de systèmes métaphysiques;
elle est un corps politique et populaire... et ce n'est
point en vain qu'elle a proclamé la déclaration des droits
de l'homme en présence de l'Être suprême... L'athéisme
est aristocratique. L'idée d'un grand Être qui veille sur
l'innocence opprimée et punit le crime triomphant est
toute populaire. J'ai été, dès le collége, un assez mauvais catholique; je n'ai jamais été ni un ami froid ni un
défenseur infidèle de l'humanité. Si Dieu n'existait pas,
il faudrait l'inventer. Je parle dans une tribune où l'im-
pudent Guadet osa me faire un crime d'avoir prononcé
le mot de *Providence*. Et dans quel temps! Lorsque, le
cœur ulcéré des crimes dont nous étions les témoins et
les victimes; lorsque, versant d'impuissantes larmes sur
la misère du peuple, éternellement trahi, éternellement
opprimé, je cherchais à m'élever au-dessus de la tourbe
impure des conspirateurs, en invoquant contre eux la
vengeance céleste, au défaut de la foudre populaire...
Eh! quelle est l'âme énergique et vertueuse qui n'appel-
lerait point en secret du triomphe de la tyrannie à cette
éternelle justice qui semble avoir écrit dans tous les
cœurs l'arrêt de mort des tyrans? Le dernier martyr de
la liberté exhalerait son âme avec un sentiment plus
doux, en se reposant sur cette idée consolatrice. Ce sentiment est celui de l'Europe et de l'univers; c'est celui
du peuple français. Le peuple français n'est attaché ni
aux prêtres, ni à la superstition, ni aux cérémonies religieuses; mais il l'est à l'idée d'une puissance incompréhensible, effroi du crime, et soutien de la vertu [1]. »

[1] Voyez ce discours reproduit *in extenso* dans l'*Hist. parlement.*,
t. XXX, p. 274-283.

Si M. Michelet, dans son ouvrage, liv. XIV, chap. IV, eût cité ce discours, avant de l'apprécier; s'il eût reproduit les attaques que cette
vigoureuse harangue contient, et contre les fauteurs de superstition,
et contre l'intolérance, quel que soit son masque; s'il eût cité cette

Ainsi parla Robespierre.

Lorsque Caton maintenait, contre César, que l'âme est immortelle, était-ce pour établir victorieusement une thèse métaphysique ? En aucune façon. Laissant de côté les raisons tirées de la métaphysique pure, raisons éternellement controversables et controversées, Caton poussait à l'adoption du dogme de l'immortalité de l'âme, parce que ce dogme lui paraissait de nature à contribuer à la prospérité et au perfectionnement des sociétés humaines. De même, lorsque Jean-Jacques Rousseau, dans son *Contrat social*, posait les bases d'une religion « civile, » c'est-à-dire dégagée de toute superstition et indépendante du pouvoir des prêtres, ce qu'il avait en vue, c'était l'apostolat de certaines croyances qui, fondées sur le sentiment et non sur la dialectique, s'adressant au cœur plutôt qu'à l'esprit, servissent de lien moral entre les hommes, et protégeassent leur association, que tendent sans cesse à troubler ou à détruire le choc des passions, la lutte des intérêts et la divergence des idées. Eh bien, Robespierre pensait en ceci comme Caton, il pensait comme Jean-Jacques. Ne jugeant les questions métaphysiques que dans leurs rapports avec les principes constitutifs de la sociabilité humaine, ce qu'il combattait dans l'ATHÉISME, c'était son corollaire politique, l'ANARCHIE. Or, l'anarchie ayant pour effet d'abandonner chacun à

phrase : « Tout philosophe, tout individu peut adopter à l'égard de l'athéisme l'opinion qui leur semble la plus conforme à la vérité : quiconque voudrait lui en faire crime est un insensé; » si enfin M. Michelet eût remarqué ou mis son lecteur en état de remarquer que Robespierre défendait ici, non la liberté particulière du culte catholique, mais la liberté de tous les cultes, telle qu'elle avait été proclamée par la Constitution, et telle que Chaumette dut, quelques jours après, la reconnaître.... aurait-il osé écrire ces paroles, si étranges et si injustes : « Robespierre fut pris du mal des rois, la haine de l'idée ? » La haine de l'idée, c'était Hébert qui l'avait, quand il prétendait empêcher Laveaux d'imprimer qu'il croyait en Dieu.

ses propres forces, ou, en d'autres termes, de laisser
sans protecteur le faible, le pauvre, l'ignorant, Robespierre concluait de là que ni l'ignorant, ni le pauvre, ni
le faible, ne sont intéressés à la proclamation de l'athéisme
comme dogme social; et voilà dans quel sens il disait ce
mot profond : *L'athéisme est aristocratique.* Toutefois il
n'avait garde de s'opposer à ce que chacun fût libre de
professer à cet égard « l'opinion qui lui semblerait la plus
conforme à la vérité. » Il n'entendait nullement que la
thèse de l'existence de Dieu fût bannie du domaine de la
discussion, et qu'on mît des bornes au *Tradidit mundum
disputationibus eorum.* Mais accoupler la loi, qui affirme,
à l'athéisme, qui nie; mais donner pour religion à une
société de frères ce qui n'est que la religion de l'individualisme et de l'anarchie; mais immoler d'une manière
absolue au culte exagéré du rationalisme, qui dissout les
groupes, le culte du sentiment, qui les forme et les con-
serve... voilà ce que Robespierre, après Rousseau[1], son
maître, jugeait contraire à la doctrine républicaine de
l'unité et de la fraternité.

Sans doute on aurait pu aller plus loin et s'élever plus
haut que l'affirmation d'un « Être suprême. » Quand
Spinosa définissait Dieu : une substance unique, infinie,
dont les deux attributs sont la pensée et la matière, et
dont les êtres finis ne sont que des modes, loin de créer
le vide dans le monde, il montrait l'Univers tout rempli
de Dieu, et en même temps il donnait vie à une conception
métaphysique qui correspond aux plus puissantes har-
diesses du socialisme moderne. Mais la Révolution ne
fut socialiste que par ses aspirations, très-vagues
encore : comment aurait-elle poussé jusqu'au panthéisme?

Robespierre termina son discours en déclarant qu'il

---

[1] Voyez le premier volume de cet ouvrage, p. 102 et suiv.

y avait en France une faction de l'étranger, qu'elle s'agitait au sein même des sociétés populaires ; et il conclut à ce que les membres du club des Jacobins fussent soumis à un scrutin épuratoire, proposition qui fut adoptée, séance tenante [1].

D'abord, les Hébertistes tinrent bon, ne pouvant croire qu'un seul homme fût capable de changer la situation par quelques paroles. Le 23 novembre, Chaumette court à la Commune, y tonne contre « les filles de joie devenues dévotes, » assure que les prêtres sont capables de tout : d'empoisonner les patriotes, d'incendier la maison commune, de mettre le feu à la trésorerie nationale, de renouveler l'histoire des mines ; et, en conséquence, il fait décider que les églises ou temples appartenant à quelque culte que ce soit seront fermés ; que quiconque en demandera l'ouverture sera arrêté comme suspect ; que chaque prêtre, que chaque ministre, demeurera personnellement responsable de tout désordre provenant d'opinions religieuses ; que la Convention sera invitée à exclure les prêtres de toute espèce de fonction publique. L'arrêté disait plus, il exprimait le vœu que les prêtres fussent frappés d'interdiction, pour quelque classe d'ouvrage que ce pût être ; mais cette clause barbare, qui les condamnait indistinctement à mourir de faim, dépassait les conclusions de Chaumette : il en demanda et en obtint la radiation [2].

Robespierre ayant pris en main, non la cause des prêtres catholiques spécialement, mais celle de la liberté générale des cultes, telle que la Constitution la proclamait, Chaumette s'aventurait sur une pente bien glissante... Soit qu'il le comprît et voulût abriter sous des mesures populaires l'audace du coup qu'il frappait, soit qu'il ne fît que suivre en cela l'élan de son cœur, où

[1] *Hist. parlement.*, t. XXX.
[2] *Ibid.*, p. 285.

l'amour du pauvre avait toujours eu place, il appuya l'adoption de deux arrêtés, dont l'un enjoignait aux boulangers de ne faire qu'une seule et bonne espèce de pain, *le pain de l'Égalité*, et dont l'autre établissait une taxe sur les riches, au profit des pauvres [1].

Mais, pendant ce temps, Hébert allait répétant chaque jour dans son journal : « Il faut que la sœur du dernier tyran soit traduite au Tribunal révolutionnaire. » Et, de son côté, la Commune pressait la Convention de réaliser ce vœu barbare. De quels crimes la mort de madame Élisabeth devait-elle donc être l'expiation ? Quelles vengeances son supplice était-il destiné à assouvir ? Et quel besoin la Révolution avait-elle de ce sang ? O misère des partis ! Robespierre, qui déployait alors tant de courage civil, craignit néanmoins de se perdre, s'il laissait percer la sympathie que lui inspirait l'infortunée princesse, et il n'osa disputer cette tête innocente à l'impatience féroce d'Hébert qu'en insultant la victime qu'il eût voulu sauver : « A qui persuadera-t-on, s'était-il écrié dans la séance des Jacobins du 21 novembre, que la punition de la méprisable sœur de Capet en imposerait plus à nos ennemis que celle de Capet lui-même et de sa criminelle compagne [2] ? » Méprisable ! un pareil mot appliqué à une pareille femme, dans la situation qu'on lui avait faite, était une injustice et, tranchons le mot, une lâcheté.

Cependant un adversaire des Hébertistes venait d'entrer dans la lice, qu'ils ne s'attendaient guère, en ce moment, à y rencontrer. De retour de sa retraite d'Arcis-sur-Aube, Danton se rangea, dès le premier jour, à la suite de Robespierre, dénonçant comme lui la conspiration de l'étranger, flétrissant comme lui le scandale des « mascarades antireligieuses, » repoussant comme lui « et le prêtre

[1] *Hist. parlement.*, t XXX, p. 284.
[2] *Ibid.*, p. 274.

du fanatisme et celui de l'incrédulité, » rendant hommage comme lui à l'existence d'un Être suprême, et comme lui enfin s'écriant : « Nous n'avons pas voulu anéantir la superstition pour établir le règne de l'athéisme [1]. »

Déjà, au reste, la réaction était flagrante : Chaumette perdit courage et recula si bien, qu'il en vint à tenir, le 28 novembre, un langage qui était presque une répétition textuelle de celui de Robespierre. « ...La tribune des hommes libres ne peut être convertie en chaire de métaphysique. L'article 7 de la déclaration des droits garantissant celui de manifester sa pensée et ses opinions par la presse ou de toute autre manière, le droit de s'assembler paisiblement et le libre exercice des cultes ne saurait être interdit. — Je pardonne aux demi-savants, aux philosophes d'un jour, les rêves de leur imagination délirante; à mon sens, si le fanatisme est une maladie de l'esprit, je les crois plus fanatiques que ceux contre lesquels ils s'élèvent. — Quant à moi, si j'ai méprisé la persécution. je ne me crois pas en droit pour cela de persécuter celui qui en est atteint. — Je compare ceux qui agissent autrement à ces hommes dédaigneux et irritables qui, loin d'attaquer la maladie, outragent le malade. — Les premiers Nazaréens, persécutés par des gens aussi insensés qu'eux, transportaient leurs cérémonies dans des cavernes, dans des souterrains... Leur secte se fût anéantie d'elle-même si elle n'eût été que méprisée. — Ne nous informons pas si un homme va à la messe ou à la synagogue ou aux prêches : informons-nous seulement s'il est républicain [2]... »

Quel prodigieux changement d'attitude, dans l'espace

---

[1] Danton fit cette profession de foi dans la séance du 26 novembre 1793.

[2] Voyez le discours de Chaumette, reproduit en entier dans l'*Hist. parlement.*, t. XXX, p. 287-291.

de moins d'une semaine ! Quelle étonnante palinodie ! Il ne restait, pour la compléter, qu'à annuler purement et simplement l'arrêté du 23 ; mais comment Chaumette aurait-il pu requérir la réouverture des églises et des temples, ayant requis qu'on emprisonnât quiconque oserait la demander ? Il se borna donc à solliciter de la Commune un arrêté portant : 1° qu'on n'empêcherait jamais les citoyens de louer des maisons pour leur culte et de payer les ministres ; 2° qu'on ferait respecter la volonté des sections qui avaient renoncé au catholicisme pour ne reconnaître que le culte de la raison, de la liberté et des vertus républicaines [1].

A son tour, Hébert se rétracta, et avec beaucoup moins de dignité encore : « On a dit que les Parisiens étaient sans foi, sans religion, qu'ils avaient substitué Marat à Jésus. Déjouons ces calomnies [2]. » Et, quelques jours après : « On m'accuse d'athéisme : je nie formellement l'accusation... Je prêche aux habitants des campagnes de lire l'Évangile ; ce livre de morale me paraît excellent, et il faut en suivre les maximes pour être parfait Jacobin. Le Christ me semble le fondateur des sociétés populaires [3]. »

Inutile d'ajouter que, depuis le discours de Robespierre, les mascarades antireligieuses avaient cessé dans Paris ; mais elles continuaient en province. De la ville d'Auch, Cavaignac écrivait que « le peuple entier avait dansé la carmagnole autour d'un brasier patriotique alimenté par des croix, par des saints de bois, par des vierges à miracles [4]. André Dumont, un des plus fougueux

---

[1] *Hist. parlement.*, t. XXX, p. 290.
[2] Séance des Jacobins du 28 novembre 1793.
[3] Séance des Jacobins du 11 décembre 1793.
[4] Lettre de Cavaignac lue à la Convention, dans la séance du 30 novembre 1793.

partisans de l'Hébertisme, mandait, de son côté : « Partout on ferme les églises, on brûle les confessionnaux, on fait des gargousses avec les livres des lutrins[1]. » Alors même que de semblables manifestations n'auraient eu pour résultat que d'enflammer le fanatisme et d'inaugurer la guerre civile des âmes, elles avaient de quoi inquiéter la sagesse du Comité de salut public; mais ce danger n'était pas le seul qui le préoccupât. Il craignait que le mouvement hébertiste ne servît à confirmer l'opinion que les divers gouvernements s'étudiaient à répandre en Europe, touchant ce qu'ils appelaient l'immoralité de la nation française. Comme Robespierre l'avait fait remarquer aux Jacobins : Il n'était pas de peuple qui ne fût attaché à un culte quelconque ; et, dès lors, quoi de plus funeste que de fournir aux rois un prétexte d'enrégimenter à leur service les préjugés religieux de leurs sujets ? La Révolution n'avait-elle pas assez d'obstacles à surmonter ? Fallait-il refroidir nos alliés ? Fallait-il multiplier le nombre de nos ennemis[2] ? Tels furent les motifs déterminants d'un manifeste que Robespierre, au nom du Comité de salut public, proposa à la Convention de lancer. C'était une réplique amère et quelque peu déclamatoire aux libelles que les Cabinets ne cessaient de publier contre la Révolution. On y lisait : « Vos maîtres vous disent que la nation française a proscrit toutes les religions; qu'elle a substitué le culte de quelques hommes à celui de la Divinité; ils nous peignent à vos yeux comme un peuple idolâtre et insensé. Ils mentent. Le peuple français et ses représentants respectent la liberté de tous les cultes et n'en proscrivent aucun. Ils honorent la vertu des martyrs

---

[1] Lettre d'André Dumont, commissaire dans les départements de la Somme, du Pas de-Calais et de l'Oise. Séance du 4 décembre 1793.

[2] Voyez le discours de Robespierre dans la séance des Jacobins du 28 novembre 1793.

de l'humanité sans engouement et sans idolâtrie ; ils
abhorrent l'intolérance et la superstition, de quelques
prétextes qu'ils se couvrent ; ils condamnent les extravagances du philosophisme comme les crimes du fanatisme [1]. » La Convention vota ce manifeste avec enthousiasme [2]. Puis, sur une motion de Barrère, que Robespierre
appuya vivement et qui fut amendée par Cambon, elle
décréta défense expresse de troubler ou de menacer la
liberté des cultes, réserve faite des précautions de salut
public déjà ordonnées à l'égard des prêtres réfractaires
et turbulents [3]. »

Le grand rôle qu'en cette occasion joua Robespierre
témoignait de son influence et accrut sa popularité,
mais en lui créant, dans les deux camps opposés, des ennemis mortels. Le 9 thermidor fut la vengeance que
l'immoralité d'Hébert légua à l'immoralité de Tallien ;
et, quant aux prêtres, toujours si intéressés à ce qu'on
les opprime quand ils n'oppriment pas, ils se promirent
bien de poursuivre jusqu'au tombeau et au delà du tombeau l'homme qui venait de leur enlever le bénéfice
d'une persécution où le burlesque s'ajoutait à la violence ; l'homme qui recommandait contre eux le seul système qu'ils eussent à redouter : une surveillance active,
propre à déjouer leurs manœuvres sans leur fournir l'occasion désirée de se poser en martyrs. Et c'est ce qui explique le prodigieux entassement de calomnies dont tous
les écrivains royalistes et catholiques ont chargé à l'envi
la mémoire de Robespierre, jusque là qu'ils l'ont rendu
comptable, aux yeux de la postérité, des excès même
qu'il usa sa vie à combattre. Ah! c'est qu'en effet le véritable adversaire des détracteurs de la Révolution fran-

---

[1] C'est ce manifeste que Camille Desmoulins appelait *sublime*.
[2] *Hist. parlement.*, t. XXX, p. 523.
[3] *Ibid.*, p. 524.

çaise était celui qui n'eut d'autre préoccupation que de lui donner une contenance à la fois calme et ferme et un caractère élevé. Robespierre eût été moins attaqué, s'il eût davantage mérité de l'être !

FIN DU NEUVIÈME VOLUME.

TABLE DES MATIÈRES.

FIN DE LA TABLE.

www.ingramcontent.com/pod-product-compliance
Lightning Source LLC
Chambersburg PA
CBHW050542270326
41926CB00012B/1884